NATIONAL
GEOGRAPHIC

GUIDE DES
Lieux historiques nationaux du Canada

NATIONAL GEOGRAPHIC

GUIDE DES
Lieux historiques nationaux du Canada

NATIONAL GEOGRAPHIC
Washington, D.C.

TABLE DES MATIÈRES

6   Avant-propos : L'âme du Canada
8   Parcourir l'histoire du Canada
10   Carte

▶ PROVINCES DE L'ATLANTIQUE

14   Introduction
16   Île-du-Prince-Édouard
24   Nouvelle-Écosse continentale
48   Île du Cap-Breton
60   Nouveau-Brunswick
68   Essai : *Un patrimoine de classe mondiale*
70   Terre-Neuve-et-Labrador

▶ QUÉBEC

92   Introduction
94   Gaspésie
98   Région de la ville de Québec
120   Montréal et l'ouest du Québec
128   Essai : *Les femmes dans l'histoire du Canada*
142   Nord du Québec
146   Sud et est du Québec
152   Essai : *Les racines du Canada contemporain*

▶ ONTARIO

164   Introduction
166   Ottawa et Kingston
190   Essai : *Le Canada urbain : Montréal, Vancouver et Toronto*
196   Baie Georgienne
204   Toronto et Niagara
218   Sud-Ouest de l'Ontario
224   Nord de l'Ontario

▶ PROVINCES DES PRAIRIES

232   Introduction
234   Manitoba
252   Saskatchewan
266   Essai : *Les peuples autochtones du Canada*
270   Alberta

▶ MONTAGNES ROCHEUSES

286   Introduction
296   Essai : *Les divers peuples du Canada*

▶ COLOMBIE-BRITANNIQUE

304   Introduction
306   Côte Ouest
326   Nord de la Colombie Britannique
330   Essai : *Intendance pour l'avenir*

▶ GRAND NORD

334   Introduction
342   Essai : *Trouver le navire de Franklin : les contributions du savoir traditionnel inuit*

346   Parcs nationaux du Canada
348   Index
351   Mention des sources des illustrations
352   Remerciements

L'ÂME DU CANADA

Le patrimoine du Canada est riche et diversifié. Chacune des régions est caractérisée par des personnes, des lieux et des événements qui ont façonné l'identité nationale.

Les lieux historiques nationaux revêtent une grande importance pour le Canada. Chaque lieu historique relate un chapitre unique de l'histoire du pays et contribue à notre compréhension du Canada dans son ensemble. Ces lieux témoignent des tournants de l'histoire de notre pays en plus d'illustrer la créativité et les traditions culturelles de ses habitants. Ils sont l'âme de notre nation.

Les lieux historiques sont situés dans chaque province et territoire, tant dans les régions urbaines ou rurales que dans les milieux sauvages. Il peut s'agir de lieux sacrés, de sites archéologiques, de champs de bataille, d'édifices du patrimoine ou de lieux de découverte scientifique. Ils peuvent commémorer des moments importants ou nous inciter à réfléchir aux sacrifices consentis. Ils nous permettent de considérer les périodes complexes qui ont défini les valeurs canadiennes. Chaque lieu historique national représente le Canada d'hier, d'aujourd'hui et de demain.

Parcs Canada administre 168 lieux historiques, dont 6 figurent sur la Liste du patrimoine mondial de l'UNESCO et sont reconnus pour leur valeur universelle exceptionnelle. Ils permettent d'en apprendre davantage sur notre riche patrimoine.

Qu'il s'agisse du lieu historique Saoyú-ʔehdacho, qui commémore des terres revêtant une importance culturelle et spirituelle pour les Sahtúgot'įnę, de l'Anse aux Meadows,

Le fort Anne, le plus ancien lieu historique national du Canada

qui abrite les vestiges d'un campement viking, ou des Fortifications de Québec, qui ont vu naître le Canada colonial, ces lieux représentent des milliers d'années d'histoire humaine et des centaines d'années d'édification du pays.

Les lieux historiques nationaux racontent notre histoire et témoignent de la contribution des peuples autochtones. Parcs Canada collabore avec plus de 300 groupes autochtones pour préserver, restaurer et présenter le patrimoine naturel et culturel.

Parcs Canada s'est engagée à protéger l'intégrité commémorative et le patrimoine culturel unique de ces lieux de façon permanente.

Vous pouvez emprunter les cols,

les sentiers et les voies navigables qu'ont autrefois sillonés les Autochtones et les premiers explorateurs, marcher dans les champs de bataille qui ont changé le cours de l'histoire ou lire les textes d'auteurs canadiens. Les Canadiens et les visiteurs du monde entier peuvent profiter d'activités novatrices qui leur présentent l'histoire vivante des habitants et leur permettent de comprendre le passé et la situation actuelle au Canada.

2017 marquera le 150e anniversaire de la Confédération canadienne. C'est le moment idéal pour découvrir ces lieux qui célèbrent la diversité nationale et unifient les provinces et territoires, qui partagent une même histoire et culture.

Ces portraits mémorables vous feront découvrir l'histoire et la culture du pays. Si vous avez déjà visité certains lieux historiques nationaux, ce guide vous invitera à en découvrir d'autres. S'il s'agit de votre première visite, je vous promets que nos lieux historiques vous laisseront des souvenirs impérissables.

Parcs Canada espère avoir le plaisir de vous accueillir chaleureusement. Nous vous invitons à venir visiter des lieux qui figurent parmi les plus fascinants au monde.

—Daniel Watson
Directeur général, Parcs Canada

Le Manoir Papineau, situé à Montebello, au Québec, est le domaine seigneurial datant du XIXe siècle de l'honorable Louis-Joseph Papineau.

PARCOURIR L'HISTOIRE DU CANADA

Ce guide vous fournira des renseignements sur les nombreux lieux historiques du Canada. Pour être désigné lieu historique, ces lieux doivent d'abord être examinés par la Commission des lieux et monuments historiques du Canada (CLMH).

La CLMH est un organisme composé de membres provenant de chaque province et territoire, du bibliothécaire et archiviste du Canada, ainsi que de représentants de la haute direction du Musée canadien de l'histoire et de Parcs Canada. La Commission se réunit deux fois par année pour examiner les sujets considérés aux fins de commémoration. Elle émet ses recommandations au ministre responsable de Parcs Canada, qui prend la décision finale concernant les désignations. Les lieux se voient ensuite attribuer une date officielle de désignation et sont reconnus en tant que lieux historiques nationaux.

PROCESSUS DE DÉSIGNATION

Aux fins de désignation, un édifice doit exister depuis au moins 40 ans; une personne doit être décédée depuis au moins 25 ans, et un événement doit avoir eu lieu il y a plus de 40 ans. Les citoyens peuvent présenter des demandes de désignation. Parcs Canada administre le Programme national de commémoration historique; en outre, l'Agence rédige les rapports à l'appui des travaux de la Commission. Le Canada compte 2 000 sujets désignés d'importance historique. La commémoration d'une désignation d'importance historique se fait au moyen d'une plaque de bronze installée dans un endroit lié au sujet désigné.

NOMENCLATURE

Le nom d'un lieu historique est habituellement composé de son nom historique, suivi du nom couramment utilisé pour le désigner ou de celui qui lui a été donné par ses fondateurs. Par exemple, le lieu historique des Barrages-de-Pêche-Mnjikaning a été nommé ainsi parce qu'il a été créé et utilisé par la Première Nation Mnjikaning. Certains lieux ont changé de nom lorsqu'ils changeaient de propriétaire. Le fort Beauséjour, qui a été construit par les Français en 1750, est devenu le fort Cumberland en 1755. Aujourd'hui, le lieu porte les deux noms. Le nom d'un lieu peut susciter la controverse avec le temps, parfois lorsque le lieu a été nommé en l'honneur d'une personne autrefois considérée comme héroïque qui a commis des actes jugés immoraux à notre époque. Les noms sont susceptibles de changer à mesure que les valeurs et les points de vue changent.

Pour obtenir de plus amples renseignements au sujet des lieux, des personnes et des événements désignés historiques, consulter l'*Annuaire des désignations patrimoniales fédérales*, au *pc.gc.ca/apps/dfhd/search-recherche_fra.aspx*.

UTILISATION DU GUIDE

Le présent guide présente 236 lieux extrêmement visités et appréciés. Plusieurs lieux offrent des services d'interprètes qui vous guideront et vous permettront de comprendre pourquoi ces lieux font partie du patrimoine du Canada. Pour de plus amples renseignements au

sujet de chaque lieu, visitez le site *historicplaces.ca*.

Une carte présentant les lieux historiques de la région en question se trouve au début de chaque chapitre. Une légende indiquant le kilométrage permet d'avoir une idée de la distance qui les sépare, au cas où vous souhaiteriez en visiter plus d'un.

Pour chaque lieu, on présente une description de son emplacement et de son histoire. Nous mettons en valeur le rôle des Autochtones, qui ont été les premiers à habiter les lieux désignés historiques, ainsi que les sites qui figurent sur la Liste du patrimoine mondial de l'UNESCO.

En plus d'un aperçu historique, nous avons pris soin d'ajouter les coordonnées afin que vous puissiez communiquer avec chacun des lieux. Dans le cas des lieux de plus grande importance, nous avons également ajouté les renseignements suivants :

COMMENT S'Y RENDRE

Vous trouverez des conseils de voyage concernant les itinéraires. Dans

Le fort George surplombe la rivière Niagara, en Ontario.

Capitale

0 mi   400
0 km   400

ÉTATS-UNIS
CANADA

Yukon

Territoires du
Nord-Ouest

**GRAND NORD
332-345**

N u n

**COLOMBIE-
BRITANNIQUE
302-331**

Saskatchewan

Alberta

Manitoba

**PROVINCES DES PRAIRIES
230-283**

**ROCHEUSES
284-301**

CANADA
ÉTATS-UNIS

le cas des destinations éloignées, communiquer avec le lieu pour obtenir des indications.

QUAND VISITER

De nombreux lieux sont ouverts à l'année. Pour éviter l'achalandage, visitez les lieux populaires durant les périodes creuses (avril, mai ou fin d'août). Les installations et les activités offertes peuvent cependant être limitées pendant ces périodes.

INFORMATION ET ACTIVITÉS

Cette section contient les renseignements suivants :

• **Droits d'entrée.** Les prix indiqués en dollars canadiens sont des prix moyens. Les droits d'entrée varient de

3,90 $ à 17,60 $ par adulte, et de 9,80 $ à 44,10 $ par famille ou groupe (jusqu'à 7 personnes, max. 2 adultes). Vous pouvez vous procurer un laisser passer quotidien sur les lieux ou sur le site Web de Parcs Canada (*pc.gc.ca/fra/index.aspx*). Vous pouvez également vous procurer une

• **Animaux de compagnie.** Vérifiez auprès du lieu. Certains comportent des sentiers et des aires de loisirs où l'on autorise les chiens tenus en laisse.

• **Services accessibles.** Cette section indique les installations accessibles aux personnes qui ont une incapacité.

• **Renseignements importants.** Soyez prudent lorsque vous visitez des lieux qui comportent des éléments extérieurs. Des accidents se produisent. La plupart d'entre eux sont causés par le non-respect des avertissements.

• **Terrains de camping.** Coordonnées

u

PROVINCES DE L'ATLANTIQUE
12–89

Terre-Neuve-et-Labrador

QUÉBEC
90–161

Île-du-Prince-Édouard

ONTARIO
162–229

Nouveau-Brunswick

PROVINCES
DE L'ATLANTIQUE
12–89

Nouvelle-Écosse

Ottawa

des terrains de camping et de caravaning accessibles. Il est possible de réserver un emplacement à proximité de la plupart des parcs nationaux au 877-RESERVE ou à *reservation.pc.gc.ca*)

• **Hôtels, motels et auberges.** Le guide fournit des renseignements sur les services de logement. Ces établissements ne sont pas approuvés par National Geographic ni Parcs Canada. Les renseignements peuvent changer sans préavis. Communiquez avec les lieux ou les centres touristiques pour des suggestions.

carte d'entrée annuelle Découverte qui vous permet de visiter près de 100 parcs nationaux autant de fois que vous le désirez (67,70 $ pour les adultes; 57,90 $ pour les aînés, 33,30 $ pour les jeunes, et de 136,40 $ pour les familles ou les groupes).

PROVINCES DE L'ATLANTIQUE

Tambour au soleil couchant à la forteresse de Louisbourg. Page 12 – Haut : Un visiteur au musée Alexander Graham Bell. Milieu : Une sentinelle à la citadelle d'Halifax. Bas : Fortifications de Castle Hill. Page 13 : Lieu historique national du Phare-de-Cap-Spear

PROVINCES DE L'ATLANTIQUE

L'Île-du-Prince-Édouard, la Nouvelle-Écosse (qui comprend l'île du Cap-Breton), le Nouveau-Brunswick et Terre-Neuve-et-Labrador forment les quatre provinces de l'Atlantique. Les trois premières, appelées les Provinces maritimes, partagent un patrimoine politique, culturel et économique commun.

La Première Nation Mi'kmaq, établie dans les Provinces maritimes depuis des milliers d'années, et d'autres peuples autochtones de la région ont rencontré les Européens en 1497, lorsque John Cabot, un explorateur italien parti de l'Angleterre, est arrivé en Amérique du Nord et a revendiqué le territoire au nom du commanditaire de son expédition, le roi Henri VII. En 1605, les Français sont arrivés et se sont établis en Acadie, dont la première capitale était Port-Royal (aujourd'hui Annapolis Royal), située en Nouvelle-Écosse.

Dans le conflit francobritannique qui s'en est suivi pour le contrôle de la région, les Acadiens, devenus indépendants à la fin du XVIIe siècle, ont tenté de demeurer neutres. Néanmoins, leurs communautés ont été dispersées par les Britanniques en 1755, à la veille de la guerre de Sept Ans (1756-1763). Avec la signature du Traité de Paris en 1763, la France a cédé ses territoires canadiens aux Britanniques. Le 1er juillet 1867, la Nouvelle-Écosse et le Nouveau-Brunswick ont rejoint la Province du Canada pour former le Dominion du Canada. L'Île-du-Prince-Édouard a suivi en 1873 et Terre-Neuve-et-Labrador, qui avait d'abord rejeté la Confédération en 1869, s'y est joint en 1949. Aujourd'hui, les Provinces de l'Atlantique conservent une culture distincte enracinée dans des traditions anglaises, françaises et celtiques.

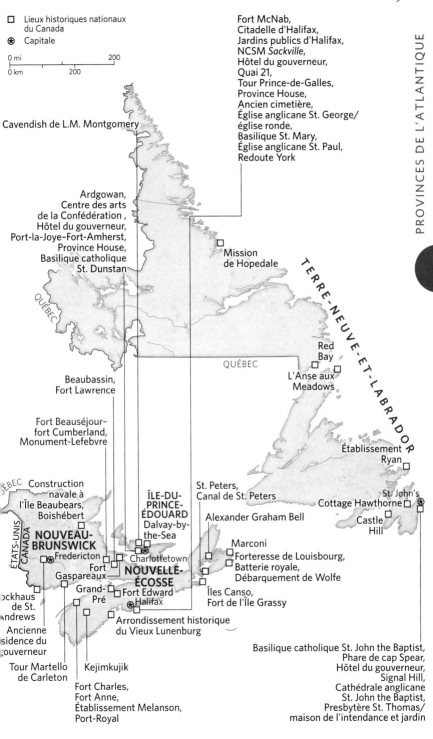

□ Lieux historiques nationaux
   du Canada

⊛ Capitale

0 mi ————————— 200
0 km ————————— 200

Fort McNab,
Citadelle d'Halifax,
Jardins publics d'Halifax,
NCSM *Sackville*,
Hôtel du gouverneur,
Quai 21,
Tour Prince-de-Galles,
Province House,
Ancien cimetière,
Église anglicane St. George/
église ronde,
Basilique St. Mary,
Église anglicane St. Paul,
Redoute York

PROVINCES DE L'ATLANTIQUE

Cavendish de L.M. Montgomery

Ardgowan,
Centre des arts
de la Confédération ,
Hôtel du gouverneur,
Port-la-Joye–Fort-Amherst,
Province House,
Basilique catholique
St. Dunstan

Mission
de Hopedale

QUÉBEC

TERRE-NEUVE-ET-LABRADOR

QUÉBEC

Red
Bay

L'Anse aux
Meadows

Beaubassin,
Fort Lawrence

Fort Beauséjour–
fort Cumberland,
Monument-Lefebvre

Établissement
Ryan

St. Peters,
Canal de St. Peters

St. John's

Construction
navale à
l'Île Beaubears,
Boishébert

ÎLE-DU-
PRINCE-
ÉDOUARD

Dalvay-by-
the-Sea

Alexander Graham Bell

Cottage Hawthorne

Castle
Hill

QUÉBEC

NOUVEAU-
BRUNSWICK

Fredericton

Fort
Gaspareaux

Charlottetown

NOUVELLE-
ÉCOSSE

Marconi
Forteresse de Louisbourg,
Batterie royale,
Débarquement de Wolfe

ÉTATS-UNIS
CANADA

Grand-
Pré

Fort Edward

Halifax

Îles Canso,
Fort de l'Île Grassy

ockhaus
de St.
andrews

Ancienne
sidence du
ouverneur

Arrondissement historique
du Vieux Lunenburg

Tour Martello
de Carleton

Kejimkujik

Fort Charles,
Fort Anne,
Établissement Melanson,
Port-Royal

Basilique catholique St. John the Baptist,
Phare de cap Spear,
Hôtel du gouverneur,
Signal Hill,
Cathédrale anglicane
St. John the Baptist,
Presbytère St. Thomas/
maison de l'intendance et jardin

L'auteure Lucy Maud Montgomery s'est inspirée de cette maison de l'Île-du-Prince-Édouard pour écrire le roman *Anne... la maison aux pignons verts*.

ÎLE-DU-PRINCE-ÉDOUARD

S'étendant sur 224 km de long, l'Île-du-Prince-Édouard est peut-être la plus petite province canadienne, mais elle occupe une place importante dans l'imagination populaire, ne serait-ce qu'en raison de la beauté sauvage de ses plages et de ses falaises rouges balayées par le vent. Les vestiges archéologiques montrent que des peuples autochtones y auraient vécu pendant au moins 10 000 ans. Nommée Île Saint-Jean par les Français au XVIIIᵉ siècle, puis Île-du-Prince-Édouard par les Anglais en 1799; les Mi'kmaq l'appellent encore Abegweit, ou « terre bercée

par les vagues ». À la fin du XIXᵉ siècle, un magnat du pétrole tombé
amoureux de ces paysages idylliques
y a érigé une somptueuse résidence
dominant la mer, Dalvay-by-the-Sea
(voir p. 22). L'île est aussi la demeure
d'Anne Shirley, l'héroïne des romans
de Lucy Maud Montgomery, *Anne...
la maison aux pignons verts*. L'auteure
a grandi sur la rive nord et a mis en
scène ses romans dans ce paysage
bucolique (voir p. 18-21). D'autres
lieux historiques sont disséminés sur
l'île, surtout dans la capitale provinciale Charlottetown, où l'idée d'une
Confédération a germé en 1864.

Une Anne Shirley aux cheveux roux accueille les invités.

▶ CAVENDISH-DE-L.-M.-MONTGOMERY CAVENDISH (Î.-P.-É.)

Désigné en 2004

Sans doute qu'aucun autre personnage littéraire canadien n'est mieux connu qu'Anne Shirley. Depuis la publication en 1908 d'*Anne... la maison aux pignons verts*, l'orpheline rousse et têtue a charmé les lecteurs avec ses aventures à Avonlea, qui représente en réalité Cavendish, la communauté de l'île où l'auteure Lucy Maud Montgomery a grandi.

Chaque année, l'héritage des romans, qui ont été à maintes reprises adaptés au cinéma, au théâtre et à la télévision, attire des centaines de milliers de visiteurs à Cavendish, une collectivité rurale idyllique dominant le golfe du Saint-Laurent sur le littoral nord de l'île. Les plages de sable constituent un endroit idéal pour se baigner, prendre du soleil et s'adonner au surf. Des vallons verdoyants et des falaises rouges contrastent avec le bleu du ciel et de l'eau.

Cavendish revêt de l'importance non seulement pour la place que ce lieu a occupée dans la célèbre série littéraire, mais également pour le rôle qu'il a joué dans la vie d'une des romancières les plus aimées au pays. Le lieu historique national du Cavendish comprend deux sites distincts : le site patrimonial Green Gables et le lieu de résidence de L. M. Montgomery à Cavendish. Sur le site patrimonial Green Gables, les visiteurs peuvent déambuler dans un réseau de sentiers, notamment le sentier du Bois hanté et l'Allée des amoureux, mis en scène dans les romans.

Ce lieu historique national revêt une grande importance quant à la contribution du Canada aux arts à l'échelle mondiale. En raison du succès international immédiat qu'a obtenu *Anne... La maison aux pignons verts*, Cavendish a longtemps été un lieu de pèlerinage pour les amateurs de la série du monde entier.

Grâce à son influence considérable, L. M. Montgomery a été nommée personne d'importance historique nationale en 1943. Sa résidence en Ontario a également été désignée comme lieu historique national.

SITE PATRIMONIAL GREEN GABLES

À l'origine, la ferme de Green Gables, avec ses 52 hectares, a été aménagée par David Macneill père en 1831, pour ensuite être transmise à David Macneill fils, un cousin du grand-père de L. M. Montgomery. Aujourd'hui, le club de golf Green Gables occupe la majeure partie du terrain; le site patrimonial Green Gables couvrant environ 10 hectares.

Montgomery n'a jamais vécu à Green Gables, mais s'y rendait souvent depuis la maison de ses grands-parents à Cavendish pour passer du temps dans cet environnement agricole bucolique qui a inspiré ses romans. La majorité des quelque 20 livres qu'elle a écrits se déroulent sur l'Île-du-Prince-Édouard. Même après avoir déménagé en Ontario, elle a continué de mettre en scène les paysages de l'Est.

« Cavendish est dans une grande mesure Avonlea, » a-t-elle raconté dans son journal. « Green Gables s'inspire de la maison de David Macneill. Non pas tant de la maison elle-même, mais sa situation et le paysage. Le fait que chacun ait reconnu l'endroit atteste du réalisme de ma description. »

Green Gables a subi un incendie en 1997 qui a endommagé des parties du premier et deuxième étages de la maison. Au cours des dernières années, Parcs Canada a restauré la maison et les dépendances, dont une grange, un hangar à bois et un grenier à céréales, dans le style de la fin du XIXe siècle, période où sont mis en scène les romans.

Pour les adeptes des romans de Montgomery, une visite à Green Gables les transporte directement dans l'univers de l'auteure. Se promener dans les lieux décrits dans la série est un véritable enchantement. Les visiteurs peuvent déambuler dans les bâtiments de ferme et la maison ainsi que le long des jardins et des sentiers entretenus. La maison est d'ailleurs décorée d'après les romans avec des reliques véritables et fictives.

Dans le hall d'entrée aux murs tapissés de papier peint à motifs floraux sont accrochées des photos et des présentations informatives. La dépense, où s'empilent louches et balances, donne l'impression que Marilla, la mère adoptive d'Anne, s'apprête à cuisiner. La cuisine est équipée de la cuisinière en fonte illustrée dans les romans; une New Waterloo n° 2. À l'étage se trouve la chambre d'Anne, où y est accrochée sa robe à manches bouffantes et où

Des visiteurs parcourent les sentiers de Green Gables.

traîne son sac de voyage. S'y trouve également une ardoise brisée, qui rappelle l'épisode où une de ses camarades de classe l'a traitée de « poil de carotte », après quoi elle lui a cassé une ardoise sur la tête.

La bouteille de cordial à la framboise est sans doute l'artefact le plus populaire de la maison. Les adeptes de la série se souviendront que dans le premier roman, Anne a confondu le vin de groseille et le cordial et en a servi allègrement à son amie Diana.

De juillet à septembre, Green Gables offre aux visiteurs des activités d'interprétation du site tous les jours. Qu'ils optent pour une visite guidée de 20 minutes ou une activité d'interprétation plus complète sur la communauté de Cavendish, les visiteurs peuvent découvrir la vie de L. M. Montgomery et comment elle a transposé ses expériences à Cavendish dans ses romans.

Le personnel en habits d'époque fait des démonstrations de tricot, d'attelage, de fabrication de tapis au crochet, de beurre, de chandelle et plus encore. Les démonstrations sont incluses dans le prix d'entrée et la majorité dure de 20 à 60 min. Il est également possible de participer à des jeux, courses et pique-niques.

Les visiteurs peuvent aussi déguster un cordial à la framboise tout en prenant part à une activité d'interprétation ou fabriquer de la crème glacée artisanale.

Deux sentiers partent de Green Gables. Le sentier Balsam Hollow, une randonnée facile de 0,8 km aller-retour, commence dans l'Allée des amoureux, un ancien sentier pour les vaches, et traverse des boisés en suivant un ruisseau. Le sentier du Bois hanté (0,9 km aller seulement), permet de se rendre, en 45 min, au lieu résidence de L. M. Montgomery à Cavendish en passant par le cimetière Cavendish où est inhumée l'auteure depuis son décès en 1942.

LIEU DE RÉSIDENCE DE L. M. MONTGOMERY À CAVENDISH

Le lieu de résidence à Cavendish où L. M. Montgomery a grandi est situé à moins d'un demi-kilomètre à l'est de Green Gables. Aucun des bâtiments originaux n'a subsisté, mais de nombreuses caractéristiques naturelles sont reconnaissables : les champs entourant la résidence, les allées du jardin que l'auteure a foulées et les arbres sous lesquels elle s'est assise pour lire et écrire.

Des panneaux d'interprétation parsèment le paysage et présentent des renseignements et des récits sur l'ancienne propriété, qui appartient à John Macneill, l'arrière-petit-fils de L. M. Montgomery. Une librairie et un musée offrent une foule de renseignements complémentaires.

Comment s'y rendre

Si vous arrivez du Nouveau-Brunswick, empruntez le pont de la Confédération et poursuivez sur la Transcanadienne à partir de Borden-Carleton; Cavendish est situé à 50 km de l'autre côté de l'île. Si vous arrivez de la Nouvelle-Écosse, Northumberland Ferries traverse le détroit de Northumberland de mai à la mi-déc. vers Wood Islands; de là, Cavendish est situé à 90 km au nord-est. De Charlottetown, Cavendish se situe à 34 km le long de la rte 2.

Quand visiter

La gamme complète des activités est offerte à Green Gables de juillet à la fête du Travail. L'été est la meilleure saison pour profiter des plages sablonneuses de Cavendish et des attractions offertes par le parc national de l'Île-du-Prince-Édouard.

LIEU HISTORIQUE NATIONAL DU CAVENDISH-DE-L.-M.-MONTGOMERY
(L. M. Montgomery's Cavendish National Historic Site)

INFORMATION ET ACTIVITÉS

ACCUEIL ET INFORMATION
Site patrimonial Green Gables, 8619, rte 6, Cavendish (Î.-P.-É.). Tél. : 902-963-7874. parcscanada.gc.ca/greengables.

SAISONS ET ACCESSIBILITÉ
Ouvert tous les jours du 1er mai au 31 octobre. Réservations spéciales : du 15 au 30 avril et du 1er au 30 novembre.

DROITS D'ENTRÉE
7,80 $ par adulte; 19,60 $ par famille/ groupe.

ANIMAUX DE COMPAGNIE
Les animaux en laisse sont autorisés sur le site, mais pas dans les bâtiments.

SERVICES ACCESSIBLES
Tous les bâtiments à Green Gables sont accessibles aux personnes à mobilité réduite. Le sous-titrage est offert.

ACTIVITÉS OFFERTES
Démonstrations, activités d'interprétation et randonnées, guidées ou non, offertes l'été. Visitez le site Web pour plus de renseignements.

RENSEIGNEMENTS IMPORTANTS
Certains sentiers et sections du site peuvent être fermés aux fins d'entretien ou de restauration de la forêt. Visitez le site Web pour des renseignements à jour.

TERRAINS DE CAMPING
Terrain de camping Cavendish (dans le parc national de l'Île-du-Pince-Édouard), 357, Graham's Lane, Cavendish (Î.-P.-É.) C0A 1N0. Tél. : 902-672-6350. pc.gc.ca/ fra/pn-np/pe/pei-ipe/activ/activ-menu/ camping/cavendish.aspx. Emplacements : 27 $-36 $; tentes oTENTik : 120 $.

HÔTELS, MOTELS ET AUBERGES
(Sauf indication contraire, les prix mentionnés sont pour une chambre en occupation double, en haute saison, en dollars canadiens.)
Anne Shirley Motel and Cottages 7542, rte 13, Cavendish (Î.-P.-É.) C0A 1N0. 800-561-4266. anneshirley.ca. 36 chambres, 109 $-165 $.
Bay Vista Motel and Cottages 9517, ch. Cavendish Ouest, Bayview (Î.-P.-É.) C0A 1E0. 902-963-2225. bayvista.ca. 31 chambres, 69 $-135 $.
Green Gables Cottages 8663, ch. Cavendish, rte 6, Cavendish (Î.-P.-É.) C0A 1N0. 902-963-2722. greengablescottages.com. 40 chambres, 120 $-164 $.

AUTRES LIEUX HISTORIQUES NATIONAUX

PORT-LA-JOYE–FORT AMHERST
ROCKY POINT (Î.-P.-É.)

Les ruines et des panneaux d'interprétation témoignent du rôle qu'a joué Port-la-Joye–Fort Amherst (construit par les Français) dans la lutte pour le contrôle de l'Amérique du Nord. Situé à l'entrée du port de Charlottetown, le fort était un point d'entrée pour de nombreux colons. Au XVIIIe siècle, une alliance entre les Mi'kmaq et les Français y était renouvelée chaque année par une cérémonie d'échange de présents. Désigné LHN en 1958. 191, Hache Gallant Drive, 902-566-705. parcs canada.gc.ca/fortamherst.

AUTRES LIEUX

DALVAY-BY-THE-SEA
YORK (Î.-P.-É.)

Situé dans le parc national de l'Île-du-Prince-Édouard, Dalvay-by-the-Sea est une vaste propriété construite en 1896-1899 pour Alexander McDonald, alors président de la Standard Oil of Kentucky. La résidence a accueilli de nombreuses fêtes et célébrations somptueuses avant de devenir un hôtel en 1932. Dalvay-by-the-Sea est un exemple type de l'architecture de style néo-Queen Anne au Canada, mise en relief par ses nombreux pignons, lucarnes et fenêtres en saillie. Désigné LHN en 1990. 16, Cottage Crescent. 902-672-6350.

PROVINCE HOUSE
CHARLOTTETOWN (Î.-P.-É.)

Province House est le principal point d'intérêt de l'arrondissement historique de la rue Great George. Avant sa construction vers 1840, l'Assemblée législative tenait ses séances dans des maisons privées et des tavernes. Avec la construction de ce magnifique édifice néoclassique, l'Assemblée législative a pu accueillir des événements comme la Conférence de Charlottetown de 1864, la première rencontre qui a conduit à la Confédération canadienne en 1867. Désigné LHN en 1966. 165, rue Richmond. 902-566-7050. parcscanada.gc.caprovincehouse.

CENTRE-DES-ARTS-DE-LA-CONFÉDÉRATION
CHARLOTTETOWN (Î.-P.-É.)

À côté de la Province House, lieux des premières conversations au sujet d'un Canada uni, se trouve le Centre des arts de la Confédération. Construit selon le style brutaliste dans les années 1960, le centre visait à inspirer les Canadiens, par les arts et la culture, à commémorer le développement du Canada. Les différents pavillons abritent un théâtre, une galerie d'art et une bibliothèque publique. Désigné LHN en 2003. 145, rue Richmond. 902-628-1864.

ARDGOWAN
CHARLOTTETOWN (Î.-P.-É.)

Ardgowan fut la résidence de William Henry Pope, avocat, rédacteur en chef et politicien, et un des Pères de la Confédération. Cette résidence néogothique, flanquée d'une remise pour voitures à cheval et d'un magnifique jardin, est située près de Charlottetown. En 1864, Pope a convié les délégués à la première des trois conférences sur une possible union des colonies de l'Amérique du Nord britannique, qui ont mené à la Confédération canadienne en 1867. Désigné LHN en 1966. 2, Palmers Lane. 902-566-7050. parcscanada.gc.ca/ardgowan.

MAISON DU GOUVERNEMENT
CHARLOTTETOWN (Î.-P.-É.)

Située à l'ouest du quartier historique de la rue Great George, cette résidence néoclassique, construite en 1830, est un joyau architectural devant lequel une pelouse est méticuleusement entretenue. Un portique à pignon haut de deux étages, une véranda et un revêtement en bardeau de bois apportent élégance et sobriété à la résidence, devenue celle du lieutenant-gouverneur de la province. À sa construction, elle servait de siège au pouvoir exécutif colonial dans la province. Désigné LHN en 1971. 1, Terry Fox Drive. 902-368-5480.

BASILIQUE-CATHOLIQUE-DE-ST. DUNSTAN
CHARLOTTETOWN (Î.-P.-É.)

Très bel exemple du style néogothique de la grande époque victorienne, St. Dunstan a été conçue par l'architecte québécois François-Xavier Berlinguet. Sa construction a duré près de 10 ans (1896-1907). La façade en pierre demeure sombre et imposante, mais l'intérieur est d'inspiration britannique. Cette différence de style est attribuable à un incendie en 1913 qui a grandement endommagé la structure. Désigné LHN en 1990. 65, rue Great George. 902-894-3486.

Des canotiers au coucher du soleil dans le parc national et lieu historique national Kejimkujik.

NOUVELLE-ÉCOSSE CONTINENTALE

Avec le Nouveau-Brunswick, l'Ontario et le Québec, la Nouvelle-Écosse est l'une des quatre provinces constituant le Dominion du Canada. Elle comprend une péninsule continentale de même que la grande île du Cap-Breton et d'autres petites îles. Les Mi'kmaq et d'autres peuples autochtones habitaient la région depuis des centaines d'années quand les Européens sont arrivés à la fin du XVe siècle, ou possiblement avant. Abritant Port-Royal (voir p. 31-32), une des premières colonies européennes en Amérique du Nord, la Nouvelle-Écosse continentale abrite

aussi le plus ancien lieu historique
national au pays, Fort-Anne (voir
p. 30-31), et Grand-Pré (voir p. 26-29),
où les visiteurs peuvent explorer les
vestiges d'une des plus importantes
colonies acadiennes. La Nouvelle-
Écosse a prospéré après la guerre de
Sept Ans (1756-1763), ce qui lui a permis d'attirer plus d'immigrants d'Europe et de développer ses industries
des pêches et de la construction
navale. Les autres lieux historiques de
la région tissent une trame
dynamique où se mêlent culture,
commerce et conflits; les lieux sont
surtout concentrés dans la capitale.

L'église souvenir de Grand Pré et la statue d'Évangéline.

▶ GRAND-PRÉ

Désigné en 1982; inscrit au patrimoine mondial en 2012

Le lieu historique national et site du patrimoine mondial de Grand-Pré a abrité une communauté agricole acadienne prospère. Les Acadiens étaient des descendants des colons français qui se sont établis sur les rives de la baie de Fundy il y a plus de 300 ans.

Leurs communautés ont prospéré malgré la lutte entre l'Angleterre et la France pour le contrôle de la région. Même si la péninsule a changé de mains à plusieurs reprises à l'époque coloniale, les Acadiens souhaitaient rester sur leurs terres et neutres dans le conflit. Toutefois, en 1755, les Britanniques ont décidé de déporter les Acadiens; leurs communautés ont été dispersées dans les colonies anglophones américaines au sud.

En 1682, Pierre Melanson a déménagé sa famille, établie dans la colonie acadienne de Port-Royal, sur les hautes terres vallonnées de Grand-Pré, surplombant de vastes étendues de marécages le long de la baie de Fundy. D'autres Acadiens lui ont emboîté le pas, enthousiastes à l'idée d'établir leurs propres fermes.

Les Acadiens ont eu recours à des techniques originaires de leur patrie, l'ouest de la France, pour construire des digues et drainer les marécages et ainsi disposer de terres arables pour semer du grain et élever du bétail. C'était une entreprise colossale, mais, une fois les terres dessalées, elle a produit des récoltes supérieures. En 1750, Grand-Pré était devenu un des plus grands centres de peuplement par les Acadiens.

Les colonies acadiennes implantées à l'extrémité est de la baie de Fundy ont été déplacées en raison de la présence militaire à Port-Royal (Annapolis Royal). Pendant la guerre de Succession d'Autriche (1740-1748), une force française en route pour reprendre Annapolis Royal a sollicité le soutien des Acadiens. En 1747, les forces françaises et leurs alliés autochtones ont attaqué les troupes britanniques d'Annapolis Royal, cantonnées pour l'hiver à Grand-Pré. De 1751 à 1755, les Français ont encouragé les Acadiens à s'installer dans le territoire français et à les aider à défendre leur fort à Beauséjour, situé à l'extrémité est de la baie de Fundy.

En 1755, au milieu des tensions croissantes à la veille de la guerre de Sept Ans, le lieutenant gouverneur et le Conseil de la Nouvelle-Écosse ont informé une délégation d'Acadiens que tous les Acadiens devraient prêter le serment inconditionnel d'allégeance au Roi d'Angleterre. Lorsque les délégués ont refusé, le Conseil les a arrêtés et a entamé le processus qui allait mener à la déportation de la quasi-totalité de la population acadienne.

Près de 2 200 Acadiens ont été déportés depuis les terres entourant Grand-Pré, soit environ le tiers des quelque 6 000 Acadiens déportés de la Nouvelle-Écosse cette année-là.

En 1764, lorsque les Britanniques ont permis aux Acadiens de revenir en Nouvelle-Écosse, leurs terres avaient été revendiquées par les colons de la Nouvelle-Angleterre, forçant les Acadiens à s'établir ailleurs notammment l'île du Cap-Breton, la côte ouest de la Nouvelle-Écosse, le Nouveau-Brunswick, l'Île-du-Prince-Édouard et le Québec.

En 1907, John F. Herbin, qui a popularisé l'histoire acadienne dans une série de livres, a acheté un terrain de 5,5 hectares sur lequel a vécu la première communauté de Grand-Pré. Même si l'église paroissiale, les maisons, les bâtiments de ferme, les entrepôts et les moulins avaient disparu depuis longtemps, le paysage a attiré la diaspora acadienne de partout en Amérique du Nord. Beaucoup cherchaient à renouer avec un lieu qu'ils n'avaient jamais habité, mais dont on leur avait raconté l'histoire. Ils ont été nombreux à arriver par le chemin de fer de la Dominion Atlantic Railway, dont la voie ferrée principale passait par Grand-Pré. Des années plus tard, Herbin a vendu sa propriété à la société de chemin de fer sous deux conditions : que le lieu devienne un parc commémoratif et qu'une parcelle du terrain soit cédée au peuple acadien afin qu'on y érige un monument commémoratif. Les terres ont été cédées au gouvernement canadien en 1956-1957.

En 2012, l'UNESCO a inscrit le paysage de Grand-Pré au patrimoine mondial. Le lieu historique national se situe au cœur de ce paysage. Une ballade à travers le hameau illustre parfaitement le nom donné à ce lieu.

EXPLORER GRAND-PRÉ

Les visiteurs peuvent explorer Grand-Pré par eux-mêmes ou se joindre à l'une des causeries ou visites guidées (juillet à août). Commencez votre visite au centre d'accueil, et promenez-vous sur les terres pour y admirer « La Grande Pré », une vaste prairie formée par les digues, et les diverses œuvres d'art qui dépeignent les réussites, les difficultés et la déportation qu'ont vécues le peuple acadien.

Conçu par l'architecte Terry Smith-Lamothe, le centre d'accueil rappelle l'Habitation de Port-Royal de 1605 (voir p. 31-32). Le revêtement du centre et les boiseries des portes et des fenêtres imitent les maisons en rondins des premiers colons acadiens. Le centre arbore les couleurs du drapeau acadien, des érables et des saules français y sont peints et les poutres de l'atrium sont assemblées comme un arbre généalogique.

La murale intitulée « Réveil », par l'artiste Wayne Boucher, représente le passé, le présent et l'avenir du peuple acadien : la Croix de la Déportation (la croix à Hortonville, sur les rives du bassin des Mines, lieu véritable des déportations) est peinte en plein centre du drapeau acadien.

Une présentation multimédia relate la vie des Acadiens avant la déportation et la déportation elle-même. Le théâtre est d'ailleurs conçu en forme de cale de bateau afin de reproduire l'image des Acadiens qui y étaient entassés. Une autre exposition explique les pratiques agricoles par des présentations audiovisuelles, une maquette du paysage, une digue et un aboiteau reconstitués, des aboiteaux d'origine et d'autres artefacts.

À l'extérieur, les visiteurs peuvent déambuler dans les jardins victoriens où se dressent la statue d'Évangéline et d'autres monuments et sculptures parmi les mares aux canards, les jardins fleuris et un verger – endroit idéal pour pique-niquer.

L'église commémorative permet aux visiteurs d'admirer les nombreuses œuvres artistiques à la mémoire de la déportation, dont le vitrail de Smith-Lamothe, qui évoque

Des pique niqueurs profitent des terres de Grand Pré.

la déportation depuis Pointe Noire, et les toiles de Claude Picard, des œuvres réalistes de grande dimension mettant en scène des moments importants de l'histoire acadienne.

À quelques pas de l'église se trouve une croix qu'Herbin a érigé à l'aide de pierres provenant de ruines de ce qu'il croyait être les fondations d'habitations acadiennes (à l'emplacement de l'ancien cimetière acadien).

La forge est un bâtiment original datant de la période suivant la déportation des Acadiens. Située à l'origine dans la communauté acadienne de Wedgeport, elle a été déménagée à Grand-Pré en 1968.

ÉVANGÉLINE

S'inspirant d'une sculpture conçue en 1917 par Louis-Philippe Hébert, son fils Henri a créé la statue de bronze grandeur nature d'Évangéline, commandée par la Dominion Atlantic Railway. La statue s'inspire du poème *Evangeline: A Tale of Acadie*, écrit en 1847 par le poète américain Henry Wadsworth Longfellow, qui raconte les tribulations d'une jeune fille acadienne, Évangéline, alors à la recherche de son fiancé, Gabriel, au lendemain de la déportation.

En érigeant ce monument, la compagnie de chemin de fer espérait augmenter l'affluence à Grand-Pré et, par le fait même, le nombre de billets de train. L'intérêt pour le poème a attiré de nombreux touristes américains, encourageant ainsi la province à développer l'aspect historique de son industrie touristique.

À l'époque de Longfellow, Évangéline représentait les événements tragiques qu'ont vécus les Acadiens pendant et après la déportation de 1755. Elle personnifie et symbolise la persévérance et la survie d'un peuple. La statue montre une jeune fille

LIEU HISTORIQUE NATIONAL DE GRAND-PRÉ
(Grand-pré National Historic Site)

INFORMATION ET ACTIVITÉS

ACCUEIL ET INFORMATION
2205, ch. Grand-Pré, Grand-Pré (N.-É.).
Tél. : 902-542-3631 ou 866-542-3631.
parcscanada.gc.ca/grandpre.

SAISONS ET ACCESSIBILITÉ
Ouvert tous les jours du vendredi du weekend de la fête de la Reine jusqu'au lundi du weekend de l'Action de grâce (oct.). On peut se promener sur les terres à l'année.

SOCIÉTÉ PROMOTION GRAND-PRÉ
C.P. 150, Grand-Pré (N.-É.). B0P 1M0.
grand-pre.com.

LES AMI(E)S DE GRAND-PRÉ
C.P. 246, Port Williams (N.-É.) B0P 1T0.
rootsweb.ancestry.com/~nsgrdpre.

DROITS D'ENTRÉE
7,80 $ par adulte; 19,60 $ par famille/groupe.

ANIMAUX DE COMPAGNIE
Animaux en laisse autorisés à l'extérieur.

SERVICES ACCESSIBLES
L'ensemble du site est accessible.

ACTIVITÉS OFFERTES
Découvrez l'histoire acadienne en visitant les expositions au centre d'accueil; prenez part à une visite guidée; promenez-vous sur les terres pour y voir l'église commémorative, la statue d'Évangéline, la forge et les jardins. Les Journées acadiennes sont célébrées en juillet (visitez le site Web pour les détails et les dates).

TERRAINS DE CAMPING
Land of Evangeline Family Camping Resort 84, ch. Evangeline Beach, Wolfville (N.-É.) B4P 2R3. 902-542-5309. evangeline campground.wordpress.com. 33 $-46 $.

HÔTELS, MOTELS ET AUBERGES
(Sauf indication contraire, les prix mentionnés sont pour une chambre en occupation double, en haute saison, en dollars canadiens.)
Evangeline Inn & Motel 11668, rte 1, Grand Pré (N.-É.) B0P 1M0. 888-542-2703. evangeline.ns.ca. 23 chambres, 115 $-145 $.
Slumber Inn 5534, ch. Prospect, New Minas (N.-É.) B4N 3K8. 902-681-5000. slumberinn.ca. 76 chambres, 102 $-126 $.
Olde Lantern Inn & Vineyard 11575, rte 1, Wolfville (N.-É.) B4P 2R3. 902-542-1389. oldlanterninn.com. 4 chambres, 119 $-147 $.

---

vêtue simplement qui regarde une dernière fois sa patrie.

JOURNÉES ACADIENNES

Chaque année en juillet, la Société Promotion Grand-Pré et ses partenaires organisent les Journées acadiennes, qui animent Grand-Pré au son de la musique et à l'odeur des mets acadiens et cajuns. Pendant ce festival de deux jours, Grand-Pré tient des lectures publiques sur l'histoire, l'archéologie, la généalogie et la culture. Plusieurs activités sont organisées le dimanche, notamment des ateliers d'art, des visites guidées, des démonstrations et des spectacles de musique acadienne traditionnelle.

Comment s'y rendre
Depuis la rte 101, prenez la sortie 10 vers Wolfville. Continuez sur la rte 1 en direction ouest pendant 1 km, puis tournez à droite (direction nord) sur le chemin Grand-Pré et roulez pendant 1 km.

Quand visiter
Le site est habituellement ouvert tous les jours de la mi-mai à la mi-octobre. Les Journées acadiennes en juillet vous feront vivre une expérience unique de la culture acadienne.

Fort-Anne est le plus ancien lieu historique national du Canada.

▶ FORT-ANNE

ANNAPOLIS ROYAL (N.-É.)
Désigné en 1917

Situé au confluent des rivières Annapolis et Allain, Fort-Anne est le plus ancien lieu historique national du Canada. Surplombant des marais salants, des collines verdoyantes et des rivages infinis, ce fort français du XVIIᵉ siècle abrite un quartier d'officiers anglais datant du XIXᵉ siècle.

En 1605, bien avant que les pèlerins débarquent à Plymouth Rock, les explorateurs français ont colonisé les rives de la rivière Annapolis. L'emplacement du fort Anne était notamment propice à la culture du blé. Les Français n'y ont pas érigé de construction avant 1613, année où une expédition anglaise a incendié le premier établissement français. Le site a aussi abrité le fort Charles (voir p. 33).

Attractions et activités

Deux heures suffisent pour visiter les expositions et les éléments extérieurs du fort Anne, y compris la poudrière datant de 1708 et le trou noir datant de 1701 (prenez une carte au Quartier des officiers). Les remparts du côté est rappellent l'histoire militaire tumultueuse de l'endroit. Les ouvrages souterrains datant de 1702 sont les plus anciens vestiges d'une fortification de style Vauban au Canada, qui figurent parmi les mieux conservés en Amérique du Nord.

Le musée permet d'en apprendre davantage sur le fort et présente l'un des exemplaires originaux de la Charte de la Nouvelle-Écosse de 1621, qui a donné son nom à la province. D'autres artefacts témoignent de la présence des Mi'kmaq, des Écossais et des Acadiens. La magnifique tapisserie historique illustre la vie dans la région au cours des 400 dernières années. Une centaine de bénévoles ont brodé cette œuvre unique de 5,5 m sur 8,5 m.

Prenez part à une des visites guidées à la chandelle, offertes à la tombée de la nuit par l'Historical Association of Annapolis Royal (*tourannapolisroyal.com*). Le guide, vêtu comme un endeuillé du XIXe siècle, mène les visiteurs dans le cimetière à la lueur de sa lanterne pour expliquer la vie et les coutumes des personnes qui ont habité le fort Anne et la région.

Comment s'y rendre

Le fort Anne est situé à 205 km à l'ouest d'Halifax. Prenez la rte 101 jusqu'à la sortie 22, et continuez vers le nord sur la rte 8. Passez les feux de circulation sur la rue St. George à Annapolis Royal, puis prenez la deuxième rue à gauche vers le fort Anne.

Quand visiter

Le terrain est ouvert à l'année, mais l'accès aux bâtiments et les activités sont seulement offerts du 1er juin au 30 septembre.

INFORMATION

ACCUEIL ET INFORMATION
323, rue St. George, Annapolis Royal (N.-É.) B0S 1K0. Tél. : 902-532-2397. parcscanada.gc.ca/fortanne.

DROITS D'ENTRÉE
3,90 $ par adulte.

SERVICES ACCESSIBLES
Limités; communiquez avec les responsables du site pour plus de détails.

HÔTELS, MOTELS ET AUBERGES (*Sauf indication contraire, les prix mentionnés sont pour une chambre en occupation double, en haute saison, en dollars canadiens.*)
Garrison House Inn 350, rue St. George, Annapolis Royal. 902-532-5750. garrisonhouse.ca. 7 chambres, 89 $-149 $.

Port-Royal, fondé par des colons français en1605.

▶ PORT-ROYAL

PORT ROYAL (N.-É.)
Désigné en 1923

Abrité de l'autre côté de la baie de Fundy, le lieu historique national de Port-Royal est situé sur la rive nord de la vallée d'Annapolis. Ce site a accueilli l'une des premières colonies européennes en Amérique du Nord, qui est née du rêve de Pierre Du Gua de Monts, un aristocrate français.

Le roi français Henry IV avait accordé à de Monts le monopole du commerce des fourrures dans une vaste région au nord-est du continent. De Monts a financé la colonie avec l'aide d'investisseurs privés, et Samuel de Champlain a contribué à son établissement en 1605.

Un sol fertile, une pêche et une chasse abondantes ainsi que le soutien du peuple Mi'kmaq ont profité à la colonie. Toutefois, la courte histoire de la colonie a pris fin lorsque le monopole a été révoqué. Certains colons sont retournés en France, d'autres ont choisi de suivre Champlain le long du fleuve Saint-Laurent pour construire l'Habitation de Québec.

L'habitation rustique de Port-Royal n'a existé que pendant huit ans, mais la communauté a été méticuleusement recréée en 1939-1940. Il s'agit d'un exemple typique de l'architecture rurale française du XVIIᵉ siècle, où les maisons encerclent une cour à l'intérieur d'une palissade en bois.

Attractions et activités

Les visites guidées et les activités à Port-Royal plaisent aux petits comme aux grands. Chaque détail de l'habita-

Des guides en uniforme militaire patrouillent le territoire.

tion mérite l'attention : les meubles, les vêtements portés par les guides, l'aménagement du terrain, etc. Les guides seront ravis de répondre aux questions au sujet de la communauté.

Des démonstrations quotidiennes

INFORMATION

ACCUEIL ET INFORMATION
53, Historic Lane, Port Royal (N.-É.) BOS 1K0. Tél. : 902-532-2898. parcscanada.gc.ca/portroyal.

DROITS D'ENTRÉE
3,90 $ par adulte.

SERVICES ACCESSIBLE
Limités; communiquez avec les responsables pour plus de détails.

HÔTELS, MOTELS ET AUBERGES
Annapolis Royal Inn 3924, rte 1, Annapolis Royal. 888-857-8889. annapolisroyalinn.com. 30 chambres, 89 $-150 $. annapolisroyalinn.com. **A Seafaring Maiden B&B** 5287, ch. Granville, Granville Ferry. 888-532-0379. aseafaringmaiden.com.

(mai à oct.) permettent aux visiteurs de découvrir la vie à l'époque des colons et celle des Mi'kmaq qui vivaient dans la région bien avant la construction de Port-Royal.

La plate-forme et la palissade offrent de magnifiques points de vue sur la rivière Annapolis, la vallée d'Annapolis et l'île Goat. Visitez le wigwam pour y découvrir la culture Mi'kmaq. Consultez le site Web pour connaître l'horaire des activités.

Comment s'y rendre

Port-Royal est situé à environ 200 km d'Halifax. Depuis la rte 101, prenez la sortie 22 et continuez vers le nord sur la rte 8 vers Annapolis Royal. Aux feux de circulation, tournez à droite sur la rte 1 et traversez la chaussée. Prenez la première rue à droite et suivez les panneaux vers le site.

Quand visiter

Le terrain est ouvert à l'année et les bâtiments du 20 mai au 8 octobre : tous les jours du 21 juin au 3 sept. et autrement fermés dimanche et lundi.

AUTRES LIEUX HISTORIQUES NATIONAUX

FORT-EDWARD
WINDSOR (N.-É.)

En haut d'une colline aux abords de Windsor, tout ce qui reste du fort Edward est un blockhaus de deux étages muni de meurtrières pour canons et carabines. Construit par les Britanniques en 1750, le blockhaus a servi pendant la déportation des Acadiens, la guerre de Sept Ans et la guerre de 1812. Le fort Edward était à l'origine composé d'une palissade carrée dotée de quatre bastions, de remparts, de casernes et d'un entrepôt pour les provisions. Désigné LHN en 1920. 67, rue Fort Edward. 902-798-2639 (été seulement). parcs canada.gc.ca/fortedward.

FORT-CHARLES
ANNAPOLIS ROYAL (N.-É.)

Comme pour bon nombre de fortifications en Nouvelle-Écosse, le temps a fait disparaître le fort Charles du paysage. Construit en 1629 par l'Écossais sir William Alexander pour y établir une colonie écossaise, le fort a seulement servi pendant quelques années. Dans les années 1630, la région a été cédée à la France. Une plaque marque l'emplacement du fort et de la colonie qui a donné son nom à la province. Désigné LHN en 1951. Ch. Prince Albert. 902-532-2397 (été) ou 902-532-2321 (hiver). parcscanada.gc.ca/fortcharles.

ÉTABLISSEMENT-MELANSON
PORT-ROYAL (N.-É.)

Aujourd'hui, l'ancien établissement Melanson ressemble à un lieu idyllique le long de la rivière Annapolis. Pourtant, aux XVIIe et XVIIIe siècles s'y trouvait un dynamique établissement agricole acadien. Avant la déportation des Acadiens en 1755, quatre générations de Melanson y ont vécu. LOn peut voir les ruines des systèmes de digues utilisés pour dessaler les marais salants et ainsi cultiver la terre. Désigné LHN en 1987. 3870, ch. Granville. 902-532-2321. parcscanada.gc.ca/etablissementmelanson.

AUTRES LIEUX HISTORIQUES NATIONAUX

KEJIMKUJIK
MAITLAND BRIDGE (N.-É.)

Le paysage de Kejimkujik témoigne de l'histoire des peuples Mi'kmaq qui ont habité la région bien avant l'arrivée des premiers Européens dans les années 1600. Cette histoire se révèle dans les lacs et les rivières sur lesquels les Mi'kmaq naviguaient de même que dans les pétroglyphes et les vestiges des lieux d'habitation du parc. Sentiers de randonnée, voies navigables et visites guidées permettent aux visiteurs de découvrir le parc. Désigné LHN en 1994. 3005, Main Parkway. 902-682-2772 (été).

BEAUBASSIN
FORT LAWRENCE (N.-É.)

Ce lieu bucolique, composé de prairies de fauche, de pâturages et de marais, et situé sur la crête sud-est du mont Fort-Lawrence, était autrefois un important établissement acadien. Les résidents du village vivaient de l'agriculture, de l'élevage et de la traite avec les résidents de la Nouvelle-Angleterre, les Français et les autochtones. Fondé en 1671-1672, Beaubassin été incendié en 1750, victime de la lutte qui opposa les empires français et britanniques. Seules demeurent des impressions fantomatiques des anciens bâtiments. Désigné LHN en 2005. Rte 4.

FORT-LAWRENCE
FORT LAWRENCE (N.-É.)

Le fort Lawrence est érigé sur les ruines du village de Beaubassin (voir ci-dessus), du côté est de la rivière Missaguash. S'y trouvaient un labyrinthe de remblais et de tranchées, des casernes et des blockhaus : témoins de la défense britannique. Le fort a été abandonné en 1755 après que les Britannqiues ont pris le fort Beauséjour (voir p. 64-65), qu'ils ont renommé Fort Cumberland. Les traces des fondations du fort sont visibles. Désigné LHN en 1923. Ch. Fort Lawrence.

REDOUTE-YORK
FERGUSON'S COVE (N.-É.)

La redoute York a joué un rôle important dans le Complexe de défense d'Halifax depuis la fin du XVIIIe siècle jusqu'à la Deuxième Guerre mondiale. La position stratégique de la redoute, perchée au sommet d'une falaise surplombant Halifax, permettait de bien voir le port : il s'agissait d'un élément clé des fortifications britanniques dans la région. Les visiteurs peuvent se promener parmi les 27 bâtiments qui composent la redoute. Désigné LHN en 1962. York Redoubt Crescent. 902-426-5080. parcscanada.gc.ca/redouteyork.

TOUR-PRINCE-DE-GALLES
HALIFAX (N.-É.)

La tour compacte en pierre dans le parc Point Pleasant est un bel exemple d'une tour de style martello : un petit fort rond de deux étages et doté de murs épais, faisant face à la côte. Construite par les Britanniques en 1793, il s'agit de la première tour de ce type en Amérique du Nord. Elle servait à défendre les batteries côtières de la pointe Pleasant des éventuelles attaques françaises. Des panneaux d'interprétation expliquent l'importance de la tour et de son emplacement. Désigné LHN en 1943. 5718, Point Pleasant Drive. 902-426-5080. parcscanada.gc.ca/tourprincegalles.

FORT-MCNAB
HALIFAX (N.-É.)

Situé sur l'île McNabs, à l'entrée du port d'Halifax, ce fort britannique du XIXe siècle était destiné à défendre l'avant-port. Le fort McNab était une batterie d'artillerie située à l'extrémité du Complexe de défense d'Halifax et comportait de l'artillerie à chargement par la culasse de longue portée. Le fort comprenait également un poste de contrôle qui examinait les navires entrants pour s'assurer qu'ils ne posaient aucune menace à la sécurité du port. Désigné LHN en 1965. Île McNabs. 902-426-5080. parcscanada.gc.ca/fortmcnab.

Construite en 1749, la citadelle d'Halifax était un centre de commandement de l'Armée canadienne pendant la Première Guerre mondiale.

▶ CITADELLE-D'HALIFAX

HALIFAX (N.-É.)

Désigné en 1951

La citadelle d'Halifax est située au sommet de la colline qui domine le port d'Halifax. Ce fort en forme d'étoile a été reconstruit à quatre reprises depuis sa construction en 1749. D'abord érigée pour contrer l'offensive française basée à Louisbourg, la citadelle a servi pendant la Révolution américaine, les guerres napoléoniennes, l'époque victorienne et les deux guerres mondiales, mais elle n'a jamais été la cible d'attaques.

Voilà pourquoi ce lieu demeure un exemple si bien conservé des premières fortifications sur la côte est. Elle est l'un des cinq lieux historiques nationaux qui forment le Complexe historique d'Halifax : un ensemble de forts et de batteries construits au fil des ans par les militaires britanniques et canadiens pour défendre l'entrée du port d'Halifax.

La première citadelle, faite de bois, a été construite en 1749 pour protéger la nouvelle colonie constituée de 2 500 colons britanniques établis dans le port de Chebucto. La

colline a tout de suite été vue comme le meilleur endroit pour surveiller une attaque éventuelle.

Malgré les efforts déployés pour la réparer dans les années 1760 et face à la menace que représentait la Révolution américaine, la citadelle tombait en ruine et il fallait la reconstruire. La deuxième fortification était plus vaste que la première (et comprenait une tour servant de caserne pour 100 soldats), mais elle a aussi été construite en bois : le climat côtier ne l'a pas épargnée.

En 1796, la hauteur de la colline a

été réduite pour accueillir la troisième citadelle. La citadelle, construite sous l'égide du prince Édouard, duc de Kent, a été baptisée Fort George en l'honneur du père du prince. Encore construite en bois, la troisième citadelle n'était plus que ruines dans les années 1820. Les tensions renouvelées avec les États-Unis ont mené à la construction d'une structure de pierre. Les travaux ont été retardé et la nouvelle citadelle n'a été achevée qu'en 1856. Elle aussi est dans un état de délabrement.

En 1906, les Britanniques cèdent la citadelle au ministère de la Milice et de la Défense du gouvernement du Canada. Durant la Première Guerre mondiale, elle sert de caserne, de camp de prisonniers et de centre de commandement. Comme les technologies militaires en artillerie et aviation ont évolué, les caractéristiques qui la rendaient stratégique sont devenues obsolètes. Dans les années 1930, les murs qui s'affaissaient ont été réparés dans le cadre des mesures de soulagement adoptées pendant la Crise de 1929. Bien qu'elle ait servi pendant la Deuxième Guerre mondiale, elle était dans un piètre état à la fin des années 1940. Parcs Canada a entrepris de la restaurer dans les années 1950.

Des historiens, chercheurs, archéologues, ingénieurs, maçons et d'autres encore ont travaillé ensemble, souvent à l'aide d'anciennes techniques et en employant du bois, de la brique et de la pierre, pour rendre à la citadelle son authenticité. Plusieurs chambres de la citadelle contiennent des artefacts originaux pour donner aux visiteurs une idée du lieu à son apogée. Parmi celles-ci se trouve la caserne des soldats où les membres du 78e régiment des Highlanders ont vécu avec leur famille. Les visiteurs peuvent essayer des couvre-chefs et des sacs à dos d'origine.

La tour de l'horloge est sans doute le symbole le plus connu de la citadelle, et l'un des monuments les plus connus en Nouvelle-Écosse. À la tour octogonale à trois paliers est intégrée une horloge réalisée par la House of Vulliamy, une célèbre famille d'horlogers de Londres. Cadeau du prince Édouard, duc de Kent, l'horloge a été installée en 1803; les mécanismes originaux sont intacts. L'horloge est remontée manuellement deux fois par semaine.

ACTIVITÉS

Une visite guidée de 60 min (offerte en français et en anglais) est comprise dans le prix d'entrée et permet aux visiteurs de découvrir les environs de la citadelle. Des guides en costume d'époque de la Halifax Citadel Regimental Association exposent les faits saillants de l'histoire du fort, reconstruit à quatre reprises, et des acteurs remontent le temps en jouant les rôles d'un soldat britannique et des membres de sa famille pour expliquer la vie sur la colline et le rôle qu'à joué la Citadelle dans la protection d'Halifax et du pays.

L'activité d'immersion Soldat d'un jour, d'une durée de 3 heures (des frais s'appliquent), donne aux participants l'occasion de se mettre dans la peau d'un soldat au XIXe siècle. Une fois leur uniforme ajusté (qui comprend un kilt), les participants se

La fortification en forme d'étoile surplombe le port d'Halifax.

rendent à la place d'armes pour exécuter des exercices et apprendre le tir au fusil (16 ans et plus). Les enfants âgés de 8 à 15 ans apprennent à battre le tambour militaire typique de l'armée britannique. Moyennant un supplément, les adultes (16 ans et plus) peuvent rejoindre les rangs du 78e régiment des Highlanders et faire 3 tirs au moyen d'un authentique fusil Snider-Enfield datant de 1869.

Des visites hantées (le vendredi et samedi soir, de juill. à oct.) montrent la citadelle sous une lumière différente. Ces visites guidées ont lieu lorsque le crépuscule assombrit la colline et que les couloirs, ruelles pavées et fossés sont plongés dans la pénombre et éclairés seulement à la lueur des chandelles. Les visiteurs peuvent découvrir les cellules où étaient détenus les prisonniers.

MUSÉE DE L'ARMÉE

Situé au deuxième étage du bâtiment Cavalier de la citadelle, le musée met en valeur les efforts militaires depuis 400 ans et la contribution d'Halifax à la défense canadienne pendant les deux guerres mondiales.

Le musée possède une collection de médailles qui date du tout début de l'histoire militaire canadienne. Le musée expose aussi une croix de fer allemande qui aurait été trouvée dans l'avion piloté par Rudolph Hess (commandant en second d'Hitler) lorsqu'il s'est rendu en Écosse en 1941 pour engager des pourparlers de paix.

Ne manquez pas l'exposition sur l'artisanat de tranchée, les œuvres uniques sculptées par les soldats avec les moyens qu'ils avaient sous la main dans les tranchées. Des cartouches vides, des casques ennemis, des boucles de ceinture et des badges : tout servait aux soldats pour exprimer leur créativité. Contrastent avec cette forme d'art les œuvres modernes de Jessica Wiebe, réserviste de l'armée canadienne : ses dessins représentent la période où elle a servi en Afghanistan.

L'exposition « Le chemin vers Vimy et haut-delà » relate les récits des Canadiens qui ont combattu pendant la Première Guerre mondiale.

Comment s'y rendre

Il y a 2 entrées pour les véhicules : une sur la rue Sackville et l'autre sur

La promenade guidée permet de visiter les casernes, les couloirs et les cellules.

LIEU HISTORIQUE NATIONAL DE LA CITADELLE-D'HALIFAX
(Halifax Citadel National Historic Site)

INFORMATION ET ACTIVITÉS

ACCUEIL ET INFORMATION
5425, rue Sackville, Halifax (N.-É.) B3K 5M7. Tél. : 902-426-5080. parcscanada. gc.ca.citadellehalifax. Musée de l'Armée de la citadelle d'Halifax : 902-422-5979. armymuseumhalifax.ca. (en anglais)

SAISONS ET ACCESSIBILITÉ
Ouvert à l'année, mais les horaires et les services varient selon les saisons. Les activités et les programmes réguliers sont offerts du début mai à la fin oct. Le reste de l'année, les activités se limitent aux visites hantées et aux visites organisées.

HALIFAX CITADEL REGIMENTAL ASSOCIATION
5425, rue Sackville, Halifax (N.-É.) B3K 5M7. 902-426-1990. regimental.com.

DROITS D'ENTRÉE
11,70 $ par adulte, 29,40 $ par famille/ groupe (1er juin au 15 sept.). 7,80 $ par adulte; 15,60 $ par famille/groupe (mai et du 16 sept. au 31 oct.).

ANIMAUX DE COMPAGNIE
Les animaux en laisse sont autorisés sur le terrain, mais pas à l'intérieur des bâtiments.

SERVICES ACCESSIBLES
La majorité du site est accessible en fauteuil roulant, y compris les remparts, le Musée de l'Armée, les expositions au rez-de-chaussée et les toilettes. Les films sont sous-titrés. Stationnements désignés.

ACTIVITÉS OFFERTES
Démonstrations militaires : tirs de canon, tâches de sentinelles et spectacles de cornemuse. Circuits pédestres, musée et démonstrations de tir tous les midis. La salle de classe et la caserne des soldats restaurées présentent une foule d'artefacts qui donnent un aperçu de la vie des soldats et de leurs familles au XIXe siècle.

Des visites hantées et des événements spéciaux sont également organisés, comme les célébrations du Noël victorien en novembre.

RENSEIGNEMENTS IMPORTANTS
Les conditions météorologiques varient souvent à Halifax. Apportez une veste et portez des chaussures confortables.

TERRAINS DE CAMPING
Woodhaven RV Park 1757, ch. Hammonds Plains, Hammonds Plains (N.-É.) B4B 1P5. 902-835-2271. woodhavenrvpark.com. 30 $-48 $.

HÔTELS, MOTELS ET AUBERGES
(Sauf indication contraire, les prix mentionnés sont pour une chambre en occupation double, en haute saison, en dollars canadiens.)
Lord Nelson Hotel 1515, rue South Park, Halifax (N.-É.) B3J 2L2. 902-423-6331. lordnelsonhotel.ca. 280 chambres, 139 $-219 $.
Atlantic Corporate Suites 596, rte Bedford, Halifax (N.-É.) B3M 2L8. 902-880-0889. atlanticcorporatesuites.com. 15 chambres, 60 $-275 $.
Prince George Hotel 1725, rue Market, Halifax (N.-É.) B3J 3N9. 902-425-1986. princegeorgehotel.com. 201 chambres, 129 $-279 $.

Rainnie Drive. La citadelle est facile à trouver à pied à partir du secteur riverain : montez sur la colline et cherchez les drapeaux qui flottent au-dessus des remparts. L'escalier abrupt devant la vieille tour de l'horloge mène à l'entrée de la citadelle. Le trottoir à partir de l'entrée de la rue Sackville y monte plus graduellement. Un arrêt des transports publics se trouve également à une courte distance de marche de la citadelle.

Quand visiter
Le site est ouvert à l'année, mais la majorité des activités sont offertes de mai à octobre.

Près d'un million d'immigrants sont entrés au Canada par le Quai 21.

▶ MUSÉE CANADIEN DE L'IMMIGRATION DU QUAI 21

HALIFAX (N.-É.)
Désigné en 1997

De 1928 à 1971, le Quai 21 d'Halifax était une porte d'entrée au Canada. Près d'un million d'immigrants ont passé ses portes pour entrer au pays : ce lieu a ainsi marqué la vie et la mémoire des Canadiens. Construit à l'origine comme hangar à marchandises, le bâtiment est aujourd'hui célébré comme un lieu historique canadien emblématique.

PORTE D'ENTRÉE À L'IMMIGRATION

Même s'il servait à l'origine de hangar à marchandises, le Quai 21 a été converti en centre d'immigration : il comprenait des endroits conçus pour les formalités d'immigration, des installations d'hébergement et de détention, des salles à dîners et un hôpital. Le bâtiment se démarque par son grand hall où les immigrants attendaient pour subir un examen civil et médical. Ces examens étaient brefs puisque les immigrants potentiels faisaient l'objet d'une vérification avant de venir au Canada. Pendant les années d'activités du Quai 21, peu d'immigrants se sont vu refuser l'entrée, mais la santé, la profession, les ressources financières, l'éducation et l'idéologie ou l'identité raciale étaient des facteurs pouvant entraîner un refus.

Une fois qu'ils avaient passé ces inspections, les immigrants se rendaient à un bâtiment adjacent par une passerelle, où les douaniers vérifiaient leurs bagages à main. Les plus gros bagages étaient fouillés au rez-de-chaussée. Malgré le flux de bagages important, le processus douanier ne prenait habituellement que quelques minutes par personne.

Après ce processus, un immigrant pouvait attendre plusieurs heures avant de prendre un train. Les wagons utilisés au Quai 21 étaient d'anciens modèles munis de sièges en bois et de poêles à bois pour cuisiner. Le musée présente une reproduction de l'intérieur d'un de ces wagons, surnommé le wagon des colons. Les immigrants passaient plusieurs jours dans ces wagons pour traverser le pays. Les autres voyageurs prenaient les trains modernes à la gare située à proximité.

Les années qui ont suivi l'ouverture du Quai 21 ont connu un important déclin de l'immigration. Le gouvernement a mis en place des politiques restrictives en réaction à la Crise de 1929 : pendant environ 10 ans, ce nouveau bâtiment a été le théâtre de peu d'activités. En plus de faire passer le nombre d'immigrants par année de 100 000 à moins de 20 000, les politiques ont fait augmenter la proportion de l'immigration par voie terrestre des États-Unis par rapport à celle par voie maritime.

Au déclenchement de la Deuxième Guerre mondiale, le Quai 21 est devenu un port d'embarquement pour les centaines de milliers de Canadiens qui ont servi à l'étranger. Certains civils entraient toujours au Canada par la voie maritime d'Halifax, mais la circulation était très limitée en raison des restrictions en temps de guerre sur le transport de passagers et les règlements stricts en matière d'immigration toujours en vigueur. Pendant la guerre, des objets précieux, comme des lingots d'or et des trésors culturels ou historiques,

étaient également expédiés d'outre-mer aux ports maritimes d'Halifax pour les garder en sûreté au Canada.

Dans la foulée de la guerre mondiale, des immigrants de partout en Europe – Britanniques, Néerlandais, Polonais, Allemands, Italiens et Ukrainiens – sont arrivés à Halifax bénéficiant du statut de personnes déplacées, de réfugiés ou d'épouses de guerre (et leurs enfants) ou en tant que simples immigrants. Au total, près de 500 000 nouveaux arrivants sont arrivés au cours de la décennie suivant la guerre. Au milieu de ces vagues d'immigration, le Quai 21 a été brièvement le port d'entrée le plus occupé au Canada. L'avènement des voyages en avion dans les années 1960 a rendu le Quai 21 obsolète; il a fermé ses portes en 1971.

Aujourd'hui, le hangar maritime abrite le Musée canadien de l'immigration du Quai 21.

ATTRAITS DU MUSÉE

Le Musée canadien de l'immigration du Quai 21 tient deux expositions permanentes sur l'histoire du lieu et celle plus vaste de l'immigration au Canada. Ces expositions offrent du contenu immersif et interactif; s'y greffent des expositions temporaires et des programmes publics qui portent parfois sur l'expérience contemporaine des immigrants canadiens.

L'exposition permanente sur l'histoire du Quai 21 porte sur l'époque où le bâtiment servait de porte d'entrée pour l'immigration au Canada (1928 à 1971) et de point d'embarquement et de débarquement pour les soldats qui ont servi à l'étranger pendant la Deuxième Guerre mondiale. Les visiteurs sont plongés dans l'histoire grâce à des récits personnels (des nouveaux arrivants et des personnes qui les ont accueillis), des photos d'archives, des vidéos et des artefacts. Des reproductions de wagon de colons et de cabine de navire permettent aux visiteurs de s'imaginer secouer par les vagues dans un navire ou en route vers l'ouest à bord d'un train. Un poste de douanes interactif permet aux visiteurs de tester si leurs objets de valeurs auraient été autorisés ou confisqués. Les visiteurs peuvent aussi revêtir les costumes portés à l'époque par les agents d'immigration et les bénévoles de la Croix-Rouge.

La nouvelle salle sur l'histoire de l'immigration canadienne relate l'histoire de l'immigration au Canada sur plus de 400 ans. Alimentée par des récits anciens et contemporains, l'exposition présente l'histoire des groupes pour qui l'immigration a été favorisée et ceux pour qui l'immigration a été plus difficile. Les visiteurs peuvent découvrir les réalisations individuelles et collectives des nouveaux arrivants de même que des objets qui donnaient aux immigrants un sentiment d'appartenance dans la société canadienne. Dans cette exposition thématique, la chronologie des décisions et des événements importants de l'histoire de l'immigration au Canada permet aux visiteurs de se situer dans le temps.

Dans cette salle, des expositions interactives permettent aux visiteurs

de découvrir la façon dont l'immigration a influencé tous les aspects de la vie au Canada. Les visiteurs peuvent suivre les tendances d'immigration à l'aide d'une carte multimédia, parcourir numériquement une collection d'histoires orales authentiques d'immigrants dans la Galerie sur l'histoire orale BMO, essayer de remplir une seule malle pour toute la durée du voyage ou tester leurs connaissances sur le Canada au moyen d'un test sur la citoyenneté.

La galerie Ralph et Rose Chiodo du musée est une vaste salle d'exposition qui présente de nouvelles expositions temporaires chaque année, dont l'exposition « Canada : Jour 1 », réalisée par le musée au sujet des expériences des immigrants pendant les premiers jours au Canada. Le musée a également présenté « Le *Titanic* canadien – *L'Empress of Ireland* » en partenariat avec le Musée canadien de l'histoire, qui relate le naufrage en 1914 du paquebot canadien pendant les années fastes de l'immigration; ainsi que « Paix – L'exposition », réalisée par le Musée canadien de la guerre sur les enjeux liés à la guerre, la paix et l'immigration.

De plus petites expositions sont présentées dans le hall central du musée, notamment la « Roue de la conscience », monument créé par l'architecte Daniel Libeskind pour commémorer le navire de réfugiés juifs, le *Saint Louis*, en partenariat avec Immigration, Réfugiés et Cito-yenneté Canada et le Centre consultatif des relations juives et israéliennes. Le musée a déjà présenté « Une traversée périlleuse », une exposition du Musée des sciences et de la technologie du Canada au sujet de la récente vague de migrants qui fuient la violence et l'instabilité en entreprenant la traversée périlleuse de la Méditerranée, et

Le Quai 21 est devenu un centre d'immigration en 1928.

Le personnel infirmier de la Croix-Rouge apportait des soins aux nouveaux arrivants.

Des wagons chauffés au poêle appelés « wagons de colons ».

Une fois qu'ils y étaient autorisés, les nouveaux arrivants prenaient le train vers l'Ouest.

l'exposition « Atterrissages parfaits », réalisée en partenariat avec Patinage Canada, qui portait sur des patineurs, entraîneurs et pionniers du patinage artistique qui étaient des immigrants au Canada.

CENTRE D'HISTOIRE FAMILIALE BANQUE SCOTIA

Le Centre d'histoire familiale Banque Scotia offre des services de référence et est situé au rez-de-chaussée du

La galerie des histoires orales.

LIEU NATIONAL HISTORIQUE DU QUAI 21 ET LE MUSÉE CANADIEN DE L'IMMIGRATION DU QUAI 21
(Pier 21 National Historic Site and the Canadian Museum of Immigration)

INFORMATION ET ACTIVITÉS

ACCUEIL ET INFORMATION
11055, ch. Marginal, Halifax (N.-É.) B3H 4P7. Tél. : 902-425-7770. pier21.ca.

SAISONS ET ACCESSIBILITÉ
Ouvert à l'année. Visitez le site Web pour connaître les heures d'ouverture.

DROITS D'ENTRÉE
10 $ par adulte, 26 $ par famille.

ANIMAUX DE COMPAGNIE
Seuls les animaux d'assistance sont autorisés dans le musée.

SERVICES ACCESSIBLES
Tous les étages du Musée sont accessibles en fauteuil roulant. L'ascenseur indique les numéros d'étage en braille. Espaces de stationnement réservés. Un fauteuil roulant est mis à la disposition des visiteurs; il est attribué au premier qui en fait la demande. Des espaces sont réservés aux fauteuils roulants dans le Théâtre Andrea et Charles Bronfman.

ACTIVITÉS OFFERTES
Visitez les deux expositions permanentes du musée où vous pourrez découvrir une foule de contenus interactifs. Vous pouvez prendre part à une visite guidée.

Découvrez vos racines familiales en fouillant dans les dossiers d'immigration et les photos de navires au Centre d'histoire familiale Banque Scotia.

Visionnez le court métrage *au Canada.*

Visitez la boutique du musée pour des souvenirs uniques, dont des produits faits au Canada, des produits de prestige, des vêtements et des livres; elle compte également une section pour enfants.

TERRAINS DE CAMPING
Woodhaven RV Park 1757, ch. Hammonds Plains, Hammonds Plains (N.-É.) B4B 1P5. 902-835-2271. woodhavenrvpark.com. 30 $-48 $.

HÔTELS, MOTELS ET AUBERGES
(Sauf indication contraire, les prix mentionnés sont pour une chambre en occupation double, en haute saison, en dollars canadiens.)
Lord Nelson Hotel 1515, rue South Park, Halifax (N.-É.) B3J 2L2. 902-423-6331, lordnelsonhotel.ca. 280 chambres, 139 $-219 $.
Atlantic Corporate Suites 5596, rte Bedford, Halifax (N.-É.) B3M 2L8. 902-880-0889, atlanticcorporatesuites.com. 15 chambres, 60 $-275 $.
Prince George Hotel 1725, rue Market, Halifax (N.-É.) B3J 3N9. 902-425-1986. princegeorgehotel.com. 201 chambres, 129 $-279 $.

Musée. Le Centre excède les années de 1928 à 1971 avec de l'information sur des sujets comme la migration, l'histoire maritime, les cycles d'immigration au Canada, les groupes ethniques et la généalogie. Le musée possède des dossiers d'immigration sur microfilm allant de 1925 à 1935 et le personnel a accès à des sources d'arrivée remontant à 1865. Il a également accès à des informations sur tous les points d'entrée au Canada, et peut rechercher les ports maritimes américains.

Comment s'y rendre
Situé au 1055, ch. Marginal. Des trains de Via Rail se rendent à la gare située à côté, et la gare d'autobus Greyhound est située à moins d'un demi-kilomètre. Prenez le chemin Terminal en direction des quais, puis gardez votre droite dans la courbe : le musée se trouve à gauche.

Quand visiter
Le musée est ouvert à l'année et différentes activités sont proposées tout au long de l'année. Visitez le site Web pour plus d'information.

AUTRES LIEUX HISTORIQUES NATIONAUX

NCSM *SACKVILLE*
HALIFAX (N.-É.)

Le NCSM *Sackville*, de construction canadienne, est à quai à côté du Musée maritime de l'Atlantique au centre-ville d'Halifax. Il s'agit d'un exemple type des petits navires de combat que le Canada et ses alliés utilisaient comme escortes de convoi pendant la Deuxième Guerre mondiale. Il y a déjà eu 200 de ces puissants petits navires en service; aujourd'hui, le *Sackville* est la seule corvette de classe Flower qui reste. Désigné LHN en 1988. 1655, rue Lower Water. 902-429-2132 (été) ou 902-427-2837 (hiver).

JARDINS-PUBLICS-D'HALIFAX
HALIFAX (N.-É.)

Créés en 1874, ces jolis jardins constituent un des rares exemples préservés de jardins de style victorien au Canada. Les mosaïcultures, les allées en zigzags, les fontaines et les statues d'origine sont bien préservées. Le kiosque à musique est le centre d'attraction du parc avec sa dentelle de bois et sa peinture de couleurs primaires. Les visiteurs et les habitants de la ville d'Halifax aiment venir s'y détendre. Ouvert de mai au 8 novembre jusqu'à la tombée de la nuit. Désigné LHN en 1983. Quatre entrées; la principale étant située au 5769, ch. Spring Garden.

ÉGLISE-ANGLICANE-ST. GEORGE / ÉGLISE-RONDE
HALIFAX (N.-É.)

St. George est le seul exemple d'église ronde du XIXe siècle au Canada. Elle est présentée comme un chef-d'œuvre d'architecture palladienne. Sa construction a débuté en 1800 pour se terminer 12 ans plus tard. Endommagée par l'explosion du port de Halifax en 1917, puis par un incendie en 1994, l'église a été restaurée de manière à conserver ses lignes classiques et ses proportions harmonieuses. Désigné LHN en 1983. 2222, rue Brunswick. 902-423-1059.

AUTRES LIEUX HISTORIQUES NATIONAUX

ÉGLISE-ANGLICANE-ST. PAUL
HALIFAX (N.-É.)

St. Paul a été pendant 96 ans l'église officielle de la garnison des forces locales de l'armée et de la marine britannique. Achevée en 1750, c'est l'un des premiers exemples d'architecture de style palladien au Canada. Sa conception, qui provient probablement d'un catalogue de plans, s'inspire de celui de St. Peters, à Londres. Lors d'agrandissements ultérieurs, des ailes latérales, un chœur et un clocher de cuivre ont été ajoutés. De 1984 à 1990, l'église a été méticuleusement restaurée. Désigné LHN en 1981. 1749, rue Argyle. 902-429-2240.

PROVINCE HOUSE
HALIFAX (N.-É.)

Achevé en 1819, cet imposant édifice du centre-ville d'Halifax sert encore de siège à l'Assemblée législative de la Nouvelle-Écosse, ce qui en fait le plus ancien de tous les édifices législatifs actuels au Canada. Toutefois, sa renommée vient aussi du fait que cet immeuble de style palladien à trois étages ait été le théâtre de débats qui ont conduit à l'adoption des principes de liberté de presse et du gouvernement responsable au Canada. Désigné LHN en 1993. 1741, rue Hollis. 902-424-4661.

BASILIQUE-ST. MARY
HALIFAX (N.-É.)

Lors de sa construction en 1820, St. Mary était l'une des premières cathédrales catholiques romaines au Canada. L'église est aujourd'hui un exemple remarquable d'architecture de style néogothique. Il est difficile de ne pas remarquer son impressionnant portail triple et sa haute flèche centrale, ajoutée en 1874. Les caractéristiques intérieures sont encore plus évoluées, notamment les gravures de pierre, les vitraux et les portes massives. Désigné LHN en 1997. 1508, rue Barrington.

ANCIEN-CIMETIÈRE
HALIFAX (N.-É.)

L'ancien Cimetière contient plus de 1 200 monuments et pierres tombales. Aujourd'hui enceint d'un mur de pierre, le cimetière pluriconfessionnel contient une concentration unique d'art funéraire du XVIIIe siècle et du début du XIXe siècle au Canada. Les images, techniques de sculpture et styles distincts sur les pierres témoignent des traditions culturelles complexes des débuts de l'Amérique du Nord britannique. Désigné LHN en 1991. Rue Barrington, au nord de la rue Bishop.

HÔTEL-DU-GOUVERNEUR
HALIFAX (N.-É.)

L'Hôtel du gouverneur, au cœur du quartier historique d'Halifax, sert de résidence officielle au lieutenant-gouverneur de la Nouvelle-Écosse depuis plus de 175 ans. Sa construction s'est achevée en 1805 sous la direction de sir John Wentworth, alors gouverneur de la Nouvelle-Écosse. Ce manoir imposant en pierre construit dans le style palladien ressemble davantage au manoir d'un gentilhomme anglais qu'à la résidence officielle d'un avant-poste colonial. Désigné LHN en 1982. 1451, rue Barrington. 902-424-7001.

ARRONDISSEMENT-HISTORIQUE-DU-VIEUX-LUNENBURG
LUNENBURG (N.-É.)

Des maisons aux couleurs vives, une ville dont le plan en damier est l'un des plans britanniques les plus anciens et les mieux préservés du Canada. L'arrondissement historique est un bel exemple des types de peuplement du XVIIIe siècle. Sa zone de front de mer témoigne de ses liens étroits avec les industries de la pêche et de la construction navale, et son architecture couvre une période de plus de 240 ans. Désigné LHN en 1991; inscrit au patrimoine mondial en 1995. Port de Lunenburg.

Érigée en Nouvelle-Écosse en 1713, la forteresse de Louisbourg surplombe l'océan Atlantique.

ÎLE DU CAP-BRETON

Près du cinquième de la population de la Nouvelle-Écosse vit sur l'île du Cap-Breton. Cette île vallonnée tout juste au large de la côte nord-est continentale mesure 175 km de long sur 120 km de large en son point le plus large. En son centre s'étend le lac Bras d'Or, la principale voie navigable qui reliait les communautés Mi'kmaq et d'autres peuples autochtones. La maison d'été de l'inventeur Alexander Graham Bell (voir p. 54-57) surplombe ce lac d'eau salée. Les Français ont revendiqué l'île comme faisant partie de l'Acadie. Bien qu'ils aient cédé la

majorité de l'Acadie aux Britanniques
aux termes du Traité d'Utrecht en
1713, ils ont conservé l'île et ont dès
lors commencé à bâtir la forteresse de
Louisbourg (voir p. 50-53), une ville
fortifiée constituant à la fois un port
commercial d'importance et un lieu
militaire stratégique. Les Britanniques ont pris Louisbourg en 1758 et,
5 ans plus tard, la France a cédé l'île
aux termes du Traité de Paris, qui a
mis fin à la guerre de Sept Ans. Aujourd'hui, une route sur digue traverse
le détroit de Canso sur 3 km et relie
l'île au continent.

Des canons font feu à la forteresse de Louisbourg.

▶ FORTERESSE-DE-LOUISBOURG

LOUISBOURG (N.-É.)

Désigné en 1920

Dressée sur une petite péninsule dominant un port de l'océan Atlantique Nord, la Forteresse-de-Louisbourg est la plus grande reconstruction de ville fortifiée française du XVIIIᵉ siècle en Amérique du Nord. De 1713 à 1768, elle a joué un rôle important dans la lutte franco-britannique pour le pouvoir.

Les Français sont arrivés dans la région en 1713 après avoir cédé l'Acadie et Terre-Neuve aux termes du Traité d'Utrecht, qui a mis fin à la guerre de Succession d'Espagne. Il ne reste plus à la France, dans ce qui est aujourd'hui le Canada atlantique, que le Cap-Breton et l'Île-du-Prince-Édouard, appelés à l'époque l'Isle Royale et l'Isle Saint-Jean. Désireux de préserver l'intégrité de leur empire maritime, les Français ont commencé à construire une ville fortifiée en 1719. La ville abritait des bureaux gouvernementaux, une garnison militaire et une population civile. En 1745, Louisbourg était l'un des ports les plus achalandés du continent, notamment pour la circulation des marchandises entre l'Europe, les Antilles et les colonies nord-américaines françaises et britanniques. Elle servait également de base militaire stratégique pour surveiller les voies d'accès au golfe du Saint-Laurent, principale route d'approvisionnement vers le Québec et l'intérieur de l'Amérique du Nord.

La forteresse a été attaquée pour la première fois en 1745, pendant la guerre de Succession d'Autriche (1740-1748), pour ensuite devenir le champ de bataille d'un conflit bien plus grand entre la Grande-Bretagne et la France. Informées du piètre état dans lequel se trouve la forteresse, les forces britanniques sont parties à l'assaut de Louisbourg. Il leur a fallu 46 jours pour prendre la forteresse. Louisbourg est de nouveau passée aux mains des Français aux termes du traité d'Aix-la-Chapelle, 3 ans seulement après le siège. Avec la reprise des hostilités en 1756, les Français et les Britanniques ont tous deux constitué des forces navales et terrestres dans la région. La ville est de nouveau assiégée en 1758. Les forces anglaises, totalisant 30 000 hommes, capturent la forteresse en 7 semaines. Pour que Louisbourg ne redevienne jamais plus une ville fortifiée française, les Britanniques démolissent les remparts. Ils ont pris d'assaut Québec l'année suivante.

En 1961, le gouvernement du Canada a entrepris un projet d'une valeur de 25 millions de dollars pour reconstruire un quart de la ville et des fortifications telles qu'elles étaient dans les années 1740, juste avant le premier siège : des casernes de soldats, des bastions de pierre, un magasin d'artillerie, des boutiques, une boulangerie et davantage.

Les fouilles archéologiques ont permis de mettre au jour, outre les vestiges des fortifications et des bâtiments de l'époque, plus de 5,5 millions d'artefacts qui en révèlent beaucoup sur la vie quotidienne à Louisbourg. Il est possible de voir sur place de nombreux artefacts.

La forteresse s'étend sur 5 hectares. Entrez par les portes Dauphin et dépassez les casernes de soldats et les bastions de pierre pour vous rendre à la ville même. Vous y verrez des dizaines de bâtiments, certains à usage militaire et d'autres destinés à la population générale.

EXPÉRIENCES UNIQUES

L'une des expériences les plus populaires est l'activité de tir au canon, offerte en deux versions. La version brève permet aux visiteurs de revêtir l'habit traditionnel d'un canonnier, d'apprendre à tirer au canon et de prendre part à un défilé qui se conclut par un tir au canon. La version d'une journée débute avec une visite guidée des lieux. Ensuite, les participants revêtissent un habit d'époque, prennent part à un atelier d'artillerie, dînent dans l'un des restaurants sur place et ont la possibilité d'effectuer un tir au canon dans l'après-midi.

Pour une autre expérience authentique, prenez part à la visite guidée des jardins du Jardinier guérisseur. Vous pourrez visiter les cinq jardins aménagés où se trouvait à l'origine le jardin de Louisbourg. Les jardins, qui varient en style de classique à surélevé, sont cultivés comme ils l'auraient été au XVIIIe siècle. On y cultive herbes, fruits et légumes : des plantes utiles qui peuvent nourrir ou soigner. Des graines trouvées sur les lieux lors des fouilles ont permis de mettre à jour le jardin.

Toutes les expériences et les visites guidées sont payantes.

SENTIERS DE RANDONNÉE

Louisbourg offre près de 8 km de sentiers de randonnée. Non seulement les sentiers permettent d'admirer le patrimoine bâti de la région, mais également son patrimoine naturel. Souci, fraises des champs, tanaisie, foin d'odeur, trientale boréale, épinettes et fleur de mai, l'emblème floral de la province, sont quelques-unes des espèces qui composent la flore le long des sentiers. Des lièvres, cerfs, coyotes, belettes, renards et plusieurs espèces d'oiseaux composent la faune.

Le sentier du Phare, une boucle de 2 km qui longe le littoral, mène à des vues imprenables et présente des panneaux d'interprétation sur la faune et la flore de la région. Il permet également de voir de près le phare de Louisbourg : il ne s'agit pas du phare d'origine, mais il se tient sur l'emplacement du premier phare au Canada, érigé en 1734. Le sentier du Phare rejoint un autre sentier plus accidenté, en cours d'aménagement.

Le sentier de la Vieille-Ville (2,25 km) longe la rive du havre de Louisbourg. Par le biais d'une série de panneaux d'interprétation, le sentier raconte l'histoire de la Vieille Ville jusqu'à nos jours. Le sentier est accessible en fauteuil roulant.

Une poignée de petits sentiers d'interprétation mènent les visiteurs à des points de vue époustouflants ou à des structures significatives. Le sentier Mi'kmaq (351 m) mène à travers la forêt à un belvédère qui offre une vue panoramique du havre de Louisbourg. Le sentier de la Batterie royale est une boucle (678 m) qui contourne l'ancienne batterie et mène à une vue imprenable sur le havre. Finalement, le sentier de la redoute Wolf (178 m) mène à une redoute souterraine.

Le sentier le plus impressionnant est sans doute le sentier des Ruines (2,3 km) qui serpente à travers les ruines intactes de la ville du XVIIIe siècle (ce qui représente les trois quarts du village d'origine). Accessible à partir de la ville reconstruite, il suit une série de panneaux d'interprétation qui expliquent des éléments comme les fondations de l'hôpital du Roi, de la batterie de l'île et d'un couvent.

REPAS COMME AU XVIIIe SIÈCLE

En 1740, les aubergistes de Louisbourg tenaient des cabarets au bord de l'eau que fréquentaient les soldats qui avaient quartier libre pour jouer, bavarder et manger. Deux restaurants à Louisbourg font revivre aux visiteurs cette expérience avec des serveurs vêtus en habit d'époque.

L'Auberge Grandchamp et l'Hôtel de la Marine ont été reconstruits d'après les bâtiments qui avaient cette vocation au XVIIIe siècle, lorsque la forteresse était en activité. Les deux restaurants servent des repas à saveur du XVIIIe siècle comme de la soupe aux pois, aux légumes ou au poisson, des moules et du pain, du ragoût de bœuf, du poisson et plus encore. Il est possible de déguster en privé un repas digne de la classe supérieure de l'époque.

Des guides en costume d'époque racontent comment on vivait à l'été 1744.

Des comédiens participant à une reconstitution historique entreposent des barils de provisions.

LIEU HISTORIQUE NATIONAL DE LA FORTERESSE-DE-LOUISBOURG
(Fortress of Louisbourg National Historic Site)

INFORMATION ET ACTIVITÉS

ACCUEIL ET INFORMATION
259, ch. Park Service, Louisbourg (N.-É.) B1C 2L2. Tél. : 902-733-3552. parcscanada. gc.ca/louisbourg.

SAISONS ET ACCESSIBILITÉ
Après l'Action de grâce jusqu'à la fête de la Reine : fermé les week-ends. De la Fête de la Reine jusqu'à l'Action de grâce : ouvert tous les jours. Les heures varient selon la saison : informez-vous auprès des responsables du site.

ASSOCIATION DE LA FORTERESSE-DE-LOUISBOURG
265, ch. Park Service, Louisbourg (N.-É.) B1C 2L2. 902-733-3548. fortressoflouis bourg.ca.

DROITS D'ENTRÉE
17,60 $ par adulte, 44,10 $ par famille/ groupe en haute saison. 7,30 $ par adulte, 18,10 $ par famille ou groupe hors saison. Entrée gratuite à la fête du Canada.

ANIMAUX DE COMPAGNIE
Les chiens d'assistance sont autorisés. Les animaux sont permis sur le sentier du Phare, le sentier de la Vieille Ville et dans les zones récréatives près du chemin de l'anse. Ils doivent être tenus en laisse.

SERVICES ACCESSIBLES
Le respect de l'architecture historique limite l'accessibilité. Les bâtiments ne sont pas tous accessibles. Pendant les périodes d'ouverture du centre d'accueil, il est possible de faire venir un véhicule avec accès pour fauteuil roulant à commande manuelle. Des parties du sentier du Phare sont accessibles, mais le gravier et les pentes raides peuvent poser des difficultés.

ACTIVITÉS OFFERTES
L'été, le lieu offre des visites guidées et d'autres activités. À l'année, le lieu tient une variété d'activités et d'événements spéciaux; informez-vous pour les dates, car elles varient d'une année à l'autre. Le réseau de sentiers est accessible à l'année.

Deux plages sont situées à proximité, l'anse Kennington Cove et l'anse d'Anson : leur large batture de sable en font un lieu idéal pour se baigner et passer la journée.

TERRAINS DE CAMPING
Lakeview Treasure Campground 5785, autoroute Louisbourg, Cap-Breton (N.-É.) B1C 2G4. 902-733-2058. louisbourgcamp ground.com. 20 $-36,50 $.

HÔTELS, MOTELS ET AUBERGES
(Sauf indication contraire, les prix mentionnés sont pour une chambre en occupation double, en haute saison, en dollars canadiens.)
Cranberry Cove Inn 12, rue Wolfe, Louisbourg (N.-É.) B1C 2H9. 902-733-2171. cranberrycoveinn.com. 7 chambres, 105 $-160 $.
Louisbourg Harbour Inn 9, rue Lower Warren, Louisbourg (N.-É.) B1C 1G6. 902-733-3222. louisbourgharbourinn.com. 7 chambres, 129 $-155 $.
Point of View Suites at Louisbourg Gates 15, rue Commercial Extension, Louisbourg (N.-É.) B1C 2J4. 888-374-8439. louis bourgpointofview.com. 19 chambres, 125 $-299 $.

Comment s'y rendre
Une fois arrivé à la localité de Bras d'Or par l'autoroute Transcanadienne (105), prenez l'autoroute 125 en direction de Sydney jusqu'à la sortie 8. Tournez à droite sur la rte 22 qui vous mène directement au village de Louisbourg. Suivez les panneaux pour le lieu historique national.

Quand visiter
L'été est la meilleure saison pour profiter des activités et des jardins. En juillet se tient la CultureFête, une célébration du multiculturalisme de Cap-Breton. Hors saison, les visiteurs peuvent déambuler entre les bâtiments et le long des sentiers en plus de participer à des activités spéciales comme le Jour du patrimoine.

Le musée du lieu historique national Alexander-Graham-Bell compte trois salles d'exposition principales.

▶ ALEXANDER-GRAHAM-BELL

BADDECK (N.-É.)

Désigné en 1952

Situé sur une colline surplombant la baie Baddeck du lac Bras d'Or, le lieu historique national Alexander-Graham-Bell commémore la vie et l'œuvre de Bell. La collection du musée comprend les notes manuscrites de Bell, sa bibliothèque de plus de 1 500 livres et des objets ayant servi à diverses expériences. La famille Bell, qui possède toujours Beinn Bhreagh, la maison d'été de Bell de l'autre côté de la baie, a fait don de nombreux artefacts.

Surtout connu comme inventeur du téléphone, Alexander Graham Bell a également œuvré dans les domaines des transports, de l'aéronautique, de la médecine et plus encore. Il est notamment à l'origine de divers aéronefs et hydroptères, d'une veste sous vide (ancêtre du poumon d'acier) et d'un audiomètre pouvant détecter des problèmes d'audition. Il a également mené des recherches sur les techniques permettant d'enseigner le langage aux malentendants et sur les carburants de remplacement.

Bell, qui a quitté l'Écosse pour le Canada à l'âge de 23 ans, a séjourné à Baddeck pour la première fois en 1885, à la fin de la trentaine. Charmés par la vie sociale et intellectuelle du village, Bell et son épouse, Mabel, y ont établi leur résidence d'été, Beinn Bhreagh (« belle montagne » en gaélique), où Bell séjournait chaque année jusqu'à sa mort en 1922; Bell et Mabel y sont inhumés. Même si Beinn Bhreagh n'est pas accessible aux visiteurs, il s'agit d'un élément visuel important du lieu historique : il est possible d'apercevoir la résidence depuis le belvédère sur le toit du musée. C'est là que Bell, qui avait déjà inventé le téléphone, a mené des expériences sur la transmission du son, la médecine, l'aéronautique et le génie maritime dans un laboratoire situé sur la propriété.

En plus de l'incidence considérable qu'ont eue les travaux de Bell dans le monde, sa présence à Baddeck a eu des répercussions favorables sur la vie économique et sociale du petit village côtier. L'entretien de la propriété de Beinn Breagh générait des emplois de même que les expériences de Bell, qui avait souvent besoin d'assistants.

EXPOSITIONS DU MUSÉE

Le musée raconte la vie et les travaux de Bell à travers diverses expositions présentées dans les trois salles principales. Découvrez la vie de Bell et de son épouse Mabel à Beinn Bhreagh dans l'exposition du même nom. On y présente une chronologie des événements historiques qui se passaient dans le monde pendant qu'Alexander Graham Bell a fait ses grandes contributions à la science.

Mabel a eu beaucoup d'influence dans la vie de Bell. Comme la mère de son époux, Mabel était sourde, ayant perdu l'ouïe enfant à la suite d'une maladie. Bell a commencé à enseigner aux malentendants au début des années 1870, et a rencontré Mabel alors qu'elle était une de ses élèves. Ils se sont mariés en 1877.

Non seulement Mabel était la confidente de son époux, mais elle était également sa bailleuse de fonds. Au début du XXᵉ siècle, croyant fermement à l'aéronautique, elle a vendu des propriétés et remis les 20 000 $ de profit à Bell et quatre de ses collègues. Ce don a permis de mettre sur pied l'Aerial Experiment Association, qui a par la suite donné naissance à l'avion

Silver Dart (voir p. 56), le prototype le mieux réussi de Bell.

Femme forte et indépendante, Mabel militait pour l'éducation des femmes, particulièrement dans le domaine des sciences. Elle a encouragé les femmes à faire changer les industries à domicile et de la santé et a milité pour le droit de vote des femmes, l'éducation des enfants et dénoncer le travail des enfants. Elle a fondé la première section régionale de la Fédération canadienne des associations foyer-école, la première école Montessori au Canada et la bibliothèque publique de Baddeck.

La salle « Son et silence » raconte l'histoire de Bell comme professeur des malentendants. Dans l'exposition « Idées », des artefacts et du contenu audiovisuel complètent les objets illustrant les nombreuses réalisations de Bell. La section « Air » présente les travaux de Bell sur les cerfs-volants et les aéronefs, dont une réplique du *Silver Dart*. Finalement, l'exposition « Eau » explique ses

La fabrication de cerf-volant est une activité familiale.

travaux sur les hydroptères et présente la coque d'origine et une reproduction grandeur nature du HD-4 : l'hydroptère le plus performant réalisé par Bell.

SILVER DART ET HD-4

Le *Silver Dart* est un des premiers avions créés par Bell et ses associés dans l'Aerial Experiment Association, un groupe de recherche en aéronautique également composé des ingénieurs John Alexander Douglas McCurdy et Frederick W. Baldwin. En 1909, l'aéronef a décollé depuis la glace sur la baie de Baddeck, faisant ainsi le premier vol motorisé contrôlé au Canada. Plusieurs matériaux ont servi à sa construction : bois, câbles d'acier, bambou, ruban isolant, tubes d'acier et roues de motocyclettes.

La réplique, réalisée en 2009, a volé pour souligner le 100e anniversaire du premier vol de l'avion. D'une envergure de 15 m et d'une longueur de 12 m, le *Silver Dart* pèse seulement 390 kg. Beaucoup s'étonnent aujourd'hui, tout comme au moment où Bell l'a inventé, qu'un engin aussi délicat puisse voler.

La coque d'origine du HD-4, un hydroptère construit par Bell et Baldwin à Beinn Bhreagh, est présentée à côté, tout comme une reproduction grandeur nature de l'appareil construit en 1978. Le HD-4 était le bateau le plus rapide du monde en 1919, établissant un record de vitesse mondial de 114,04 km/h. Mesurant 18,5 m de long et pesant 4,5 tonnes, le HD-4 est l'hydroptère le plus performant inventé par Bell et Baldwin.

ACTIVITÉS

Les visiteurs peuvent explorer le musée par eux-mêmes ou dans le cadre d'une visite guidée. La Visite en gants blancs permet de découvrir les secrets de la conservation d'artefacts. On peut y voir des objets qui auraient été trouvés dans le salon ou l'atelier de Bell, comme son carnet de notes rempli d'idées, de listes et de blagues, toutes rédigées par la plume caractéristique de Bell. Les visiteurs peuvent également voir une maquette préliminaire d'une des inventions les plus colossales de Bell et une veste sous vide, ancêtre du poumon d'acier, qui a sauvé des milliers de vies pendant les années d'épidémies de polio.

Le lieu offre diverses activités pratiques pour les petits et grands (des frais peuvent s'appliquer). Avec l'activité « Faites voler un cerf-volant », les enfants fabriquent et décorent leur propre cerf-volant. L'atelier de fabrication des cerfs-volants tétradéiques enseigne aux visiteurs de tous âges comment et pourquoi Bell a utilisé cette forme triangulaire de cerf-volant dans sa quête d'un aéronef pour les vols habités. Les visiteurs peuvent mener d'autres expériences : il est préférable d'appeler pour connaître l'horaire des activités offertes.

Comment s'y rendre

Depuis Sydney (l'aéroport le plus près), empruntez la rte 125 vers l'ouest pendant 20 min, puis continuez vers l'ouest sur la rte Transcanadienne pendant environ 45 min. Prenez la sortie 9 à Baddeck; le site se trouve à 2 km de distance.

Quand visiter

Le lieu est ouvert du 20 mai au 30 oct., mais certaines activités sont offertes uniquement pendant l'été, comme le drame musical « Bells of Baddeck » qui raconte la venue de Bell et Mabel au Cap-Breton et les séances quotidiennes de fabrication de cerfs-volants.

LIEU HISTORIQUE NATIONAL ALEXANDER-GRAHAM-BELL
(Alexander Graham Bell National Historic Site)

INFORMATION ET ACTIVITÉS

ACCUEIL ET INFORMATION
559, rue Chebucto (rte 205), Baddeck (N.-É.). Tél. : 902-295-2069. parcscanada. gc.ca/bell.

SAISONS ET ACCESSIBILITÉ
Ouvert tous les jours du 20 mai au 30 oct.

DROITS D'ENTRÉE
7,80 $ par adulte; 19,60 $ par famille/groupe.

ANIMAUX DE COMPAGNIE
Seuls les animaux d'assistance sont autorisés.

SERVICES ACCESSIBLES
L'ensemble du lieu est accessible aux personnes à mobilité réduite. Les vidéos présentées sont sous-titrées et une présentation est offerte aux malvoyants.

ACTIVITÉS OFFERTES
Visite des expositions du musée, activités d'interprétation et activités pratiques pour petits et grands comme la fabrication de cerfs-volants de même que des expériences. Des jouets, livres et activités d'interprétation sont conçus pour les enfants.

Deux activités spéciales : La Journée de l'aviation (habituellement le troisième dimanche d'août) célèbre les réalisations de Bell dans le domaine de l'aviation au moyen d'ateliers et d'activités. Harvest Home (le troisième samedi de septembre) commémore la relation de Bell et son épouse avec les habitants de Baddeck au moyen d'activités pour petits et grands.

La région offre également une multitude d'activités de plein air, comme la randonnée, le kayak, le golf et l'observation des baleines.

TERRAINS DE CAMPING
Baddeck Cabot Trail Campground 9584, autoroute Transcanadienne, Baddeck (N.-É.). B0E 1B0. 902-295-2288. baddeck cabottrailcampground.com. 28 $-49 $.

HÔTELS, MOTELS ET AUBERGES
(Sauf indication contraire, les prix mentionnés sont pour une chambre en occupation double, en haute saison, en dollars canadiens.)
Auberge Gisele's Inn 387, ch. Shore, Baddeck (N.-É.) B0E 1B0. 902-295-2849. giseles.com. 78 chambres, 115 $-300 $.
Dunlop Inn 552, rue Chebucto, Baddeck (N.-É.) B0E 1B0. 902-295-3355. dunlopinn .com. 5 chambres, 105 $-170 $.
Broadwater Inn and Cottages 975, rte 205, Baddeck (N.-É.) B0E 1B0. 902-295-1101. broadwaterinn.com. 5 chambres et 9 chalets, 80 $-300 $.

ÎLE DU CAP-BRETON

AUTRES LIEUX HISTORIQUES NATIONAUX

MARCONI
GLACE BAY (N.-É.)

C'est en ce lieu isolé dominant l'océan que l'ingénieur Guglielmo Marconi a échangé les premiers messages télégraphiques transatlantiques en 1902. À cette époque, il y avait quatre tours de forme carrée, un local de réception et une centrale. Aujourd'hui, seuls le tracé des tours et les ruines des murs de fondation subsistent. Désigné LHN en 1939. 15, rue Timmerman, Table Head. 902-842-2530 (été) ou 902-295-2069 (hiver).

AUTRES LIEUX HISTORIQUES NATIONAUX

BATTERIE-ROYALE
LOUISBOURG (N.-É.)

La Batterie royale est située dans le lieu historique national de la Forteresse-de-Louisbourg (voir p. 50-53). L'emplacement de la batterie sur la rive nord du port permettait aux canons d'atteindre directement les navires ennemis pénétrant dans la rade, ce qui n'a pas empêché les Français de l'abandonner à deux reprises aux forces britanniques (en 1745 et 1758). Les Britanniques l'ont finalement détruite en 1760. De nos jours, seuls des monticules et des creux marquent les vestiges de l'ancienne batterie. Désigné LHN en 1952. 265, ch. Park Service. 902-733-3548.

DÉBARQUEMENT-DE-WOLFE
KENNINGTON COVE (N.-É.)

C'est à partir de ce lieu bordé au sud par une plage rocheuse et ceinturé au nord par une région onduleuse d'herbe et de forêt que les forces britanniques ont lancé une attaque qui allait mené à la prise de Louisbourg (voir p. 50-53) en 1758. Sous le commandement du Brigadier-général James Wolfe, le débarquement a réussi à faire battre en retraite les Français. Il s'agit d'une bataille décisive de la guerre de Sept Ans, qui a mis fin au règne des Français au Cap-Breton. Désigné LHN en 1929. Ch. Kennington Cove.

ÎLES-CANSO
CANSO (N.-É.)

Du point de vue économique, la côte est est connue pour ses liens étroits avec l'industrie de la pêche. Les Français ont aménagé un site de pêche sur les îles Canso – alors habitées par les Mi'kmaq depuis des siècles – au XVIe siècle. Devenues un territoire britannique après 1713, les trois îles principales Canso (Grassy, George et Piscatiqui) ont également été le théâtre de plusieurs escarmouches entre les Britanniques et les Français pour le contrôle du Canada. Désigné LHN en 1925. Rue School. parcscanada.gc.ca/ilescanso.

FORT-DE-L'ÎLE-GRASSY
CANSO (N.-É.)

Les îles Canso (dont fait partie l'île Grassy) ont longtemps été de riches zones de pêche; raison pour laquelle les Français et les Britanniques se sont longtemps disputé ce lieu. Les Britanniques ont construit à deux reprises des fortifications pour protéger Grassy. Les premières sont tombées en ruine en 1730 et les suivantes ont été incendiées lors d'un assaut par les Français en 1744. De nos jours, seuls des creux et les vestiges des remparts sont visibles. Désigné LHN en 1962. Île Grassy.

CANAL-DE-ST. PETERS
ST. PETERS (N.-É.)

Ce canal artificiel, long de 800 m, relie les lacs Bras d'Or à la baie de St. Peters dans l'océan Atlantique. Exploité, sans interruption, depuis sa construction en 1869, le canal a été élargi deux fois et sert maintenant au transport de marchandises commerciales et industrielles et à la navigation de plaisance. Depuis l'eau, il est possible de voir le développement du littoral provoqué par l'activité du canal. Désigné LHN en 1929. Rte 4. 902-535-2118 (été) ou 902-295-2069 (hiver). parcscanada.gc.ca/canalstpeters

ST. PETERS
ST. PETERS (N.-É.)

Situé sur la rive sud-est du Cap-Breton, sur l'isthme séparant la baie St. Peters, sur l'Atlantique, et le lac Bras d'Or, le village de St. Peters recèle des preuves d'anciennes communautés Mi'kmaq et acadiennes et d'un poste de traite français, qui témoignent de son importance comme point de contact entre ces deux cultures. Les Français se servaient du poste de traite du fort Saint-Pierre pour faire des affaires avec les Mi'kmaq. Désigné LHN en 1929. 902-733-2280.

ÎLE DU CAP-BRETON

La tour Martello de Carleton, au Nouveau-Brunswick : un poste de défense britannique dans la baie de Fundy.

NOUVEAU-BRUNSWICK

Étant l'une des quatre provinces constituant la Confédération du Canada, le Nouveau-Brunswick est la seule province officiellement bilingue (anglais et français). Les Mi'kmaq, après avoir traversé la Nouvelle-Écosse et l'Île-du-Prince-Édouard par l'isthme Chignecto et le détroit de Northumberland, ont été les premiers à y habiter. Au début du XVIIe siècle, les Français ont revendiqué la région comme faisant partie de l'Acadie. Les anglophones, y compris les loyalistes fuyant la Révolution américaine, ont commencé à arriver vers 1760, alors que le conflit entre les Français et les

Britanniques battait son plein. Les
visiteurs peuvent explorer les forts
construits par les Français, dont le
fort Beauséjour, le fort Cumberland
(voir p. 64-65) et la tour Martello de
Carleton (voir p. 62-63), construite
par les Britanniques pour défendre la
ville de St. John contre une attaque
américaine pendant la guerre de 1812.
Fondée par des réfugiés loyalistes et
aujourd'hui l'une des plus grandes
villes du Nouveau-Brunswick,
St. John doit sa croissance à l'industrie du bois d'œuvre qui a dominé
l'économie de la province depuis le
début du XIXe siècle.

Des uniformes du XIXe siècle sont accrochés dans les chambrées.

▶ TOUR-MARTELLO-DE-CARLETON

ST. JOHN (N.-B.)

Désigné en 1930

Située à 70 m au-dessus de la ville de St. John, cette tour de pierre compacte construite par les Britanniques au début du XIXe siècle offre une vue spectaculaire sur le centre-ville de St. John et la baie de Fundy. La tour Martello de Carleton est l'une des 11 tours de style martello construites par les forces britanniques en Amérique du Nord britannique.

Son emplacement en haut d'une colline offrait un point de vue idéal pour défendre St. John des attaques américaines terrestres potentielles pendant la guerre de 1812, époque à laquelle le Nouveau-Brunswick offrait une voie de transport terrestre directe vers l'intérieur du Canada. La tour n'a pas servi pendant la guerre de 1812 (achevée en 1815), mais elle a servi pendant les deux guerres mondiales : d'abord comme centre de détention pour déserteurs et ensuite comme poste d'observation et de commandement de tir, pour lequel une structure en béton de 2 étages a été construite au sommet de la tour.

La tour Martello de Carleton possède toutes les caractéristiques de la construction martello : de forme circulaire avec un toit plat, un entrepôt au rez-de-chaussée et des murs de pierre épais pour absorber les tirs.

Attractions et activités

L'histoire militaire ainsi que la tranquillité des lieux incitent les gens à visiter la tour. C'est un endroit parfait pour pique-niquer et admirer la vue magnifique sur le centre-ville de St. John, la baie de Fundy et, par temps clair, la Nouvelle-Écosse.

Les visiteurs peuvent explorer la tour et les alentours, où sont situés une poudrière et des baraquements. En été, des démonstrations et des reconstitutions divertissent les visiteurs. Des interprètes costumés effectuent des manœuvres militaires, simulent des attaques et font des démonstrations du maniement des armes. Informez-vous pour connaître les événements spéciaux, dont la marche des fantômes.

Comment s'y rendre

De la rte 1, empruntez la sortie 120 (traversier de Digby) et suivez les panneaux de Parcs Canada jusqu'à Market Place. Tournez sur la rue Whipple. Le train de VIA Rail se rend régulièrement à Moncton (~150 km).

Quand visiter

Ouvert tous les jours de la mi-juin à sept., et du lundi au vendredi en sept. et oct. Fermé le reste de l'année.

INFORMATION

ACCUEIL ET INFORMATION
454, rue Whipple, St. John, (N.-B.)
E2M 2R3. Tél. : 506-636-4011. parcs
canada.gc.ca/tourmartellodecarleton.

DROITS D'ENTRÉE
3,90 $ par adulte.

SERVICES ACCESSIBLES
Limités; communiquez avec les responsables pour plus de détails.

HÔTELS, MOTELS, AUBERGES
Chipman Hill Suites 76, rue Union, St. John, (N.-B.). 506-693-1171. chipman hill.com. 85 chambres, 95 $-255 $.

NOUVEAU- BRUNSWICK

Un interprète en costume d'époque raconte des histoires datant de la guerre de 1812.

Un interprète fait une démonstration d'armes.

La tour circulaire est de type Martello.

Construit en 1751, le fort Beauséjour-fort Cumberland est situé sur l'isthme venteux qui sépare la Nouvelle-Écosse et le Nouveau-Brunswick.

▶ FORT-BEAUSÉJOUR – FORT-CUMBERLAND

AULAC (N.-B.)
Désigné en 1920

Les Français ont construit cette fortification en forme d'étoile sur l'isthme de Chignecto pour défendre leurs intérêts dans la région des forces britanniques en Nouvelle-Écosse. Tombé aux mains des Britanniques en 1755, le fort a joué un rôle important dans la déportation des Acadiens et a empêché une incursion pendant la Révolution américaine.

L'isthme de Chignecto, la chaussée naturelle qui sépare le Nouveau-Brunswick de la Nouvelle-Écosse, a été pendant des siècles la voie de communication privilégiée par les peuples autochtones de la région et par les Européens qui les ont suivis.

Les Français ont construit le fort Beauséjour en 1751 pour défendre la colonie acadienne contre les Britanniques. Ils ont défendu le fort jusqu'en juin 1755, lorsque les Britanniques ont mis la main sur Beauséjour, renommé Cumberland. Le fort a servi de halte pendant la déportation des Acadiens.

Le fort a été le théâtre d'une offensive en 1776, pendant la Révolution américaine. La population néo-écossaise était composée majoritairement d'anciens habitants de la Nouvelle-Angleterre qui se sont ralliés aux patriotes américains. Jonathan Eddy a rassemblé un petit groupe de sympathisants du Massachusetts et des autochtones de la région pour lancer un assaut sur le fort. La petite garnison du fort a réussi à tenir jusqu'à l'arrivée des renforts d'Halifax, qui a mis fin à la rébellion d'Eddy. Le fort a été renforcé pendant la guerre de 1812.

Le fort est un bel exemple de l'architecture de style Vauban. Le fort pentagonal comprend des bastions en saillie qui permettaient de se protéger des tirs de canon : ils ne pouvaient pénétrer le fort et les canonniers devaient donc viser plus haut, ratant ainsi leur cible. Les ruines et les casemates souterraines ont été stabilisées et restaurées.

Attractions et activités

Au centre d'accueil, les expositions regorgent d'artefacts. À l'extérieur, un sentier en boucle permet de visiter le fort en suivant une série de panneaux d'interprétation. Les visiteurs peuvent découvrir la vie des soldats et pénétrer à l'intérieur des casemates.

Le fort commémore également les héros de chez nous qui ont contribué à l'effort de guerre pendant les deux guerres mondiales. Par exemple, Albert Desbrisay Carter s'est enrôlé à St. John en 1914. Il a rejoint le Royal Flying Corps, est devenu l'un des 15 meilleurs pilotes de chasse canadiens et a été décoré de plusieurs

Les ouvrages de terre protégeait le fort des tirs de canon.

Les provisions étaient stockées dans des abris souterrains.

INFORMATION

ACCUEIL ET INFORMATION
111, ch. Fort Beauséjour, Aulac, (N.-B.) E4L 2W5. Tél. : 506-364-5080. parcscanada.gc.ca/fortbeausejour.

DROITS D'ENTRÉE
3,90 $ par adulte.

SERVICES ACCESSIBLES
Le centre d'accueil, le musée, les toilettes et un sentier sont adaptés aux fauteuils roulants. Un fauteuil roulant tout-terrain est disponible pour emprunt. Boucle FM et sous-titrage lors des présentations audiovisuelles.

HÔTELS, MOTELS ET AUBERGES
(Sauf indication contraire, les prix mentionnés sont pour une chambre en occupation double, en haute saison, en dollars canadiens.)

Marshlands Inn 55, rue Bridge, Sackville (N.-B.). 506-536-0170. marshlands.nb.ca. 18 chambres, 119 $-124 $.

médailles de services distingués.

Lors des fêtes du Canada, du Nouveau-Brunswick et des Acadiens, le lieu présente des activités et des événements spéciaux : démonstrations d'ouvrage de forge, de filage et de tissage. Visitez le site Web pour de plus amples renseignements.

Comment s'y rendre

Aulac est situé à 58 km de Moncton. Prenez la sortie 513A de la rte Transcanadienne 2 et suivez les panneaux indicateurs de Parcs Canada.

Quand visiter

Le fort est ouvert tous les jours du 5 juin jusqu'à la fête du Travail; il est fermé le reste de l'année.

NOUVEAU-BRUNSWICK

AUTRES LIEUX HISTORIQUES NATIONAUX

BOISHÉBERT
MIRAMICHI (N.-B.)

En 1756, un petit groupe d'Acadiens fuyant la déportation ont trouvé refuge sur une île (aujourd'hui l'île Beaubears) de la rivière Miramichi; ils ont nommé leur colonie d'après l'officier français qui les a guidés : Charles des Champs de Boishébert. Après sa destruction et la fuite des réfugiés, l'endroit est tombé en ruine. De nos jours, o aperçoit les ruines d'un cimetière et d'une église de même que des aires et des chemins dégagés sur la pointe. Désigné LHN en 1930. Rte 8, Northwest Bridge. 506-876-2443. parcscanada.gc.ca/boishebert

CONSTRUCTION-NAVALE-À-L'ÎLE-BEAUBEARS
MIRAMICHI (N.-B.)

L'île Beaubears témoigne de l'histoire de la construction navale du Nouveau-Brunswick, qui remonte à plusieurs siècles. Située sur la rivière Miramichi et deuxième plus grand centre de construction navale du Nouveau-Brunswick, l'île Beaubears se caractérisait par des forêts denses, sources de matériaux, et un terrain incliné nécessaire au lancement et à la réparation des navires. Des maisons et des étables figurent parmi les ruines des installations du XIXᵉ siècle. Désigné LHN en 2001. Rte 8, North west Bridge. 506-876-2443. parcscanada.gc.ca/beaubears

MONUMENT-LEFEBVRE
MEMRAMCOOK (N.-B.)

Ce bâtiment de pierre a été érigé à la mémoire du père Camille Lefebvre, fondateur du collège de Saint-Joseph, premier établissement à délivrer des diplômes universitaires dans la région de l'Atlantique. Ce dernier a joué un rôle important dans la renaissance de la culture acadienne dans la deuxième moitié du XIXᵉ siècle. Aujourd'hui, le bâtiment est un centre d'interprétation culturelle. Désigné LHN en1994. 480, rue Centrale. 506-758-9808. parcscanada. gc.ca/fortedward

BLOCKHAUS-DE-ST. ANDREWS
ST. ANDREWS (N.-B.)

Le blockhaus de St. Andrews se distingue du fait qu'il est la seule fortification construite pendant la guerre de 1812 au moyen de fonds privés : sa construction a été financée et réalisée par la population locale et la milice. Il s'agit du seul blockhaus datant de la guerre de 1812 qui subsiste au Canada. Il n'a toutefois jamais servi activement. La structure carrée faite en bois compte deux étages (l'étage supérieur fait saillie par rapport au rez-de-chaussée) est ouverte aux visiteurs pendant l'été. Désigné LHN en 1962. 23, ch. Joes Point. 506-529-4270. parcscanada.gc.ca/blockhausstandrews

FORT-GASPAREAUX
PORT ELGIN (N.-B.)

Le fort Gaspareaux a été construit par les Français en 1751 afin d'empêcher les Britanniques d'entrer dans l'isthme de Chignecto, la chaussée naturelle qui sépare la Novelle-Écosse et le Nouveau-Brun-swick. Le fort est tombé aux mains des Britanniques en 1756 peu après le fort Beauséjour. Lorsque les Britanniques ont pris le contrôle de la région, ils ont incendié le fort vu sa faible valeur stratégique. À ce jour, seules des traces du fort subsistent, de même que neuf pierres tombales de soldats tués en 1756. Désigné LHN en 1920. Rue Fort.

ANCIENNE-RÉSIDENCE-DU-GOUVERNEUR
FREDERICTON (N.-B.)

L'ancienne résidence du gouverneur a eu plusieurs fonctions depuis sa construction en 1828. Elle a d'abord servi de résidence au gouverneur du Nouveau-Brunswick. Ce manoir en pierre de style palladien a par la suite accueilli un hôpital pour les anciens combattants et a notamment servi à la Gendarmerie royale du Canada. Aujourd'hui, elle sert à nouveau de résidence officielle, mais cette fois pour le lieutenant-gouverneur du Nouveau-Brunswick. Désigné LHN en 1958. 20, ch. Woodstock. 506-453-2505.

NOUVEAU-BRUNSWICK

Un patrimoine de classe mondiale

United Nations
Educational, Scientific and
Cultural Organization

Organisation
des Nations Unies
pour l'éducation,
la science et la culture

World Heritage
in Canada

Patrimoine mondial
au Canada

Avez-vous déjà visité un endroit si inspirant que vous avez eu le sentiment qu'on devait le protéger et le partager avec le monde entier? C'est précisément cette sensation que procurent les sites culturels et naturels figurant sur la Liste du patrimoine mondial administrée par l'UNESCO. À l'heure actuelle, la liste contient plus de 1 000 sites et ne cesse de s'allonger d'année en année.

Le pittoresque Vieux Lunenburg, en Nouvelle-Écosse; fondé au milieu des années 1700 comme établissement colonial britannique planifié.

Afin de pouvoir faire partie de la liste, les sites doivent satisfaire aux critères de sélection énoncés dans la Convention concernant la protection du patrimoine mondial, culturel et naturel. Adoptée en 1972, elle vise à identifier, protéger et préserver les sites du patrimoine mondial du monde entier. Ces sites doivent « avoir une valeur universelle exceptionnelle », c'est-à-dire qu'ils doivent être « considérés d'une telle importance qu'ils transcendent les frontières nationales et appartiennent au patrimoine commun de toute l'humanité; en conséquence, il convient de les préserver au bénéfice des générations présentes et futures ».

Le processus de sélection est long et rigoureux. Les pays qui ont signé la Convention préparent d'abord une liste indicative en dressant un inventaire des sites naturels et culturels les plus importants situés à l'intérieur de leurs frontières. Ensuite, ils préparent et soumettent un dossier de proposition d'inscription exhaustif afin de démontrer la valeur exceptionnelle des sites proposés. Le dossier est alors évalué par des organisations consultatives internationales avant d'être présenté au Comité du patrimoine mondial, qui doit prendre la décision finale. Le processus peut s'échelonner sur plusieurs années. Une fois inscrits sur la Liste, les sites du patrimoine mondial sont surveillés afin d'assurer leur protection et leur saine gestion, et de leur permettre de conserver leur statut.

La Grande Muraille de Chine et les îles Galápagos sont des sites patrimoniaux ayant obtenu ce statut privilégié. Le Canada comporte des sites du patrimoine mondial tout aussi remarquables qui méritent d'être explorés; parmi ceux-ci, on compte des paysages culturels, des vestiges archéologiques, des édifices, des arrondissements urbains, ainsi que des habitats, phénomènes et processus naturels. Ces sites, dont de nombreux lieux historiques, apparaissent dans la liste ci-après accompagnés de leur date d'inscription respective :

SITES CULTURELS

Lieu historique national de L'Anse aux Meadows *(Terre-Neuve-et-Labrador, 1978)*
Précipice à bisons Head-Smashed-In *(Alberta, 1981)*
SGang Gwaay *(Colombie-Britannique, 1981)*
Arrondissement historique du Vieux-Québec *(Québec, 1985)*
Le Vieux Lunenburg *(Nouvelle-Écosse, 1995)*
Canal Rideau *(Ontario, 2007)*
Paysage de Grand Pré *(Nouvelle-Écosse, 2012)*
Station baleinière basque de Red Bay *(Terre-Neuve-et-Labrador, 2013)*

SITES NATURELS

Parc national Nahanni *(Territoires du Nord-Ouest, 1978)*
Parc provincial Dinosaur *(Alberta, 1979)*
Parcs nationaux et aires protégées Kluane/Wrangell-St. Elias/Glacier Bay/ Tatshenshini-Alsek *(Colombie-Britannique, Yukon et Alaska [États-Unis], 1979)*
Parc national Wood Buffalo *(Alberta et Territoires du Nord-Ouest, 1983)*
Parcs des montagnes Rocheuses canadiennes *(Alberta et Colombie-Britannique, 1984)*
Parc national du Gros-Morne *(Terre-Neuve-et-Labrador, 1987)*
Parc international de la paix Waterton-Glacier *(Alberta et Montana [États-Unis], 1995)*
Parc national de Miguasha *(Québec, 1999)*
Falaises fossilifères de Joggins *(Nouvelle-Écosse, 2008)*

NOUVEAU-BRUNSWICK

L'un des précipices à bisons les mieux préservés au monde

Poste d'éclusage de Jones Falls, LHN du Canal-Rideau.

L'Anse aux Meadows a probablement été découverte par des explorateurs scandinaves environ 1 000 ans apr. J.-C.

TERRE-NEUVE-
ET-LABRADOR

La province de Terre-Neuve-et-Labrador comprend l'île de Terre-Neuve et la péninsule du Labrador. Le peuplement de la province remonte à 5 000 ans, voire même 10 000 ans : les Inuits, Innus, Mi'kmaq et autres peuples autochtones y sont arrivés environ 2 000 ans av. J.-C. Les vestiges archéologiques à L'Anse aux Meadows (voir p. 72–75) indiquent que les Scandinaves ont rejoint Terre-Neuve vers l'an 1 000 apr. J.-C., mais n'y sont pas restés longtemps : les Européens n'y sont retournés qu'à la fin du XVe siècle. Cent ans plus tard, les pêcheurs européens fréquentaient la

côte alors qu'une industrie baleinière
basque florissait dans le sud du
Labrador (voir p. 83-84). La colonisation progressait lentement et était
surtout saisonnière : l'industrie des
pêches prédominait. Au XVIIᵉ siècle,
l'Angleterre et la France y contrôlaient
la manufacture et le commerce. L'une
des dernières batailles dans leur lutte
pour la suprématie s'est déroulée à
Signal Hill (voir p. 76-79), près de la
capitale provinciale actuelle, St John's.
À Cape Spear, situé à proximité, se
tient le plus ancien phare à avoir subsisté au Canada jusqu'à nos jours
(voir p. 80-83).

Les bâtiments faits de gazon et de bois se fondent dans le paysage.

▶ L'ANSE AUX MEADOWS

ST. LUNAIRE-GRIQUET (T.-N.-L.)

Désigné en 1975; inscrit au patrimoine mondial en 1978

Nichée au creux d'une baie de l'océan Atlantique et entourée de collines verdoyantes et d'escarpements rocheux se trouve L'Anse aux Meadows. C'est là, il y a environ un millénaire, qu'une expédition scandinave venue du Groenland a accosté. On peut toujours y apercevoir les habitations de bois et de gazon qui se fondent dans un décor de falaises et de côtes.

À l'extrémité de la péninsule Great Northern de Terre-Neuve se trouvent les vestiges d'un ancien campement scandinave inscrit en 1978 sur la liste du patrimoine mondial de l'UNESCO.

De nombreux peuples ont habité L'Anse aux Meadows, y compris les Inuits Dorset. Bien que les vestiges de la présence scandinave s'y trouvent depuis des centaines d'années, ce n'est qu'en 1960 qu'ils ont été découverts.

Les premiers voyages connus des Scandinaves en Amérique du Nord remontent au XIe siècle. Ils ont accosté sur le continent des siècles avant Colomb. Les 30 hommes d'équipage qui y mettent pied sont séduits par la côte basse et légèrement ondulée, les prairies luxuriantes, les cours d'eau qui foisonnent de saumons, le climat agréable et les forêts qui offraient amplement de bois pour la construction.

Les forêts ont particulièrement attiré les Scandinaves, qui ne disposaient pas au Groenland de bois d'œuvre pour construire les maisons. L'été suivant, ils sont rentrés chez eux en emportant du bois, témoin de leurs efforts. Cette manne a incité d'autres Scandinaves à effectuer le voyage; ils ont par la suite emporté du bétail. L'anse aux Meadows servait de base pour explorer l'île et découvrir la richesse des ressources.

Puis, des tensions se sont développées entre les Scandinaves et les autochtones qu'ils appelaient « skrælings ». Rien n'indique que les autochtones les ont poussés à retourner au Groenland; toutefois, ils ont fini par abandonner le campement. À leur départ, les maisons, les ateliers et une petite forge sont tombés en ruine et la nature a repris possession des lieux.

Ceci explique peut-être pourquoi il a fallu des siècles avant qu'on découvre ce qu'étaient en réalité ces vestiges. En 1960, l'archéologue Anne Stine Ingstad et son époux Helge Ingstad (un écrivain et explorateur norvégien) ont découvert des lieux de débarquement des Scandinaves sur la côte est du continent. C'est un habitant de L'Anse aux Meadows, George Decker, qui les a conduits à un groupe de bosses recouvertes d'herbe. Pendant les huit années suivantes, une équipe d'archéologues norvégiens, islandais, suédois et américains ont entrepris des fouilles : ils ont découvert le plus ancien peuplement européen du Nouveau Monde.

DÉCOUVRIR LE LIEU

Lorsque les Scandinaves ont quitté Terre-Neuve il y a plusieurs centaines d'années, leurs maisons faites de bois et de gazon sont tombées en ruine; seuls des vestiges des bâtiments originaux étaient visibles. Aujourd'hui, les bâtiments ont été reconstruits d'après de nombreuses recherches effectuées par les archéologues.

La reconstruction permet de s'imaginer l'allure des bâtiments il y a des siècles. L'établissement scandinave se composait de trois groupes de bâtiments comprenant chacun une habitation et un atelier réservé à des artisans pour notamment réparer les navires et aux forgerons, qui faisaient griller le minerai des tourbières dans un atelier et le forgeaient dans un autre.

Les murs et les toits des bâtiments étaient faits de mottes de gazon qui reposaient sur une charpente de bois. Chaque bâtiment abritait un foyer rond et creusé qui servait de moyen de chauffage, d'éclairage et de cuisson.

Des interprètes costumés se promènent sur le site et sont heureux de parler de la région aux visiteurs. Des démonstrations invitent les visiteurs à filer de la laine, à coudre avec une aiguille en os et à actionner le soufflet de la forge où le forgeron fabrique des clous.

Dans le centre d'accueil, des modèles à l'échelle donnent une idée du paysage, des cartes et la littérature scandinave racontent l'histoire des Vikings et des artefacts originaux trouvés sur place révèlent le passé. Ces petits vestiges d'outils apparemment insignifiants et d'autres objets ont permis aux chercheurs de connaître la vie quotidienne et la démographie du campement. Par exemple, dans la fosse à cuisson de l'une des maisons, on a retrouvé une épingle en bronze qui servait à attacher un manteau : preuve que les habitants étaient scandinaves. À l'extérieur d'une autre maison, les archéologues ont trouvé un volant de fuseau et une aiguille en os utilisée pour le tricot. Grâce à ces découvertes, considérées comme des outils domestiques de l'époque, les chercheurs en ont déduit qu'il n'y avait pas que des hommes parmi les colons scandinaves.

Ce sont toutefois les scories provenant de la fonte et du forgeage du fer, les rivets et les clous en fer à tige carrée (qui s'enfonçaient facilement

Les guides en costume d'époque sont inspirés des personnes qui ont réellement habité le village.

Les démonstrations plaisent à tous.

dans le bois) trouvés à L'Anse aux Meadows qui ont permis aux chercheurs d'affirmer qu'il s'agissait d'Européens, sans compter que les Autochtones du Canada ne forgeaient pas le fer chaud à l'époque.

Prenez part à une visite guidée pour mieux comprendre le paysage culturel de la région; laissez-vous séduire par les sagas et les vieilles musiques scandinaves.

OMBRES ET SAGAS

La populaire activité des soirées d'ombres et de sagas (des frais s'appliquent), offerte les mardis et samedis en juillet et août, allie histoire et mythologie scandinaves. Des interprètes costumés jouent le rôle des Scandinaves qui ont vécu ici brièvement. Les visiteurs se blottissent à la chaleur d'un feu dans la skáli (cuisine) d'un des bâtiments gazonnés et écoutent les récits des sagas des Vikings, dont la plupart remontent aux XIIIe et XIVe siècles en Islande. Laissez-vous raconter les exploits d'Érik le Rouge au Groenland, le mythe des dieux scandinaves Thor et Lok et le conte folklorique de Gilitrutt, qui ressemble au conte du nain Tracassin. Il y en a pour tous les goûts : conflits et batailles, épopées maritimes et découvertes de nouveaux territoires.

RANDONNÉE

S'étendant sur 80 km, L'Anse aux Meadows est un lieu magnifique à parcourir : le paysage diversifié permet d'observer des marais, des icebergs et des fleurs sauvages. La vue sur la baie et l'Atlantique est à couper le souffle et les odeurs de genévrier, de camarine et de brise marine s'y mélangent. Profitez d'un moment de solitude dans un pré, découvrez les plages de sable noir ou faites un pique-nique à Muddy Cove, cette anse cernée par le littoral rocheux. Le sentier Birchy Nuddick (2 km) se rend à l'intérieur des terres plus en

LIEU HISTORIQUE NATIONAL DE L'ANSE AUX MEADOWS
(L'Anse aux Meadows National Historic Site)

INFORMATION ET ACTIVITÉS

ACCUEIL ET INFORMATION
Situé à 11 km au nord de St. Lunaire-Griquet, près de St. Anthony (T.-N.-L.). Tél. : 709-623-2608 ou 709-458-2417. parcscanada.gc.ca/lanseauxmeadows.

SAISONS ET ACCESSIBILITÉ
Ouvert tous les jours du 30 mai au 7 octobre; les heures d'ouverture sont raccourcies les premières et dernières semaines. Fermé le reste de l'année.

DROITS D'ENTRÉ
11,70 $ par adulte; 29,40 $ par famille/groupe.

ANIMAUX DE COMPAGNIE
Les animaux en laisse sont autorisés sur le terrain, mais pas à l'intérieur des bâtiments.

SERVICES ACCESSIBLES
Le centre d'accueil (et les toilettes), les huttes gazonnées et les ruines sont accessibles en fauteuil roulant. Emplacements de stationnement désignés à partir desquels un trottoir mène au lieu historique.

ACTIVITÉS OFFERTES
Rencontrez des guides costumés comme l'étaient les habitants scandinaves de l'ancien village. Écoutez des histoires dans la salle principale et prenez part à des démonstrations de tissage et de forge. Le centre d'accueil met en contexte l'importance de ce lieu et expose des artefacts originaux trouvés sur place. On peut y contempler la réplique d'un færing, une petite embarcation viking utilisée pour se déplacer du knarr (navire marchand) jusqu'à la côte ou sur de courtes distances le long du littoral. Admirez la beauté naturelle du paysage en empruntant les sentiers longeant la côte et les marais.

TERRAINS DE CAMPING
Pistolet Bay Provincial Park rte 437, Raleigh (T.-N.-L.). A0K 4J0. 877-214-2267. www.nlcamping.ca/PistoletBay. 18 $.

HÔTELS, MOTELS ET AUBERGES
(Sauf indication contraire, les prix mentionnés sont pour une chambre en occupation double, en haute saison, en dollars canadiens.)
Grenfell Heritage Hotel and Suites 1, McChada Drive, St. Anthony (T.-N.-L.) A0K 4S0. 709-454-8395. grenfellheritage hotel.ca. 20 chambres, 130 $-170 $.
St. Brendan's Motel 132, rue Main, St. Lunaire-Griquet (T.-N.-L.) A0K 4X0. 709-623-2520. stbrendansmotel.ca. 11 chambres, 100 $-120 $.
Viking Village B&B Box 127, Hay Cove, L'Anse aux Meadows (T.-N.-L.) A0K 2X0. 709-623-2238. vikingvillage.ca. 5 chambres, 75 $-92 $.

altitude et offre un panorama incroyable de l'océan Atlantique. Des panneaux d'interprétation expliquent l'importance de ce panorama et fournissent des renseignements sur la flore. L'un des spécimens les plus intéressants de la flore nordique est la sarracénie pourpre, communément appelée herbe-crapaud, qui croît en bordure du trottoir. Il est parfois possible d'apercevoir des originaux de même que divers oiseaux marins le long du sentier. Le sentier débute dans le stationnement du centre d'accueil.

Comment s'y rendre

L'Anse aux Meadows se trouve à l'extrémité de la péninsule Great Northern, à 433 km au nord de Deer Lake, en bordure de l'autoroute transcanadienne, par la rte des Vikings (rte 430) et la rte 436.

Quand visiter

Le lieu historique est seulement ouvert du printemps jusqu'au début de l'automne; le mois de juillet étant le meilleur moment pour profiter pleinement des activités et admirer de magnifiques couchers de soleil.

La tour Cabot, érigée en 1704 au sommet de l'escarpement rocheux de Signal Hill.

▶ SIGNAL HILL

ST. JOHN'S (T.-N.-L.)

Désigné en 1951

Surplombant l'océan, Signal Hill nous ramène dans un siècle passé. Sur cette colline rocheuse et escarpée se dresse la tour Cabot qui domine le port de St. John's. Lieu militaire depuis le XVIIIe siècle, c'est à cet endroit que l'inventeur Guglielmo Marconi a effecué la toute première télécommunication en 1901.

Grâce à sa position en surplomb de St. John's, Signal Hill a servi de poste d'observation et de communication dès 1704, d'où il tire son nom. Avant l'avènement des transmissions navire-terre, c'est de ce point que des vigies scrutaient l'océan pour guetter l'arrivée des bateaux se dirigeant vers le port de St. John's. En hissant des pavillons sur des mâts de signalisation au sommet de la colline, ils prévenaient les militaires, et plus tard les navires marchands.

Grâce à sa position stratégique manifeste, Signal Hill a été au cœur des ouvrages de défense du port depuis le XVIIIe siècle jusqu'à la Deuxième Guerre mondiale. C'est dans ce paysage rude qu'ont eu lieu d'importantes luttes territoriales, dont la dernière bataille de la guerre de Sept Ans en Amérique du Nord.

En plus d'être un important repère géographique, Signal Hill se dresse en tant que monument de l'histoire du conflit entre la France et la Grande-Bretagne. Pendant des siècles, à compter de 1696, ces deux empires s'y sont disputé St. John's; les Français ont pris le contrôle en 1762.

En plus des diverses fortifications militaires, Signal Hill a abrité trois hôpitaux de 1870 à 1920. Bien qu'aucun d'entre eux n'ait subsisté, ils sont dignes de mention puisque c'est dans l'un de ces établissements que

Guglielmo Marconi a reçu le premier signal transatlantique sans fil en 1901.

Le centre d'accueil de Signal Hill raconte le passé historique de l'endroit au moyen de visites guidées, de présentations interactives, d'expositions et d'un film. Les visiteurs peuvent ainsi se renseigner sur le rôle important joué par Signal Hill dans l'histoire militaire et l'histoire des communications. Ils découvriront des détails fascinants sur toutes les facettes de cette histoire, depuis les attaques de St. John's par les Français au XVIIIe siècle jusqu'à la Deuxième Guerre mondiale, quand les soldats américains et canadiens étaient en garnison sur la colline de Signal Hill.

Le panorama spectaculaire que Signal Hill offre de l'océan fait de ce lieu l'un des meilleurs endroits de St. John's pour observer les baleines : les visiteurs pourront apercevoir des baleines à bosse, et aussi des rorquals communs, des épaulards, des petits rorquals, des dauphins et des marsouins. En mai et juin, il est aussi possible d'apercevoir des icebergs s'étant détachés de glaciers au Groenland.

TOUR CABOT

La tour Cabot, sans doute l'attrait le plus visible sur la colline, est relativement récente. Semblant tout droit sortie de l'époque médiévale, avec ses murs de grès, ses contreforts et ses créneaux, elle a seulement été édifiée en 1900 pour marquer le Jubilé de diamant de la reine Victoria et commémorer le 400e anniversaire du voyage de John Cabot en 1497 qui a mené à la découverte de Terre-Neuve.

Ayant servi à la signalisation pendant des années, la tour Cabot présente maintenant au premier étage l'exposition « Waves over Waves » sur la découverte de Marconi. Vous

pouvez également rencontrer les représentants de la société des radios amateurs de Terre-Neuve (SONRA), qui tiennent l'été une station de radio depuis la tour. La tour Cabot abrite aussi une boutique souvenir exploitée par l'Historic Sites Association of Newfoundland and Labrador.

RECONSTITUTIONS MILITAIRES

Pendant l'été, l'odeur de la poudre à canon flotte : du début juillet au début août, le tattoo de Signal Hill livre une prestation deux fois par jour les mercredis, jeudis, samedis et dimanches. S'inscrivant dans la commémoration de la Première Guerre mondiale de Parcs Canada, le programme du tattoo illustre l'histoire du Royal Newfoundland Regiment depuis 1795, en passant par la guerre de 1812, jusqu'au déploiement du régiment outremer en 1914. Suivent diverses manœuvres militaires de précision comprenant des tirs de mousquet, de mortier et de canon. Des frais supplémentaires aux droits d'entrée sont exigés, mais la prestation impeccable des interprètes en uniforme d'époque en vaut la peine.

L'activité du tir du canon de midi n'a lieu que l'été. Cette ancienne

Signal Hill était un centre de communications militaires pendant la Deuxième Guerre mondiale.

tradition se fait au moyen d'un canon datant de la Première Guerre mondiale. Moyennant des frais, les visiteurs peuvent participer à la cérémonie.

Lorsque les navires de croisière quittent le port de St. John's, des interprètes en uniforme militaire (représentant l'un des divers régiments de 1861 à la Première Guerre mondiale) soulignent souvent le départ au moyen de trois salves d'artillerie alors que les navires passent sous la batterie de la Reine en bordure de l'étroit chenal appelé « The Narrows ».

SENTIERS DE RANDONNÉE

Environ 8 km de sentiers de randonnée sillonnent la topographie acci-

Des visiteurs participent au tir de canon du midi.

dentée de Signal Hill. De magnifiques panoramas agrémentent chaque sentier : l'étendue sans fin de l'océan Atlantique, les eaux plus calmes du chenal « The Narrows » ainsi que le littoral escarpé.

Le sentier Burma Road (1,2 km, facile) mène au belvédère de l'anse Cuckold. De là, les randonneurs peuvent revenir sur leurs pas vers le centre d'accueil de Signal Hill ou continuer jusqu'au village historique de pêcheurs de Quidi Vidi, qui abrite une microbrasserie qui fait le bonheur des randonneurs en quête d'un rafraîchissement ou d'une bouchée à mi-parcours.

Les randonneurs plus aguerris peuvent emprunter le sentier du cap Nord (3,7 km); même s'il est le plus long et le plus difficile des sentiers de Signal Hill, il demeure le plus populaire. À partir du stationnement du sommet de la colline, une série de trottoirs et d'escaliers descendent vers un sentier qui mène à l'entrée du port de St. John's. Longeant le chenal « The Narrows », le sentier aboutit au chemin Outer Battery, un sentier distinct d'une dénivellation de 152 m sur 1,7 km (la partie la plus difficile de la randonnée). Le sentier est entretenu,

Un canon surplombant le port de St. John's.

LIEU HISTORIQUE NATIONAL DE SIGNAL HILL
(Signal Hill National Historic Site)

INFORMATION ET ACTIVITÉS

ACCUEIL ET INFORMATION
Ch. Signal Hill, St. John's (T.-N.-L.). Tél. : 709-772-5367. parcscanada.gc.ca/signalhill.

SAISONS ET ACCESSIBILITÉ
Centre d'accueil : de la mi-mai à juin, ouvert du mercredi au dimanche; de juin à la mi-sept., ouvert tous les jours; de la mi-sept. à la mi-oct., ouvert du samedi au mercredi. Fermé le reste de l'année.

   Tour Cabot : de la mi-mai à juin, ouverte du mercredi au dimanche; de juin au 7 sept., ouverte tous les jours; du 8 sept. à la mi-oct., ouverte du samedi au mercredi. Fermée le reste de l'année.

DROITS D'ENTRÉE
3,90 $ par adulte; 9,80 $ par famille/groupe.

ANIMAUX DE COMPAGNIE
Les animaux sont autorisés, mais doivent être gardés en laisse et surveillés.

SERVICES ACCESSIBLES
Service bilingue offert à l'année. Le centre d'accueil (toilettes) et le sentier du Poste de guet sont accessibles en fauteuil roulant. Le cachet historique de de la tour Cabot n'a pas permis de la rendre accessible.

ACTIVITÉS OFFERTES
Explorez les sentiers où des panneaux d'interprétation expliquent l'histoire des lieux. Des visites guidées et des expositions permettent de mieux comprendre l'importance de Signal Hill. Visitez le site Web ou appelez pour connaître l'horaire des reconstitutions militaires et des événements spéciaux.

RENSEIGNEMENTS IMPORTANTS
En raison du relief accidenté, du sol inégal et des vents souvent forts, restez sur les sentiers, évitez de trop vous approcher du bord des falaises, d'escalader les rochers et de grimper sur les murs.

TERRAINS DE CAMPING
Pippy Park Campground and R.V. Park 70, place Nagles, St. John's (T.-N.-L.). 709-737-3669. pippypark.com. 23 $-45 $.

HÔTELS, MOTELS ET AUBERGES
(Sauf indication contraire, les prix mentionnés sont pour une chambre en occupation double, en haute saison, en dollars canadiens.)
Hometel on Signal Hill 2, St. Joseph's Lane, St. John's (T.-N.-L.) A1A 5V1. 709-739-7799. hometels.ca. 23 chambres, 139 $-179 $.
Ryan Mansion 21, ch. Rennies Mill, St. John's (T.-N.-L.) A1C 3P8. 709-753-7926. ryanmansion.com. 3 chambres, 355 $-565 $.
Franklin Hotel 193, rue Water, St. John's (T.-N.-L.) A1C 1B4. 709-754-9005. the franklinhotel.net. 10 chambres, 179 $.

TERRE-NEUVE-ET-LABRADOR

---

mais par endroit ne comporte pas de garde-corps ou de main-courante, et longe le littoral accidenté. Pour cette raison, les visiteurs doivent demeurer sur le sentier. En cas de pluie, de brume ou de forts vents, il vaut mieux remettre cette randonnée.

Comment s'y rendre
Les principaux transporteurs offrent des vols à destination de St. John's. Marine Atlantique (*marineatlantic.ca*) offre un service quotidien de traversier pour automobiles et passagers de la Nouvelle-Écosse à Port aux Basques. Empruntez ensuite la Transcanadienne (rte 1) et parcourez près de 900 km à travers l'île vers St. John's. Une fois à St. John's, prenez l'av. Empire, la rue Duckworth ou la rue Water vers l'est jusqu'au ch. Signal Hill. Il n'y a plus qu'à monter la colline pour arriver au lieu historique national de Signal Hill.

Quand visiter
Signal Hill et la tour Cabot sont fermés l'hiver. Le mois d'août est idéal pour profiter des divers événements spéciaux qui ont lieu.

Le phare de cap Spear est le plus ancien phare de Terre-Neuve.

▌PHARE-DE-CAP-SPEAR

ST. JOHN'S
(T.-N.-L.)
Désigné en 1962

Péninsule rocheuse sur la côte est de Terre-Neuve, le cap Spear est la pointe de terre la plus à l'est de l'Amérique du Nord. Au sommet du promontoire escarpé se dresse un phare blanc et carré; le dôme de sa tour est rayé rouge et blanc. Le phare de cap Spear est le plus ancien phare encore intact à Terre-Neuve-et-Labrador. L'intérieur, rempli d'artefacts et de meubles, offre un aperçu de la vie du gardien de phare vers 1830.

Le phare de Cap Spear est entré en service au milieu du XIXᵉ siècle. Il s'agit du premier phare construit sur la côte est de Terre-Neuve pour signaler l'approche du port de St. John's. C'est l'une des premières constructions commandées par l'Assemblée législative nouvellement constituée de Terre-Neuve.

Les travaux ont commencé en 1836 : le bâtiment original était une structure carrée de bois dominée en son centre par la tour du phare en pierre. Au fil des ans, différents gardiens se sont succédé, dont huit étaient des membres de la famille Cantwell. Tous les gardiens, de même que leur épouse et leurs enfants ont vécu sur les lieux, à l'exception de Gerry Cantwell, gardien dans les années 1980 et 1990. Il faisait l'aller-retour quotidiennement entre le phare et sa maison, située à St. John's.

Le mécanisme original du phare de Cap Spear a d'abord servi dans le phare d'Inchkeith, en Écosse, où il servait depuis 1815. Des réflecteurs courbés concentraient les feux de sept brûleurs Argand. Brûleurs et réflecteurs étaient disposés sur un cadre métallique dont la rotation lente produisait un faisceau de lumière blanche de 17 secondes suivi de 43 secondes d'obscurité.

Au gré des progrès de la technologie, le phare a connu diverses améliorations. En 1912, un feu dioptrique en verre a été installé, d'abord alimenté au mazout, il a fonctionné à l'acétylène à partir de 1916, puis à l'électricité après 1930.

À l'arrivée de la Deuxième Guerre mondiale, sous la menace des sous-marins et raiders ennemis, une batterie de défense côtière a été aménagée sur la pointe du cap en 1941 et une artillerie y a été installée pour protéger l'entrée du port de St. John's. Les canons étaient reliés par des passages souterrains à une poudrière et des salles d'équipement. On y a stationné des troupes et construit des casernes et des cantines.

De nos jours, peu d'éléments rappellent l'histoire militaire du cap. À la fin des hostilités en 1945, la plupart des fortifications ont été démolies, mais les emplacements des canons demeurent. Même si certains visiteurs viennent pour les vestiges de guerre, le cap est mieux connu comme un endroit idéal pour l'observation des baleines, des allées et venues des navires dans le port de St. John's et de la beauté naturelle de l'océan et des sentiers environnants.

LE PHARE ET SES ENVIRONS

Il est possible de visiter le phare sans guide. Il a été restauré dans son état d'origine et meublé pour recréer la résidence d'un gardien en 1839. Déambulez dans les pièces ornées de papier peint et décorées d'antiquités et de meubles d'époque, et découvrez certains artefacts originaux.

Les visiteurs peuvent découvrir l'histoire du fort du cap Spear et de quelle façon le cap est devenu un endroit stratégique pour surveiller les menaces navales.

Deux visites d'interprétation quotidiennes (à 11 h et à 14 h) permettent aux visiteurs de découvrir l'histoire militaire et celle des gardiens du phare.

Le centre d'accueil présente des expositions sur la technologie des phares en suivant l'évolution de leur fonctionnement au fil des siècles.

Dans la résidence d'un ancien gardien du phare, une galerie d'art présente plus de 60 peintures des phares de Terre-Neuve réalisées par l'artiste local Leslie Noseworthy.

UN FESTIVAL QUI EN VOIT GROS

Le lieu historique national du Phare-de-Cap-Spear a su tirer profit de sa réputation à titre de meilleur endroit pour l'observation des baleines à Terre-Neuve. Chaque été, à la mi-juin se tient le Festival des baleines du cap Spear (d'une durée d'une journée).

De mai à septembre, plus de 22 espèces de baleines migrent vers la côte de Terre-Neuve-et-Labrador pour se nourrir de capelans, de krills et de calmars.

Les baleines à bosse sont les plus communes, et en mettent plein la vue alors qu'elles crachent leur jet d'eau dans l'air pur de la mer. Il est aussi possible d'apercevoir des petits

Artillerie de défense installée durant la Deuxième Guerre mondiale.

LIEU HISTORIQUE NATIONAL DU PHARE-DE-CAP-SPEAR
(Cape Spear Lighthouse National Historic Site)

INFORMATION ET ACTIVITÉS

ACCUEIL ET INFORMATION
C.P. 1268, St. John's (T.-N.-L.) A1C 6M1. Tél. : 709-772-5367. parcscanada.gc.ca/capspear.

SAISONS ET ACCESSIBILITÉ
De la mi-mai à juin, ouvert du mercredi au dimanche; de juin à la mi-sept. ouvert tous les jours; de la mi-sept. à oct., ouvert du samedi au mercredi.

DROITS D'ENTRÉE
3,90 $ par adulte; 9,80 $ par famille/ groupe.

ANIMAUX DE COMPAGNIE
Les animaux doivent être tenus en laisse.

SERVICES ACCESSIBLES
Le centre d'accueil, les toilettes et la batterie de la Deuxième Guerre mondiale sont accessibles en fauteuil roulant. Un service de guides bilingues est offert durant l'été.

ACTIVITÉS OFFERTES
Visites guidées et autoguidées du phare et des environs; randonnée; observation des baleines. Dîners aux chandelles dans le phare, avec des produits frais locaux, les dimanches de la fin juin à la fin août.

RENSEIGNEMENTS IMPORTANTS
Le terrain est rocailleux et inégal (portez des chaussures de marche). Les vents sont forts et les marées irrégulières. Restez sur les sentiers et évitez de trop vous approcher du bord des falaises.

TERRAINS DE CAMPING
Pippy Park Campground and R.V. Park 70, place Nagles, St. John's (T.-N.-L.). 709-737-3669. pippypark.com. 24 $-45 $.

HÔTELS, MOTELS ET AUBERGES
(Sauf indication contraire, les prix mentionnés sont pour une chambre en occupation double, en haute saison, en dollars canadiens.)
Hometel on Signal Hill 2, St. Joseph's Lane, St. John's (T.-N.-L.) A1A 5V1. 709-739-7799. hometels.ca. 23 chambres, 139 $-179 $.
Ryan Mansion 21, ch. Rennies Mill, St. John's (T.-N.-L.) A1C 3P8. 709-753-7926. ryanmansion.com. 3 chambres, 355 $-565 $.
Franklin Hotel 193, rue Water, St. John's (T.-N.-L.) A1C 1B4. 709-754-9005. thefranklinhotel.net. 10 chambres, 179 $.

rorquals, des cachalots, des rorquals communs et plus rarement des épaulards. Plusieurs espèces de dauphins, marsouins et phoques fréquentent également l'endroit.

Le festival propose des événements spéciaux, des bassins de manipulation, des activités pour les enfants et bien sûr l'occasion d'observer les baleines. Le festival se déroule principalement dans le stationnement et le long d'un court sentier de randonnée situé à l'est du lieu historique.

Des partenaires locaux tiennent des kiosques d'information, où sont souvent exposés des squelettes de baleines, et des bénévoles organisent des excursions d'observation des baleines le long de la côte.

RANDONNÉE

Le cap Spear compte quelques sentiers de randonnée riches en panoramas saisissants et où il est possible d'observer la faune. En plus des baleines dans l'océan, le ciel regorge de nombreuses espèces d'oiseaux qui fréquentent le cap : fous de Bassan, pygargues à tête blanche, macareux moines, océanites cul-blanc et guillemots, pour ne nommer que ceux-ci.

Le sentier Blackhead (3,7 km, intermédiaire) offre un panorama splendide sur les falaises de Southside Hills et la tour Cabot (voir p. 77). Le sentier est exposé aux vents côtiers, au brouillard et à la pluie, ce qui peut altérer son état :

faites attention où vous mettez les pieds. Le sentier permet d'admirer l'ensemble du complexe du cap Spear.

Le sentier Maddox Cove (9,3 km, difficile) débute au phare et se termine à Maddox Cove, une petite localité de Petty Harbour. Le sentier, doté de trottoirs, traverse collines, marais et rivières en plus de longer le littoral. Les conditions météo sur le sentier peuvent être plus venteuses et pluvieuses que celles de St. John's.

Les deux sentiers sont caractérisés par une végétation typique des lieux, notamment des conifères chétifs, des iris versicolores et la fleur emblématique de la province, la sarracénie pourpre.

Ces deux sentiers font partie du vaste réseau de la East Coast Trail, qui s'étend sur 265 km le long du littoral. Pour de plus amples renseignements, consultez le site Web de la East Coast Trail Association.

Comment s'y rendre

Une fois à St. John's, suivez la rue Water vers l'ouest jusqu'à l'angle de la rue Leslie; tournez à gauche au feu, traverser le pont et, après l'arrêt, parcourir 15 km jusqu'à la rte 11 (ou rte de Cap-Spear). La route aboutit au lieu historique national.

Quand visiter

Le lieu historique est fermé d'octobre à la mi-mai. La mi-juin, lors du Festival des baleines, est le moment idéal pour s'y rendre.

Chaloupe restaurée utilisée par les baleiniers basques au XVIe siècle.

▶ RED BAY

RED BAY (T.-N.-L.)

Désigné en 1979; inscrit au patrimoine mondial en 2013

Red Bay, au Labrador, était, au milieu du XVIe siècle, le centre d'une industrie prospère reposant sur la production de l'huile de baleine. Des baleiniers basques venus de France et d'Espagne venaient y chasser la baleine boréale et la baleine noire pour leur gras qui, une fois ramené à terre, était transformé en huile pour divers usages.

Red Bay, appelé Butus par les Basques qui ont fréquenté les lieux pendant des décennies, est la station de baleiniers basques la plus grande, la mieux préservée et la plus complète le long de la côte nord-est du Canada. Des épaves, un cimetière et les vestiges de fonderies, de tonnelleries et de quais racontent l'histoire du premier boom de l'industrie de l'huile de baleine.

En 2013, Red Bay a été inscrit à la liste du patrimoine mondial de l'UNESCO, la plus haute distinction accordée à un lieu patrimonial.

Attractions et activités

Au centre d'orientation, venez admirer la chalupa, la plus ancienne baleinière connue au monde. Rendez-vous au centre d'interprétation pour y découvrir les artefacts reflétant la vie des baleiniers, dont l'habitacle d'un navire – un espace scellé sur le pont d'un navire où les capitaines rangeaient les instruments de navigation pour y accéder facilement. Des guides costumés racontent des récits d'aventures, de naufrages et de survie dans le Labrador du XVIe siècle.

Prenez part à la visite guidée des sites archéologiques sur l'île Saddle, ou empruntez le sentier Boney Shore pour y voir des os de baleines jetés là il y a 400 ans et des icebergs depuis un belvédère sur le sentier Tracy Hill.

Comment s'y rendre

Depuis Terre-Neuve, prenez la rte 430 jusqu'à St. Barbe. Prenez le traversier du détroit de Belle Isle (de mai au début de janvier) pour vous rendre à Blanc-Sablon, près de la frontière entre le Québec et le Labrador. De là, prenez la rte 510 en direction nord-ouest jusqu'à Red Bay.

Depuis Labrador City dans l'ouest du Labrador, suivez la rte 500E jusqu'à Happy-Valley Goose Bay puis prenez la rte 510 S jusqu'à Red Bay.

INFORMATION

ACCUEIL ET INFORMATION
C.P. 103, Red Bay (T.-N.-L.) A0K 4K0. Tél. : 709-920-2142. parcscanada. gc.ca/redbay. Centre d'accueil : 709-920-2051 ou 709-458-2417.

DROITS D'ENTRÉE
7,80 $ par adulte; 19,60 $ par famille /groupe.

HÔTELS, MOTELS ET AUBERGES
Northern Light Inn C.P. 92, rue Main, L'Anse au Clair (T.-N.-L.) A0K 3K0. 709-931-2332. northernlightinn.com. 70 chambres, 115 $-159 $.
Whaler's Station 72-76, ch. West Harbour, Red Bay (T.-N.-L.) A0K 2P0. 709-920-2156. redbaywhalers. ca. 5 chambres, 95 $-135 $.

Quand visiter

Ouvert tous les jours du 8 juin au 28 sept. Les heures d'ouverture sont raccourcies les premières et dernières semaines; consultez le site Web.

Les trésors archéologiques et naturels abondent.

Les fortifications de Castle Hill surplombent la baie de Plaisance depuis 1662.

▶ CASTLE HILL

PLAISANCE (T.-N.-L.)
Désigné en 1968

Au sommet d'une colline sur la rive est de la baie de Plaisance se dresse les vestiges de fortifications militaires datant de 1662 : Castle Hill. Cette petite localité située dans la presqu'île Avalon de Terre-Neuve a joué un rôle clé dans la lutte franco-britannique pour le contrôle des pêches près de Terre-Neuve.

L'abondance de la morue dans les eaux de Terre-Neuve y a amené les pêcheurs basques dès le XVIᵉ siècle. Le port naturel de Plaisance a rapidement incité le gouvernement français à y fonder la colonie de Plaisance et à ériger des fortifications sur Castle Hill. Cet endroit, comme bon nombre sur la côte est, est devenu un terrain de bataille où se sont disputées les forces françaises et britanniques aux XVIIᵉ et XVIIIᵉ siècles.

Même si les Français disposaient d'excellentes fortifications sur Castle Hill, en 1708, des navires britanniques ont faite le blocus de la baie de Plaisance pour limiter l'approvisionnement. Le blocus s'est maintenu jusqu'à la signature du traité d'Utrecht en 1713, par lequel la France cédait les droits de pêche sur la majorité des côtes de Terre-Neuve à la Grande-Bretagne, déplaçant ainsi les forces françaises en Nouvelle-Écosse.

Attractions et activités

Le lieu historique national Castle Hill est relativement petit, mais les visiteurs seront séduits par les nombreux attraits. Des épaulements faits de pierres des champs tracent la limite de la forêt sous le sommet, ceinturant le fort. Quelques canons pointent vers l'eau. Déambulez parmi les ruines ou le long des sentiers de randonnée. Téléchargez l'application Explora de Parcs Canada pour une visite guidée. Le centre d'accueil présente un modèle à l'échelle des fortifications.

En été, Castle Hill offre une activité d'initiation au camping pour les néophytes : vous n'avez qu'à apporter oreiller et sac de couchage, Parcs Canada s'occupe du reste. Les campeurs apprendront notamment comment dresser une tente, cuisiner à l'extérieur et préparer un feu. Des séminaires sur la valeur culturelle de Castle Hill complètent l'expérience alors que le soleil se couche dans la baie et que le ciel se pare d'étoiles.

Comment s'y rendre

Une fois à St. John's, roulez 90 km vers l'ouest sur la Transcanadienne. Tournez à gauche sur la rte 100 et roulez 50 km vers le sud jusqu'à la jonction Freshwater-Argentia. Prenez la gauche, vers Castle Hill et Plaisance.

Quand visiter

Castle Hill est ouvert tous les jours de juin au début septembre.

INFORMATION

ACCUEIL ET INFORMATION
24, ch. Castle Hill, Plaisance (T.-N.-L.) A0B 2Y0. Tél. : 709-227-2401. parcscanada.gc.ca/castlehill.

DROITS D'ENTRÉE
3,90 $ par adulte; 9,80 $ par famille / groupe.

HÔTELS, MOTELS ET AUBERGES
(Sauf indication contraire, les prix mentionnés sont pour une chambre en occupation double, en haute saison, en dollars canadiens.)
Bridgeway Hotel 19, Prince William Drive, Plaisance (T.-N.-L.) A0B 2Y0. 709-227-1700. bridgewayhotel.net. 12 chambres, 99 $-115 $.

Un guide à l'établissement Ryan, où un empire économique fondé sur la pêche a vu le jour.

▶ ÉTABLISSEMENT-RYAN   BONAVISTA (T-N.-L.)

Désigné en 1987

Les bâtiments qui composent l'établissement Ryan bordent les rives du pittoresque port de Bonavista. Les entrepôts dotés d'un parement à clin blanc, l'odeur saline persistante qui s'en dégage et la vue sur la mer évoquent la longue histoire de la pêche commerciale à Terre-Neuve.

L'établissement Ryan était le siège social de la société James Ryan Ltd. Fondée en 1869, cette société du secteur de la pêche côtière et de la pêche au Labrador exportait du poisson salé en Europe et dans les Antilles. Elle est devenue l'une des entreprises de pêche les plus florissantes; elle était un élément important de l'économie régionale et jouait un rôle capital dans la vie des résidents. À l'époque, l'établissement comprenait des entrepôts pour le poisson et le sel, un magasin de détail, diverses dépendances (tonnellerie, station de télégraphie, etc.) et la résidence du propriétaire. James Ryan Ltd. s'est retiré de l'industrie de la pêche en 1952 et a conservé son magasin de gros et de détail jusqu'en 1978, date où il a fermé ses portes. Beaucoup de meubles, d'accessoires et d'équipement constituent la collection d'artefacts, qui compte des milliers d'objets.

Attractions et activités

S'appuyant sur des récits et des faits, des guides qualifiés font découvrir le lieu aux visiteurs. Les bâtiments en bois accueillent une exposition multimédia au sujet des pêches sur la côte est du Canada : « Morue, phoques et survivants » qui a été reconnue par la National Association for Interpretation comme étant la meilleure exposition d'interprétation intérieure de l'Amérique du Nord. Après vous être imprégné du passé, visitez Bonavista et discutez de la réalité d'aujourd'hui avec les résidents.

Comment s'y rendre

De St. John's, prenez la Transcanadienne (rte 1) vers l'ouest jusqu'à Clarenville; de là, empruntez la rte 230 (Discovery Trail) jusqu'à Bonavista et suivez les indications. Vous pouvez aussi prendre la rte 230 à partir de Clarenville, puis bifurquer à Southern

Bay sur la rte 235, qui mène directement à l'Établissement-Ryan.

Quand visiter

Le lieu est ouvert tous les jours de juin au début septembre.

Les bâtiments traditionnels en bois abritent des expositions modernes.

AUTRES LIEUX HISTORIQUES NATIONAUX

MISSION-DE-HOPEDALE
HOPEDALE (T.-N.-L.)

Construite en 1782, la mission morave de Hopedale permet d'imaginer les débuts des missionnaires moraves au Labrador. Sur le rivage rocailleux d'un vaste paysage aride, des protestants allemands, tchèques et britanniques ont construit une mission et un poste de traite en plein territoire inuit. Sept bâtiments ont subsisté : des bâtiments de la mission, une église, un entrepôt et une maison mortuaire qui servait de morgue. Un centre d'interprétation explique le lieu et son époque. Désigné LHN en 1970. 709-933-3864.

COTTAGE-HAWTHORNE
BRIGUS (T.-N.-L.)

Cette maison pittoresque verte et blanche entourée d'une véranda a été construite en 1830 au milieu d'un terrain boisé, de parterres ornementaux et de potagers. Située à l'origine à 10 km de là, la maison a été déplacée à Brigus, où elle est devenue la résidence du capitaine Robert A. Bartlett, qui a dirigé plusieurs expéditions célèbres dans l'Arctique au début du XXe siècle, dont celle de l'amiral Peary en 1905. Désigné LHN en 1978. Située au coin de la rue South et du ch. Irishtown. 709-753-9262. parcscanada.gc.ca/cottagehawthorne

HÔTEL-DU-GOUVERNEUR
ST. JOHN'S (T.-N.-L.)

L'Hôtel du gouverneur de style palladien, construit en 1827 est revêtu de grès rouge brut local et flanqué d'une toiture en ardoise. Sa construction, alors que Terre-Neuve était encore une colonie britannique, marque le passage d'un gouvernement naval à un gouvernement civil. Elle est devenue la résidence officielle des gouverneurs (1829-1949) puis des lieutenants-gouverneurs de la province, vocation qu'il conserve à ce jour. Désigné LHN en 1982. 50, ch. Military. 709-729-4494.

CATHÉDRALE-ANGLICANE-ST. JOHN THE BAPTIST
ST. JOHN'S (T.-N.-L.)

Cette cathédrale située à flanc de colline surplombant le port de St. John's est la plus ancienne paroisse anglicane du Canada. La construction de cette magnifique cathédrale de style gothique a commencé en 1847. Conçue par l'architecte ecclésiastique anglais George Gilbert Scott et bâtie en calcaire d'Irlande et en grès local, elle constitue un exemple éloquent de ses travaux. Les visiteurs peuvent prendre le thé dans la crypte de l'église et prendre part à une visite guidée. Désigné LHN en 1979. 18, Church Hill. 709-726-5677.

BASILIQUE CATHOLIQUE ST. JOHN THE BAPTIST
ST. JOHN'S (T.-N.-L.)

Cette basilique de style néo-roman, située au cœur d'un complexe de bâtiments religieux comprenant une église, une école et deux couvents, est le symbole du statut de l'Église catholique romaine dans la province. De nombreux Irlandais catholiques ont immigré ici aux XVIIIe et XIXe siècles. Malgré leur nombre, leurs droits en matière de culte, d'éducation, de propriété et de participation politique ont été restreints jusqu'à 1832, date à laquelle on a accordé à la province un gouvernement représentatif. Désigné LHN en 1983. 172, ch. Military. 709-754-2170.

PRESBYTÈRE-ST. THOMAS / MAISON-DE-L'INTENDANCE-ET-JARDIN
ST. JOHN'S (T.-N.-L.)

Revêtue de bardage à clin, la maison a été construite entre 1818 et 1820 pour servir de résidence à l'intendant général adjoint de la garnison britannique de Terre-Neuve. Après le retrait de la garnison en 1871, la maison est devenue le presbytère de l'église anglicane St. Thomas. Pendant la Première Guerre mondiale, elle a servi d'hôpital et de maison de convalescence pour les soldats. Désigné LHN en 1968. 5, ch. Kings Bridge. 709-729-6730.

QUÉBEC

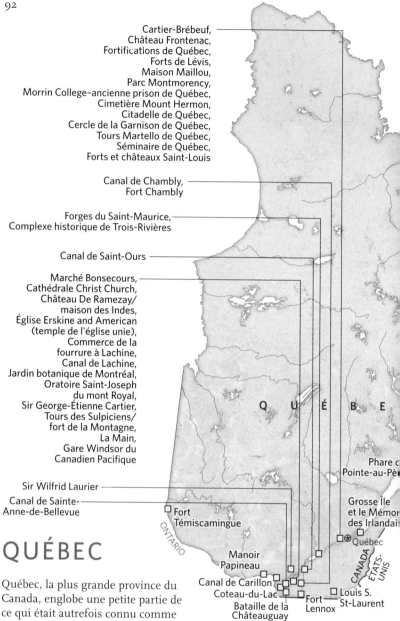

Cartier-Brébeuf,
Château Frontenac,
Fortifications de Québec,
Forts de Lévis,
Maison Maillou,
Parc Montmorency,
Morrin College–ancienne prison de Québec,
Cimetière Mount Hermon,
Citadelle de Québec,
Cercle de la Garnison de Québec,
Tours Martello de Québec,
Séminaire de Québec,
Forts et châteaux Saint-Louis

Canal de Chambly,
Fort Chambly

Forges du Saint-Maurice,
Complexe historique de Trois-Rivières

Canal de Saint-Ours

Marché Bonsecours,
Cathédrale Christ Church,
Château De Ramezay/
maison des Indes,
Église Erskine and American
(temple de l'église unie),
Commerce de la
fourrure à Lachine,
Canal de Lachine,
Jardin botanique de Montréal,
Oratoire Saint-Joseph
du mont Royal,
Sir George-Étienne Cartier,
Tours des Sulpiciens/
fort de la Montagne,
La Main,
Gare Windsor du
Canadien Pacifique

Sir Wilfrid Laurier
Canal de Sainte-
Anne-de-Bellevue

ONTARIO

Fort
Témiscamingue

Manoir
Papineau

Canal de Carillon
Coteau-du-Lac
Bataille de la
Châteauguay

Fort
Lennox

Louis S.
St-Laurent

CANADA
ÉTATS-
UNIS

Québec

Grosse Île
et le Mémor
des Irlandai

Phare c
Pointe-au-Pè

Q U É B E

QUÉBEC

Québec, la plus grande province du Canada, englobe une petite partie de ce qui était autrefois connu comme la Nouvelle-France, un territoire colonial français situé en Amérique du Nord. À son apogée au début du XVIIIᵉ siècle, la Nouvelle-France s'étendait de l'île de Terre-Neuve jusqu'aux montagnes Rocheuses et de la partie sud de la baie d'Hudson jusqu'au golfe du Mexique. Cette

colonie avait été fondée plus d'un siècle auparavant lors de la création de la ville de Québec en 1608. La domination britannique s'est établie à la suite de la guerre de Sept Ans (1756-1763) lorsque les Français ont cédé les villes de Québec et de Montréal et d'autres

Un interprète en costume d'époque raconte une histoire aux forts et châteaux-Saint-Louis. *Page 90* – Haut : Le blockhaus de Coteau-du-Lac. Milieu : Le manoir de Louis-Joseph Papineau. Bas : Les Forges du Saint-Maurice. *Page 91* : Le canal de Lachine.

TERRE-NEUVE-ET-LABRADOR

TERRE-NEUVE-ET-LABRADOR

Bataille de la Ristigouche

☐ Lieux historiques nationaux du Canada

⊛ Capitale

0 mi   200

0 km   200

parties de la Nouvelle-France.

De 1791 à 1840, la Grande-Bretagne a administré les parties sud et est du Québec d'aujourd'hui, connues alors comme la colonie du Bas-Canada. Les régions du Nord et de l'Ouest faisaient partie de la Terre de Rupert, une large bande de territoire couvrant le tiers du Canada actuel, qui était contrôlée par la Compagnie de la Baie d'Hudson. En 1841, à la suite des rébellions menées contre la Couronne en 1837 et 1838, la Grande-Bretagne a unifié les provinces du Bas-Canada et du Haut-Canada pour former la province du Canada. Lors de la Confédération en 1867, la province du Canada a été divisée pour créer les provinces du Québec et de l'Ontario qui, regroupées avec la Nouvelle-Écosse et le Nouveau-Brunswick, ont formé le Dominion du Canada.

Aujourd'hui, la majorité de la population du Québec vit dans la vallée fertile du Saint-Laurent, située entre les villes animées de Montréal et de Québec, la capitale provinciale, et plus des trois quarts des habitants ont le français comme langue maternelle; langue officielle de la province. Les lieux historiques décrits dans ce chapitre retracent l'histoire de l'exploration et de la colonisation françaises, les relations avec les peuples autochtones de la région, la traite lucrative des fourrures, qui a dominé les marchés ici pendant environ 200 ans, et la longue lutte que se sont livrée la France et la Grande-Bretagne pour prendre le contrôle de l'Amérique du Nord.

Vue pittoresque du centre d'interprétation du lieu historique national de la Bataille-de-la-Ristigouche.

GASPÉSIE

Le terrain accidenté de la péninsule gaspésienne s'étend sur 240 km dans le golfe du Saint-Laurent, dans la partie sud-est de la province de Québec. La Gaspésie tire probablement son nom d'une expression Mi'kmaq qui signifie « fin des terres ». Pendant des siècles, les peuples autochtones ont occupé les côtes, où les vastes plages rocailleuses étaient parfaitement adaptées au séchage de grandes quantités de morues et d'autres poissons pêchés au large des côtes. La pêche a continué de dominer l'économie de la péninsule pendant des siècles. En 1534, Jacques Cartier a pris possession

de la région au nom de la France et dans son sillage, plusieurs centaines de pêcheurs français sont venus s'y établir. Les forces britanniques sont débarquées en 1758, pendant la guerre de Sept Ans, et ont détruit les maisons des colons français. Même si la France a réussi à couler deux navires de guerre britanniques lors de la bataille de la Ristigouche (voir p. 96-97), elle a perdu la guerre et cédé la Gaspésie à la Grande-Bretagne aux termes du Traité de Paris (1763). Au cours des décennies qui ont suivi, les réfugiés acadiens et les loyalistes fuyant la Révolution américaine sont arrivés.

Maquette du *Machault*, un navire de guerre français, au centre d'interprétation.

▶ BATAILLE-DE-LA-RISTIGOUCHE

POINTE-À-LA-CROIX (QC)
Désigné en 1924

Nichés dans un estuaire à l'embouchure de la rivière Ristigouche, qui marque la frontière entre le Québec et le Nouveau-Brunswick, deux navires engloutis reposent intacts, vestiges de la dernière bataille navale que se sont livrée la France et la Grande-Bretagne pour les terres de la Nouvelle-France.

Pendant la guerre de Sept Ans, la puissance maritime britannique exerçait un contrôle si imposant sur les mers qu'elle a réussi à assaillir les Français en Amérique du Nord, où elle les a attaqués à maintes reprises.

En 1760, les choses auguraient mal pour la Nouvelle-France. Les Britanniques avaient pris le contrôle de la ville de Québec, et le blocus qu'ils avaient imposé le long du littoral de la France empêchait les navires de guerre français d'apporter à la colonie les renforts dont ils avaient besoin. Toutefois, en mai, trois frégates françaises ont réussi à franchir le blocus et à atteindre le golfe du Saint-Laurent. Informé de la présence de navires britanniques à Québec, le commandant François Chénard de La Giraudais a décidé que les trois navires devaient se réfugier dans la baie des Chaleurs. Comme les Britanniques avançaient, les Français ont battu en retraite à l'embouchure de la rivière Ristigouche.

Les deux puissances coloniales ont combattu pendant des jours dans les eaux peu profondes de la rivière. À la fin, les Français ont dû abandonner leurs navires, mais avant de regagner la rive, ils ont sabordé le *Bienfaisant* et le *Machault* pour empêcher les Britanniques de s'emparer de leurs provisions. (Le troisième navire, le *Marquis de Malauze*, a été épargné, étant donné qu'il y avait des prisonniers à bord, mais les Britanniques l'ont coulé après s'en être emparé.) Le sort de la Nouvelle-France était scellé.

Environ 200 ans plus tard, dans les années 1960, des archéologues ont commencé à fouiller le site. Aujourd'hui, les visiteurs peuvent imaginer le drame survenu et les difficultés rencontrées grâce aux vestiges des navires de guerre exposés.

Attractions et activités

Visitez le centre d'interprétation pour revivre cet événement marquant grâce aux artéfacts récupérés, aux reconstitutions et aux films présentés. Explorez l'entrepont du navire et la salle du conseil du commandant. Admirez les détails remarquables de la maquette du *Machault* – de ses 26 canons jusqu'à son fin réseau de câblages. Prenez un temps d'arrêt à l'extérieur, à l'une des tables de pique-nique aménagées à cet effet, et profitez de la vue que vous offrent la rivière et le Nouveau Brunswick.

Comment s'y rendre

L'ancien champ de bataille est situé le long de la rte 132, 3 km à l'ouest du petit village de Pointe-à-la-Croix.

INFORMATION

ACCUEIL ET INFORMATION
Rte 132, Pointe-à-la-Croix (Qc) G0C 1L0. Tél. : 418-788-5676. parcscanada.gc.ca/ristigouche.

DROITS D'ENTRÉE
3,90 $/adulte; 9,80 $/famille ou groupe.

SERVICES ACCESSIBLES
Tout le musée est accessible; l'accès à l'aire extérieure et au sentier est limitée.

HÔTELS, MOTELS ET AUBERGES
Quality Hotel & Conference Centre 157, rue Water, Campbellton (N.-B.) E3N 3H2. 5067534133. choicehotels. ca. 61 chambres, 109 $.
Comfort Inn 111, ch. Val d'Amour, Campbellton (N.-B.) E3N 5B9. 506-7534121. campbelltoncomfortinn. com. 59 chambres, 114 $–129 $.

Quand visiter

Le site est ouvert tous les jours, de la fin juin au début septembre.

GASPÉSIE

AUTRES LIEUX HISTORIQUES NATIONAUX

PHARE-DE-POINTE-AU-PÈRE
RIMOUSKI (QC)

L'amalgame de couleurs ici est spectaculaire : le bleu des eaux, les bâtiments d'un blanc éclatant au toit rouge cerise, les tons d'ocre du rivage. Ce phare de 1909 est le troisième à avoir été construit sur ce cap, qui surplombe le Saint-Laurent. Les signaux sonores et lumineux aidaient les capitaines à trouver leur chemin jusqu'aux pilotes du fleuve, qui les attendaient pour les guider. Un centre d'accueil présente une exposition sur le pilotage du fleuve. Désigné LHN en 1974. 1034, rue du Phare, Pointe-au-Père. 418-368-5505.

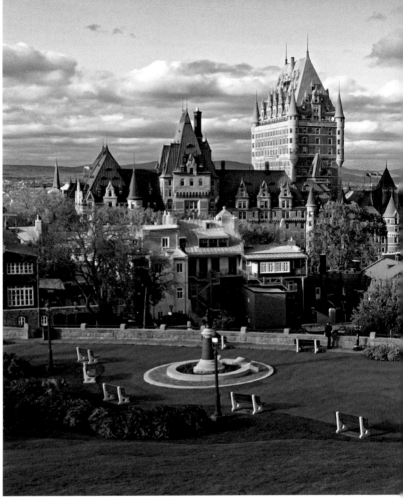

Le Château Frontenac domine les remparts du Vieux-Québec.

RÉGION DE LA VILLE DE QUÉBEC

Fondée en 1608, Québec, seule ville fortifiée au Canada, est érigée au sommet du cap Diamant qui surplombe le fleuve Saint-Laurent. L'Arronddissement historique du Vieux-Québec a été inscrit au patrimoine mondial en 1985. Lorsque l'explorateur Jacques Cartier est arrivé ici en 1535, il a découvert un village iroquois. En 1608, Samuel de Champlain y a établi un poste de traite de fourrures, et les Algonquins nomades avaient alors pris la place du peuple iroquois. Le nom de la ville signifie en algonquin « rétrécissement du fleuve ». L'endroit offrait le meilleur accès aux commerçants de

fourrures faisant ainsi de Québec un champ de bataille naturel dans la bataille impériale qui a opposé la Grande-Bretagne à la France. En 1759, la Grande-Bretagne a pris le contrôle de la ville. Après la Révolution américaine, les réfugiés loyalistes sont venus augmenter la taille de la population anglophone, tout comme l'ont fait les immigrants en provenance de la Grande-Bretagne et de l'Irlande au XIX siècle. De nos jours, la cité de pierre a retrouvé son caractère français, et l'on estime que 96 % de la population est de langue francophone.

La Citadelle de Québec, la plus grande forteresse britannique en Amérique du Nord.

▶ CITADELLE-DE-QUÉBEC QUÉBEC (QC)

Désigné en 1946

La Citadelle de Québec, qui sert de résidence secondaire au gouverneur général du Canada, est une garnison active. Ses murs de pierre en forme d'étoile ont formé un élément clé des fortifications de Québec (voir p. 104-107) pendant plus de 200 ans.

La Citadelle occupe une superficie de 37 acres au cœur du Vieux-Québec. Pour se rendre à l'entrée principale, les visiteurs doivent s'aventurer dans un labyrinthe formé d'imposants murs de pierre. À la porte Dalhousie, deux gardes vêtus d'un rouge écarlate font la sentinelle devant une large porte en bois flanquée de colonnes grecques. L'allure grandiose de l'endroit – la plus importante forteresse britannique en Amérique du Nord – inspire un sentiment d'humilité.

Les Français ont été les premiers, en 1716, à dresser des plans pour construire une citadelle sur le cap Diamant, mais en 1759, lorsque les Britanniques ont avancé sur la ville de Québec, leurs plans n'avaient toujours pas été réalisés. Les Britanniques ont battu les Français sur les Plaines d'Abraham non loin de là et ce sont eux qui ont bâti la première forteresse. Ils ont ensuite construit le fort entre 1820 et 1831, alors que la Grande-Bretagne ne ménageait aucun effort pour améliorer ses défenses, après que les Américains avaient presque réussi à prendre le pouvoir pendant la guerre de 1812. Le lieutenant-colonel Elias Walker Durnford des Royal Engineers a conçu cette forteresse de manière à ce qu'elle s'intègre aux fortifications de Québec déjà en place. Le véritable atout du site était les multiples angles que la structure en forme d'étoile et les bastions complémentaires permettaient de couvrir.

Lorsque les troupes britanniques ont quitté la ville de Québec en 1871, la batterie « B » du régiment de l'Artillerie canadienne y a élu domicile. Il convient de souligner que depuis 1920, la Citadelle abrite le seul régiment d'infanterie francophone de la Force régulière des Forces armées canadiennes : le Royal 22e Régiment. Cent cinquante soldats y vivent et y travaillent, incluant les membres de la célèbre formation de la Musique du Royal 22e Régiment.

L'arrondissement historique du Vieux- Québec, qui englobe la Citadelle de Québec, a été inscrit au patrimoine mondial de l'UNESCO en 1985.

PRINCIPAUX ATTRAITS DE LA CITA DELLE

La Citadelle est ouvrte toute l'année mais l'été, elle offre un véritable spectacle aux visiteurs : la Relève de la garde, une cérémonie célébrée à la Citadelle depuis 1928. La cérémonie commence à 10 h et dure environ 45 min. Des sentinelles vêtues d'un uniforme rouge écarlate et d'un bonnet en peau d'ours noir parcourent le terrain de parade de la Citadelle, tandis que leur commandant leur crie des ordres nets et précis qu'elles suivent en parfaite symétrie. La cérémonie a lieu tous les jours du 24 juin jusqu'à la Fête du travail.

Après la cérémonie, passez une heure en compagnie d'un guide, qui vous fera visiter les lieux, parlera des activités militaires et montrera des vues magnifiques de la ville (la Citadelle étant une garnison active, vous devez être accompagné d'un guide pour visiter). La visite se termine au Musée Royal 22e Régiment, le deuxième plus important musée militaire

du Canada, situé dans une ancienne caserne. Explorez les éléments interactifs des expositions permanentes et temporaires du Musée.

Le conservateur du Musée s'est efforcé de mettre à l'avant plan les histoires humaines : apprenez-en davantage sur la première femme à devenir capitaine dans le Royal 22e Régiment. Écoutez les témoignages d'anciens combattants et des membres de leur famille. Admirez le fusil et le journal de guerre utilisés par un soldat du Royal 22e Régiment pendant la Première Guerre mondiale. Le soldat a gravé le nom des lieux où il a combattu pendant la guerre sur ce fusil à verrou Lee-Enfield.

Le directeur du Musée affirme que la salle des médailles « Honneur et mémoire » le rend particulièrement fier. Pour chacune des médailles, les visiteurs ont accès à la biographie du soldat qui l'a portée. La collection en compte près de 300, et le Musée invite toute personne qui possède une médaille du Royal 22e Régiment à la leur remettre pour l'ajouter à cette galerie.

Après avoir exploré le Musée, aventurez-vous dans la résidence secondaire du gouverneur général, remplie d'objets d'art et de meubles antiques fabriqués au Canada. La visite guidée vous offre l'accès aux salles d'apparat, où le gouverneur général accueille les dignitaires et rend honneur aux Canadiens. (Contrairement au Musée de la Citadelle, la résidence du gouverneur général n'est pas ouverte au public toute l'année. Composez le 418-648-4322 ou le 1-866-936-4422 pour plus de détails.)

Tout au long de l'été et de l'automne, la Citadelle offre des visites guidées nocturnes, qui permettent aux visiteurs d'explorer pendant environ 90 min, à la lumière des lanternes, une « forteresse insoupçonnée ».

« Je Me Souviens » la devise du Royal 22ᵉ Régiment et du Québec.

Un membre de la garde royale avec Batisse, la mascotte régimentaire.

BÂTIMENT 7 : L'ÉDIFICE COMMÉMORATIF

Ce petit édifice en pierre d'un étage n'est pas un bâtiment ouvert au public; il s'agit plutôt d'un espace sacré, qui représente le cœur et l'âme du Régiment pour les soldats et le personnel du Musée. Il abrite le mausolée du général Georges-Philéas Vanier et de son épouse, Pauline. Vanier, un des officiers fondateurs du Royal 22ᵉ Régiment, qui a été largement décoré pour sa bravoure pendant la Première Guerre mondiale, a pris le commandement du Régiment, à la Citadelle, en 1925. Il a été le premier Canadien français à être nommé au poste de gouverneur général du Canada en 1959.

L'édifice commémoratif abrite aussi le Livre du souvenir. Tous les matins, le sergent de la garde s'y rend pour remplir une mission honorifique. Il retire la vitre qui protège le Livre du souvenir et lit à voix haute le nom de tous les soldats du Royal 22ᵉ Régiment morts au combat. Il ajoute ensuite « Je me souviens ». Le sergent perpétue seul cette tradition particulière, sans aucun auditoire.

BATISSE XI

Batisse le bouc, la mascotte du Royal 22ᵉ Régiment, participe fièrement à chaque Relève de la garde. Batisse I avait été offert en 1955 par Sa Majesté la reine Elizabeth II. Par la suite, de nombreux Batisse se sont succédés. Chaque matin, Batisse est brossé et

LIEU HISTORIQUE NATIONAL DE LA CITADELLE-DE-QUÉBEC
(Québec Citadel National Historic Site)

INFORMATION & ACTIVITIES

ACCUEIL ET INFORMATION
1, Côte de la Citadelle, Québec (Qc) G1R 4V7. Tél. : 418-694-2815. lacitadelle.qc.ca.

SAISONS ET ACCESSIBILITÉ
La Citadelle est ouverte tous les jours à l'année, sauf le 25 décembre et le 1er janv. Consultez le site Web pour les heures précises, puisque celles-ci varient d'une saison à l'autre. La dernière visite guidée de la journée commence à la fermeture.

DROITS D'ENTRÉE
16 $/adulte, 32 $/famille (maximum de 2 adultes et de 3 enfants).

ANIMAUX DE COMPAGNIE
Seuls les chiens d'assistance sont autorisés.

SERVICES ACCESSIBLES
Un fauteuil roulant est disponible sur place. Communiquez avec la Citadelle avant votre visite ou encore si vous voulez obtenir de plus amples renseignements.

ACTIVITÉS OFFERTES
Profitez d'une des rares occasions de visiter une base militaire active. Apprenez pourquoi et comment la forteresse a été construite, pourquoi il est important que le commandant du fort donne des ordres en français. Prenez une égoportrait en compagnie d'un bouc renommé. Jetez un œil à la seconde résidence du gouverneur général. Admirez la vue panoramiquesur le fleuve.

RENSEIGNEMENTS IMPORTANTS
• Pour des raisons de sécurité, les visiteurs ne sont pas autorisés à se promener librement. La Citadelle est une base militaire active et sert, en plus, de résidence au gouverneur général. Il est possible que les visites soient écourtées ou annulées lors de la tenue de cérémonies officielles.
• Il est nécessaire de réserver pour les visites de groupes de 15 personnes ou plus (418-694-2815).

HÔTELS, MOTELS ET AUBERGES
(Sauf indication contraire, les prix mentionnés sont pour une chambre en occupation double, en haute saison, en dollars canadiens.)
Hôtel Champlain Vieux Québec 115, rue Sainte-Anne, Vieux-Québec (Qc) G1R 3X6. 418-694-0106 ou 800-567-2106. hotelsduvieuxquebec.com/fr/hotel-champlain/. 53 chambres, 149 $.
Manoir d'Auteuil 49, rue d'Auteuil, Vieux-Québec (Qc) G1R 4C2. 866-662-6647. manoirdauteuil.com/fr/. 27 chambres et suites, 209 $-379 $.

ses cornes sont peintes en or. Sa tête est ornée d'un écusson d'argent et une couverture de soie bleue (arborant l'insigne du Régiment) est posée sur son dos. Lorsqu'il ne travaille pas à la cérémonie de la Relève de la garde, Batisse se promène en ville et voyage partout au pays, ne s'arrêtant que pour permettre aux gens de prendre des photos.

Comment s'y rendre
La Citadelle est érigée au sommet du cap Diamant, au cœur du Vieux-Québec,en bordure du fleuve Saint Laurent. Il y a un stationnement gratuit sur place (max. de deux heures), et des supports à bicyclette sont à la disposition des cyclistes.

Quand visiter
La Citadelle est ouverte toute l'année; toutefois, il est préférable de la visiter l'été, si vous voulez assister à la Relève de la garde. Les visiteurs qui s'y rendent l'automne courent la chance de rencontrer le gouverneur général du Canada lors de la Fête automnale.

Des fortifications protègent le Vieux-Québec depuis les années 1700.

▶ FORTIFICATIONS-DE-QUÉBEC

QUÉBEC (QC)
Désigné en 1948

Érigées bien au dessus du fleuve Saint-Laurent, les fortifications de Québec sont un rappel constant du passé de la ville, qui servait alors de forteresse militaire. Ses vieux murs de pierre s'étendent tout autour du centre de la ville sur près de 5 km. De nos jours, la ville de Québec est l'unique ville fortifiée au nord du Mexique. Elle a été reconnue par l'UNESCO comme un site du patrimoine mondial en 1985.

Les peuples autochtones ont occupé l'endroit pendant des milliers d'années, avant que l'explorateur français Samuel de Champlain n'établisse une « habitation » à Québec, en 1608. Celle-ci ressemblait à un petit château médiéval et comptait, notamment, une résidence, un magasin et une redoute pour assurer la défense – le tout entouré d'un fossé. Au cours des décennies qui ont suivi, des structures modestes et rudimentaires ont été ajoutées, mais la ville n'a été entièrement fortifiée que bien des années après le passage de Champlain.

En 1690, un projet ambitieux a été lancé, après la chute de Port-Royal en Acadie : une enceinte a été construite. Elle était formée de 11 petites redoutes de pierre reliées par des palissades. L'enceinte improvisée a rapidement été mise à l'épreuve. Le 16 octobre 1690, une armée britannique de 2 300 hommes a remonté le Saint-Laurent, sous le commandement de sir William Phips, dans le but de s'emparer de Québec. Mais à l'intérieur de l'enceinte, le gouverneur de la Nouvelle-France, Louis de Buade, comte de Frontenac, se tenait prêt, en compagnie de 3 000 miliciens et soldats. Lorsque Phips a envoyé un émissaire pour demander à Frontenac de capituler, le gouverneur a répondu : « Je n'ai point de réponse à faire à votre général que par la bouche de mes canons et à coups de fusil ». Les Français ont repoussé avec succès cette invasion des Britanniques.

Québec occupant une place plus importante dans une stratégie défensive plus globale, la France a commencé à investir davantage dans l'infrastructure de défense. Toutefois, Québec n'a fait l'objet que d'un ensemble disparate de projets de défense, qui étaient sans cesse retardés par la situation politique complexe, et ce, jusqu'à la chute de Louisbourg en 1745. Après cette perte des Français, Charles de la Boische, marquis de Beauharnois et gouverneur de la Nouvelle-France, a ordonné que de nouvelles fortifications plus étendues soient construites.

Même avec de telles fortifications, les Français n'ont pu éviter la défaite. Le 13 septembre 1759, les troupes françaises et britanniques se sont livré une bataille décisive sur les Plaines d'Abraham. Après la victoire des Britanniques, les Français ont dû abandonner la ville de Québec.

Sous le nouveau leadership britannique, les murs de la ville de Québec ont été solidifiés pour répondre à la menace d'une invasion américaine. Une succession d'architectes – William Twiss, Gother Mann et Elias Walker Durnford – ont renforcé les fortifications et ont fait ériger une tour Martello trapue, aux murs épais. En 1819 et au cours des 10 années qui ont suivi, Walker a supervisé la construction de la Citadelle le long de la falaise, une forteresse présentant la forme irrégulière d'un pentagone (voir p. 100-103) – conçue pour servir de refuge ultime aux Britanniques,

advenant un soulèvement populaire.

Vers le milieu du XIXᵉ siècle, de nombreux résidents n'appréciaient pas le fait que cette infrastructure massive limitait la croissance de la ville. L'entretien et la restauration des murs étaient aussit coûteux. Heureusement, le gouverneur général du Canada de l'époque, lord Dufferin – un pionnier dans le mouvement de conservation du patrimoine observé au Canada au XIXᵉ siècle – a reconnu la valeur patrimoniale des fortifications. Il a fait pression pour qu'elles soient préservées et a finalement convaincu les représentants municipaux de ne pas concrétiser leur intention de procéder à leur démolition.

EXPLORER LES FORTIFICATIONS

Participez à l'une des visites à pied guidées de 90 min, qui commencent sur la terrasse Dufferin. Vous pourrez admirer de magnifiques vues de la ville de Québec, à mesure que le guide conduit le groupe le long des murs de fortification. Tout au long de la visite, le guide attire l'attention des touristes sur les nuances architecturales et explique les stratégies de défense adoptées, en prenant soin de raconter pleinement l'histoire de cette forteresse – de l'arrivée de

La redoute Dauphine, un bâtiment utilisé comme casernes et pour l'entreposage.

LIEU HISTORIQUE NATIONAL DES FORTIFICATIONS-DE-QUÉBEC
(Fortifications of Québec National Historic Site)

IINFORMATION ET ACTIVITÉS

ACCUEIL ET INFORMATION
2, rue d'Auteuil, Québec (Qc) G1R 5C2. Tél. : 418-648-4168. parcscanada.gc.ca/fortifications. Il y a deux centres de renseignements (téléphone : 418-648-7016) : **Frontenac Kiosk,** terrasse Dufferin; **Interpretative Centre,** parc de l'Artillerie (2, rue d'Auteuil).

SAISONS ET ACCESSIBILITÉ
Ouvert à l'année. Les visites guidées (mai à sept.) commencent au kiosque Frontenac sur la terrasse Dufferin; pour plus d'information, communiquez avec le centre d'accueil.

DROITS D'ENTRÉE
3,90 $/adulte; 9,80 $/famille ou groupe.

ANIMAUX DE COMPAGNIE
Ils doivent être tenus en laisse en tout temps; ils ne sont pas autorisés à l'intérieur.

SERVICES ACCESSIBLES
Les sites sont partiellement accessibles en fauteuil roulant. Quant aux bâtiments du parc de l'Artillerie, ils sont tous entièrement accessibles. Pour plus d'information, communiquez avec le centre d'accueil.

ACTIVITÉS OFFERTES
Marchez le long des murs des fortifications, qui s'étendent sur 4,6 km. Assistez à la détonation d'un fusil à poudre noire tirée par un soldat français du XVIIIe siècle. Essayez l'une des récentes activités sur support numérique : participez à un jeu de rôle ou trouvez des indices auprès des « murs qui parlent » des fortifications.

Passez la main sur les pierres originales qui composent les portes des fortifications. Prenez un moment pour regarder le mélange d'artistes et de touristes présents sur la terrasse Dufferin et respirez l'air frais qu'apporte le fleuve Saint-Laurent.

HÔTELS, MOTELS ET AUBERGES
(Sauf indication contraire, les prix mentionnés sont pour une chambre en occupation double, en haute saison, en dollars canadiens.)
Hôtel Champlain Vieux Québec 115, rue Sainte-Anne, Vieux-Québec (Qc) G1R 3X6. 418-694-0106 ou 800-567-2106. hotels duvieuxquebec.com/fr/hotel-champlain/. 53 chambres, 174 $.
Manoir d'Auteuil 49, rue d'Auteuil, Vieux-Québec (Qc) G1R 4C2. 866-662-6647. manoirdauteuil.com/fr/. 27 chambres et suites, 209 $-379 $.

Champlain jusqu'à ce que le site reçoive la désignation de ville du patrimoine mondial de l'UNESCO. Les visites guidées l'été se terminent au parc de l'Artillerie, juste à temps pour une démonstration de tirs.

Dirigez-vous ensuite vers la redoute Dauphine, un bâtiment blanc imposant au cœur du parc de l'Artillerie. La construction de la redoute a commencé en 1712, a été interrompue en 1713 et a repris en 1748, sous la supervision de l'ingénieur Chaussegros de Léry. Ce dernier a également construit le long édifice, connu comme les « Nouvelles Casernes », à côté de la redoute, et a aménagé un champ de parade. Sur une période de 250 ans, le bâtiment a d'abord été utilisé par les Français et les Britanniques à des fins militaires, puis par le gouvernement canadien comme cartoucherie.

À l'intérieur de la redoute, un entrepôt rempli d'huile, d'eau, de vin, de bière et d'autres fournitures se trouve au premier étage. Le deuxième étage est aménagé comme une caserne. Cette pièce, qui ne compte qu'une seule fenêtre, aurait accueilli de 12 à 20 soldats français et devait assurément être bondée et mal aérée. Comparez cette pièce aux somptueux quartiers des officiers britanniques installés au troisième étage.

Plusieurs activités interactives sont organisées au Centre d'interprétation du Parc-de-l'Artillerie. Les petits aimeront la « légende des murs qui parlent », où ils doivent s'emparer d'une épée magique ou d'un bracelet enchanté et mener des recherches pour découvrir à qui appartient cet objet, en recueillant des indices auprès des « murs qui parlent » des fortifications. Les enfants plus âgés et les adultes aimeront essayer la « mission fortifications », un jeu de rôle où les participants doivent prendre des décisions de défense en état de siège.

Comment s'y rendre

Les fortifications sont situées dans l'arrondissement central de la ville de Québec – La Cité-Limoilou – qui comprend l'arrondissement historique entourant la Haute-Ville. Le Centre d'interprétation est situé sur la rue d'Auteuil, dans le parc de l'Artillerie, entre les rues McMahon et Saint-Jean.

Quand visiter

Pour une immersion interactive, visitez les lieux en juillet et août pour profiter d'un des 21 guides présents en alternance – dont certains en costume d'époque – ainsi que d'une démonstration de tirs au fusil au parc de l'Artillerie. Si vous préférez les périodes moins achalandées, visitez les lieux à l'automne, puisque la ville se pare alors de ses plus belles couleurs. Pendant l'hiver, le site n'est que partiellement accessible, et il est possible que le sol soit couvert de neige.

RÉGION DE LA VILLE DE QUÉBEC

L'explorateur Jacques Cartier est débarqué ici dans les années 1500; le missionnaire Jean-de-Brébeuf un siècle après lui.

▶ CARTIER-BRÉBEUF

QUÉBEC (QC)
Désigné en 1958

Si ces berges situées le long du fleuve Saint-Laurent pouvaient parler, elles raconteraient l'histoire d'explorateurs français tapageurs, d'hivers mortels et d'Iroquois aventureux, de même que celle d'un missionnaire, dont le voyage entrepris en Nouvelle-France pour sauver les âmes des habitants a commencé sur ces berges et s'est achevé par le martyre.

107

Entre 1534 et 1542, Jacques Cartier a dirigé trois expéditions vers le Nouveau Monde, au nom de François Ier de France, à la recherche d'un passage vers l'Asie. Au cours de son premier voyage, Cartier a rencontré par hasard les neveux de Donnacona, le chef iroquois du village de Stadaconé (situé à proximité de la ville de Québec). Cartier a emmené les jeunes hommes en France avec lui pour les former en tant qu'interprètes.

Un an plus tard, les deux jeunes hommes, Domagaya et Taignoagny, ont aidé Cartier à naviguer le long du Saint-Laurent et à développer des relations avec les Iroquois. Après avoir exploré Hochelaga (Montréal), Cartier et son équipage de 110 hommes ont décidé de passer l'hiver au confluent des rivières Lairet et Saint-Charles. Une épidémie de scorbut a vite affaibli les hommes, en tuant 25. Sans le remède à base d'écorce de cèdre ou de sapin baumier que Domagaya a montré aux Français, davantage seraient morts. Au printemps, Cartier est retourné en France avec une poignée d'otages iroquois, dont Donnacona et ses neveux; tous, à l'exception d'une jeune fille, sont morts peu de temps après leur arrivée.

En 1541, Cartier a mené une autre expédition avec pour mission d'établir la première colonie française du Nouveau Monde – et a échoué. Il est rentré au pays en 1542.

En 1625, le missionnaire jésuite Jean de Brébeuf s'est rendu en Nouvelle-France dans l'espoir de convertir les peuples autochtones de la région au catholicisme. Il a construit une résidence sur la rive nord de la Saint-Charles, où il cotôyé des Innus et des Chonnonton, et surtout la Confédération wendat. Dans les années 1630, la variole et d'autres maladies apportées par les Européens ont dévasté les Wendats. Les communautés jadis accueillantes sont devenues hostiles. En 1649, Brébeuf a été capturé, torturé et tué par les Iroquois. Le pape Pie XI l'a canonisé en 1930.

INFORMATION

ACCUEIL ET INFORMATION
175, rue de L'Espinay, Québec (Qc) G1L 3W6. Tél. : 418-648-7016. parcscanada.gc.ca/cartierbrebeuf.

DROITS D'ENTRÉE
Gratuit pour les visites libres.

SERVICES ACCESSIBLES
Accès limité; communiquez avec le lieu pour plus de détails.

HÔTELS, MOTELS ET AUBERGES
Hôtel Québec 330, rue de la Couronne, Québec (Qc) G1K 6E6. 418-649-1919 ou 888-702-0876. hotelquebec.com. 177 chambres, tarifs variés.
Hôtel du Nord 640, rue Saint Vallier Ouest, Québec (Qc) G1N 1C5. 877-474-4464. hoteldunord.qc.ca. 50 chambres, 104 $-149 $.

Attractions et activités

Dans ce parc urbain, les visiteurs peuvent se promener à pied ou à vélo ou s'installer sur un coin d'herbe verdoyante pour contempler la façon dont les premiers échanges entre les peuples autochtones et non autochtones au Canada ont façonné notre pays. Certaines activités familiales spéciales y sont également organisées.

Comment s'y rendre

À partir du Vieux Québec, prenez la rte 175N. Prenez la sortie du boul. Hamel et continuez tout droit jusqu'au site, sur votre droite.

Quand visiter

Le site est ouvert pour des visites libres, du 24 juin jusqu'à la fête du Travail du Canada, de 13 h à 17 h.

De 1865 à 1872, un complexe comprenant trois forts a été construit à Lévis pour renforcer la protection contre les risques d'une invasion américaine.

RÉGION DE LA VILLE DE QUÉBEC

▶ FORTS-DE-LÉVIS

LÉVIS (QC)
Désigné en 1920

Il arrive parfois que les plus grandes innovations n'atteignent jamais leur plein potentiel. Bien que les forts de Lévis se soient révélés utiles comme entrepôts de munitions pendant les deux guerres mondiales, ils ont été construits sur la rive sud du fleuve Saint-Laurent pour protéger la ville de Québec contre une invasion américaine potentielle.

Dans les années 1860, pendant la guerre de Sécession, les Britanniques ont renforcé leurs défenses au Canada par crainte que les États du Nord tentent de faire de nouvelles acquisitions. La nouvelle ligne de chemin de fer entre Lévis et le Maine a rendu la place forte des Britanniques, dans la ville de Québec, tout particulièrement vulnérable à une éventuelle attaque. Une armée composée d'envoyés du génie royal, de soldats, d'artisans et d'ouvriers a passé sept ans (de 1865 à 1872) à construire trois forts, orientés au sud, sur les berges du fleuve Saint-Laurent. Entre-temps, la menace américaine s'est estompée. Finalement, aucun coup de feu n'a été tiré en temps de guerre aux forts de Lévis.

Le fort Numéro Un est le chef d'œuvre des trois forts. Pour réaliser le pentagone asymétrique, les Britanniques ont utilisé une technologie d'arpentage évoluée afin de produire des cartes très détaillées. Ils ont aussi expérimenté de nouvelles façons de préparer et de verser le béton afin qu'il résiste au froid des hivers québécois. Ils ont construit un réseau de tunnels, dont certains peuvent encore être explorés aujourd'hui.

Dans les années 1960, un groupe de bénévoles surnommé « Les Compagnons du vieux fort », a aidé à empêcher que les forts tombent en ruine et soient oubliés. Parcs Canada a effectué des travaux de restauration; le site a ouvert au public en 1982.

Attractions et activités

Plongez votre regard dans le fossé sec de 5 m de profondeur qui entoure le fort Numéro-Un. Explorez les casemates et les passages souterrains, les tunnels voûtés et les caponnières aux voûtes de brique. Au centre d'accueil, essayez des costumes d'époque et savourez un thé Gunpowder, une boisson aimée des soldats.

Comment s'y rendre

Depuis l'autoroute 20, prenez la sortie 327, en direction nord (Mgr Ignace Bourget). Roulez sur 2,5 km et tournez à gauche sur le boul. Guillaume-Couture. Le lieu se trouve 700 m plus loin.

Quand visiter

Le site est ouvert tous les jours, de la fin juin jusqu'à la fête du Travail, et les week-ends, de la fête du Travail jusqu'à l'Action de grâces.

INFORMATION

ACCUEIL ET INFORMATION
41, rue du Gouvernement, Québec (Qc) G6V 7E1. Tél. : 418-835-5182. parcscanada.gc.ca/levis.

DROITS D'ENTRÉE
3,90 $/adulte; 9,80 $/famille ou groupe.

SERVICES ACCESSIBLES
Accessible; communiquez avec le lieu pour plus de détails.

HÔTELS, MOTELS ET AUBERGES
Hôtel l'Oiselière de Lévis 165, rte du Président Kennedy, Lévis (Qc) G6V 6E2. 418-830-0878 ou 866-830-0878. levis.oiseliere.com. 84 chambres, 119 $.

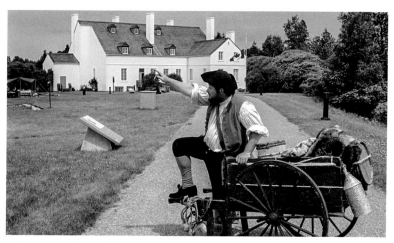

Un interprète retrace l'histoire de la grande maison (la résidence du forgeron).

▶ FORGES-DU-SAINT-MAURICE

TROIS-RIVIÈRES (QC)
Désigné en 1919

Situé au nord de Trois-Rivières, ce lieu répond à maintes questions que peuvent se poser les Canadiens. Quelle a été la première collectivité industrielle au pays? Les Forges du Saint-Maurice. Dans quoi étaient-elles spécialisées? Le fer et la fonte. Pendant combien d'années? Plus de 150 ans.

En 1730, le seigneur de Saint-Maurice, François Poulin de Francheville, a reçu l'autorisation du roi de France de fonder la première entreprise industrielle de la Nouvelle-France. Il a construit une petite forge sur les terres du roi. Poulin a rapidement été rejoint par un jeune maître de forges français, François Pierre Olivier de Vézin, qui a aidé Poulin à construire un établissement de forges complet qui est devenu l'un des principaux fournisseurs des biens nécessaires au développement et à la défense de la colonie.

Les fondeurs et les mouleurs ont utilisé l'imposant haut fourneau pour produire des barres de fer devant servir à la construction des navires de la marine. Plus tard, après que les Britanniques ont conquis la Nouvelle-France en 1760, l'établissement s'est concentré sur la production de produits en fonte moulée destinés au chauffage, à l'alimentation et à l'agriculture. La Couronne de France a vendu les Forges en 1846; les nouveaux propriétaires ont commencé à produire des roues de chariot, avant de se lancer dans la production de fonte brute pour la grande industrie, mais la concurrence a entrainé la fermeture de l'entreprise. Cinq ans plus tard, le marchand trifluvien John McDougall a donné une nouvelle vie à ce complexe pendant deux décennies – avant que le haut fourneau ne soit éteint définitivement en 1883.

Dans les années 1970, le site a fait l'objet d'importantes fouilles archéologiques, et Parcs Canada a depuis restauré et amélioré les Forges pour permettre l'interprétation historique du site.

Attractions et activités

Profitez du circuit d'interprétation qui sillonne le site pour découvrir des vestiges archéologiques et des reconstitutions audacieuses. À la grande maison, découvrez les personnes qui ont joué un rôle clé dans l'histoire des Forges, descendez dans les caves originales, pour voir des objets en fer historiques, et assistex à un spectacle multimédia. Près du haut fourneau, apprenez comment la fonte était fabriquée. Admirez la vue pittoresque aux abords de la rivière Saint-Maurice, où vous pourrez voir les vestiges de la forge basse et accéder à des sentiers d'interprétation de la nature.

Comment s'y rendre

Sur la rive ouest de la rivière Saint-Maurice, à 15 km au nord de Trois-Rivières. Depuis Trois-Rivières, prenez la direction du nord sur le boul. des Forges.

Quand visiter

Le site est ouvert à compter du samedi précédant la Fête nationale du Québec (24 juin) jusqu'à la fête du Travail.

INFORMATION

ACCUEIL ET INFORMATION
10 000, boul. des Forges, Trois-Rivières (Qc) G9C 1B1. Tél. : 819-378-5116. parcscanada.gc.ca/forgesstmaurice

DROITS D'ENTRÉE
3,90 $/adulte; 9,80 $/famille ou groupe par jour; 9,80 $/adulte; 24,50 $/famille ou groupe par année.

SERVICES ACCESSIBLES
Accessible; communiquez avec le lieu pour plus de détails.

HÔTELS, MOTELS ET AUBERGES
Hôtel-Motel Coconut 7531, rue Notre-Dame Ouest, Trois-Rivières (Qc) G9B 1L7. 819-377-3221 ou 800-838-3221. coconuthotelmotel.com. 38 chambres, 90 $-202 $.
Super 8 3185, boul. Saint-Jean, Trois-Rivières (Qc) G9B 2M4. 819-377-5881 ou 800-454-3213. super8.com. 77 chambres, 107 $-129 $.

Le mémorial des Irlandais a été érigé à la mémoire des personnes mortes à la Grosse-Île.

▶ GROSSE-ÎLE-ET-LE-MÉMORIAL-DES-IRLANDAIS

GROSSE-ÎLE (QC)
Désigné en 1974

Cette île pittoresque au milieu du fleuve Saint-Laurent, imprégnée d'histoires tristes mais inspirantes, a été le premier point d'arrêt au Canada de nombreux immigrants européens remplis d'espoir, entre le début du XIXe siècle et les années 1930. C'était aussi un endroit où sévissaient des maladies endémiques et où les gens mourraient en masse, mais on y observait aussi de brillantes innovations.

Au début du XIXe siècle, l'émigration et les épidémies allaient souvent de pair. Cette réalité s'est tout particulièrement imposée dans le Bas-Canada. En 1832, les immigrants européens qui remontaient le Saint-Laurent vers Québec ont amené avec le choléra qui sévissait en Europe. Pour tenter de contrôler la propagation de la maladie, les autorités britanniques ont établi une station de quarantaine à la Grosse-Île. L'efficacité de la nouvelle station a rapidement été testée. L'île a été touchée par une autre épidémie de choléra en 1834, et la maladie s'est de

nouveau propagée en 1849 et 1854, après qu'une épidémie de typhus plus meurtrière a ravagé l'île en 1847.

Bien que la station de quarantaine a été exploitée de 1832 à 1937, l'année 1847 est celle qui ressort des livres d'histoire. Près de 100 000 immigrants sont venus à Québec cette année-là. Plus de la moitié d'entre eux avaient quitté l'Irlande, où sévissait alors la Grande Famine.

Le personnel inexpérimenté de la Grosse-Île n'était pas prêt à faire face au typhus, que ces immigrants affamés, malades et épuisés ont transporté avec eux. Le docteur George M. Douglas, le surintendant médical de la station, disposait de 200 lits pour les malades et de 800 lits pour les gens bien portants, mais 12 000 personnes étaient retenues sur l'île; les malades et les bien portants étaient tous logés ensemble. D'autres personnes ont perdu la vie à bord des navires ancrés.

En tout, plus de 5 000 personnes ont perdu la vie pendant la traversée de l'océan à bord des soi-disant « cercueils flottants », et plus de 5 000 autres ont été enterrées à la Grosse-Île. Le seul côté positif de cette histoire est peut-être l'humanité dont ont fait preuve les médecins, les prêtres et les charpentiers, qui se sont portés volontaires pour se rendre dans la zone de crise sur l'île et aider les victimes, de même que les familles canadiennes-françaises, qui ont accueilli environ 700 orphelins irlandais.

LA GRANDE FAMINE

La grande croix celtique construite à la Grosse-Île, au début des années 1900, porte une inscription en gaélique. Selon Marianna O'Gallager, la petite-fille de l'architecte de la croix, cette inscription commence par « Des milliers d'enfants des Gaëls furent portés disparus sur cette île en fuyant des lois étrangères tyranniques et une famine artificielle durant les années 1847-1848 ». Philippe Gauthier, le superviseur du lieu historique national, affirme que le message en gaélique est beaucoup moins impartial sur le plan politique que les traductions anglaise et française.

Les « lois étrangères tyranniques » auxquelles fait référence l'inscription sont celles des dirigeants britanniques de l'époque. La « famine artificielle » est en fait la Grande Famine qui sévissait en Irlande, à la suite des

mauvaises récoltes d'un produit de base, la pomme de terre, qui ont ensuite été exacerbées par les mauvaises décisions prises par le gouvernement. En moins d'une décennie, plus d'un million d'Irlandais sont morts de faim ou des suites d'une maladie ou de la malnutrition. Le pays était déchiré par un conflit politique et une révolution se préparait. Plus d'un million de personnes ont choisi d'émigrer. Entre 1845 et 1848, près de 5 000 Irlandais ont perdu la vie à la Grosse-Île.

De nos jours, les Irlandais conservent un lien étroit avec cette île – et l'île est étroitement liée à ces gens. Le 25 mai 1998, le Lieu historique national de la Grosse-Île-et-le-Mémorial-des-Irlandais a été jumelé au National Famine Museum de Strokestown Park, dans le comté de Roscommon, en Irlande. Entre 1841 et 1851, la population de Roscommon a connu une diminution de 80 000 personnes (31 %).

LE DOCTEUR MONTIZAMBERT

En 1869, à l'âge de 26 ans, le docteur Frederick Montizambert est devenu le nouveau médecin-chef à la Grosse-Île. Le bactériologiste a été chargé de remplacer les cabanes en bois délabrées et le système de quarantaine défaillant. Montizambert, qui s'intéressait de très près aux questions de santé publique, a innové en ce sens durant les 30 années qui ont suivi.

Il a notamment revu la disposition de l'île, de façon à ce que les malades et les bien portants soient totalement séparés; Douglas a entrepris les travaux en 1848. À mesure que les processus d'immigration ont évolué, les procédures d'inspection, de désinfection, de vaccination et de diagnostic de Montizambert ont aussi évolué.

En 1878, après que quelques bâtiments sur l'île ont été rasés par les flammes, Montizambert a fait pression sur le gouvernement pour obtenir du financement afin de construire un hôpital moderne et spécialisé dans les maladies infectieuses.

En 1894, l'influence de Montizambert s'est généralisée lorsque le gouvernement fédéral l'a nommé surintendant de toutes les stations de quarantaine du Canada. On croit que le dévouement de Montizambert envers la science relativement nouvelle de la médecine préventive a permis d'éviter que de nombreux autres Canadiens décèdent à la suite d'une épidémie. Montizambert a consacré plus de 50 ans à la santé publique, avant de mourir à l'âge de 86 ans.

EXPLORER LES ENVIRONS

Alors que le traversier s'approche de la Grosse-Île, une croix celtique s'élève au-dessus des arbres sur une falaise rocheuse. Sur le quai, un médecin et une infirmière –personnel en costume d'époque – conduisent les visiteurs jusqu'à l'édifice de désinfection en vue d'une inspection et d'une décontamination.

Pendant la haute saison estivale, les visiteurs peuvent choisir de suivre un guide, qui les conduira tout autour de l'île, ou de visiter librement les lieux. Les bâtiments à visiter comprennent les hôtels de première, deuxième et troisième classe, la boulangerie et le bureau de vaccination.

La croix celtique a été érigée à la mémoire des quelque 5 000 immigrants irlandais qui sont morts.

Des immigrants victimes du choléra et du typhus occupaient les lits de l'hôpital.

Les visiteurs qui arrivent en traversier débarquent sur un quai près de l'extrémité ouest de l'île du Saint-Laurent.

Le silence règne dans le cimetière des Irlandais, où des milliers d'entre eux sont enterrés. Près de là se trouve la croix celtique de 14 m, qui surplombe le Saint-Laurent. Conçue par Jeremiah Gallagher et érigée en 1909, cette croix honore la mémoire des milliers d'Irlandais qui sont morts ici. Un gros morceau de granit, qui s'est détaché de la croix il y a longtemps lors d'un orage, sera bientôt intégré à l'Ireland Canada Monument à Vancouver (non encorecomplété en juin 2016).

Dans le secteur Est de l'île, accessible en train-ballade ou à pied, se trouve l'hôpital. Un des 12 lazarets – ou stations de quarantaine – construits à l'époque est encore debout. À l'intérieur, une scène de mise en quarantaine des années 1840 a été recréée. Y sont exposés des objets laissés derrière par les immigrants irlandais.

Profitez des espaces naturels de la Grosse-Île, notamment en faisant une randonnée dans le sentier du Mirador, qui s'étend sur 2,5 km, de même qu'en observant la grande force des marées à l'endroit qui a judicieusement été appelé la baie de l'Hôpital. L'île est un endroit magnifique pour apprécier la faune et la flore uniques de l'estuaire du Saint-Laurent. La forêt couvre près de 70 % de l'île – sapins baumiers, pruches du Canada et érables rouges – et environ 11 % de sa superficie est occupée par des zones marécageuses, où se cachent des choux puants flamboyants au milieu des aulnes rugueux. On y retrouve également une faune des plus diversifiées, notamment d'inoffensives couleuvres à collier, des renards, de petites chauves-souris brunes, des cerfs de Virgine, des grands-ducs d'Amérique, et des oiseaux migrateurs.

Vous pouvez vous procurer boissons et croustilles à l'hôtel de troisième classe, mais pas de sandwichs. On recommande aux visiteurs d'apporter leur propre nourriture.

Comment s'y rendre

Le lieu historique national est situé à 48 km en aval de la ville de Québec. Vous pouvez vous rendre sur l'île en prenant le traversier des Croisières Lachance (100, rue de la Marina, 418-692-1159 ou 800-563-4643, *croisiereslachance.com*) depuis Berthier-sur-Mer. Pour vous rendre à Berthier-sur-Mer depuis Québec, prenez le pont Pierre-Laporte en direction sud, suivez les indications de l'autoroute 20E (en direction de Rivière-du-Loup), prenez la sortie 364 et suivez les indications de la marina.

Sinon, Air Montmagny (418-248-3545, *airmontmagny.com*) transporte les visiteurs jusqu'à l'île en avion, depuis l'aéroport de Montmagny, mais il faut réserver au moins 24 heures à l'avance.

Pour connaître les heures de départ et la durée du voyage, communiquez directement avec les transporteurs.

Quand visiter

Le superviseur du lieu, M. Gauthier, conseille de visiter l'île en septembre, alors qu'il fait encore chaud et que les visiteurs sont moins nombreux. À la fin de septembre, les arbres revêtent des couleurs magnifiques.

Des hôpitaux ont été construits dans la partie est de l'île.

LIEU HISTORIQUE NATIONAL DE LA GROSSE-ÎLE-ET-LE-MÉMORIAL-DES-IRLANDAIS
(Grosse Île and the Irish Memorial National Historic Site)

INFORMATION ET ACTIVITÉS

ACCUEIL ET INFORMATION
Grosse-Île (Qc). Tél. : (418) 234-8841.
parcscanada.gc.ca/grosseile.

SAISONS ET ACCESSIBILITÉ
Ouvert de mai à la mi-oct. (tous les jours du
23 juin au 4 sept.; du mercredi au dimanche
du 4 mai au 22 juin et du 5 sept. au 9 oct.).

DROITS D'ENTRÉE
La traversée à bord du traversier des
Croisières Lachance et le transport en avion
jusqu'à l'Île d'Air Montmagny vous
coûteront tous deux 65 $ par adulte et com-
prennent l'entrée sur le site et les visites
guidées. Pour les tarifs enfants et de groupe,
communiquez avec les transporteurs (voir la
section « Comment s'y rendre », p. 115).

ANIMAUX DE COMPAGNIE
Les chiens-guides sont autorisés.

SERVICES ACCESSIBLES
Presque entièrement accessible en fauteuil
roulant.

ACTIVITÉS OFFERTES
Revivez l'histoire de l'endroit. Explorez les
collines, la forêt et les marécages. Choi-
sissez un coin de verdure paisible, avec vue
sur le fleuve pour vous accorder un
moment de réflexion.

RENSEIGNEMENTS IMPORTANTS
• Consultez les prévisions locales et informez-vous au sujet du niveau de difficulté
des activités sur l'île avant de partir. Le
site peut fermer, surtout en mai et oct. en
raison des intempéries.
• Apportez votre lunch; il n'y a pas vraiment de service de restauration sur l'île.

TERRAINS DE CAMPING
Camping Orléans 3547, ch. Royal, Saint-
François-de-l'Île-d'Orléans, Île d'Orléans
(Qc) G0A 3S0. 418-829-2953 ou 888-829-
2953. campingorleans.com. 36 $-55 $ par
emplacement, par nuit. Sur la pointe nord de
l'île d'Orléans, à l'ouest de la Grosse-Île.

HÔTELS, MOTELS ET AUBERGES
*(Sauf indication contraire, les prix mentionnés
sont pour une chambre en occupation double,
en haute saison, en dollars canadiens.)*
La Camarine Hotel 10947, boul. Sainte-
Anne, Beaupré (Qc) G0A 1E0. 418-827-
5703 ou 800-567-3939. camarine.com.
31 chambres, 109 $-149 $.
Château Mont-Sainte-Anne 500, boul. du
Beau-Pré, Beaupré (Qc) G0A 1E0. 866-
900-5211. chateaumontsainteanne.com.
214 chambres, 179 $-639 $.

AUTRES LIEUX HISTORIQUES NATIONAUX

MAISON-MAILLOU
QUÉBEC (QC)

Les amateurs de l'architecture
française du XVIIIe siècle aimeront
cette maison en pierre située dans
l'arrondissement historique de la ville
de Québec. L'architecte Jean-Baptiste
Maillou l'a construite vers 1736 et y a
habité jusqu'à sa mort, en 1753. La
Chambre de commerce et d'industrie
de Québec y loge maintenant ses
bureaux, mais les visiteurs peuvent
pénétrer dans la cour et admirer les
dépendances. Désigné LNH en 1958.
17, rue Saint-Louis.

PARC-MONTMORENCY
QUÉBEC (QC)

Le parc Montmorency, un des rares parcs à l'intérieur de la ville fortifiée, avec vue magnifique sur le Saint-Laurent, a tour à tour été un cimetière, un lieu de culte et une zone d'activité politique très active. C'est l'endroit où le régime parlementaire canadien a vu le jour en 1792, et en 1864, les politiciens ont élaboré ici, non sans mal, les Résolutions de Québec, établissant ainsi un cadre pour la constitution du Canada. Désigné LNH en 1966. Rue Port-Dauphin et côte de la Montagne. 418-648-7016.

CERCLE-DE-LA-GARNISON-DE-QUÉBEC
QUÉBEC (QC)

Depuis la fin du XIXe siècle, des hommes de l'élite militaire, politique et économique fument des cigares et jouent aux dominos dans ce pavillon. Il s'agit du plus ancien cercle militaire au Canada, qui subsiste encore aujourd'hui et qui perpétue la tradition issue de la période coloniale britannique, qui consiste à rassembler les officiers militaires dans un endroit propice à la vie mondaine. Les visiteurs peuvent seulement admirer de l'extérieur l'édifice de style château, orné d'une toiture à la Mansart à forte pente et de tours à canon de forme pyramidale. Désigné LHN en 1999. 97, rue Saint-Louis.

FORTS-ET-CHÂTEAUX-SAINT-LOUIS
QUÉBEC (QC)

Explorez les vestiges de l'endroit où les gouverneurs coloniaux – d'abord français puis britanniques – ont jadis vécu et gouverné depuis la ville de Québec, la capitale. Au cours du XVIIe siècle, les Français y ont construit quatre forts militaires et deux châteaux; plus tard, des jardins et de vastes terrasses ont été ajoutés à l'endroit. Visitez la crypte archéo-logique (de mai à oct.) pour voir les fosses d'aisances et autres joyaux historiques mis au jour lors des fouilles. Désigné LNH en 2001. Rue Saint Louis et rue du Fort. 418-648-7016 parcscanada.gc.ca/stlouis.

AUTRES LIEUX HISTORIQUES NATIONAUX

CHÂTEAU-FRONTENAC
QUÉBEC (QC)

Cet hôtel est perché aux abords de la ville fortifiée de Québec depuis les années 1890. William Van Horne, alors directeur général du Chemin de fer Canadien Pacifique, l'a construit pour les voyageurs en train. De nombreux invités de prestige ont depuis passé la nuit dans l'une des 600 chambres. Visitez les lieux à la nuit tombée lorsque les lumières sont éblouissantes; visites guidées (855-977-8977) ou libres. Désigné LNH en 1981. 1, rue des Carrières. 866-540-4460.

MORRIN COLLEGE – ANCIENNE-PRISON-DE-QUÉBEC
QUÉBEC (QC)

Depuis les années 1700, des gens ont fait bien des choses au 44, chaussée des Écossais. Certains ont été pendus, d'autres y ont passer des examens, alors que d'autres y ont publié des manuscrits rares. Le lieu a dja été une prison, sous l'influence d'un réformateur britannique. Visitez la bibliothèque de la Société littéraire et historique de Québec ou faites une visite guidée pour découvrir la vie des prisonniers ou les expériences scientifiques qui y ont été réalisées. Désigné LHN en 1981. 44, chaussée des Écossais. 418-694-9147.

CIMETIÈRE-MOUNT HERMON
QUÉBEC (QC)

Établi en 1848 par la communauté protestante, ce modeste cimetière rural est réputé pour sa beauté. Au milieu des coteaux sinueux et des nombreux arbres, observez les monuments funéraires d'intérêt artistique, construits selon divers styles, et profitez de la vue spectaculaire sur le Saint-Laurent. Des visites guidées du cimetière sont offertes pendant l'été, et les visiteurs peuvent visiter librement les lieux tout au long de l'année, grâce à la visite balado de la ville de Québec. Désigné LHN en 2007. 1801, ch. Saint-Louis. 418-527-3513.

TOURS-MARTELLO-DE-QUÉBEC
QUÉBEC (QC)

Au début du XIXᵉ siècle, les Britanniques ont construit environ 200 tours Martello – des forts de défense massifs de forme cylindrique – dans l'ensemble de leur empire. Trois de ces tours sont toujours debout le long des fortifications de Québec (voir p. 104-107) et offrent une vue sur le Saint-Laurent. Ces tours étaient efficaces puisqu'elles possédaient des murs épais résistants aux canons, des voûtes solides et des toits plats pouvant accueillir de gros canons. Des expositions saisonnières sont organisées. Désigné LHN en 1990. 835, avenue Wilfrid-Laurier. 418-649-6157 ou 855-649-6157.

SÉMINAIRE-DE-QUÉBEC
QUÉBEC (QC)

Ce grand monument canadien-français, qui tire ses origines de la religion, est un lieu réputé pour sa contribution en matière d'éducation, puisque les candidats à la prêtrise y sont formés depuis 1663. En 1852, les prêtres de l'endroit ont fondé la première université francophone en Amérique du Nord : l'Université Laval. Trois lettres affichées dans la porte voûtée du Vieux-Séminaire racontent l'histoire et la mission actuelle des lieux : Séminaire des Missions étrangères. Désigné LHN en 1929. 1, rue de Remparts. 418-692-3981.

COMPLEXE-HISTORIQUE-DE-TROIS-RIVIÈRES
TROIS-RIVIÈRES (QC)

Situé au cœur même du centre-ville, ce complexe de cinq bâtiments a jadis été composé de deux couvents, d'une église et de deux maisons. Un incendie important a détruit de nombreux édifices historiques en 1908, mais ce complexe a été épargné; ses façades en pierre, ses toits à deux versants et ses lucarnes sont demeurés intacts. De nos jours, le complexe est une représentation bien intégrée du Canada français du XVIIIe siècle. Désigné LHN en 1962. 700, 732, 787, 802 et 834, rue des Ursulines. Tourisme Trois-Rivières : 819-375-1122.

Le quai flottant du canal de Lachine offre aux visiteurs des embarcations pour pratiquer la navigation de plaisance (canots et pédalos).

MONTRÉAL ET L'OUEST DU QUÉBEC

La région métropolitaine du Grand Montréal, la plus grande ville francophone en Amérique du Nord, accueille près de la moitié de la population de la province de Québec. Montréal est située sur une île – l'île de Montréal – au confluent du fleuve Saint-Laurent et de la rivière des Outaouais. Même si les peuples iroquois avaient déjà habité sur l'île, ils n'y étaient plus à la fin des années 1500. Les Français ont fondé Montréal en 1642, et au cours du siècle qui a suivi, l'endroit est devenu le centre de traite des fourrures de la région. Le commerce des fourrures a continué de prospérer

au cours des décennies qui ont suivi la victoire de la Grande-Bretagne, lors de la guerre de Sept Ans (1756-1763), mais avec la venue de l'industrialisation un siècle plus tard, ce commerce a été peu à peu éclipsé par l'industrie lucrative du bois de sciage. À la fin du XIXe siècle, le réseau de canaux entourant Montréal avait été élargi (voir p. 133-138) et la ville était devenue le principal port de la région, en plus d'être au cœur du réseau ferroviaire du pays. De nos jours, Montréal est la deuxième ville en importance, après Toronto, de par sa taille et son activité économique.

Le manoir Papineau, le domaine de l'avocat canadien-français Louis-Joseph Papineau.

▶ MANOIR-PAPINEAU MONTEBELLO (QC)

Désigné en 1986

Une allée sinueuse et bordée d'arbres mène à l'imposante résidence de quatre étages, dont a profité le politicien canadien Louis-Joseph Papineau (1786-1871), avec sa famille, après avoir passé des décennies à défendre vigoureusement le Canada français sur les plans politique et culturel.

Au début du XIXe siècle, Papineau a été élu, à plusieurs reprises, à la Chambre d'assemblée du Bas-Canada et plus tard, à l'Assemblée législative de la province du Canada. En tant que chef du Parti patriote, il a défendu les droits politiques et culturels des Canadiens français – et a lutté contre l'unification du Haut-Canada et du Bas-Canada. Dans les années 1830, il a fait appel à ses compétences en droit pour contribuer à l'élaboration de 92 résolutions exprimant les doléances et les revendications de son parti, lesquelles ont été rejetées par le gouvernement britannique.

Il a continué à défendre les droits et le mouvement d'affirmation des Canadiens français jusqu'à la Rébellion de 1837-1838, époque où il a fui aux États-Unis jusqu'à ce qu'on lui accorde l'amnistie en 1845.

Il a regagné sa patrie – devenue le Canada-Uni en 1840 – et a commencé la construction de ce grand manoir au sein de la seigneurie de la Petite-Nation, une étendue de terre boisée de 635 km². La seigneurie comptait plus de 3 000 habitants en 1850. Papineau a défendu le régime seigneurial à caractère féodal, qu'il considérait comme une mesure de protection contre l'assimilation.

Aujourd'hui, son manoir surplombe la rivière des Outaouais et se veut un rappel d'une tradition agricole, de la politique identitaire d'une jeune nation – et de l'homme qui a tenté de gouverner cette nation.

Attractions et activité

Profitez du décor authentique de l'époque lors d'une visite guidée des lieux (incluse avec le droit d'entrée) ou faites un arrêt pour prendre le thé et apprendre les principales règles de l'étiquette du XIXe siècle. Découvrez d'anciennes photos du clan Papineau ou déambulez dans les boisés et les jardins. Des visites VIP (frais supplémentaires) sont aussi offfertes.

Comment s'y rendre

Le manoir est situé à ~55 min en voiture d'Ottawa. Prenez l'autoroute 50E, puis la sortie 210, et tournez à gauche sur la rte 323S. Tournez à gauche sur la rue Notre-Dame.

Quand visiter

Ouvert de la mi-mai à la mi-oct. (tous les jours, du 4 juin au 5 sept.; le vendredi, les week-ends et les jours fériés pendant la saison intermédiaire).

INFORMATION

ACCUEIL ET INFORMATION
500, rue Notre-Dame, Montebello (Qc) J0V 1L0. Tél. : 819-423-6910. parcscanada.gc.ca/manoirpapineau.

DROITS D'ENTRÉE
7,80 $/adulte; 19,60 $/famille ou groupe.

SERVICES ACCESSIBLES
Accès limité; communiquez avec le lieu pour plus de détails.

HÔTELS, MOTELS ET AUBERGES
Fairmont Le Château Montebello 392, rue Notre-Dame, Montebello (Qc) J0V 1L0. 819-423-6341 ou 866-540-4462. fairmont.fr/montebello. 211 chambres et suites, tarifs variés.

MONTRÉAL ET L'OUEST DU QUÉBEC

Un guide fait un exposé sur l'artillerie au poste militaire de Coteau-du-Lac.

▶ COTEAU-DU-LAC
COTEAU-DU-LAC (QC)
Désigné en 1923

Situé à environ 40 km au sud-ouest de Montréal, Coteau-du-Lac abrite les plus anciens canaux à écluses en Amérique du Nord. Vous pouvez facilement passer des heures à admirer les vestiges archéologiques datant du XVIIIe siècle que recèle ce coin de campagne d'un vert éclatant.

Il y a 6 000 ans, des groupes de nomades suivaient les poissons frayant dans cette région. Pour les attraper, les hommes utilisaient harpons, foènes et lignes dormantes; les femmes et les enfants faisaient fumer les prises à l'extérieur des tentes coniques. Bien avant l'arrivée des Européens dans la région, les Autochtones passaient par là pour contourner l'endroit le plus tumultueux du fleuve Saint-Laurent – les rapides du Coteau. Plus tard, Français et Canadiens ont érigé une digue de roches rudimentaire. Ils ont ainsi établi un corridor, où les eaux étaient relativement calmes et où ils pouvaient tirer leurs embarcations. Ce canal rigolet a été mis en place en 1749.

Il n'est donc pas étonnant que les Britanniques aient choisi cette péninsule pour y construire un canal (1779-1781) de 100 m pour expédier plus rapidement des troupes et des marchandises. Peu après le début de la guerre de 1812, ils y ont édifié des fortifications : un blockhaus octogonal, une poudrière, un corps de garde et d'autres structures. Aucune bataille n'a jamais été livrée à Coteau-du-Lac

INFORMATION

ACCUEIL ET INFORMATION
308 A, ch. du Fleuve, Coteau-du-Lac (Qc) J0P 1B0. Tél. : 450-763-5631. parcscanada.gc.ca/coteaudulac.

DROITS D'ENTRÉE
3,90 $/adulte; 9,80 $/famille ou groupe par jour; 7,80 $/adulte; 15,70 $/famille ou groupe par année.

SERVICES ACCESSIBLES
Accessible; communiquez avec le lieu pour plus de détails.

HÔTELS, MOTELS ET AUBERGES
Hôtel Plaza Valleyfield 40, av. du Centenaire, Salaberry-de-Valleyfield (Qc) J6S 3L6. 450-373-1990 ou 877-882-8818. plazavalleyfield.com. 123 chambres/suites, 125 $-145 $.
Motel Grande Île 1215, boul. Mgr.-Langlois, Salaberry-de-Valleyfield (Qc) J6S 1C1. 450-373-9080 ou 855-373-9080. motelgrandeile.com. 54 chambres, 74 $.

pendant la guerre mais l'endroit a été un important poste militaire tout au long du conflit, maintenant les liens avec les places fortes britanniques à Montréal et à Kingston.

Attractions et activités
Profitez du soleil et effectuez le circuit extérieur afin d'explorer des vestiges archéologiques datant d'il y a des milliers d'années. Partez à la recherche des hérons et des martins-pêcheurs le long du circuit nature qui longe le cours d'eau. À l'intérieur du blockhaus, assistez à une présentation multimédia.

Comment s'y rendre
Sur la rte 20, prenez la sortie 17 et suivez les indications du site.

Quand visiter
Le site est ouvert tous les jours, du 18 juin jusqu'au 5 septembre.

Le canal servait autrefois au transport des troupes britanniques et de marchandises.

La Compagnie du Nord-Ouest entreposait des pelleteries dans ce bâtiment construit en 1803.

▶ COMMERCE-DE-LA-FOURRURE-À-LACHINE LACHINE (QC)

Désigné en 1970

Il est facile d'imaginer les voyageurs franchissant les portes de cet ancien entrepôt de pierre, sur les berges du canal de Lachine, en transportant avec eux de lourdes peaux de castor, de rat musqué et de renard. La Compagnie du Nord-Ouest, fondée en 1779 par un groupe de Canadiens d'origine écossaise établis à Montréal, a construit cet entrepôt en 1803.

Tous les printemps, les voyageurs quittaient Lachine en direction de Grand Portage (au Minnesota) et plus tard de Fort William (aujourd'hui Thunder Bay), à bord de leurs canots d'écorce remplis de marchandises de traite. Ces hommes étaient surnommés les « mangeurs de lard » par leurs homologues du Nord-Ouest, les « hivernants ».

La Compagnie du Nord-Ouest, qui au départ n'était qu'une simple menace pour le monopole détenu depuis longtemps par la Compagnie de la Baie d'Hudson, en est rapidement venue à contrôler le commerce des fourrures au début du XIXe siècle. En 1821, comme la concurrence entre les deux avait atteint le point critique où

leur commerce s'avérait coûteux, elles ont décidé de fusionner sous le nom de la Compagnie de la Baie d'Hudson.

Quarante ans plus tard, le commerce des fourrures était en baisse. En 1861, l'entrepôt a changé de vocation, sous la direction des Sœurs de Sainte-Anne, qui ont occupé les lieux jusqu'en 1977. En 1984, Parcs Canada a transformé le bâtiment en musée.

Le Québec demeure au cœur du commerce des fourrures au Canada. L'industrie continue d'embaucher des trappeurs dont près de la moitié sont des Autochtones.

Attractions et activités

Enfilez une tuque rouge et une ceinture fléchée et retracez l'itinéraire des trappeurs et des voyageurs dans le cadre d'une exposition interactive. Admirez le canot en écorce de bouleau fabriqué par César Newashish, un Attikamek de la réserve de Manawan. Observez le grand manoir qui se trouve en face de l'entrepôt, construit en 1833 par sir George Simpson, un des présidents de la Compagnie de la Baie d'Hudson.

Comment s'y rendre

De l'autoroute 20, prenez la sortie 60 (32e av.). Tournez à gauche sur la rue Victoria, à droite sur l'av. 25, puis à gauche sur le boul. Saint-Joseph.

Quand visiter

Le site est ouvert tous les jours, du 18 juin jusqu'au 5 septembre.

INFORMATION

ACCUEIL ET INFORMATION
1255, boul. Saint-Joseph, arrondissement de Lachine, Montréal (Qc) H8S 2M2. Tél. : 514-637-7433. parcscanada.gc.ca/fourrure.

DROITS D'ENTRÉE
3,90 $/adulte; 9,80 $/famille ou groupe.

SERVICES ACCESSIBLES
Accessible.

HÔTELS, MOTELS ET AUBERGES
Fairfield Inn & Suites Montreal Airport 700, av. Michel Jasmin, Montréal (Qc) H9P 1C5. 514-631-2424. marriott.fr/default.mi. 160 chambres, tarifs variés.

La maison de sir George-Etienne Cartier met en valeur l'opulence de la classe moyenne du premier rang.

▶ SIR-GEORGE-ÉTIENNE-CARTIER

MONTRÉAL (QC)
Désigné en 1964

Sir George-Étienne Cartier (1814-1873) – un des Pères de la Confédération – à la fois avocat, politicien et homme d'affaires, a habitéla partie est de cet édifice de style néoclassique de 1848 à 1855, et a vécu avec sa famille dans la partie ouest de l'édifice de 1862 à 1872.

Admis au barreau en 1835, Cartier a connu un début de carrière en droit chancelant en raison de sa contribution à la cause des Patriotes et de sa période d'exil subséquente aux États-Unis. Il a réussi à rattraper le temps perdu en ajoutant à sa clientèle certains des acteurs les plus importants de Montréal. En 1846, il a épousé Hortense Fabre, la fille d'un ancien maire et d'un éminent libraire.

Cartier a canalisé son expertise juridique, sa capacité à établir des réseaux et sa passion pour un « gouvernement responsable » en vue de se présenter aux élections de 1848. Il a d'abord représenté le comté de Verchères de 1848 à 1858, puis celui de Montréal-Est, de 1861 à 1872, au sein de l'Assemblée législative de la province du Canada, de même que du parlement fédéral constitué après la Confédération. Entre-temps, il s'est joint, en 1864, à la Grande Coalition, et l'on se souvient de lui aujourd'hui pour le travail qu'il a fait en vue de permettre la réalisation de la Confédération en 1867.

En 1868, la reine Victoria a rendu honneur à Cartier en le nommant baronnet. Cartier est décédé quelques années plus tard, soit en 1873, des suites du mal de Bright.

Attractions et activités

Commencez par visiter la « maison Est », puis rendez-vous dans la « maison Ouest ». Ici, la somptuosité d'une demeure représentative de la classe moyenne supérieure dans les années 1860 à Montréal est mise en évidence, et le décor est très semblable à celui dans lequel devaient évoluer Cartier et sa famille lorsqu'ils y vivaient. Des extraits des journaux intimes de deux des filles de Cartier, Hortense et Joséphine, donnent un aperçu de leur vie de bourgeois. Visitez les lieux à la fin décembre pour profiter des activités entourant les fêtes de Noël à l'époque victorienne.

Comment s'y rendre

La maison est située au coin des rues Notre-Dame et Berri, à l'extrémité est de l'arrondissement historique du Vieux-Montréal. Il n'y a pas de stationnement sur place.

Quand visiter

Ouvert du mercredi au dimanche et les jours fériés, du 18 juin jusqu'au 5 sept., et du vendredi au dimanche, du 9 sept. jusqu'au 18 déc.

INFORMATION

ACCUEIL ET INFORMATION
456-462, rue Notre-Dame E, Montréal (Qc) H2Y 1C8. Tél. : 514-283-2282. parcscanada.gc.ca/cartier.

DROITS D'ENTRÉE
3,90 $/adulte; 9,80 $/famille ou groupe.

SERVICES ACCESSIBLES
Accessible.

HÔTELS, MOTELS ET AUBERGES
Hôtel Champ-de-Mars 756, rue Berri, Montréal (Qc) H2Y 3E6. 514-844-0767 ou 888-997-0767. hotel champdemars.com/fr/. 26 chambres, tarifs variés.
Hôtel Pierre du Calvet 405, rue Bonsecours, Montréal (Qc) H2Y 3C3. 514-282-1725 ou 866-544-1725. pierreducalvet.ca. 9 chambres, 350 $.

Cartier était en faveur d'un « gouvernement responsable ».

Les femmes dans l'histoire du Canada

Dans les années 1970, les féministes ont fait remarquer que l'histoire était souvent écrite du point de vue des hommes. Depuis lors, les historiens étudient les rôles importants joués par les femmes dans le travail, la politique, la religion, l'éducation et la famille.

Au début des années 1900, des femmes de partout en Europe ont immigré au Canada.

Peuples autochtones et premiers colons

Les peuples autochtones ont interagi avec les premiers Européens dans les territoires qui composent aujourd'hui le Canada. Ces nouveaux arrivants épousaient parfois des femmes autochtones, et certaines d'entre elles, comme Charlotte Small, qui assistait David Thompson, son mari explorateur, leur enseignaient des techniques de survie. Thanadelthur, une jeune femme dénée, a guidé des commerçants de la Compagnie de la Baie d'Hudson dans son territoire, en plus de négocier la paix entre son peuple et les Cris, ses ennemis héréditaires. Les deux femmes ont été reconnues par le gouvernement du Canada comme personnages historiques nationaux (PHN).

En Nouvelle-France, des missionnaires européennes ont tenté de convertir les peuples autochtones au christianisme. Arrivées en 1639, les Augustines ont participé à la fondation de la colonie et ont construit l'Hôtel-Dieu de Québec, un hôpital. Des ursulines, comme Marie de l'Incarnation, ont joué un rôle semblable en éducation. En 1760, après la prise de contrôle de la majeure partie de l'Amérique du Nord par les Britanniques, les femmes anglophones ont participé à l'édification du

Canada comme mères, épouses, filles, ou domestiques. Elles ont aussi aidé les hommes à défricher et à cultiver la terre, et ont tenu des journaux intimes tout en entretenant leur maison, élevant des enfants et soutenant la création d'églises et d'écoles.

Urbanisation et mouvement féministe

Au cours du 19ᵉ siècle, le Canada s'est urbanisé, et les femmes ont commencé à travailler dans les usines, les écoles et les hôpitaux. Même si leur indépendance croissante leur a permis de former leurs propres organisations, des obstacles freinaient leur progression. Ainsi, il était « naturel » que les hommes dirigent les affaires, la politique, et le gouvernement. Les femmes n'avaient pas le droit d'aller à l'université et d'accéder à la plupart des professions. En outre, les femmes mariées avaient très peu de droits, et celles qui travaillaient à l'extérieur du foyer recevaient des salaires inférieurs à ceux des hommes.

Le fait que les femmes n'avaient même pas le droit de vote symbolisait ces désavantages. Afin de l'obtenir, la Dre Emily Stowe (PHN) a formé la première organisation des suffragettes canadiennes à Toronto, en 1876. Dans les années 1890, la Woman's Christian Temperance Union a appuyé le vote des femmes pour influencer les référendums du gouvernement sur son interdiction. Des femmes de la classe moyenne comme Helena Gutteridge (PHN), de Vancouver, désiraient voter pour gagner en influence dans les syndicats, et demander l'amélioration de leurs conditions de travail et de leur salaire. C'est en 1916 que les suffragettes ont obtenu leur première victoire provinciale avec l'obtention du droit de vote des femmes au Manitoba, deux ans après que la célèbre auteure Nellie McClung (PHN) a participé à une satire politique au Théâtre-Walker, dans laquelle des hommes suppliaient des femmes pour obtenir le droit de vote. D'autres provinces ont suivi le Manitoba, et la quasi-totalité des femmes avait obtenu le droit de vote en 1940. En 1929, une contestation devant la loi avait permis de reconnaître les femmes canadiennes comme des « personnes »; elles pouvaient désormais siéger au Sénat.

Après avoir obtenu le droit de voter et de participer pleinement à la société canadienne, les femmes ont discrètement contribué à faire du Canada un meilleur pays. Lorsque le mouvement féministe a réapparu dans les années 1960 et 1970, elles ont réussi à faire créer une Commission royale d'enquête sur la situation de la femme au Canada. Depuis les années 1970, le mouvement féministe a changé son orientation, et défend maintenant les droits des femmes autochtones, des minorités ethniques, des victimes de violence et des communautés GLBT, tout en veillant à la représentation des femmes dans la charte des droits et libertés.

Les Cinq femmes célèbres ont milité en faveur des droits de la femme

Des interprètes et des visiteurs en uniformes reconstituent la bataille opposant les Britanniques et les Américains.

▶ BATAILLE-DE-LA-CHÂTEAU-GUAY

ALLAN'S CORNER (QC)
Désigné en 1920

Le 26 octobre 1813, sur les berges de la rivière Châteauguay, 300 soldats de profession, miliciens volontaires et combattants autochtones ont uni leurs forces pour mettre en déroute 3 000 soldats américains – qui étaient en marche pour attaquer Montréal et tenter de s'approprier la colonie nord américaine des Britanniques pendant la guerre de 1812.

Les Américains avaient prévu une double attaque : les troupes du général Hampton devaient suivre la rivière Châteauguay, tandis que les hommes du général Wilkinson devaient passer par la vallée du haut Saint-Laurent. Le lieutenant-colonel de Salaberry est parti à la rencontre des Américains qui remontaient la rivière Châteauguay et les a attaqués à Four Corners, dans l'État de New York. Ses troupes se sont ensuite retirées en territoire canadien, en érigeant des obstacles dans leur sillage. Près d'Allan's Corner, de Salaberry s'est préparé à défendre la route.

La bataille de la Châteauguay a éclaté aux environs de 10 h, le 26 octobre 1813. Les 3 000 soldats de Hampton et le solide regroupement de 300 miliciens, combattants autochtones et soldats de l'armée régulière de Salaberry ont assoupli leurs positions, le long des rives, pour tenter de déjouer leur adversaire. Vers le milieu de l'après-midi, les Canadiens avaient convaincu les Américains de battre en retraite et le 29 octobre, ces derniers s'étaient retirés de l'autre côté de la frontière.

Attractions et activités

Visitez le hall d'entrée pour découvrir les héros de cette bataille. Dirigez-vous vers le belvédère intérieur, où les guides expliquent le déroulement de la bataille au moyen d'une maquette interactive. Un circuit de 15 km le long de la rivière, praticable en vélo, s'étend entre Ormstown et Howick et compte 13 panneaux d'interprétation, qui dressent les points névralgiques de ce champ de bataille historique.

Comment s'y rendre

Allan's Corner (près de Howick) se trouve à 45 minutes en voiture de Montréal. Empruntez le pont Mercier, et prenez la rte 138 en direction de Howick. Tournez à droite dans le rang du Quarante, puis à gauche sur le ch. de la Rivière-Châteauguay.

Quand visiter

Le site est ouvert tous les jours, du 18 juin jusqu'au 5 septembre.

INFORMATION

ACCUEIL ET INFORMATION
2371, ch. de la Rivière-Châteauguay, Howick (Qc) J0S 1G0. Tél. : 450-829-2003. parcscanada.gc.ca/chateauguay.

DROITS D'ENTRÉE
3,90 $/adulte; 9,80 $/famille ou groupe.

SERVICES ACCESSIBLES
Accessible, sauf le belvédère.

HÔTELS, MOTELS ET AUBERGES
Hôtel Plaza Valleyfield 40, av. Centenaire, Salaberry-de-Valleyfield (Qc) J6S 3L6. 450-373-1990 ou 877-882-8818. plazavalleyfield.com/fr/accueil. 123 chambres, 125 $.

Le premier ministre Wilfrid Laurier a grandi dans une maison modeste du milieu du XIXe siècle comme celle-ci.

▶ SIR-WILFRID-LAURIER
SAINT-LIN-LAURENTIDES (QC)

Désigné en 1938

Avant que le premier ministre Justin Trudeau connaisse ses moments de gloire, le Canada a eu droit aux solutions harmonieuses du premier ministre Wilfrid Laurier, qui a amené le pays à aborder le XXe siècle avec un optimisme qui a pris naissance à la campagne, ici même, au Québec.

Alors qu'il était premier ministre du Canada (1896-1911), le septième en titre, Laurier a pris des décisions qui ont changé la face de l'Ouest canadien – il a favorisé le développement à une époque d'industrialisation massive et a ouvert les portes aux nouveaux immigrants. Il a démontré qu'il avait un don pour résoudre les situations tendues, en faisant les compromis qu'il jugeait nécessaires pour assurer l'unité nationale.

Le grand-père de Laurier a acheté cette propriété – où Laurier est né, semble-t-il (en 1841) – au tournant du XIXe siècle. Lorsque le gouvernement a décidé de désigner le lieu de naissance de Laurier à titre de parc historique national en 1938, on a supposé que la petite maison en brique au style pittoresque, qui se trouvait sur la propriété, était la maison où Laurier a grandi. L'invraisemblance de cette supposition a depuis été démontrée : la maison a, en fait, été construite en 1870 par les propriétaires subséquents de la propriété.

La « maison Robinette » est donc un exemple intéressant de la gestion et de la mise en valeur du début du XXe siècle. Elle comprend quelques objets ethnologiques se rapportant à la carrière et à la vie politique de Laurier, mais l'accent est mis sur l'immersion des visiteurs dans une résidence familiale du milieu du XIXe siècle.

Une maison construite en 1870 incorpore des éléments datant de l'époque de Wilfrid Laurier.

INFORMATION

ACCUEIL ET INFORMATION
945, 12e av., Saint-Lin–Laurentides (Qc) J5M 2W4. Tél. : 450-439-3702. parcscanada.gc.ca/wilfridlaurier.

DROITS D'ENTRÉE
3,90 $/adulte; 9,80 $/famille ou groupe (argent comptant seulement).

SERVICES ACCESSIBLES
Accessible, à l'exception du deuxième étage de la maison.

HÔTELS, MOTELS ET AUBERGES
Imperia Hotel 2935, boul. de la Pinière, Terrebonne (Qc) J6X 0A3. 888-472-3336. imperiahotel.com. 80 chambres, 149 $-269 $.
Best Western Hôtel St-Jérôme 420, boul. Monseigneur-Dubois, Saint-Jérôme (Qc) J7Y 3L8. 800-718-7170. bwlaurentides.com. 50 chambres, 116 $.

Attractions et activités

Découvrez la vie et la carrière de sir Wilfrid Laurier en visitant le centre d'interprétation. Plongez ensuite dans l'univers de la maison historique, située à côté, et découvrez la vie de famille au milieu du XIXe siècle. Les guides y racontent l'enfance du jeune garçon qui sera le premier Canadien français premier ministre. Explorez le jardin potager.

Comment s'y rendre

Le site est situé à 50 km au nord-est de Montréal, à Saint-Lin–Laurentides. Depuis Montréal, prenez la direction du nord sur l'autoroute 25. Prenez la sortie 44, puis prenez à l'ouest sur la rte 339 jusqu'à votre arrivée au site.

Quand visiter

Ouvert tous les jours, du 18 juin jusqu'au 5 sept. Les guides-interprètes vêtus de costumes d'époque sont présents les week-ends.

Le canal de Lachine a permis à Montréal de devenir un centre d'activités économiques important.

CANAL-DE-LACHINE MONTRÉAL (QC)

Désigné en 1929

Le canal de Lachine s'étend du Vieux-Port de Montréal jusqu'au lac Saint-Louis. Ce canal, qui marque l'entrée du réseau de canaux qui relie la région des Grands Lacs à l'océan Atlantique, a jadis aidé Montréal à devenir l'un des centres influents. Aujourd'hui, il offre aux plaisanciers, aux cyclistes et aux promeneurs un endroit où s'évader et se détendre.

En 1821, des commerçants montréalais, qui souhaitaient tirer profit du commerce en pleine expansion dans la région des Grands Lacs, ont uni leurs forces pour construire un canal, qui leur permettrait de contourner les rapides dangereux de Lachine sur le fleuve Saint-Laurent. De nombreux immigrants irlandais ont répondu à l'appel lancé pour trouver des ouvriers capables de creuser et de construire le canal. Lorsque le canal a été élargi dans les années 1840, les Irlandais ont de nouveau représenté la majeure partie de la main-d'œuvre. Leur travail a aidé à accroître le débit d'eau et à créer une nouvelle occasion d'affaires : la vente d'énergie hydraulique. L'eau retenue par les cinq écluses était redirigée vers des turbines, produisant ainsi de l'énergie

qui était vendue aux enchères. L'arrondissement Sud-Ouest de Montréal est rapidement devenu une plaque tournante de l'industrie.

Près de 15 000 bateaux empruntaient le canal chaque année, au plus fort de ses années de gloire, juste avant la grande dépression. Le canal est devenu désuet lorsque la Voie maritime du Saint-Laurent a été construite en 1959. Sous la direction de Parcs Canada, le canal est depuis devenu une destination animée ouvert à la navigation de plaisance.

Attractions et activités

Faites une promenade ou un tour de vélo (location au marché Atwater) le long du sentier (14,5 km) qui borde le canal, où les gratte-ciel contrastent avec les bâtiments centenaires.

Les visiteurs qui possèdent leur propre bateau de plaisance peuvent les mettre à l'eau et s'amuser à franchir les écluses. Les kayaks et les canoës sont également permis.

Comment s'y rendre

Le canal de Lachine est un parc urbain facilement accessible à Montréal. Pour connaître les stations de métro, les itinéraires d'autobus et les parcs de stationnement à proximité, visitez le site Web du lieu.

Quand visiter

Ouvert à l'année. Le sentier est entretenu du 15 avr. au 15 nov., et les écluses, de la mi-mai à la mi-oct. L'horaire d'éclusage varie selon la saison; téléphonez au 514-595-6594.

INFORMATION

ACCUEIL ET INFORMATION
Téléphone : 888-773-8888. parcs canada.gc.ca/canallachine.

DROITS D'ENTRÉE
Aucun. Appelez pour connaître les droits d'éclusage.

SERVICES ACCESSIBLES
Accessible.

HÔTELS, MOTELS ET AUBERGES
Hôtel Alt 120, rue Peel, Montréal (Qc) H3C 0L8. 514-375-0220. althotels.com/fr/montreal/. 158 chambres, 154 $.
Par bateau : Des quais aux cinq écluses permettent d'y amarrer une embarcation de jour comme de nuit. Communiquez avec les éclusiers sur le canal VHF 68 durant les heures d'ouverture.

Le canal de Sainte-Anne-de-Bellevue était une route commerciale importante permettant de contourner les rapides de la rivière des Outaouais.

▶ CANAL-DE-SAINTE-ANNE-DE-BELLEVUE   SAINTE-ANNE-DE-BELLEVUE (QC)

Désigné en 1929

Il y a plus de 150 ans, Montréal et New York étaient reliées par un réseau de canaux emprunté pour contourner les eaux inhospitalières ou difficilement navigables. Quoique court, le canal de Sainte-Anne-de-Bellevue, d'une distance de 58 m, représentait un maillon important de ce réseau.

Construite par le gouvernement du Bas-Canada dans les années 1840, cette voie navigable longeait la pointe sud-ouest de l'île de Montréal, contournant ainsi les rapides de Sainte-Anne dans le chenal est de la rivière des Outaouais et reliant Montréal à la rivière des Outaouais et au canal Rideau, qui jouait un rôle capital (voir p. 168-171). La Saint-Andrews Steamboat Company monopolisait le commerce en amont, grâce à son propre canal à proximité, et les commerçants du Haut-Canada et du Bas-Canada tenaient à lui faire concurrence.

Jusqu'à l'entre-deux-guerres, les produits forestiers constituaient la majorité des marchandises expédiées par ce canal; plus tard, ils ont été remplacés par du sable et du gravier. Aujourd'hui, sur ce coin tranquille de l'île, il est difficile de s'imaginer dans un contexte industriel en pleine effervescence, mais le canal a joué un rôle clé dans le commerce du bois en Amérique du Nord.

Au début des années 1960, le canal a cessé d'être utilisé pour la navigation commerciale, et en 1964, cette voie navigable a été transformée en un espace récréatif (comme de nombreux autres canaux faisant partie du patrimoine du Québec). Aujourd'hui, les visiteurs peuvent imaginer les bateaux à vapeur et les radeaux de bois débité, qui circulaient alors dans le canal.

Attractions et activités

Découvrez l'histoire du canal et les nuances de son fonctionnement grâce ax panneaux d'interprétation le long de la magnifique promenade en bois. Observez les bateaux. Admirez les vestiges du premier canal. Savourez un bon repas sur la terrasse d'un restaurant ou trouvez un coin de verdure sur les berges du canal.

Les amateurs de vieilles Mustang

devraient visiter le canal à la mi-juin lorsque se tient le salon annuel de voitures d'époque (*cruisinattheboardwalk.com/wp/fr/*). Lors de cet événement d'un jour, des centaines de voitures remises en état sont stationnées le long du canal. Jeux gonflables et danse au rythme de la musique des années 1950 et 1960 sont offerts.

Comment s'y rendre

Le canal est situé à l'extrémité ouest de l'île de Montréal. À partir de Montréal, prenez l'autoroute 20O jusqu'à la sortie de Sainte-Anne-de-Bellevue. Vous pouvez également emprunter l'autoroute 40O et prendre, là encore, la sortie de Sainte-Anne-de-Bellevue.

Quand visiter

Ouvert à l'année, du lever du soleil à 23 h. Les écluses sont entretenues de la mi-mai à la mi-oct. L'horaire d'éclusage varie; téléphonez au 514-457-5546.

La maison du Surintendant située le long du pittoresque canal de Saint-Ours; autrefois, un important centre où le commerce du bois d'œuvre était effectué.

▶ CANAL-DE-SAINT-OURS SAINT-OURS (QC)

Désigné en 1987

Le canal de Saint-Ours a été le dernier maillon de la canalisation du Richelieu, un réseau complexe qui reliait Montréal et New York sur la rivière Richelieu. Il a joué un rôle essentiel dans le commerce du bois entre le Canada et les États-Unis et dans la distribution des produits agricoles.

Le gouvernement du Bas-Canada a demandé la construction du canal de Saint-Ours en 1829, mais en raison de problèmes politiques et financiers, le projet a été suspendu jusqu'en 1844. Lorsqu'il a enfin été inauguré en 1849, ce canal, qui comprenait une seule écluse, a aidé les propriétaires de bateau à contourner le dernier obstacle à la navigation sur la rivière Richelieu, entre le fleuve Saint-Laurent et le lac Champlain. Les navires sur le fleuve Saint-Laurent pouvaient désormais atteindre le lac Champlain et ainsi accéder au canal Champlain et à la rivière Hudson.

L'écluse et les mécanismes de contrôle ont fait l'objet de divers travaux d'amélioration au fil des ans. L'écluse actuelle, dont la construction en parallèle s'est terminée en 1933, est située à l'ouest de l'écluse originale.

Un barrage en bois, reliant la rive ouest de la rivière à l'île Darvard, a été construit pour compléter le canal de Saint-Ours original et aider à régulariser le niveau d'eau du Richelieu. L'ancien barrage a été remplacé par un plus gros en 1969.

Attractions et activités

Le canal de Saint-Ours, niché entre la rive est de la rivière Richelieu et le décor naturel de l'île Darvard, baigne dans un cadre pittoresque. Visitez la maison du surintendant sur l'île pour en apprendre davantage sur les barrages (l'ancien et le nouveau) et la vie sur l'îl. Les expositions montrent comment le canal de 100 m a été construit et qui a travaillé d'arrache-pied à sa construction. À l'extérieur, promenez-vous sur les sentiers.

Traversez sur la rive ouest de la rivière pour voir la passe migratoire Vianney-Legendre, aménagée en 2001. Cette passe à poissons permet aux différentes espèces de contourner le barrage et d'atteindre leur lieu de reproduction.

Comment s'y rendre

Le canal de Saint-Ours est situé le long de la rte 133N. De Montréal, prenez l'autoroute 20 en direction est jusqu'à la sortie Mont-Saint-Hilaire, puis suivez les indications.

Quand visiter

Ouvert à l'année. Les écluses sont entretenues de la mi-mai à la mi-oct. L'horaire d'éclusage varie; téléphonez au 450-785-2212.

INFORMATION

ACCUEIL ET INFORMATION
2930, ch. des Patriotes, Saint-Ours (Qc) J0G 1P0. Tél. : 888-773-8888. parcscanada.gc.ca/canaltours.

DROITS D'ENTRÉE
Aucun. Stationnement : 3,90 $. Communiquez avec les responsables du lieu pour connaître les droits d'éclusage.

SERVICES ACCESSIBLES
Accessible.

HÔTELS, MOTELS ET AUBERGES
Par bateau : Des services d'amarrage de nuit sont offerts à faible coût en amont et en aval du canal. Communiquez avec les éclusiers sur le canal VHF 68 durant les heures d'ouverture.

MONTRÉAL ET L'OUEST DU QUÉBEC

Les visiteurs du canal de Carillon peuvent pique-niquer dans le parc et explorer le village de Carillon.

▶ CANAL-DE-CARILLON CARILLON (QC)

Désigné en 1929

Situé sur la rive gauche de la rivière des Outaouais, le canal de Carillon rappelle les tensions suscitées par les temps de guerre et les économies axées sur l'exploitation forestière. Explorez les vestiges du premier canal, le Musée régional d'Argenteuil et la centrale hydroélectrique voisine.

Après la guerre de 1812, les Britanniques craignaient une invasion potentielle des Américains. Souhaitant établir une route de défense sans rapides infranchissables, qui relirait Montréal, Ottawa et Kingston, ils ont construit trois canaux Sur la rivière des Outaouais entre 1819 et 1833 : Carillon, Grenville et Chute-à-Blondeau. Le canal de Carillon, inauguré en 1834, est rapidement devenu une canalisation utilisée pour le commerce du bois, alors en pleine effervescence. En 1873 des travaux ont été entrepris pour construire un deuxième réseau, qui a été grandement utilisé pour le transport du bois à pâte, du bois débité et du bois de chauffage au cours du dernier quart du XIXe siècle.

Entre 1959 et 1963, Hydro-Québec a érigé un important barrage à Carillon. À la même époque environ, les écluses originales du réseau de canalisation ont été remplacées par une seule écluse beaucoup plus efficace, la plus importante écluse du genre au Canada. Cette porte à guillotine de 200 tonnes permet aux plaisanciers de franchir une dénivellation de 20 m en moins de 40 minutes.

Près du canal se trouve la caserne en pierre construite par l'armée britannique dans les années 1830. Cet édifice de style néoclassique servi comme caserne avant de devenir un hôtel en 1840 pour accueillir les gens qui voyageaient à bord des bateaux à vapeur. Cent ans plus tard, l'édifice a été réaménagé pour devenir le Musée régional d'Argenteuil.

Attractions et activités

Observez les bateaux qui franchissent la porte massive du canal. Faites un pique-nique dans le parc situé à proximité des vestiges du premier canal de Carillon. Faites un tour dans le village de Carillon pour admirer les

maisons ancestrales. Visitez le Musée régional d'Argenteuil pour voir des milliers d'artéfacts, une salle de costumes, une cuisine militaire et d'autres expositions. Hydro-Québec offre une visite guidée gratuite de 90 min (mai-août) à la centrale électrique.

Comment s'y rendre

Le canal de Carillon est situé le long de la rte 344O. De Montréal, prenez l'autoroute 40 en direction ouest jusqu'à la sortie Pointe-Fortune. Prenez le traversier jusqu'à Carillon et suivez la rte 344O vers l'écluse.

Quand visiter

Ouvert à l'année. Les écluses sont entretenues de la mi-mai à la mi-oct. L'horaire d'éclusage varie selon la saison; téléphonez au 450-785-2212.

INFORMATION

ACCUEIL ET INFORMATION
230, rue du Barrage, Saint-André-d'Argenteuil (Qc) J0V 1X0. Tél. : 888-773-8888. parcscanadac.gc.ca/canalcarillon.

DROITS D'ENTRÉE
Aucun. Stationnement : 3,90 $. Communiquez avec le lieu pour connaître les droits d'éclusage.

SERVICES ACCESSIBLES
Accès limité; communiquez avec le lieu pour plus de détails.

TERRAINS DE CAMPING
Parc provincial Voyageur 1313, rte Front, Chute-à-Blondeau, (Ont.) K0B 1B0. 613-674-2825. ontarioparks.com/park/voyageur/fr. Environ 400 emplacements, 47 $ avec électricité ou 41 $ sans électricité.

HÔTELS, MOTELS ET AUBERGES
Par bateau : Des services d'amarrage de nuit sont offerts à faible coût en amont et en aval du canal. Communiquez avec les éclusiers sur le canal VHF 68 durant les heures d'ouverture.

AUTRES LIEUX HISTORIQUES NATIONAUX

MARCHÉ-BONSECOURS
MONTRÉAL (QC)

Explorez les boutiques pour trouver des bijoux de fabrication locale ou une œuvre d'art unique ou détendez-vous devant une bière brassée ici dans le Vieux-Port de Montréal. De 1847 à 1963, cet édifice de style néoclassique, coiffé d'un dôme, était un endroit réservé aux arts, à la politique et au commerce. En creusant sous les murs de pierre, vous trouveriez peutêtre les vestiges d'un théâtre démoli où Dickens a joué autrefois. Désigné LHN en 1984. 300, rue Saint-Paul Est. 514-872-7730.

CHÂTEAU-DE-RAMEZAY/ MAISON-DES-INDES
MONTRÉAL (QC)

Remontez 200 ans en arrière, lors d'une journée d'hiver, dans le Vieux-Port de Montréal et imaginez la fumée s'élevant en tourbillons des hautes cheminées de ce manoir en pierre à l'allure bien rangée. Construit en 1705 par le gouverneur de Montréal, Claude de Ramezay, cet édifice (reconstruit à la suite d'un incendie en 1756) a été fréquenté par des hommes en complet ainsi que par des hommes transportant des peaux de castor ou arborant l'insigne « gouverneur en chef ». Désigné LHN en 1949. 280-290, rue Notre-Dame Est. 514-861-3708.

CATHÉDRALE-CHRIST CHURCH
MONTRÉAL (QC)

À partir des années 1860, toute personne qui, par un beau dimanche, souhaitait s'entretenir avec un anglican influent s'est peut-être arrêtée à cette cathédrale, qui abrite aujourd'hui le diocèse anglican de Montréal. Émerveillez-vous devant le style néogothique, le toit à deux versants escarpé, la maçonnerie en pierres sculptées et l'élégante flèche, avant d'entrer par l'une des trois entrées voûtées. Désigné LHN en 1999. 635, rue Sainte-Catherine Ouest, Montréal. 514-843-6577.

AUTRES LIEUX HISTORIQUES NATIONAUX

ÉGLISE-ERSKINE AND AMERICAN (TEMPLE-DE-L'ÉGLISE UNIE)
MONTRÉAL (QC)

Cette église de style néo-roman, construite dans les années 1890, possède la plus grande collection de vitraux religieux du Canada, réalisés par l'artiste américain Louis Comfort Tiffany. En 2008, le Musée des beaux-arts de Montréal a acheté l'église et consacré 5 000 heures à la restauration des 20 fenêtres Tiffany, à la conversion de la nef en une salle de concert de 444 places et à la construction à côté d'un nouveau pavillon d'art québécois et canadien de 6 étages. Désigné LHN en 1998. 1339, rue Sherbrooke Ouest. 514-285-2000.

JARDIN-BOTANIQUE-DE-MONTRÉAL
MONTRÉAL (QC)

Cet espace naturel de 75 ha incarnait au départ le rêve nourri par un jeune botaniste et architecte-paysagiste en 1931. L'endroit est devenu l'un des jardins botaniques les plus importants au monde. Admirez les 22 000 espèces et cultivars de plante, promenez-vous dans le Jardin céleste (une des 10 serres) et méditez dans le Jardin japonais (l'un de plus de 20 jardins thématiques). Désigné LHN en 2007. 4101, rue Sherbrooke Est. 514-872-1400.

ORATOIRE-SAINT-JOSEPH-DU-MONT-ROYAL
MONTRÉAL (QC)

En 1904, le frère André de Montréal a entrepris la construction d'une petite chapelle en bois sur le mont Royal, consacrée à saint Joseph. Au cours du demi-siècle suivant, ce projet a évolué et est devenu un superbe complexe comprenant une basilique surmontée d'un immense dôme, une crypte parée de calcaire et un jardin élaboré rempli de sentiers sinueux – ce qui en fait le plus important lieu de pèlerinage au monde consacré au « saint du quotidien ». Désigné LHN en 2004. 3800, ch. Queen-Mary. 514-733-8211 ou 1-877-672-8647.

TOURS-DES-SULPICIENS/FORT-DE-LA-MONTAGNE
MONTRÉAL (QC)

Dans les années 1680 et 1690, les sulpiciens de Montréal – une association catholique qui participait à des œuvres missionnaires – ont érigé un fort comprenant quatre tours en pierre sur les flancs du mont Royal. Aujourd'hui, deux de ces tours sont toujours debout : la tour ouest, qui a jadis abrité l'école indienne de Marguerite Bourgeoys, et la tour est, où étaient logées les filles de la Congrégation. Les panneaux illustrés installés sur place décrivent l'histoire de ces tours. Désigné LHN en 1970. 2065, rue Sherbrooke Ouest. 514-935-1169.

LA « MAIN »
MONTRÉAL (QC)

Connue également sous le nom de boulevard Saint-Laurent, la « Main » scindait Montréal en deux au cœur de la ville, séparant l'Est de l'Ouest. Traditionnellement, les Montréalais anglophones se rassemblaient dans l'Ouest, tandis que les francophones s'installaient dans l'Est. Les nouveaux immigrants se sont établis le long du boulevard, créant ainsi un mélange de cultures dynamique – et purement canadien. Désigné LHN en 1996. Boulevard Saint-Laurent, de la rue de la Commune au nord jusqu'à la rue Jean-Talon au sud.

GARE-WINDSOR-DU-CANADIEN-PACIFIQUE
MONTRÉAL (QC)

Jadis au cœur des transports au Canada, cette gare ferroviaire a permis à des immigrants, à des explorateurs en route vers l'ouest, à des soldats et à des marchandises commerciales de circuler à la grandeur du pays. Construite en 1888-1889 selon les plans de l'architecte américain Bruce Price, elle est aujourd'hui toujours debout à l'angle de la place du Canada, au centre-ville de Montréal, comme un rappel du rôle qu'a joué le Chemin de fer Canadien Pacifique dans le développement du Canada. Désigné LHN en 1975. 910, rue Peel. 514-395-5164.

Des années 1600 au milieu des années 1800, les trappeurs et les commerçants de fourrures ont parcouru les rivières et les forêts du nord du Québec.

NORD DU QUÉBEC

Cette vaste région densément boisée, qui constitue la majeure partie de la province de Québec, s'étend du nord de la vallée du Saint-Laurent et des villes de Montréal et de Québec jusqu'à la péninsule d'Ungava dans le Nord, et vers l'ouest, du golfe du Saint-Laurent jusqu'aux rives de la baie d'Hudson. De la fin du XVIIe siècle jusqu'à l'industrialisation au milieu du XIXe siècle, le commerce des fourrures a dominé la vie économique ici. L'exploration du continent a stimulé ce commerce, qui a joué un rôle essentiel dans l'histoire du Canada et favorisé l'établissement de

liens avec les Premières Nations. Le
commerce des fourrures a également
aidé à façonner le paysage du Nord du
Québec, puisqu'en plus d'avoir contribué à établir un réseau de postes de
traite, il a alimenté une rivalité intense,
parfois agressive, entre les commerçants de fourrures britanniques, leurs
compétiteurs canadiens-français et les
Premières Nations. Bien qu'il ait été
éclipsé par l'industrie manufacturière
et d'autres industries avant le tournant du XXe siècle, le commerce des
fourrures continue à jouer un rôle
économique important pour les Inuits de la péninsule d'Ungava.

Terres natales de la Première Nation algonquine Timiskaming, l'endroit est devenu un centre commercial européen.

▶ FORT-TÉMISCAMINGUE

DUHAMEL-OUEST (QC)
Désigné en 1931

À un endroit sur le lac Témiscamingue, le littoral Est fait saillie comme un large crochet, qui s'approche de la rive Ouest à une distance de 250 m. À cet endroit, où le lac rétrécit considérablement, des vestiges du début du commerce des fourrures avoisinent des indices archéologiques qui racontent la façon dont vivaient ici les peuples autochtones il y a 5 000 ans.

Timiskaming, une bande de la nation algonquine, a appelé cet endroit situé à l'extrémité ouest du Québec Obadji-wan – qui signifie « débit réduit du courant ». Le site s'est avéré être un emplacement naturel parfait pour établir un centre du commerce, étant situé à mi-chemin le long de la route des canots entre la baie d'Hudson et le fleuve Saint-Laurent.

Les colons français – souhaitant faire concurrence aux commerçants anglais dans la baie d'Hudson – ont d'abord construit un fort sur ce lac en 1679; mais les Iroquois l'ont détruit en 1688. En 1720, les commerçants français ont de nouveau saisi leurs marteaux pour construire le fort Témiscamingue sur cette pointe pittoresque du littoral. Finalement, le

fort a été pris en charge par la Compagnie du Nord-Ouest, qui a fusionné avec la Compagnie de la Baie d'Hudson en 1821. Jusqu'à la fermeture du poste en 1902, la Compagnie de la Baie d'Hudson a détenu le monopole du commerce dans cette région.

Les mariages entre les voyageurs français (ou leurs frères illégitimes – les coureurs des bois) et les femmes autochtones étaient fréquents dans cette région. Selon le Timiskaming Métis Community Council, les familles de Métis établies aux alentours de Timiskaming participaient activement au commerce des fourrures : « Les hommes travaillaient comme voyageurs, guides, constructeurs de bateau et charpentiers. Les femmes pêchaient, chassaient le petit gibier, cultivaient les terres et fabriquaient des mocassins ornés de perles, des moufles et d'autres articles pour le commerce des fourrures ».

Les relations entre les peuples autochtones et non autochtones ont été mises à l'épreuve lorsque Parcs Canada a accidentellement découvert un cimetière lors des travaux réalisés au fort Témiscamingue en 1998. Les Algonquins ont occupé les lieux, les travaux ont cessé et le site a été fermé pendant deux ans pour permettre à Parcs Canada et aux collectivités algonquines de négocier un plan de copropriété. Le parc a été rouvert en 2001, mais en février 2016, les négociations étaient toujours en cours.

En 2007, Parcs Canada avait enregistré 125 500 artéfacts provenant des collectivités eurocanadiennes et 6 820 artéfacts provenant des collectivités autochtones. Un échantillonnage de ces artéfacts est exposé au centre d'interprétation.

Attractions et activités

Le fort d'origine a presque entièrement disparu, mais vous pouvez suivre un sentier d'interprétation et découvrir des artéfacts authentiques et en apprendre davantage sur le fort grâce à des panneaux et des reconstitutions de zones des postes de traite.

Rendez-vous au centre d'accueil, construit à l'image d'un fort où se trouve une murale et des étagères pleines de marchandises. Entrez dans la salle d'exposition pour revivre la traite de fourrure, ou regardez une projection du documentaire « Les voyageurs », réalisé en 1964.

À l'extérieur, déambulez parmi les cèdres et les pins rouges qui parsèment ce qu'on appelle la « forêt enchantée ». Jusqu'en juin 2018, elle accueillera 15 œuvres d'art fabriquées à partir de bois de grève du lac Témiscamingue signées Christian Paquette.

INFORMATION

ACCUEIL ET INFORMATION
834, ch. du Vieux-Fort, Duhamel-Ouest (Qc) J9V 1N7. Tél. : 819-629-3222. parcscanada.gc.ca/temiscamingue.

DROITS D'ENTRÉE
3,90 $ par adulte; 9,80 $ par famille/groupe.

SERVICES ACCESSIBLES
Accès limité; communiquez avec le lieu pour plus de détails.

HÔTELS, MOTELS ET AUBERGES
Domaine TémiKami 128, rue Geneviève, Duhamel-Ouest, Ville-Marie (Qc) J9V 1R2. Tél. : 819-629-3618. temikami.com/fr. 15 chambres, 105 $.
Holiday Inn Express & Suites New Liskeard 998029, autoroute 11, New Liskeard. ON P0J 1P0. Tél. : 705-647-8282. 69 chambres, 156 $.

Comment s'y rendre

Fort Témiscamingue se trouve à environ 2 heures au nord de North Bay, en Ontario. Depuis North Bay, suivez la rte 63 (Ont.) et la rte 101 (Qc) au nord vers le ch. du Vieux-Fort à Duhamel-Ouest.

Quand visiter

Ouvert de la mi-juin au début de sept.

Une exposition sur le commerce des fourrures au bord du lac Témiscamingue.

Des interprètes portant un uniforme français du début du XVIIIe siècle patrouillent dans la cour centrale du fort Chambly.

SUD ET EST
DU QUÉBEC

Le sud de Montréal, une région fertile et majoritairement francophone, se distingue par ses petites montagnes, ses plateaux et ses magnifiques plaines. Ce lieu idyllique, qui a vu naître Louis S. St-Laurent, 12e premier ministre du Canada (voir p. 159 à 160), cache pourtant l'histoire souvent violente de cette région, qui a été très contestée. Les Français s'y sont d'abord établis au début du XVIIe siècle; Samuel de Champlain et ses successeurs ont ensuite érigé une série de forts pour restreindre les mouvements des Iroquois, puis pour se défendre des attaques des Anglais.

Lors de la Révolution américaine (1775-1783) et de la guerre de 1812 (1812-1815), l'armée américaine a livré plusieurs batailles afin de contrôler Montréal. Les visiteurs peuvent revivre cette période tumultueuse au fort Chambly (voir p. 154 à 158), d'abord construit par les Français en 1665, puis contrôlé tour à tour par les Britanniques et les Américains, et au fort Lennox (voir p. 148 à 151), bâti sur une île sur la rivière Richelieu. Au milieu du XIXe siècle, l'industrie et la construction laborieuse du canal avaient remplacé la guerre.

Les habits rouges britanniques alignés dans les casernes du fort Lennox.

▶ FORT-LENNOX

SAINT-PAUL-DE-L'ÎLE-AUX-NOIX (QC)
Désigné en 1920

Fort Lennox se trouve sur l'Île aux Noix, un superbe coin de verdure au milieu de la rivière Richelieu, près de la frontière américaine. L'île a été un terrain de chasse autochtone saisonnier, ainsi que le théâtre d'opérations militaires durant la guerre de Sept Ans et la guerre de 1812, et le site d'un camp d'internement de la Deuxième Guerre mondiale.

Les Français ont établi un premier fort sur cette petite île en 1759, après 5 ans d'affrontements avec les Britanniques, et une défaite cuisante à Québec. Ils espéraient que des fortifications sur l'Île aux Noix repoussent l'avancée des Britanniques vers Montréal. Les canaux étroits et la pointe sud élevée faisaient de l'île un site idéal pour un bastion de défense.

En 1760, les Britanniques ont remonté la rivière Richelieu dans le cadre d'une grande offensive en trois volets contre Montréal. À la tête de 3 400 soldats britanniques, le Brigadier-général William Haviland a remonté le lac Champlain. Lorsqu'il s'est approché de l'Île aux Noix, il a trouvé les Français en bien mauvaise posture : en minorité, en manque de provisions, et dans des fortifications incomplètes. Après 12 jours de siège, les Britanniques ont pris le fort, abandonné par les Français pour se réfugier à Montréal. Un peu plus d'une semaine plus tard, ils ont abandonné Montréal aux Britanniques.

L'Île aux Noix est restée plutôt calme jusqu'en 1775, date où les forces américaines ont occupé l'île afin de l'utiliser comme base en vue d'attaquer le Canada. Quelques mois plus tard, la contre-attaque britannique a fait reculer les Américains vers l'île, qu'ils ont finalement quittée. En 1778, les Britanniques ont commencé à fortifier l'île.

Pendant la guerre de 1812, les Britanniques ont à nouveau renforcé leur position sur la rivière Richelieu, en établissant un chantier naval sur l'Île aux Noix et en bâtissant quelques navires de guerre. Mais à l'automne 1814, un affrontement sur le lac Champlain a illustré la supériorité de la flotte américaine.

Après cette guerre, les Américains ont entamé la construction d'un grand fort de 15 km au sud de l'Île aux Noix. Les Britanniques ont réagi en bâtissant des fortifications en pierre sur l'île entre 1819 et 1829, encore visibles aujourd'hui. Ils ont nommé le fort en l'honneur de Charles Lennox, un administrateur de colonie qui avait recommandé le renforcement des fortifications en 1818.

Pendant les décennies suivantes, les forces britanniques ont utilisé le fort comme base lors des Rébellions de 1837-1838, et l'ont quitté en 1870.

La milice canadienne s'est servie du lieu comme terrain d'entraînement jusqu'en 1921, après quoi l'île est devenue un lieu d'agriculture et d'escapades estivales. De 1940 à 1943, l'île a été convertie en camp d'internement. Dans les années 1970, le gouvernement a entamé de sérieux travaux de conservation et de restauration afin de préserver l'histoire de l'île.

LE PEUPLE D'ORIGINE

Les plus anciens vestiges du passage de peuples autochtones sur l'Île aux Noix datent de près de 5 000 ans. Des fouilles archéologiques ont révélé des indices qui laissent penser que l'île était davantage un site saisonnier de chasse et de pêche qu'une colonie permanente. Des experts supposent qu'il s'y déroulait de nombreux échanges commerciaux en été. Ces artéfacts anciens ne sont pas présentés en permanence, mais certains peuvent l'être lors de visites estivales.

« LES GARS DES CAMPS »

En 1940, à la demande de la Grande-Bretagne, le Canada a accueilli plusieurs milliers d'ennemis étrangers et de prisonniers de guerre. Au départ, cependant, les deux pays n'avaient pas réalisé que la déportation comprenait 2 284 réfugiés du nazisme, juifs pour la plupart. Ces hommes, majoritairement âgés de 16 à 20 ans, ont été envoyés dans des camps répartis entre le Nouveau-Brunswick, l'Ontario et le Québec; quelque 300 d'entre eux ont été envoyés au Camp « I », sur l'Île aux Noix. Peu de temps après, la Grande-Bretagne s'est aperçu de ces importantes erreurs de classement et en a informé le gouvernement du Canada, qui a tardé à réagir et a continué à interner certaines de ces victimes de l'Holocauste derrière des fils barbelés pendant près de 3 ans.

Un musicien montre à jouer du tambour.

Une exposition présentée dans les quartiers des officiers raconte l'histoire de ces réfugiés, baptisés « gars des camps ». Il existe également des témoignages vidéo de certains des internés, qui décrivent leur voyage des premières lignes en Europe au camp d'internement de l'Île aux Noix.

EXPLORER LE FORT

Une visite de Fort Lennox peut facilement durer quatre ou cinq heures. Essayez d'arriver tôt, car l'île est moins fréquentée en matinée. Le trajet en traversier entre les deux rives de la rivière Richelieu est juste assez long pour que vous puissiez vous évader du monde présent et vous préparer à une riche immersion.

Il y a deux minutes de marche entre le quai du traversier et le fort, qui se trouve dans la partie sud de l'île. La majorité des activités se déroulent en après-midi; commencez par une visite guidée. Cinq visites sont habituellement offertes chaque jour; elles comprennent la poudrière, le poste de garde, deux entrepôts, les quartiers des officiers et la caserne des soldats. Tous les bâtiments ont été conservés dans leur état d'origine.

La remarquable caserne des soldats est le plus grand bâtiment du fort, et c'est dans l'énorme dortoir commun que vivaient les soldats britanniques avec leurs familles. Seule une visite guidée permet d'entrer dans cette salle, qui a été restaurée selon son apparence en 1833-1835, époque où environ 60 soldats britanniques, 30 femmes et 50 enfants y vivaient. Les rangées de lits superposés, les uniformes accrochés avec soin, les mousquets, les fours et les cartes à jouer disposées sur les longues tables rappellent la vie d'une famille d'un militaire du XIXe siècle.

Après la visite, visitez les expositions permanentes sur les réfugiés internés et les officiers et ingénieurs britanniques. Pique-niquez dans la partie nord de l'île, à l'ombre de vieux arbres à feuilles caduques. (Vous pouvez acheter à manger sur le site, mais il est recommandé d'apporter un lunch.)

Faites ensuite une visite d'immersion, où les visiteurs participent à un jeu de rôle et sont invités à effectuer des tâches liées au fort, comme charger l'une des deux reproductions de canons historiques, réciter les étapes requises pour tirer avec un fusil à poudre noire, ou participer à la redoutée inspection de la garnison. Les visiteurs qui relèvent ces défis reçoivent une reproduction d'un

Le fort Lennox est érigé sur l'Île aux Noix, sur la rivière Richelieu.

LIEU HISTORIQUE NATIONAL DU FORT-LENNOX
(Fort Lennox National Historic Site)

INFORMATION ET ACTIVITÉS

HOW TO REACH US
11, 61e av., Saint-Paul-de-l'Île-aux-Noix
(Qc) J0J 1G0. Tél. : 450-291-5700.
parcscanada.gc.ca/fortlennox.

SAISONS ET ACCESSIBILITÉ
Ouvert de fin mai à début oct. (du 23 mai
au 21 juin : lundi au vendredi; du 22 juin au
5 sept. : tous les jours; du 6 sept. au
10 oct. : week-ends et jours fériés). Le
dernier départ du traversier vers l'île part
75 min avant la fermeture.

LES AMIS DU FORT LENNOX
1, 61e av., Saint-Paul-de-l'Île-aux-Noix (Qc)
J0J 1G0. Tél. : 450-291-3293.

DROITS D'ENTRÉE
7,80 $/adulte; 19,50 $/famille ou groupe
(frais de traversier inclus). Les visiteurs qui
effectuent la traversée avec leur propre
embarcation : 3,90 $/adulte; 9,80 $/
famille ou groupe.

ANIMAUX DE COMPAGNIE
Les chiens en laisse sont autorisés dans le
parc. Seuls les chiens-guides sont permis à
l'intérieur des fortifications (musée).

SERVICES ACCESSIBLES
Le traversier est accessible en fauteuil roulant, mais ne peut en accueillir qu'un seul
par traversée. Sur l'île, le sentier, les toilettes du fort et le centre d'accueil sont
accessibles en fauteuil roulant. Les
casernes ne sont pas accessibles. Pour
plus d'information, communiquez avec le
centre d'accueil.

ACTIVITÉS OFFERTES
Découvrez la « vraie vie d'un soldat » par
l'entremise d'un interprète vêtu d'un légen-
daire Habit rouge. Participez à une démonstration de tir de fusil à poudre noire, ou
essayez de charger un canon. Apprenez
comment vivaient les femmes et les
enfants qui accompagnaient les soldats de
la garnison britannique. Informez-vous sur
les personnes héroïques qui ont vécu sur
l'Île aux Noix sans être affiliées à l'armée,
et profitez des nombreux endroits paisibles
de l'île, où vous pourrez vous échapper à
ce monde numérique et renouer avec celui
de la nature.

RENSEIGNEMENTS IMPORTANTS
• Il est interdit de pêcher sur les berges de
  l'Île aux Noix.
• Il est interdit de faire des feux de bois sur
  le terrain du lieu national historique.

TERRAINS DE CAMPING
Camping Grégoire 347, rte 221, Lacolle
(Qc) J0J 1J0. Tél. : 450-246-3385.
campinggregoire.com. 35-45 $ par site.
Wi-Fi disponible.

HÔTELS, MOTELS ET AUBERGES
*(Sauf indication contraire, les prix mentionnés
sont pour une chambre en occupation double,
en haute saison, en dollars canadiens.)*
Auberge Relay 4 Seasons Inn 579, Waterfront South, Noyan (Qc) J0J 1B0. Tél. :
450-294-2677 ou 877-294-2677. au4
saisons.com. 18 chambres, 110 $-120 $.

shilling anglais de 1831, qu'ils peuvent
rapporter chez eux.

Comment s'y rendre
Fort Lennox se trouve à Saint-Paul-de-
l'Île-aux-Noix, à 60 km de Montréal,
et à 12 km de la frontière américaine.
Le stationnement et le centre d'accueil sont dans le village, sur la rive
ouest de la rivière Richelieu. La traversée vers Fort Lennox dure 5 min;
les visiteurs peuvent se rendre à l'île
avec leur propre bateau et payer les
droits d'entrée à leur arrivée.

Quand visiter
C'est en juillet et en août que le plus
grand nombre d'activités sont offertes.
En automne, l'affluence est moindre,
le temps est frais et les couleurs de la
saison sont éclatantes.

Les racines du Canada contemporain

Beaucoup croient que l'histoire du Canada a commencé en 1867 avec la Confédération du Canada, alors que d'autres désignent l'année 1759, où, pendant la guerre de Sept Ans, les troupes britanniques ont défait les Français lors d'une bataille décisive près de Québec. Cet événement a créé une communauté de Canadiens, des descendants des Français sous autorité britannique qui est devenue, avec la population autochtone depuis longtemps établie, la pierre angulaire de la société canadienne.

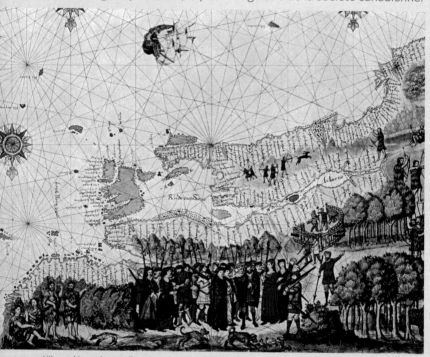

Lithographie représentant l'arrivée au Canada de l'explorateur Jacques Cartier et des colons français en 1547.

C'est pourtant il y a au moins 13 000 ans que l'histoire a commencé, avec les premiers colons autochtones. Les Européens sont arrivés au XIVe siècle, à commencer par les Français, qui avaient envoyé un grand nombre de colons en Amérique du Nord. Au début du XVIe siècle, le territoire de la Nouvelle-France s'étendait de Terre-Neuve aux montagnes Rocheuses, et de la Baie d'Hudson au golfe du Mexique. La signature du Traité de Paris, en 1763, a marqué la fin de la guerre de Sept Ans et permis à la Grande-Bretagne de prendre le contrôle de la majorité de ce territoire.

En 1774, le gouverneur britannique Guy Carleton a signé l'Acte de Québec, qui donnait aux Canadiens le doit de pratiquer le catholicisme romain et d'appliquer le droit civil français. Cet Acte a toutefois été qualifié de « non démocratique » par le Congrès continental révolutionnaire américain des colonies américaines. En 1776, Benjamin Franklin s'est rendu à Montréal afin de participer à l'organisation d'un gouvernement révolutionnaire, mais fut froidement reçu. La majorité des Canadiens n'avaient aucun désir de renoncer à leur religion, à leur système judiciaire et à leur culture.

Les colonies américaines ont mené leur propre révolution. En 1778, à Paris, le vent a tourné lorsque Franklin a obtenu le soutien de la marine française. Lorsque le gouvernement britannique a décidé, en 1783, de reconnaître l'indépendance américaine, Carleton était furieux. Il a remis sa démission, mais a accepté de superviser l'évacuation des loyalistes britanniques des États-Unis vers le Canada, et celle de milliers d'esclaves.

Depuis 1775, année où le gouverneur britannique de Virginie a proclamé que les esclaves ayant combattu les rebelles seraient libérés, les Afro-Américains se sont précipités à la défense de la cause loyaliste. Carleton les aidait à s'échapper, le plus souvent vers la Nouvelle-Écosse. Les noms de ces loyalistes noirs figurent dans le Book of Negroes.

Entre mai 1782 et novembre 1783 Carleton a évacué 30 000 militaires et 27 000 réfugiés loyalistes (dont 3 500 Afro-Américains) vers le Canada. En 1783, George Washington a demandé, en vain, le retour de tous les esclaves restants. Puisque les loyalistes continuaient à être persécutés, l'exode vers le nord s'est poursuivi. Beaucoup d'entre eux s'étaient engagés à conserver leurs liens avec l'Angleterre et l'Écosse.

L'après1783

Le Traité de Paris de 1783 n'a pas tenu compte de la contribution des peuples autochtones à la cause britannique, mais Molly Johnson, veuve iroquoise d'un représentant britannique du ministère des Indiens pour l'Amérique du Nord, a tout de même persuadé quatre des six nations iroquoises de demeurer loyales à la Grande-Bretagne. Son frère cadet Joseph Brant, acclamé à Londres, a suivi son exemple et a fini par obtenir une concession de terre pour son peuple.

Les Premières Nations ont depuis longtemps habité les territoires qui sont devenus le Canada, et ont continué à jouer un rôle fondamental pour ce pays, comme l'ont fait les premiers colons européens, les Français. Après 1783, cependant, une minorité visible (les anciens Afro-Américains) a établi pour la première fois une ouverture pour le multiculturalisme. En outre, petit à petit, des réfugiés irlandais sont arrivés à l'est, et les nouvelles communautés de l'ouest du Québec ont attiré des centaines de milliers d'immigrants anglophones. Le Canada contemporain était prêt à voir le jour.

Sentinelle postée à la Citadelle de Québec.

— KEN MCGOOGAN

Pendant trois siècles, le fort Chambly, sur la rivière Richelieu, a été un point central de défense au Canada.

▶ FORT-CHAMBLY

CHAMBLY (QC)
Désigné en 1920

Situé en bordure de la pittoresque rivière Richelieu, le fort Chambly a souvent servi de défense du XVIIᵉ au XIXᵉ siècle. Il a joué un rôle dans les guerres iroquoises, les guerres franco-anglaises, la Révolution américaine et la guerre de 1812.

Le fort Chambly est bien aimé, et les marques qu'il porte le prouvent. La maçonnerie en pierre de son entrée principale comprend l'inscription d'environ 30 noms liés à l'histoire du fort : des commandants, des officiers français qui se sont distingués, et certains des premiers explorateurs, y compris Samuel de Champlain. Des noms comme ceux de Bougainville, Bourlamaque, Lévis ou Montcalm y ont été inscrits en 1883 par un artisan local à la demande de Joseph-Octave Dion, un résident de Chambly qui a joué un rôle essentiel dans la préservation du fort.

Ces inscriptions rendent ainsi hommage à un lieu où un fort a été bâti pour la première fois en 1665; il

était fait de bois. Il a été construit par le régiment de Carignan-Salières, sous la direction du capitaine Jacques de Chambly. Le roi de France, Louis XIV, avait envoyé ce régiment à la demande de résidents de la Nouvelle-France qui avaient besoin de renforts pour venir à bout de la Ligue des Iroquois (Confédération Haudenoshaunee).

Des raids lancés avec succès par les soldats du régiment sur des villages iroquois ont mené à un accord de paix fragile entre les deux parties en 1667, à la suite duquel des centaines de soldats et d'officiers français se sont installés en Nouvelle-France (de fait, au Québec, de nombreux noms de lieux témoignent de l'influence du régiment), y compris une partie à Chambly. Dans les années 1680, la dégradation des relations entre les Iroquois et les Français a provoqué une reprise des hostilités, et le roi Louis XIV a envoyé les Troupes de la Marine depuis la France, des soldats qui allaient former une partie des forces militaires permanentes du Canada de 1683 à 1760.

Après de nombreuses années, un nouvel accord de paix, la Grande paix de Montréal, a été signé en 1701 entre le gouverneur de la Nouvelle-France, les Iroquois et d'autres Premières Nations. Par la suite, les soldats français ont entamé la construction d'un fort en pierre en réponse à la menace d'une invasion des Britanniques. L'énorme forteresse carrée, dont ces soldats ont achevé la construction en 1711, a été conçue pour résister à des tirs de fusils et de canons tout en évitant les angles morts. Ses hauts murs rideaux et ses bastions protubérants, disposés dans les coins, subsistent encore aujourd'hui.

De 1760 à 1776, le contrôle du fort est passé d'un pays à l'autre plusieurs fois : les Britanniques l'ont obtenu pendant la guerre de Sept Ans (dans laquelle la France a perdu la Nouvelle-France, sa « colonie du Canada », aux mains de la Grande-Bretagne). Par la suite, les Américains ont repris Fort Chambly aux Britanniques au cours de leur guerre d'indépendance, avant que ceux-ci le reprennent. Pendant la guerre de 1812, la petite communauté de Chambly a été ébranlée lorsque les Britanniques ont renforcé le fort et y ont affecté des milliers de soldats, prêts à être mobilisés dans la guerre contre les Américains. Le fort lui-même n'a jamais été attaqué. Plusieurs années plus tard, Fort Chambly a perdu son importance stratégique, avant de devenir inoccupé en 1869.

UN HOMME PASSIONNÉ

Sans Joseph-Octave Dion, journaliste et résident de Chambly et ardent défenseur du site, Fort Chambly aurait pu n'être que cendres et poussière aujourd'hui. En 1854, un inspecteur s'est prononcé contre l'investissement de temps ou d'argent dans la sauvegarde du fort en ruine, et les derniers soldats ont abandonné le fort en 1869. Dion, né en 1838, a grandi près du fort. Après avoir passé quelques années à Montréal, il est revenu chez lui, à Chambly, et il aurait été inquiet de voir le fort dans un état aussi regrettable.

Il a pris l'initiative de mettre sur pied une campagne de préservation. Dans les années 1870, il a travaillé de façon créative pour sauver le fort, en collectant des fonds, en organisant des visites, en faisant du lobbying auprès de politiciens, et même en publiant la première histoire de la fortification. En 1882, il a réussi à obtenir du financement du ministère des Travaux publics pour restaurer le fort. En 1886, Dion (qui vivait sur le terrain du fort) a été nommé gardien officiel du fort. Il a continué à y vivre jusqu'à sa mort, en 1916.

TRÉSORS ENFOUIS

Au milieu des années 1970, beaucoup de travaux de restauration et d'amélioration de Fort Chambly ont été effectués pour parvenir à son apparence actuelle. Des fouilles archéologiques intensives ont été menées en parallèle. Ces excavations ont mis au jour des indices sur la vie quotidienne et sur le mode de vie des soldats à l'époque française. De subtiles différences de qualité laissent penser à des classes distinctes. Aujourd'hui, les visiteurs peuvent observer plusieurs de ces artéfacts

Des interprètes en uniforme militaire retracent la vie des soldats à différentes époques.

Un village de tentes a été érigé à l'extérieur du fort durant la guerre de 1812.

Un interprète en costume d'époque accueille les invités.

dans le petit musée du fort.

Dans la cour du fort, recherchez les incrustations dans le bois et le ciment qui rappellent l'enceinte d'origine en bois. Tout indique que le fort comptait deux boulangeries (le pain était un aliment de base pour les soldats). En 2011, des préposés à l'entretien ont accidentellement découvert les fondations d'un moulin seigneurial de la fin du XVIIe siècle, où les agriculteurs faisaient moudre leur blé. Situé au cœur de la propriété du seigneur, le moulin fortifié a contribué à intégrer le fort avec la communauté des environs.

EXPLORER LES ENVIRONS

Commencez toute visite de Fort Chambly au centre d'interprétation, à l'entrée du fort, où les visiteurs reçoivent des renseignements indispensables. En outre, un guide en costume d'époque (jouant le rôle d'un personnage du fort) vous expliquera à quoi ressemblait la vie au fort à l'apogée de son activité militaire.

Dirigez-vous ensuite vers les casernes, où les visiteurs peuvent manipuler des exemples d'armes de soldat. Ils peuvent également tenter de maîtriser une balance antique afin de mesurer les rations quotidiennes d'un soldat français (exemple de ration : une livre et demie de pain, un quart de livre de porc salé et un quart de livre de pois séchés). Découvrez ensuite l'habillement des soldats grâce à un guide qui présente aux visiteurs chaque pièce de l'uniforme d'un soldat de la Troupe de la Marine.

Dans la galerie sur les soldats, au deuxième étage de la caserne, l'exposition « Saveurs de Nouvelle-France » titille les papilles en offrant des dégustations des mets préférés des soldats français, comme le pain et le chocolat. Dégustez un morceau de chocolat noir préparé selon une recette du XVIIIe siècle : notez comme il est amer et un peu épicé. En partant, prenez un dépliant historique plein de recettes d'époque à essayer à la maison, ou ajoutez une recette de famille à la collection internationale sur le mur.

Lors d'une visite découverte, les visiteurs découvrent comment s'est déroulée la construction du premier fort en bois par le régiment de Carignan-Salières sur ce site. Que mangeaient-ils au petit déjeuner ? Quels outils utilisaient-ils ? Pourquoi ont-ils construit le fort à cet endroit ?

Après avoir exploré le terrain et les bâtiments du fort, promenez-vous dans les zones boisées autour du site, et profitez du magnifique paysage des rives de la rivière Richelieu. Imaginez le village de tentes qui a surgi à cet endroit au cours de la guerre de 1812, lorsque les troupes britanniques ont attaqué Plattsburgh. Imaginez l'apparence qu'avait ce lieu historique lorsque le navire de Champlain est passé devant pour la première fois, avant la construction du premier fort. Dans l'ensemble du parc, des panneaux d'interprétation fournissent des renseignements sur les attractions qui s'y trouvent.

SUD ET EST DU QUÉBEC

Des interprètes animent les visites guidées et effectuent des exercices militaires.

LIEU HISTORIQUE NATIONAL DU FORT-CHAMBLY
(Fort Chambly National Historic Site)

INFORMATION ET ACTIVITÉS

ACCUEIL ET INFORMATION
2, rue De Richelieu, Chambly (Qc) J3L 2B9.
Tél. : 450-658-1585. parcscanada.gc.ca/
fortchambly.

SAISONS ET ACCESSIBILITÉ
Ouvert du 21 mai au 10 oct. (22 juin au
5 sept. : tous les jours; 21 mai au 21 juin, et
6 sept. au 10 oct. : du mercredi au dimanche). Le parc ferme à 23 h.

DROITS D'ENTRÉE
5,65 $/adulte; 14,20 $/famille ou groupe
par jour; 67,70 $/adulte; 136,40 $/famille
ou groupe par année.

ANIMAUX DE COMPAGNIE
Ils doivent être tenus en laisse dans le parc,
et sont interdits à l'intérieur du fort.

SERVICES ACCESSIBLES
Fort Chambly est entièrement accessible.

ACTIVITÉS OFFERTES
Découvrez les caractéristiques uniques du
fort en faisant une visite. Voyez des interprètes historiques effectuer des exercices
militaires en uniforme et faire des démonstrations de tir de fusil. Vous pouvez également vous inscrire à un atelier culinaire,
admirer la collection d'artéfacts datant de
plusieurs siècles, ou vous promener dans le
parc.

RENSEIGNEMENTS IMPORTANTS
• Il est interdit de pêcher sur la berge de la
  rivière Richelieu près du fort Chambly.
• Il est interdit de faire un feu de bois ou
  d'organiser un barbecue dans le fort.
• La baignade est interdite.

TERRAINS DE CAMPING
Domaine de Rouville 1925, ch. Rouville,
Saint-Jean Baptiste (Qc) J0L 2B0. 450-
467-6867 ou 866-467-6867. domainede
rouville.com/fr/. 1 800 sites pour
tentes-caravanes, 150 sites pour véhicules
récréatifs, 108 terrains de camping (avec
eau et électricité). Situé au pied du Mont
Saint-Hilaire.

HÔTELS, MOTELS ET AUBERGES
*(Sauf indication contraire, les prix mentionnés
sont pour une chambre en occupation double,
en haute saison, en dollars canadiens.)*
Manoir Ramezay 492, rue Claude de
Ramezay (rte 227), Marieville (Qc) J3M
1J6. 450-460-3251 ou 866-460-3251.
manoirramezay.com. 12 chambres et suites,
110 $-140 $.
Hôtel Objectif Santé 8665, ch. de Chambly, Saint-Hubert (Qc) J3Y 5K2. 450-486-
4816. hotel-objectifsante.com. 120 $-140 $.

Si vous avez du temps, promenez-
vous, à pied ou à vélo, le long du canal
de Chambly (voir p. 158 et 159). Une
piste cyclable (qui suit l'ancien chemin de halage du canal) relie le fort
Chambly à Saint-Jean-sur-Richelieu.

Comment s'y rendre
Le fort Chambly se trouve à 30 km à
l'est de Montréal, via l'autoroute 10E.
Prenez la sortie 22 à Chambly et
suivez les panneaux routiers. À
Chambly, prenez le boulevard
Fréchette jusqu'à la rue Bourgogne,
et tournez à droite. Le fort sera à
gauche (pas très loin du pont).

Quand y aller
En juillet et en août, le fort fourmille
de guides en costume d'époque,
comme des femmes portant des chapeaux à large bord pour se protéger
du soleil et des chemisiers modestes
à manches longues, ou des hommes
vêtus à la mode des soldats du régiment de Carignan-Salières au
XVIIe siècle. Pendant les week-ends
d'été, des interprètes historiques
effectuent une démonstration de
tirs de pierrier. Fort Chambly est
populaire en été; visitez-le au printemps ou à l'automne pour ainsi
éviter les foules.

Le magasin général de la famille de Louis S. St-Laurent, le 12e premier ministre du Canada.

▶ LOUIS-S.-ST-LAURENT COMPTON (QC)

Désigné en 1973

Louis S. St-Laurent, douzième premier ministre du Canada, semble avoir eu une enfance heureuse. Aîné de sept enfants, il a grandi en parlant anglais avec sa mère et français avec son père dans une vallée aux nombreuses rivières, au sud de Sherbrooke.

St-Laurent est né en 1882, à Compton. Sa maison familiale et le magasin général adjacent se trouvent au centre de la vie sociale du village. À l'époque, un nombre croissant de francophones d'autres régions du Québec s'installaient dans les Cantons de l'Est, dont ils modifiaient le caractère culturel.

Malgré les moyens modestes de sa famille, St-Laurent a reçu une éducation poussée. Il a réussi l'examen d'admission au Séminaire de Sherbrooke, puis est allé étudier à l'Université Laval, où il a acquis une maîtrise du Code civil français et de la common law britannique.

Il a connu du succès dans le commerce et le droit constitutionnel, ce qui a attiré l'attention du premier ministre William Lyon Mackenzie King, l'homme qui l'a attiré vers la politique. St-Laurent a travaillé comme ministre de la Justice pendant la Deuxième Guerre mondiale, puis à titre de secrétaire d'État aux Affaires extérieures. Il a ensuite succédé à Mackenzie King en tant que premier ministre et chef du Parti libéral.

Après une décennie où il a élaboré des politiques sociales, s'est joint à l'OTAN, a accueilli les Terre-Neuviens dans le giron canadien, St-Laurent a pris sa retraite. Il est mort en 1973, à l'âge de 91 ans. Aujourd'hui, sa maison de Compton et le magasin acheté par ses parents en 1881 sont toujours debout, tout comme un petit hangar et certains vestiges archéologiques.

Attractions et activités

La propriété de St-Laurent abonde en articles originaux et en reproductions. Parcourez les objets d'époque empilés dans le magasin général tenu par le père de St-Laurent, comme des os de baleine, des corsets ct des pots de chambre. Visitez l'entrepôt du magasin pour y voir un spectacle multimédia de 20 min sur Louis S. St-Laurent, et visitez la maison qui l'a vu grandir.

Comment s'y rendre

De Montréal, prenez l'autoroute 10E en direction de Sherbrooke. Prenez la sortie 121 et l'autoroute 55 en direction sud; ensuite prenez la sortie 21 et la rte 141 en direction sud. À Ayer's Cliff, prenez la rte 208 en direction est jusqu'à Compton.

Quand y aller

Le site est ouvert de la fin juin à la fin sept. du mercredi au dimanche.

INFORMATION

ACCUEIL ET INFORMATION
6790, rte Louis-S.-St-Laurent, Compton (Qc) J0B 1L0. Tél. : 819-835-5448. parcscanada.gc.ca/stlaurent.

DROITS D'ENTRÉE
3,90 $/adulte; 9,80 $/famille ou groupe.

SERVICES ACCESSIBLES
Accessibilité limitée.

HÔTELS, MOTELS ET AUBERGES
Auberge Le Bocage 200, ch, Moe's River (rte 208E), Compton (Qc) J0B 1L0. Tél. : 819-835-5653. lebocage. qc.ca. 4 chambres, 125$-250 $. Fermé les lundis.

Étant le seul canal historique toujours actif, le canal de Chambly est doté de huit ponts roulants.

▶ CANAL-DE-CHAMBLY CHAMBLY (QC)

Désigné en 1929

La rivière Richelieu était une voie de transport importante pour aller à l'intérieur des terres et en revenir. Les hommes, fatigués des portages laborieux nécessaires pour contourner les rapides, rêvaient d'un canal sur la rive gauche de la rivière. Au XIXᵉ siècle, cette vision s'est concrétisée.

Les travaux sur le canal ont été entamés en 1831, puis interrompus en 1834 en raison d'un manque de fonds. Ils ont repris en 1841, et le canal de 20 km a été terminé en 1843. Les implications économiques du projet étaient importantes, car la rivière Richelieu a été une grande artère de circulation pour le bois : on y transportait du bois, des rives du lac Champlain jusqu'à Québec.

Les conditions de vie de ceux qui ont travaillé sur le canal étaient sévères : on estime qu'entre 500 à 1 000 terrassiers, maçons, forgerons et charpentiers se levaient à 5 h du matin pour pousser des brouettes pleines de terre, et faire sauter des roches en utilisant de la poudre à canon. Ils avaient droit à une heure pour dîner, et une autre pour souper. Après la fin de leur journée de travail, à 19 h, ces travailleurs (majoritairement immigrants) se retiraient dans des baraques de 3,5 m sur 3,5 m, où s'entassait une douzaine d'hommes.

Aujourd'hui, le canal de Chambly est le seul élément fonctionnel du réseau des canaux historiques du Québec qui a conservé son tracé et ses bâtiments d'origine, ainsi que ses mécanismes de fonctionnement datant du tournant du XXe siècle.

Attractions et activités

Le chemin de 20 km qui longe le canal de Chambly à Saint-Jean-sur-Richelieu (ancien chemin de halage pour les chevaux qui tiraient de barges pleines de marchandises) est parfait pour faire du vélo. Explorez les écluses, les ponts et les pittoresques maisons des écluiers.

L'été, parcourez le canal en bateau de plaisance ou en kayak. Pendant l'hiver, patinez sur le tronçon de glace de 400 m entre le pont n° 1 et l'écluse n° 4, ou chaussez des raquettes pour une randonnée le long du canal.

Un kiosque géré par les Amis du

INFORMATION

ACCUEIL ET INFORMATION
Tél. : 888-773-8888. parcscanada. gc.ca/canalchambly.
Écluses nos 1, 2 et 3 (secteur de Chambly) 1751, av. Bourgogne, Chambly (Qc).
Écluse no 9 (secteur Saint-Jean-sur-Richelieu) 327, rue Champlain, Saint-Jean-sur-Richelieu (Qc).

DROITS D'ENTRÉE
Aucun. Stationnement : 3,90 $. Communiquez avec le lieu pour connaître les droits d'éclusage.

SERVICES ACCESSIBLES
Accès limité; communiquez avec le lieu pour plus de détails.

HÔTELS, MOTELS ET AUBERGES
Auberge Harris 576, rue Champlain, Saint-Jean-sur-Richelieu (Qc) J3B 6X1. 450-348-3821 ou 800-668-3821. aubergeharris.com. 48 chambres et 29 suites, 109 $-194 $.
Par bateau : Service d'amarrage de nuit à certains emplacements le long du canal. Communiquez avec les écluiers sur le canal VHF 68.

canal de Chambly se trouve à chaque extrémité du canal.

Comment s'y rendre

Le canal longe la rte 223. Pour aller aux écluses n° 1, 2 et 3, prenez la sortie 22 de l'autoroute 10 et suivez les panneaux vers Chambly. Pour l'écluse n° 9, à Saint-Jean-sur-Richelieu, prenez la sortie 43 de l'autoroute 35, puis prenez la rue MacDonald jusqu'à la rue Champlain, et tournez à droite; l'écluse n° 9 sera sur la gauche.

Quand y aller

Le canal est ouvert à l'année. Le chemin est entretenu du 15 avr. au 15 nov. L'horaire des éclusages varie; appelez au 450-658-4381.

ONTARIO

Un interprète dirige une promenade à la lanterne au fort Malden. *Page 162* – Haut : La retraite des couleurs au fort George. Milieu : Musique militaire au fort Henry. Bas : La villa Bellevue, demeure de John MacDonald. *Page 163* : Le canal Rideau et le Parlement.

ONTARIO

L'Ontario est la plus peuplée des provinces du Canada, et plus de la moitié de la population de la province habite dans l'un des grands centres urbains de la province, dont Toronto, la capitale provinciale (et la métropole du Canada) et Ottawa, la capitale nationale. Son nom vient d'un mot huron signifiant « belle eau scintillante ». L'Ontario a déjà été recouverte de glaciers et compte maintenant plus de 250 000 lacs et renferme environ le tiers de l'eau douce du monde.

À l'arrivée des Français au XVIIᵉ siècle, la population autochtone de la région se composait des Algonquins nomades dans le Nord et des Iroquois sédentaires dans le Sud. Les Britanniques sont arrivés à la fin des années 1750 et, en 1764, ont vaincu les Français et leurs alliés pour prendre le contrôle de la région. Pendant la Révolution américaine (1775-1783), la Grande-Bretagne a utilisé la région des Grands Lacs comme base d'opérations, et après la guerre, les Britanniques ont fondé le premier grand établissement permanent de la province pour les 6 000 à 10 000 Loyalistes qui ont fui les États-Unis. Au cours du siècle qui a suivi, de nombreux immigrants des États-Unis et de la Grande-Bretagne s'y sont établis.

En 1791, le Parlement britannique a adopté l'Acte constitutionnel, entraînant la création des provinces du Haut-Canada (sud de l'Ontario) et du Bas-Canada (sud-est du Québec); les deux provinces ont été réunies pour former la province du Canada en 1841. Au moment de la Confédération en 1867, la province du Canada a de nouveau été divisée en deux provinces : l'Ontario et le Québec, qui avec le Nouveau-Brunswick et la Nouvelle-Écosse, sont devenus les quatre provinces originales du Dominion du Canada. L'Ontario est alors devenue le cœur manufacturier du Canada, une place qu'elle occupe encore aujourd'hui.

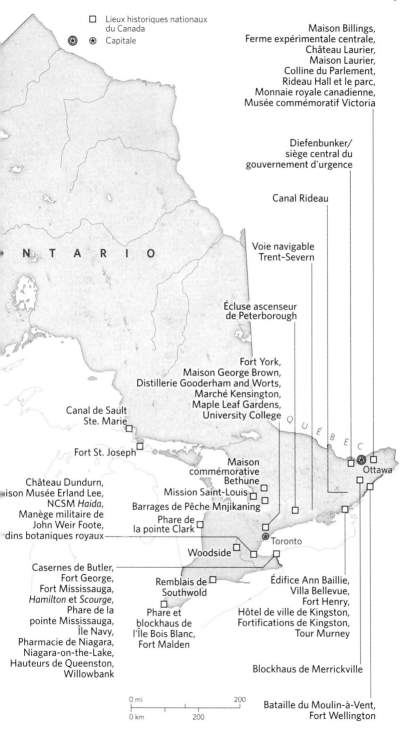

Lieux historiques nationaux du Canada

⊛ Capitale

O N T A R I O

ONTARIO

QUÉBEC

Maison Billings,
Ferme expérimentale centrale,
Château Laurier,
Maison Laurier,
Colline du Parlement,
Rideau Hall et le parc,
Monnaie royale canadienne,
Musée commémoratif Victoria

Diefenbunker/
siège central du
gouvernement d'urgence

Canal Rideau

Voie navigable
Trent-Severn

Écluse ascenseur
de Peterborough

Fort York,
Maison George Brown,
Distillerie Gooderham and Worts,
Marché Kensington,
Maple Leaf Gardens,
University College

Canal de Sault
Ste. Marie

Fort St. Joseph

Château Dundurn,
ison Musée Erland Lee,
NCSM *Haida*,
Manège militaire de
John Weir Foote,
dins botaniques royaux

Maison
commémorative
Bethune

Mission Saint-Louis

Barrages de Pêche Mnjikaning

Phare de
la pointe Clark

⊛ Ottawa

Woodside

⊛ Toronto

Casernes de Butler,
Fort George,
Fort Mississauga,
Hamilton et *Scourge*,
Phare de la
pointe Mississauga,
Île Navy,
Pharmacie de Niagara,
Niagara-on-the-Lake,
Hauteurs de Queenston,
Willowbank

Remblais de
Southwold

Phare et
blockhaus de
l'Île Bois Blanc,
Fort Malden

Édifice Ann Baillie,
Villa Bellevue,
Fort Henry,
Hôtel de ville de Kingston,
Fortifications de Kingston,
Tour Murney

Blockhaus de Merrickville

Bataille du Moulin-à-Vent,
Fort Wellington

0 mi   200
0 km   200

Relève de la garde au Parlement du Canada, situé à Ottawa, en Ontario.

OTTAWA ET KINGSTON

Ottawa, la capitale canadienne, est située sur la rivière des Outaouais, dans l'Est de l'Ontario. Lorsque les Français sont arrivés au début du XVIIe siècle, les Algonquins contrôlaient la rivière, lien névralgique du commerce de la fourrure et de l'industrie du bois. Moins de 50 ans plus tard, les Algonquins avaient perdu de leur influence, décimés par des maladies et affaiblis par des conflits. Fondée par les Britanniques en 1826, Ottawa a servi de base pour la construction du canal Rideau (voir p. 168-171). Le canal, achevé en 1832, relie Ottawa et la ville portuaire de

Kingston, située sur le lac Ontario.

Après la Révolution américaine, les réfugiés loyalistes ont fui à Kingston, qui a connu une croissance démographique et économique. Mais son importance a diminué à la fin du XIXᵉ siècle, après le départ des troupes britanniques et lorsque le canal a perdu une partie du trafic commercial au profit des chemins de fer. La ville de Kingston a réussi à préserver son allure du XIXᵉ siècle et compte près d'une trentaine de lieux historiques nationaux, y compris la villa Bellevue (voir p. 172-175), résidence du tout premier premier ministre du Canada.

D'une longueur de 202 km, le canal Rideau longe la Colline du Parlement à Ottawa (à gauche).

▶ CANAL RIDEAU OTTAWA/KINGSTON (ONT.)

Désigné en 1925; inscrit au patrimoine mondial en 2007

Merveille d'ingénierie, le canal Rideau, d'une longueur de 202 km, relie Kingston, au sud, à Ottawa, au nord. Une série de 45 écluses et de 24 postes permet aux plaisanciers de naviguer facilement sur le canal et les lacs et rivières qu'il relie.

Au début des années 1800, des tensions persistaient entre la Grande-Bretagne et les États Unis, qui venaient d'accéder à l'indépendance. Le fleuve Saint-Laurent, qui était nécessaire au transport des marchandises et des personnes, était vulnérable, ce que les Britanniques ont bien compris pendant la Guerre de 1812. Les Américains avaient déjà un avantage : la majeure partie de la rive sud du fleuve était en sol américain.

Après la guerre, le gouvernement britannique a ordonné à ses arpenteurs de cartographier et de tracer des routes plus sécuritaires entre Montréal et les Grands Lacs, à travers les étendues sauvages de l'Est de l'Ontario, de la rivière des Outaouais à

Kingston, sur le lac Ontario. Les ingénieurs ont conçu une série de barrages et d'écluses pour permettre le passage de navires beaucoup plus gros. Des plans ont aussi mené à la construction de maisons éclusières fortifiées et de blockhaus aux postes d'éclusage les plus vulnérables.

Les travaux ont commencé en 1827. De nombreuses écluses ont été fabriquées de pierres extraites des carrières situées à proximité; et les éléments en fer ont été forgés par les forgerons des environs. Le processus en entier a été confié à des entreprises privées, ce qui a créé beaucoup d'emploi. La plupart des manœuvres qui occupaient les postes les plus exigeants (creuser à la main les fosses pour les écluses et transporter les pierres) étaient des Canadiens français ou des immigrants Irlandais.

Le canal a été inauguré en 1832. Toutefois, les célébrations ont été assombries par un scandale. Le canal a coûté finalement 800 000 £, bien plus que l'estimation initiale de 169 000 £. Malgré l'exploit technique que représentait l'aménagement d'un canal dans les terres rocheuses de l'Est du Haut-Canada, le gouvernement britannique s'est dit choqué par le coût final et a lancé une enquête sur les dépenses. Le responsable de la construction, le lieutenant-colonel John By, du Corps royal de génie, était au centre de la controverse. Bien qu'il a plus tard été blanchi de tout soupçon, cette controverse a entaché sa réalisation.

Au départ, le canal était plus achalandé que le fleuve St Laurent. Son âge d'or s'est achevé en 1850, lorsque de nouvelles écluses ont permis de franchir les rapides les plus difficiles du Saint-Laurent, reliant ainsi Montrél et les Grands Lacs plus directement.

Malgré le déclin de sa vocation commerciale, le canal est demeuré un système de transport important pendant la Première Guerre mondiale; par la suite, il a presque cessé complètement d'être utilisé à des fins commerciales, et ce n'est qu'en raison du coût élevé de son démantèlement qu'il n'a pas été démoli.

Cependant, moins le canal Rideau était utilisé à des fins commerciales, plus il servait à la navigation de plaisance. Le canal traverse de magnifiques paysages et attire les pêcheurs, les baigneurs et les plaisanciers, ce que les adeptes de plein air ont remarqué même avant la fin du XIXe siècle. Le canal est inscrit au patrimoine mondial de l'UNESCO depuis 2007 et attire des milliers de visiteurs chaque année.

PAYSAGE NATUREL

Grâce aux splendides paysages qu'il traverse, le canal a connu une renaissance au XXe siècle et est aujourd'hui très prisé des propriétaires de chalet, des campeurs et des promeneurs du dimanche. Le paysage est très varié : des plaines calcaires, des sols peu profonds et des formations de calcaire exposé, les terrains accidentés du Bouclier canadien et la plaine Napanee — une autre vaste étendue de calcaire exposé.

De plus, le drainage et les modifications qui avaient pour but de créer le canal ont créé des conditions parfaites pour le poisson, dont l'achigan à grande bouche. Le canal abrite l'une des communautés de poissons les plus diversifiées du pays et de vastes terres humides où vivent 42 espèces rares de plantes et d'animaux.

L'écosystème du canal est en santé, mais subit un stress écologique attribuable à la pêche, à la navigation et à l'aménagement des rives. Le personnel de Parcs Canada tient un inventaire des espèces à risque, en voie de disparition et préoccupantes. Vous pouvez contribuer à la collecte de données. Il suffit de consigner où et quand vous apercevez des animaux comme la tortue mouchetée, qui est menacée, le petit polatouche et le phégoptère à hexagones. Communiquez avec Parcs Canada pour connaître les animaux surveillés. Procurez-vous un formulaire officiel d'observation dans un centre d'accueil ou signalez vos observations par courriel à Parcs Canada.

POSTES D'ÉCLUSAGE

Les 24 postes d'éclusage situés le long du canal Rideau possèdent leurs propres attraits, mais les écluses d'Ottawa sont particulièrement impressionnantes : une échelle de huit écluses se situe au pied de la Colline du Parlement. En hiver, la portion du canal située au sud des écluses devient une patinoire que les gens utilisent pour le plaisir ou même pour aller travailler! Le centre d'accueil offre des excursions en canot de mai à octobre (613-237-2309). Les excursions de 90 min sont effectuées dans des répliques de canots voyageurs (de 8,25 m) du Musée canadien du canot. Chaque canot peut contenir 10 personnes. Aucune expérience n'est requise puisque des guides qualifiés s'occupent de la navigation et répondent

Le canal est un lieu récréatif.

Le patin à glace près de la Colline du Parlement est une tradition hivernale.

aux questions sur le canal. Pour réserver votre place, communiquez avec le centre d'accueil.

Le poste d'éclusage de Hog's Back est un autre endroit couru parce qu'il est adjacent au parc Hog's Back — un parc urbain d'Ottawa qui offre un accès à des chutes et à des espaces verts en milieu urbain.

Burritts Rapids est connu pour le sentier de l'Île et son poste d'éclusage. Le long de ce sentier pédestre de 2 km (facile), des panneaux d'interprétation expliquent la construction du canal. Merrickville, Jones Falls et Kingston Mills proposent également des sentiers pédestres.

Au poste d'éclusage de Jones Falls le sentier du bassin (Smithy), court mais accidenté, permet de voir les affleurements de la roche mère. Cette expérience est révélatrice en raison des paysages (imposants spécimens de pin blanc, de chêne rouge et blanc et de pruche). Le sentier Redpath (1 km), permet d'explorer l'écluse, le centre d'accueil et des secteurs boisés représentatifs de la végétation de la région, notamment le peuplement de pin rigide le plus septentrional de l'Amérique du Nord, près du barrage.

C'est à l'écluse de Smiths Falls que se trouve le plus grand centre d'interprétation du canal. L'édifice, un ancien moulin-tour, abrite quatre étages d'expositions permettant de découvrir l'histoire du canal. Les visiteurs peuvent admirer des artefacts comme des répliques de durhams (les grands cargos en bois qui naviguaient sur le canal dans les années 1800) et de bateaux à vapeur, et observer les écluses de Smiths Falls et leur impressionnant système hydraulique depuis un belvédère. Des outils antiques ayant servi à la construction du canal – tarières, boussoles, maillets et ciseaux de maçon, outils de taille de la pierre et outils

LIEU HISTORIQUE NATIONAL DU CANAL-RIDEAU
(Rideau Canal National Historic Site)

INFORMATION ET ACTIVITÉS

ACCUEIL ET INFORMATION
34, rue Beckwith Sud, Smiths Falls (Ont.) K7A 2A8. Tél. : 613-283-5170. parcscanada.gc.ca/rideau.

Beaucoup de postes d'éclusage ont un centre d'accueil, mais le principal centre d'accueil du lieu historique se trouve à Smith Falls, à l'adresse qui précède.

SAISONS ET ACCESSIBILITÉ
Les postes d'éclusage sont ouverts chaque jour du 20 mai à la fête du Travail (horaire réduit du lundi au jeudi et horaire normal le vendredi, le week-end et les jours fériés); après la fête du Travail, les postes sont ouverts chaque jour, mais à des heures réduites du lundi au vendredi. Téléphonez pour connaître les heures exactes.

LES AMIS DU CANAL-RIDEAU
C.P. 1232, Succ. Main, Smiths Falls (Ont.) K7A 5C7. rideaufriends.com/amis.html.

DROITS D'ENTRÉE
Aucun.

ANIMAUX DE COMPAGNIE
Les animaux sont admis, mais doivent être en laisse de 3 m ou moins ou être gardés en cage ou dans un enclos.

SERVICES ACCESSIBLES
Les personnes ayant besoin d'aide pour avoir accès à l'un des sites du canal Rideau peuvent communiquer avec le personnel des opérations de Parcs Canada au 613-283-5170.

ACTIVITÉS OFFERTES
Une foule d'activités sont offertes aux différents postes d'éclusage du canal : camping, baignade, canotage et randonnée pédestre. Des panneaux d'interprétation le long des sentiers pédestres donnent du contexte au sujet du paysage. Les centres d'accueil présentent des renseignements détaillés sur la construction et l'importance du canal.

TERRAINS DE CAMPING
Les parcs Wesley Clover 411, ch. Corkstown, Ottawa (Ont.) K2K 0J5. 613-828-6632. wesleycloverparks.com. 30 $-41 $.

HÔTELS, MOTELS ET AUBERGES
(Sauf indication contraire, les prix mentionnés sont pour une chambre en occupation double, en haute saison, en dollars canadiens.)
Best Western Colonel by Inn Smiths Falls 88, rue Lombard, Smiths Falls (Ont.) K7A 4G6. 613-284-0001. smithsfallshotel.com. 40 chambres, 120 $-150 $.
Rogers Motel 178, rue Lombard, Smiths Falls (Ont.) K7A 5B8. 613-283-5200. rogersmotel.ca. 16 chambres, 70 $-90 $.
Tay Inn 125, rue Dufferin, Perth (Ont.) K7H 3A5. 613-267-3300. tayinn.ca. 18 chambres, 99 $-120 $.

d'arpentage – sont également exposés, de même que le journal de John Johnston, maître éclusier de Merrickville de 1836 à 1869.

Parcs Canada propose aux visiteurs la tente oTENTik (à mi chemin entre le chalet et la tente) aux écluses de Smith Falls, d'Upper Nicholsons, d'Upper Brewers et de Beveridges.

Comment s'y rendre
Le canal compte 24 postes d'éclusage dont certains en milieu urbain (Smiths Falls, Ottawa, Merrickville et Jones Falls). L'adresse de tous les postes d'éclusage est indiquée sur le site Web.

Quand visiter
Pour voir les portes et les écluses en action, visitez le canal l'été (mi-mai à l'Action de grâces). Cette période correspond à la haute saison de camping et à la période pendant laquelle les différents centres d'accueil offrent la programmation la plus variée. Les couleurs d'automne sont également superbes à la fin de septembre.

L'architecte de la villa Bellevue, datant des années 1840, a préféré le style italien au style géorgien en vogue à l'époque.

▶ VILLA BELLEVUE

KINGSTON (ONT.)

Désigné en 1995

La villa Bellevue se trouve sur un superbe terrain paysagé de la banlieue historique de Western Liberties, à Kingston. Exemple réussi d'architecture d'inspiration italienne, elle a été brièvement la résidence de sir John A. Macdonald (1815-1891), le tout premier premier ministre du Canada.

Bien que l'architecture de la villa soit remarquable, c'est le lien de la villa avec Macdonald qui fait son intérêt historique. Macdonald y a habité avec sa famille pendant un peu plus d'un an, de 1848 à 1849. Quelques décennies plus tard, en 1867, Macdonald a joué un rôle clé dans la fondation du Dominion du Canada, qui rassemblait l'Ontario, le Québec, le Nouveau-Brunswick et la Nouvelle-Écosse.

Macdonald a émigré de l'Écosse à l'âge de cinq ans et sa famille s'est établie à Kingston, au-dessus d'un magasin général. En grandissant, Macdonald a assisté à l'essor de la ville. Vers 1820, la population de Kingston a atteint 3 000 personnes, ce qui en faisait un important

établissement du Haut-Canada.

À 15 ans, Macdonald a entrepris sa formation d'avocat. Cinq ans plus tard, il dirigeait un cabinet populaire à Kingston. Il semblait naturel qu'il passe du droit à la politique. En 1843, Macdonald s'est présenté au poste de conseiller municipal à Kingston.

Toutefois, Macdonald voyait déjà plus loin et voulit représenter Kingston à l'Assemblée législative de la province du Canada. Pendant les années 1840, le Canada n'était qu'une colonie dirigée par un gouverneur général, qui était guidé par l'Assemblée législative.

Macdonald, du Parti conservateur, a été élu à l'Assemblée en 1844, alors qu'il n'avait qu'un an d'expérience au poste de conseiller municipal. Macdonald était alors nouvellement marié à son épouse Isabella depuis 1843.

C'est pour Isabella que les Macdonald ont emménagé à la villa Bellevue. Isabella était atteinte d'une maladie chronique qui n'a jamais été identifiée et souffrait d'une terrible toux qui était aggravée par les conditions de vie du centre-ville de Kingston. Macdonald a donc cherché un logement plus propre et silencieux pour son épouse et leur nouveau-né.

La villa Bellevue, à 1,6 km de la ville, semblait l'endroit idéal. La villa était entourée d'arbres, offrait une vue superbe et était exposée à la brise du lac Ontario. La jeune famille y a vécu dans le bonheur jusqu'à ce qu'une tragédie frappe la famille un mois après son arrivée, lorsque le fils d'un an de Macdonald est décédé. Macdonald et Isabella ont décidé de rester à la villa.

Le couple a réussi à maintenir ce mode de vie pendant un an, mais Macdonald n'était plus en mesure d'entretenir une maison de cette taille et de payer les domestiques. En plus, Macdonald soutenait aussi sa mère et d'autres membres de sa famille qui habitaient en ville.

Les Macdonald sont retournés au centre-ville de Kingston, mais la tragédie a de nouveau frappé quand Isabella est décédée en 1857, alors que Macdonald poursuivait son ascension en politique. À peine dix ans plus tard, il a accompli sa plus grande réalisation, soit participer à l'avancement de la Confédération.

Au départ, Macdonald n'était pas emballé par le concept d'un Canada uni, mais lorsque les colonies sont devenues de plus en plus difficiles à gouverner, il a accepté l'idée d'un pays cohésif, d'un groupe uni de colonies partageant les mêmes principes de paix, d'ordre et de bon gouvernement.

Macdonald faisait partie des délégués à la Conférence de Charlottetown en 1864, où il a prononcé un discours convaincant en faveur de l'union. Il l'a fait de nouveau à Québec au cours de la même année, en soutenant qu'un gouvernement central renforcerait toutes les colonies de l'Amérique du Nord britannique. Son éloquence et sa personnalité ont grandement contribué à la signature de la Confédération du Canada le 1er juillet 1867. La reine Victoria l'a fait chevalier en reconnaissance de ses efforts, puis il est devenu le tout premier premier ministre du pays.

LA VILLA

La villa Bellevue, d'inspiration italienne, a été bâtie par un commerçant de Kingston au début des années 1840. Elle se distinguait à l'époque du style géorgien, qui était plus répandu non seulement à Kingston, mais dans l'ensemble du Canada. Or, cette renommée n'était pas nécessairement positive puisque la villa a été jugée prétentieuse par la population conservatrice de Kingston.

Aujourd'hui, la villa Bellevue est perçue de façon plus positive comme une villa d'inspiration italienne qui est un rare exemple de ce type

La villa Bellevue est décorée avec des meubles de l'époque.

174

d'architecture en Amérique du Nord britannique. Le mariage du vert ct de blanc et son extérieur détaillé (comme le bord festonné de l'avant-toit, la véranda à colonnes et les balustrades) permettent à la maison d'être mise en valeur dans son magnifique cadre naturel.

L'intérieur a été aussi bien conçu. Puisque la villa Bellevue est orientée vers le sud, le lac Ontario est visible de toutes les pièces principales, y compris la salle de réception, la salle à manger, la chambre principale et le cabinet, où Macdonald se rendait régulièrement pour lire et travailler.

Des visites guidées de la villa permettent d'admirer presque toute la villa, dont l'intérieur et l'extérieur ont été restaurés minutieusement en fonction de l'époque où les Macdonald y vivaient. Le mobilier est composé de meubles d'époque fabriqués localement et d'artefacts ayant appartenu à la famille Macdonald : un berceau, une malle, des dictionnaires français et anglais et une collection de livres de la série Waverley — des romans historiques sur l'Écosse.

JARDINS HISTORIQUES

Macdonald a accordé autant d'importance au terrain de la villa Bellevue

Le potager familial préservé de la villa Bellevue.

qu'à la villa elle même. Les jardins n'ont presque pas changé depuis l'époque où les Macdonald y vivaient, et on peut encore y voir le potager de 0,2 ha qui produisait les légumes qu'Isabella entreposait dans les deux caves à légumes.

Les techniques de jardinage sont également fidèles aux méthodes de l'époque de Macdonald : on n'utilise aucun outil, vêtement ou méthode qui n'était pas en usage dans les années 1840. Les jardiniers de la villa consultent presque exclusivement des ouvrages comme *Kitchen Garden* de George Johnson et *Fruit Culturist*, de J. J. Thomas.

Le gazon à la villa Bellevue est fauché à la main et non tondu à la machine, ce qui lui donne son aspect légèrement inégal. Dans le potager, des plantes comme le céanothe d'Amérique, l'akébie à cinq folioles, les cornes du diable et le dracocéphale de Moldavie poussent parmi les courges et d'autres espèces bien connues. Ces variétés patrimoniales ajoutent à l'authenticité des jardins.

Les jardiniers portent des vêtements adaptés à la période et à la tâche, notamment des chapeaux de paille à large bord, des pantalons de travail en coton épais pour les hommes, et des robes longues pour les femmes. Les jardiniers portent peut-être des costumes, mais leurs efforts sont bien réels. Ils produisent plusieurs centaines de livres de légumes chaque année qui sont tous remis à des familles dans le besoin par l'intermédiaire de programmes de repas et d'initiatives communautaires.

Le potager n'est que l'un des trois principaux éléments des jardins de la villa Bellevue. Les jardins d'ornement occupent la plus grande partie du terrain. Les visiteurs qui s'y promènent remarquent une pelouse agrémentée de grands feuillus. Un kiosque offre

LIEU HISTORIQUE NATIONAL DE LA VILLA-BELLEVUE
(Bellevue House National Historic Site)

INFORMATION ET ACTIVITÉS

ACCUEIL ET INFORMATION
35, rue Centre, Kingston (Ont.) K7L 4E5. Tél. : 613-545-8666. parcscanada.gc.ca/bellevue.

SAISONS ET ACCESSIBILITÉ
La villa Bellevue est ouverte chaque jour du 1er juillet (fête du Canada) jusqu'à la fête du Travail (premier lundi de sept.), et du jeudi au lundi de le week-end de la fête de Victoria (lundi qui précède le 25 mai) au 1er juillet et de la fête du Travail à l'Action de grâces (deuxième lundi d'oct.).

DROITS D'ENTRÉE
3,90 $/adulte; 9,80 $/famille ou groupe.

ANIMAUX DE COMPAGNIE
Chiens d'assistance seulement.

SERVICES ACCESSIBLES
Le stationnement est accessible en fauteuil roulant. Le centre d'accueil est équipé de portes automatisées, et les salles de bains sont adaptées. Les vidéos sont sous-titrées. Un élévateur pour fauteuil roulant permet d'accéder au rez-de-chaussée. Les sentiers des terrains et des jardins sont accessibles.

ACTIVITÉS OFFERTES
La visite de la villa Bellevue se fait en grande partie de façon autonome. Visitez les terrains et les jardins d'ornement. Dans la villa, admirez des artefacts datant de l'époque où sir John A. Macdonald et son épouse Isabella y ont vécu. Des interprètes en costume peuvent répondre à vos questions et vous guider dans ce vaste domaine.

Programme Xplorateurs et cahiers d'activités pour les enfants de 6 à 11 ans; remplissez une carte de bingo en repérant des plantes et des animaux et incitez les enfants à faire le tour des attractions.

TERRAINS DE CAMPING
Rideau Acres 1014, ch. Cunningham, Kingston (Ont.) K7L 4V3. 613-546-2711. rideauacres.com. 35 $-52 $.

HÔTELS, MOTELS ET AUBERGES
(Sauf indication contraire, les prix mentionnés sont pour une chambre en occupation double, en haute saison, en dollars canadiens.)
Green Acres Inn 2480, rue Princess, Kingston (Ont.) K7M 3G4. (613-546-1796. greenacresinn.com. 32 chambres, 129 $-249 $.
Hotel Belvedere 141, rue King Est, Kingston (Ont.) K7L 2Z9. 613-548-1565. hotelbelvedere.com. 19 chambres, 129 $-199 $.
Residence Inn by Marriott Kingston Water's Edge 7, rue Earl, Kingston (Ont.) K7L 0A5. 613-544-4888. marriottresidenceinnkingston.com. 141 chambres, 200 $-230 $.

OTTAWA ET KINGSTON

un excellent point de vue sur les plates-bandes.

Le troisième élément est un verger qui dégage un doux parfum et qui produit des variétés anciennes de pommes comme la Northern Spy, la Russet, la Tolman Sweet et la Baldwin.

Comment s'y rendre
De l'autoroute 401, sortez au boulevard Sir John A. Macdonald (sortie 615) et dirigez-vous vers le sud sur 5,5 km vers la rue Union. Tournez à gauche sur Union, puis à droite sur la rue Centre.

Quand visiter
La villa Bellevue est fermée en hiver. Du printemps à l'automne, des visites guidées, des soupers historiques thématiques et d'autres activités ont lieu régulièrement. Dans les jardins, chaque saison présente un attrait différent : au printemps, les arbres du verger fleurissent; en été, les jardins d'ornement débordent de fleurs; et l'automne, les arbres et les potagers déploient leurs couleurs. Le jour de la fête du Canada, l'entrée est gratuite, et les visiteurs ont droit à des jeux, à des visites et à des boissons.

Le fort Wellington était une garnison britannique d'importance stratégique située sur le fleuve Saint-Laurent.

▶ FORT-WELLINGTON PRESCOTT (ONT.)

Désigné en 1920

Le fort Wellington, à Prescott, a été construit pendant la guerre de 1812 pour défendre l'importante voie navigable du Saint-Laurent contre une attaque des États-Unis. Aujourd'hui, le fort est l'un des lieux les mieux préservés de son époque.

Fondée en 1810, Prescott était un important port du fleuve Saint-Laurent qui servait de lien entre Montréal et les Grands Lacs, ce qui en faisait une cible évidente pour les forces américaines; la prise de la ville aurait permis de couper du reste du Haut-Canada les voies navigables britanniques. Pendant la guerre de 1812, le fort Wellington a servi de base aux troupes de Prescott lorsqu'elles ont attaqué et pris Ogdensburg, dans l'État de New York. Plus tard, pendant les raids qui ont suivi la Rébellion de 1837 dans le Haut Canada, le fort a servi de garnison aux soldats qui ont pris part à la bataille du Moulin à vent en 1838 (voir p. 177).

Attractions et activités

Il est possible de visiter de façon autonome le fort Wellington, son imposant blockhaus qui surplombe le front d'eau et ses canons de plus de 200 ans installés sur les remparts et qui servent encore aujourd'hui à l'occasion de cérémonies. Des interprètes costumés interagissent avec les visiteurs et font revivre l'histoire du fort. Explorez les quartiers des officiers et le blockhaus, où les soldats vivaient avec leur famille.

Des événements comme des démonstrations de tir à la carabine se tiennent régulièrement au fort. Les visiteurs peuvent allumer la mèche d'un canon à chargement par la bouche du XIXe siècle. Les enfants peuvent également explorer la culture et le patrimoine du Canada. Parmi les activités spéciales proposées, mentionnons les célébrations de la fête du Canada (et le traditionnel tir du canon) et une dégustation de whisky, clin d'œil aux nombreux soldats écossais qui étaient en poste au fort.

Comment s'y rendre

De l'autoroute 401, prenez la sortie 716 jusqu'à la rue Edward. Tournez à gauche en direction sud sur la rue Edward. Tournez à gauche sur la rue King, puis de nouveau à gauche sur la rue Vankoughnet.

Quand visiter

La haute saison au fort commence le week-end de la fête de Victoria (le lundi précédent le 25 mai) et prend fin à l'Action de grâces (le deuxième lundi d'oct.). Pendant cette période, le lieu est ouvert chaque jour et propose une gamme complète d'activités.

INFORMATION

ACCUEIL ET INFORMATION
370, rue Vankoughnet, Prescott (Ont.) K0E 1T0. Tél. : 613-925-2896. parcscanada.gc.ca/wellington.

DROITS D'ENTRÉE
3,90 $/adulte; 9,80 $/famille ou groupe.

SERVICES ACCESSIBLES
Les terrains et le centre d'accueil sont accessibles, mais pas le blockhaus.

HÔTELS, MOTELS ET AUBERGES
Dewar's Inn on the River 1649, rte de compté n° 2, R.R. n° 1, Prescott (Ont.) K0E 1T0. 613-925-3228. dewarsinnontheriver.com. 12 chambres et 5 chalets, 70 $-95 $.

Deux premiers ministres canadiens ont résidé dans la maison Laurier : sir Laurier et Mackenzie King.

▶ MAISON-LAURIER

OTTAWA (ONT.)
Désignée en 1956

Située dans le quartier chic de la Côte de Sable à Ottawa, la maison Laurier, en brique jaune de style Second Empire, se distingue notamment par sa véranda panoramique. Deux premiers ministres y ont habité avant l'établissement de la résidence officielle du premier ministre.

Wilfred Laurier, premier francophone à accéder au poste de premier ministre, a acheté en 1897 cette résidence construite dans les années 1870. Il a habité cette résidence jusqu'à son décès en 1919. Lorsque son épouse est décédée en 1921, elle a cédé la maison à William Lyon Mackenzie King, successeur de Laurier à la tête du Parti libéral de 1919 à 1948 qui sera premier ministre pendant près de 22 ans.

Attractions et activités

Les visiteurs peuvent visiter librement la maison et ses terrains ou se joindre à une visite en gants blancs pour visiter les appartements privés des Laurier. Une exposition culinaire interactive porte sur les règles alimentaires canadiennes, la nutrition et le rationnement pendant la Deuxième Guerre mondiale.

Comment s'y rendre

De l'autoroute 417E, prenez la sortie de l'avenue Mann. Rendez-vous à l'avenue King Edward et dirigez-vous vers le sud jusqu'à la rue Rideau. Tournez à gauche sur Rideau, puis à droite sur la rue Chapel; la maison Laurier est située au coin de la rue

INFORMATION

ACCUEIL ET INFORMATION
335, av. Laurier Est, Ottawa (Ont.) K1N 6R4. Tél. : 613-992-8142. parcscanada.gc.ca/maisonlaurier.

DROITS D'ENTRÉE
3,90 \$/adulte; 9,80 \$/famille ou groupe.

SERVICES ACCESSIBLES
Seul le centre d'accueil est accessible.

HÔTELS, MOTELS ET AUBERGES
Albert House Inn 478, rue Albert, Ottawa (Ont.) K1R 5B5. 613-236-4479. albertinn.com. 17 chambres, 115 \$-195 \$.
Lord Elgin Hotel 100, rue Elgin, Ottawa (Ont.) K1P 5K8. 613-235-3333. lordelginhotel.ca. 355 chambres, 229 \$-259 \$.

Chapel et de l'avenue Laurier Est.

Quand visiter

La maison Laurier est ouverte du jeudi au lundi, du week-end de la fête de Victoria (lundi précédant le 25 mai) à la fête du Canada (le 1er juillet), et de la fête du Travail à l'Action de grâces et chaque jour de la fête du Canada à la fête du Travail.

AUTRES LIEUX HISTORIQUES NATIONAUX

ÉDIFICE ANN-BAILLIE
KINGSTON (ONT.)

Construit en 1903 et en 1904 pour servir de résidence d'élèves-infirmières qui effectuaient leur apprentissage à l'Hôpital Général de Kingston, l'édifice a été nommé en l'honneur d'une diplômée et ancienne directrice de l'école et a été désigné lieu historique national pour commémorer la formation et le professionnalisme des infirmières canadiennes. Il est aujourd'hui un musée des soins de santé. Désigné LHN en 1997. 32, rue George 613-548-2419.

HÔTEL-DE-VILLE-DE-KINGSTON
KINGSTON (ONT.)

L'hôtel de ville de Kingston occupe tout un pâté de maisons. L'édifice de style néoclassique construit en 1844 devait servir de siège du gouvernement local, de poste de douane, de bureau de poste, de poste de police, de prison et de marché. Lorsque Kingston (alors capitale de la province du Canada) n'a pas été choisie pour être la capitale de l'Ontario, les locaux ont été loués à différentes entreprises. Actuellement, l'immeuble remplit de nouveau ses fonctions originales — soit celles d'hôtel de ville et de marché estival. Désigné LHN en 1961. 216, rue Ontario, 613-546-0000.

BLOCKHAUS-DE-MERRICKVILLE
MERRICKVILLE-WOLFORD (ONT.)

Le blockhaus de Merrickville, dont la construction a commencé en 1832 et a duré un an, devait servir à défendre le Canada en protégeant le canal Rideau (voir p. 166–169). Ce bâtiment de deux étages demeure un excellent exemple de construction défensive. La solidité du blockhaus s'explique par sa conception ignifuge et ses murs en pierre épais et munis d'évents au sous sol et par l'absence de portes et de fenêtres. Désigné LHN en 1939. 279, rue St. Lawrence. 613-283-5170.

BATAILLE-DU-MOULIN-À-VENT
PRESCOTT (ONT.)

Au pied de ce moulin à vent en pierre blanche se trouve le champ de bataille où, en 1838, les forces britanniques et loyalistes ont repoussé une tentative d'invasion de rebelles canadiens et de sympathisans américains. Les rebelles ont tenté une attaque furtive à Prescott, mais ils ont été rapidement encerclés par les forces britanniques et loyalistes. Les canonnières britanniques rendaient impossible toute retraite par le fleuve. La bataille a duré 4 jours et a fait des victimes des deux côtés. Panneaux d'interprétation et visites guidées. Désigné LHN en 1920. Route de comté no 2E. 613-925-2896 parcscanada.gc.ca/moulinavent.

OTTAWA ET KINGSTON

Véritables trésors architecturaux, les bâtiments du Parlement sont érigés sur une colline surplombant le canal Rideau.

▶ PARC-DES-ÉDIFICES-DU-PARLEMENT

OTTAWA (ONT.)
Désigné en 1976

Le Parlement du Canada, situé au sommet d'une colline qui surplombe le canal Rideau, compte quatre édifices — les édifices du Centre, de l'Ouest et de l'Est et la Bibliothèque du Parlement. Les visites de ce lieu historique national doivent se faire en fonction des travaux du Parlement, ce qui rend cette expérience imprévisible, mais intéressante.

La construction des édifices a commencé en 1859, deux ans après que la reine Victoria a choisi d'établir à Ottawa la capitale de la province du Canada. Le gouvernement a rapidement manqué d'espace. En fait, les locaux étaient si exigus pendant les années 1800 que même le premier ministre partageait un bureau avec des membres du personnel.

Le gouvernement a siégé dans cet édifice jusqu'à ce que l'édifice du Centre soit presque complètement rasé par un incendie en 1916. La Bibliothèque du Parlement a quant à elle été épargnée pour trois raisons — les

efforts des pompiers, la direction du vent et la conception de la Bibliothèque. Le premier bibliothécaire, Alpheus Todd, avait déjà vu des bibliothèques et leur contenu détruits par les flammes. Il a donc insisté pour qu'un long couloir sépare la bibliothèque de l'édifice du Centre, ce qui a empêché les flammes de se propager. Les édifices de l'Est et de l'Ouest, qui ne sont pas rattachés à l'édifice du Centre, ont aussi été épargnés.

Personne n'a pu déterminer l'origine du brasier. Certains y ont vu un acte de sabotage allemand puisque le

Canada était engagé dans la Première Guerre mondiale. D'autres croient qu'il s'agissait d'un incendie d'origine électrique puisque l'électricité venait d'être installée dans l'édifice. Selon une troisième théorie, un article de fumeur serait en cause.

L'édifice du Centre, reconstruit entre 1916 et 1922, est aujourd'hui un chef d'œuvre de style académique qui intègre des éléments gothiques. Lorsque les architectes John Pearson et Jean Marchand ont décidé d'ajouter un troisième étage au nouvel édifice, ils ont constaté qu'ils ne pourraient pas utiliser les murs et les fondations en pierre, qui ont donc été démolis. La nouvelle conception intègre une structure en pierres et une armature en acier.

Les édifices de l'Est et de l'Ouest sont d'inspiration néogothique de l'apogée victorienne caractérisée par sa polychromie et par des masses et des lignes de toitures irrégulières.

Les édifices du Parlement sont en grande partie interdits au public, et les sections accessibles ne le sont que par visite guidée. La Tour de la Paix et les terrains de la Colline du Parlement (qui constituent un lieu historique national distinct des édifices du Parlement) sont toutefois accessibles en interprétation autonome.

DÉTAILS ARCHITECTURAUX

Lorsque les architectes Pearson et Marchand ont redessiné l'édifice du Centre, ils ont tenté de jeter un pont entre le passé du pays et son avenir. Par exemple, l'influence de la Première Guerre mondiale est évidente dans la reconstruction de la Tour Victoria, qui s'élevait au milieu de l'édifice du Centre. Au moment de la reconstruction, la nouvelle tour était beaucoup plus haute et a été rebaptisée Tour de la Paix.

À l'intérieur de la Tour de la Paix se trouve la Chapelle du Souvenir, à la mémoire des soldats canadiens tombés au champ d'honneur. Des membres du personnel sont sur place pour répondre aux questions, mais il s'agit généralement d'un endroit de réflexion et de silence. À l'intérieur se trouvent sept Livres du Souvenir, qui commémorent chacun un conflit différent et qui contiennent la liste des soldats morts au combat. Chaque jour à 11 h se tient la Cérémonie du changement de page. Les visiteurs peuvent appeler à l'avance pour savoir à quel moment le nom de membres de leur famille ou de proches apparaîtra.

Ailleurs dans les édifices, différents éléments décoratifs et architecturaux soulignent des événements qui ont marqué l'histoire du Canada.

Les 13 provinces et territoires du Canada sont représentés à deux endroits de la Colline du Parlement ; dans la rotonde de la Confédération et sur les portes de la salle du Sénat.

VISITES

Chaque visite est différente. Des guides formés abordent des éléments clés des édifices et de leurs caractéristiques, mais chacun agrémente l'expérience de ses propres histoires.

Les guides peuvent attirer l'attention sur différents ajouts esthétiques apportés au fil des ans. Lorsque Pearson a conçu l'édifice du Centre, il a mis en place un programme décoratif élaboré, mais il a aussi laissé des espaces vierges pour que les sculpteurs puissent concevoir et proposer de nouvelles œuvres. Par exemple, un vitrail a été installé en 2012 pour commémorer les pensionnats indiens dans lesquels les enfants des Premières Nations ont été envoyés aux XIXe et XXe siècles et les excuses historiques que le premier ministre a présentées aux anciens élèves et à leurs familles. Pendant des décennies, les enfants des communautés autochtones ont été placés dans ces pensionnats dans le but de les assimiler à la culture canadienne dominante. Ces carreaux, conçus par Christi Belcourt, artiste métisse, se trouvent au dessus de l'entrée ouest de l'édifice du Centre.

Ailleurs dans les édifices, des visages sculptés dans la pierre rendent hommage aux premiers ministres et à des membres du Parlement qui ont marqué l'histoire; à des journalistes qui ont œuvré à la tribune de la presse; à Thomas Fuller, concepteur des édifices originaux du Parlement et à Pearson, l'architecte du nouvel édifice du Centre. On trouve également quelques visages inconnus, qui pourraient être certains des tailleurs de pierre qui ont travaillé à la construction de l'édifice.

En juillet et en août, il est possible de visiter l'édifice de l'Est, qui est fermé le reste de l'année. On le visite surtout pour ses quatre salles patrimoniales : les anciens bureaux du premier premier ministre du Canada, sir John A. Macdonald; de sir George-Étienne Cartier; du gouverneur général et du Conseil privé. Ces bureaux ont été restaurés fidèlement à leur apparence du XIXᵉ siècle, d'après

photographies et dessins. Les meubles ne sont pas des originaux, mais des répliques ou des meubles datant de cette époque. L'édifice de l'Est a été construit au cours des années qui ont suivi la Confédération, à l'époque où Macdonald et le vice-premier ministre Cartier dirigeaient conjointement le pays.

Enfin, la Bibliothèque est le bâtiment favori du personnel et des visiteurs. Cet édifice circulaire stylisé est magnifique à l'intérieur et à l'extérieur. La Bibliothèque contient plus de 600 000 livres qui servent surtout de documents de recherche pour les parlementaires. La Bibliothèque contient aussi une voûte de documents historiques. On y trouve notamment un exemplaire de *Birds of America* de John James Audubon d'une valeur de 15 millions de dollars (annoté par l'ornithologue); un ouvrage de 1558 rédigé à partir d'entretiens avec des explorateurs des débuts du Canada; et un livre signé par la reine Victoria.

ACTIVITÉS QUOTIDIENNES

La Colline du Parlement est l'un des endroits au Canada où l'on peut entendre un carillon, instrument de musique composé d'un ensemble de cloches en bronze. Le carillon de la Tour de la Paix compte 53 cloches.

Chaque jour de semaine, le carillonneur du Dominion donne un récital. En été, le concert dure une heure, un peu moins le reste de l'année. Le programme quotidien commence par Ô Canada, l'hymne national canadien, et le reste du programme est sélectionné par le carillonneur.

Le carillonneur du Dominion crée souvent ses propres arrangements. Le carillonneur actuel, Dʳᵉ Andrea McCrady, propose souvent des airs populaires arrangés pour le carillon.

La Relève de la garde est un

La Chambre des communes, dans l'édifice du Centre.

LIEU HISTORIQUE NATIONAL DE LA COLLINE-DU-PARLEMENT
(Parliament Buildings & Public Grounds National Historic Sites)

INFORMATION ET ACTIVITÉS

ACCUEIL ET INFORMATION
111, rue Wellington, Ottawa (Ont.) K1A 0A4. Tél. : 613-992-4793. parl.gc.ca.

SAISONS ET ACCESSIBILITÉ
Les visites guidées de l'édifice du Centre sont offertes toute l'année. Les visites de l'édifice de l'Est sont offertes de juillet au début de septembre. Les heures dépendent des activités parlementaires. Veuillez consulter le site Web ou appeler pour obtenir de l'information.

ANIMAUX DE COMPAGNIE
Les chiens d'assistance sont acceptés.

SERVICES ACCESSIBLES
Les édifices sont accessibles en fauteuil roulant, grâce à des ascenseurs.

ACTIVITÉS OFFERTES
Les visites ont lieu à des heures régulières. Faites une balade sur les terrains, puis montez dans la Tour de la Paix pour profiter d'une vue panoramique d'Ottawa.

RENSEIGNEMENTS IMPORTANTS
Les édifices du Parlement subissent d'importantes rénovations de longue durée. L'édifice du Centre devrait fermer au début de 2018 pendant dix ans.

TERRAINS DE CAMPING
Ottawa's Poplar Grove Trailer Park Ltd. 6154, rue Bank, Greely (Ont.) K4P 1B4. 613-821-2973. ottawaspoplargrovecamp.com/page-daccueil.htm. 30 $-45 $.

HÔTELS, MOTELS ET AUBERGES
(Sauf indication contraire, les prix mentionnés sont pour une chambre en occupation double, en haute saison, en dollars canadiens.)
Fairmont Château Laurier 1, rue Rideau, Ottawa (Ont.) K1N 8S7. 613-241-1414. fairmont.fr/laurier-ottawa/. 426 chambres, 389 $-2 800 $.
Residence Inn Ottawa Downtown 161, av. Laurier Ouest, Ottawa (Ont.) K1P 5J2. 613-231-2020. marriottresidenceinnottawa.com/francais/index.php. 177 chambres, 160 $-260 $.
Cartier Place Suite Hotel 180, rue Cooper, Ottawa (Ont.) K2P 2L5. 800-236-8399. suitedreams.com. 72 chambres, 129 $-169 $.

incontournable. De la fin juin à la fin août, à 10 h chaque jour, la Garde de cérémonie de l'Armée canadienne marche sur la Colline du Parlement et procède à des exercices militaires et musicaux. Cet événement attire toujours une grande foule; il vaut donc mieux arriver vers 9 h 30 pour avoir une bonne place. La marche commence au Manège militaire de la place Cartier.

Comment s'y rendre
De Toronto, prenez l'autoroute 401E jusqu'à la sortie 721A et poursuivez sur l'autoroute 416N. La sortie 75B relie l'autoroute 417E vers Ottawa. Prenez la sortie 120, à droite, pour la rue Kent. De Kent, tournez à droite sur la rue Slater, puis à gauche à la troisième intersection sur la rue Metcalfe.

Quand visiter
Les visites du Parlement sont offertes à l'année, mais dépendent des activités du Parlement. Les visites n'incluent pas le Sénat ni la Chambre des communes lorsque le Parlement siège; pour accroître vos chances de voir ces lieux, visitez en juillet ou en août ou le week-end. Les visiteurs qui effectuent la visite le week-end peuvent passer plus de temps dans la bibliothèque. L'édifice de l'Est est accessible uniquement en juillet et en août.

AUTRES LIEUX HISTORIQUES NATIONAUX

MAISON-BILLINGS
OTTAWA (ONT.)

La maison Billings, l'une des plus vieilles résidences d'Ottawa, a été construite en 1828 par Braddish Billings. Son architecture s'inspire du style géorgien caractéristique de la Nouvelle Angleterre, d'où Billings est originaire. Malgré les rénovations et les ajouts effectués au fil des ans, la maison actuelle a peu changé depuis le milieu des années 1800. La maison Billings est actuellement un musée qui propose notamment des visites guidées et des activités pour les enfants. Désigné LHN en 1968. 2100, rue Cabot. 613-247-4830.

FERME-EXPÉRIMENTALE-CENTRALE
OTTAWA (ONT.)

Le gouvernement fédéral a construit cette ferme de 426 hectares en 1886. Elle témoigne de la philosophie de l'agriculture de l'époque — c'est à dire l'esthétique pittoresque et l'expérimentation de nouvelles technologies agricoles. Les terrains de la ferme sont à 3 km de la Colline du Parlement. L'emplacement était idéal en raison de son sol riche et de son accès aux divers modes de transport. La ferme se trouve maintenant en pleine ville. Désigné LHN en 1997. Arboretum, 960, avenue Carling.

CHÂTEAU-LAURIER
OTTAWA (ONT.)

Il est impossible de franchir la Place de la Confédération sans être frappé par le Château Laurier, l'hôtel qui surplombe la rivière des Outaouais et le canal Rideau. La Grand Trunk Pacific Railway a ouvert l'hôtel en 1912 pour inciter les touristes à emprunter ses routes ferroviaires. Le Château Laurier fait maintenant partie de la chaîne d'hôtels Fairmont. Désigné LHN en 1981. 1, rue Rideau. 800-257-7544.

RIDEAU-HALL-ET-LE-PARC
OTTAWA (ONT.)

Depuis 1865, Rideau Hall est la résidence officielle du gouverneur général du Canada. La vaste propriété boisée de style britannique se trouve près de la rivière des Outaouais. En plus d'une élégante villa en pierres, on y trouve des sentiers et des jardins classiques. La résidence, qui appartenait au départ à l'industriel Thomas McKay, a subi de nombreuses transformations, notamment l'ajout d'un pavillon de cricket. La visite des salles de cérémonie est gratuite. Désigné LHN en 1977. 1, prom. Sussex. 866-842-4422.

MONNAIE-ROYALE-CANADIENNE
OTTAWA (ONT.)

En 1908, l'ouverture de la branche de la Monnaie royale britannique à Ottawa a été soulignée par la frappe d'une pièce de 50 cents. Auparavant, la monnaie canadienne était produite à Londres. La Monnaie royale canadienne, sous contrôle canadien, a été créée en 1931. Une affinerie et un atelier sont situés à l'arrière de l'édifice, une construction en grès de style gothique tardif à laquelle les tours et les tourelles donnent une apparence fortifiée. Désigné LHN en 1979. 320, promenade Sussex. 613-993-8990.

MUSÉE-COMMÉMORATIF-VICTORIA
OTTAWA (ONT.)

Premier édifice fédéral à vocation muséale au Canada, le musée a été établi par la Commission géologique du Canada en 1843. Cet édifice, que la Commission a partagé notamment avec le Musée des beaux-arts du Canada et le Parlement, est ouvert au public depuis 1912. Son apparence de château (qui combine les styles Beaux-Arts et gothique Tudor) témoigne de la vision que le premier ministre Wilfred Laurier avait pour la capitale. Désigné LHN en 1990. 240, rue McLeod. 613-566-4700.

OTTAWA ET KINGSTON

Le tunnel du Diefenbunker, conçu pour détourner l'onde de choc d'une explosion qui a lieu à l'intérieur du bunker.

▶ DIEFENBUNKER/SIÈGE-CENTRAL-DU-GOUVERNEMENT-D'URGENCE

CARP (ONT.)
Désigné en 1994

Au milieu d'un champ, un hangar en aluminium ne laisse nullement deviner qu'il se trouve au dessus d'un immense complexe construit pendant la guerre froide pour servir d'abri d'urgence pour le gouvernement canadien, des militaires et des institutions civiles essentielles en cas de guerre nucléaire. Depuis sa mise hors service en 1994, le bunker est un musée qui propose un retour aux années 1960.

En 1959, sur fond d'escalade des tensions dans la guerre froide, le premier ministre John Diefenbaker a commandé la construction d'un bunker qui, en cas d'attaque nucléaire, pourrait loger en sécurité les membres clés du gouvernement et des forces militaires du Canada. Nommé officiellement Siège central du gouvernement d'urgence, il a été rebaptisé « Diefenbunker » par un journaliste.

Une série de bunkers ont été construits d'un bout à l'autre du pays; ils étaient reliés par radio et contenaient suffisamment de vivres pour 30 jours. L'objectif de ces bunkers était de permettre aux gouvernements fédéral et provinciaux de collaborer à la reconstruction du pays. Le Diefenbunker, situé près du siège du gouvernement fédéral, était le plus gros bunker, pouvant accueillir 535 personnes.

L'ancienne terre agricole a été

choisie pour le Diefenbunker en raison de son emplacement stratégique. Carp se trouve à 38 km d'Ottawa, ce qui permettait une évacuation rapide de la capitale. Son emplacement dans une vallée naturelle à l'ouest d'Ottawa rendait l'emplacement légèrement plus sécuritaire et moins exposé aux possibles retombées qui auraient pu être transportées par les vents de l'est.

La construction du complexe de quatre étages de 9 290 m² a commencé en 1959 sous le nom de code « Project Emergency Army Signals Establishment ». Il a fallu moins de 18 mois et près de 1 000 travailleurs pour achever la construction. Le bunker contenait notamment des chambres à coucher simples, une cuisine pour tout le personnel, une salle du Cabinet de guerre et un studio de radiodiffusion de la Société Radio Canada.

Le bunker n'a jamais servi à sa vocation première, mais a servi de poste de communications pour les Forces canadiennes de 1961 à 1994. Un effectif de 150 personnes y travaillait jour et nuit en rotation pour traiter les opérations de communications les plus délicates tout au long de la guerre froide. Pendant ce temps, le bunker contenait toujours suffisamment de nourriture fraîche pour une semaine et des rations d'urgence pour un mois.

En raison de son importance, le Diefenbunker a été désigné lieu historique national lors de son démantellement en 1994. Il a alors été vendu à la municipalité de West Carleton.

En 1995–1996, pour financer la construction d'une nouvelle bibliothèque à l'extérieur du Diefenbunker, des bénévoles de Carp ont commencé à proposer des visites du Diefenbunker. Certains des bénévoles étaient des anciens employés du bunker.

Devant le grand succès de ces visites, le Diefenbunker Development Group a été formé afin d'explorer la possibilité d'offrir ces visites de façon permanente. Le Musée canadien de la Guerre froide a été ouvert au public en 1999; son mandat consiste à mieux faire connaître la guerre froide au Canada et dans le monde. Il accueille chaque année près de 60 000 visiteurs.

LA CONCEPTION DU BUNKER

Afin de construire un bâtiment aussi résistant aux explosions et sécuritaire que devait l'être le Diefenbunker, il fallait tenir compte de nombreux facteurs. Par exemple, l'équipement lourd nécessaire au fonctionnement de la station (y compris les génératrices et les appareils de climatisation) devait se trouver à l'étage inférieur du bâtiment.

Puisque le Diefenbunker devait être en mesure de résister à une forte explosion, les normes de construction ont été largement dépassées, c'est à dire que 295 kg d'acier par mètre cube de béton ont été nécessaires — comparativement à 68 kg d'acier dans la plupart des constructions. Le bunker a nécessité 5 000 tonnes d'acier et 24 470 m² de béton. Le bunker peut résister à une explosion nucléaire de 5 mégatonnes à 1,8 km.

OTTAWA ET KINGSTON

La porte d'entrée discrète du Diefenbunker.

La décoration a également été soignée. Des recherches ont été menées sur la psychologie en milieu sous marin et sur la prévention de la claustrophobie. Des couleurs vives ont été choisies pour les salles et les couloirs. Les concepteurs se sont également inspirés de la marine et ont ancré au sol certains meubles pour les empêcher d'être déplacés par les ondes de choc.

Enfin, une voûte a été installée pour entreposer la réserve d'or du Canada de 800 tonnes de lingots d'or cachés derrière une porte de 30 tonnes.

EXPOSITIONS

Le Diefenbunker propose plusieurs expositions permanentes, par exemple « Le Canada et la Guerre froide » et « La Guerre froide à Berlin », en plus de présenter environ quatre

La chambre forte pouvait contenir 800 tonnes d'or.

Le centre médical comportait uniquement quelques lits.

expositions itinérantes par année. Toutefois, c'est l'édifice lui même qui est la principale attraction. Le Musée est donc rempli d'espaces restaurés pour faire revivre les différentes époques du bunker.

Les abris familiaux et communautaires illustrent le type d'installations que les Canadiens étaient encouragés à construire devant les risques de guerre nucléaire. Afin d'aider les citoyens à se préparer, le gouvernement a distribué des dépliants qui expliquaient en détail les 11 étapes à suivre pour survivre à une telle explosion.

D'autres salles valent le détour : la salle du Cabinet de guerre, où le premier ministre aurait réuni les membres de son cabinet, et les douches de décontamination. En cas d'attaque, les membres du personnel seraient entrés vêtus dans le bunker par les douches. Ensuite, ils auraient déposé leurs vêtements mouillés dans une chute doublée de plomb, puis seraient entrés dans une deuxième douche. En cas de résultat positif au compteur Geiger, six autres douches pouvaient être requises. En cas de doute ils auraient été envoyés en consultation médicale et auraient pu être misen isolement.

ACTIVITÉS SPÉCIALES

Chaque année, le Diefenbunker accueille un artiste en résidence. Il s'agit habituellement d'un artiste visuel, qui consacre de trois à six mois à un projet en particulier. L'objectif consiste à faire découvrir sous un angle nouveau un aspect du musée, par des méthodes d'interprétation innovatrices. Par exemple, en 2016, la sculptrice de l'acier Anna Frlan a été choisie. Son travail au bunker explore le lien entre l'acier industriel et la production d'armement au XXe siècle.

LIEU HISTORIQUE NATIONAL DIEFENBUNKER / SIÈGE-CENTRAL-DU-GOUVERNEMENT-D'URGENCE

(Diefenbunker/Central Emergency Government Headquarters National Historic Site)

INFORMATION ET ACTIVITÉS

HOW TO REACH US
3929, rue Carp, Carp (Ont.) K0A 1L0. Tél. : 613-839-0007. diefenbunker.ca.

SAISONS ET ACCESSIBILITÉ
Le Diefenbunker est ouvert chaque jour toute l'année, mais est fermé le lundi en janvier et en février. Les heures d'ouverture sont de 11 h à 16 h.

DROITS D'ENTRÉE
14 $/adulte; 40 $/famille ou groupe.

ANIMAUX DE COMPAGNIE
Les chiens d'assistance sont permis.

SERVICES ACCESSIBLES
Certains espaces de stationnement sont accessibles en fauteuil roulant. L'accessibilité est limitée à certains endroits, mais le musée lui même est presque entièrement accessible, et il est possible de louer des fauteuils selon le principe du premier arrivé, premier servi.

ACTIVITÉS OFFERTES
Explorez les expositions permanentes et itinérantes du musée. Visitez le bunker de façon autonome ou en suivant une visite guidée. Des événements spéciaux se tiennent régulièrement, notamment des séances de dégustation de whisky pour les adultes et des camps d'été d'espionnage pour les enfants. Consultez le site Web du musée pour les activités actuelles.

TERRAINS DE CAMPINGS
Breezy Hill Camping 3798, ch. Graigner Park, Kinburn (Ont.) K0A 2H0. 613-839-5202. breezyhillcamping.com, 45 $.

HÔTELS, MOTELS ET AUBERGES
(Sauf indication contraire, les prix mentionnés sont pour une chambre en occupation double, en haute saison, en dollars canadiens.)
Brookstreet Hotel 525, promenade Legget, Ottawa (Ont.) K2K 2W2. 613-271-1800. brookstreet.com. 276 chambres, 170 $-210 $.
Comfort Inn Ottawa West Kanata 222, voie Hearst, Ottawa (Ont.) K2L 3A2. 613-592 2200. comfortinnkanata.com. 146 chambres, 109 $-159 $.
Boston "T" Bed & Breakfast 106, ch. Falcon Brook, Kanata (Ont.) K0A 1L0. 613-836-8690. thebostontbandb.com. 3 chambres, 120 $.

L'activité « Évadez vous du Diefenbunker » propose une autre façon de découvrir le lieu. Au cours de cette activité, des groupes de 12 personnes ou plus doivent traverser certaines salles du bunker, résoudre des problèmes et surmonter des obstacles. Le groupe découvre que le musée est en fait la couverture d'une organisation d'espionnage qui planifie une attaque imminente. Le groupe doit trouver la salle des communications du bunker, stopper l'attaque et alerter le monde extérieur du risque de catastrophe en ne disposant que d'une heure pour collaborer afin de sauver le monde. L'activité menée par l'entreprise d'Ottawa Escape Manor est offerte le soir du jeudi au dimanche (en anglais seulement).

Comment s'y rendre

Depuis Ottawa, prenez l'autoroute 417O jusqu'à la sortie 144 (rte 5 N/ chemin Carp N). Prenez Carp Rd./ Rte 5, sur laquelle se trouve le Diefenbunker.

Quand visiter

C'est en été qu'il y a le plus d'activités, mais beaucoup d'activités sont également offertes en hiver.

Le Canada urbain : Montréal, Vancouver et Toronto

En 1867, seulement 1 Canadien sur 5 environ vivait en zone urbaine. Aujourd'hui, 4 Canadiens sur 5 vivent dans une « région métropolitaine de recensement » de plus de 100 000 habitants. L'urbanisation constitue la grande expérience commune du Canada des 150 dernières années.

Attirante pour les habitants et les entreprises, la ville de Toronto s'est développée pour devenir la plus grande ville et le plus grand centre économique du Canada.

Tout au long du changement et de la croissance du Canada, son urbanisation constante a entraîné un développement économique à l'origine de l'arrivée dans les villes de Canadiens en quête de possibilités.

Les différences entre l'est et l'ouest du Canada

Du point de vue démographique, l'urbanisation s'est déroulée différemment entre Montréal, à l'est, et Vancouver, à l'ouest. En 1867, Montréal était la plus grande ville de l'Amérique du Nord britannique, avec un peu plus de 90 000 habitants. Jusqu'en 1930, la ville a connu un âge d'or en tant que centre économique du Canada, particulièrement grâce aux immigrants écossais et irlandais.

Entre 1883 et 1918, en annexant les villes environnantes au riche héritage français, Montréal est devenue principalement francophone. Les crises de la conscription de 1917 (Première Guerre mondiale) et de 1944 (Deuxième Guerre mondiale) ont confronté Montréal (et une bonne partie de la province de Québec) au reste du pays : les francophones, sans attachement pour la GrandeBretagne ou la France, se sont opposés à la conscription. La ville a ensuite été transformée par des événements socio-politiques (la Révolution tranquille et la « trudeaumanie » dans les années 1960, et la crise d'octobre en 1970) et culturels (l'Expo 67, les Jeux olympiques d'été de 1976).

En 1980 et en 1995, le Parti Québécois a tenu deux référendums controversés sur l'indépendance du Québec, qui ont entraîné le départ de 300 000 anglophones de Montréal et l'arrivée des francophones des environs de la province. Le Québec est demeuré une province canadienne majoritairement francophone. Aujourd'hui, Montréal est la deuxième métropole canadienne en importance avec 3,8 millions d'habitants.

La démographie de la ville de Vancouver, sur la côte ouest, est également distincte : plus de 17 % des Vancouverois sont d'origine chinoise, une proportion supérieure aux 13 % d'anglophones que compte Montréal. Les immigrants chinois ont commencé à arriver en Colombie-Britannique en 1858 pour participer à la ruée vers l'or du canyon du Fraser, puis pour travailler sur le Chemin de fer Canadien Pacifique, achevé en 1885. La ville fut incorporée l'année suivante, et elle est rapidement passée de 5 000 à 100 000 habitants entre 1887 et 1900.

Troisième ville en importance au Canada, Vancouver est devenue une importante ville portuaire après l'ouverture du canal de Panama en 1914. Elle fut durement touchée par la Crise de 1929, mais s'est agrandie après la Deuxième Guerre mondiale grâce à la construction de ponts, à l'ouverture d'une deuxième université, à l'établissement d'institutions et à la création, en 1967, du Greater Vancouver Regional District. L'aérotrain est entré en service en 1985 dans le cadre d'une expansion des infrastructures en vue de l'Expo 86. Le Grand Vancouver, qui compte 2,4 millions de personnes, arrive au troisième rang des régions métropolitaines du Canada, et c'est la ville la plus densément peuplée du pays.

La montée de Toronto

Et que dire de Toronto, capitale de l'Ontario et plus grande ville du Canada? Elle comptait 12 000 résidents en 1837, pour passer à 56 000 en 1967, année de la Confédération canadienne. En 1904, le grand incendie de Toronto a détruit la majeure partie de son centre-ville, mais la ville s'est rapidement rétablie à mesure qu'arrivaient des immigrants européens. Union Station a ouvert ses portes en 1927, suivi par le Royal York Hotel en 1929. Toronto a dépassé le million d'habitants en 1951, puis a doublé sa population pour devenir, à la fin des années 1970, la plus grande ville canadienne. La région du Grand Toronto comptait 6,8 millions de personnes en 2016, et devrait atteindre 9,4 millions de résidents d'ici 2041. Toronto, une des villes les plus cosmopolites du monde, est un phare du pluralisme qui rayonne dans le monde entier.

— KEN MCGOOGAN

Montréal, la plus grande ville du Québec.

La garde du fort Henry montre ses talents au tambour.

▶ FORT HENRY

KINGSTON, ON
Désigné en 1923

Le fort Henry est situé sur une pointe qui s'avance dans le fleuve Saint-Laurent entre la baie Navy et la baie Deadman. L'imposant fort en pierre n'a jamais été le théâtre de combats dans les années 1800, mais son état impeccable s'explique plutôt par d'importantes rénovations.

Le fort Henry a été construit pendant la guerre de 1812. Son emplacement stratégique sur le Saint Laurent permettait aux Britanniques de contrôler le Haut Canada. Si les Américains avaient pris Kingston, les Britanniques auraient été entièrement coupés de leur source principale d'approvisionnement située en aval.

Un nouveau fort Henry a été construit de 1832 à 1837 pour protéger le chantier naval britannique, le dépôt militaire et le canal Rideau (voir p. 168-171) et relier Kingston et Ottawa, ce qui permettait d'éviter le Saint Laurent, trop vulnérable. Le fort Henry se situe à la confluence de trois cours d'eau importants — le canal Rideau, le fleuve Saint Laurent et le lac Ontario.

À la fin des années 1840, le fort Henry était le cœur d'un système de défense et de tours aménagé à Kingston. Les Britanniques ont investi dans sa construction un montant élevé (70 000 £) qu'ils ne pouvaient pas vraiment se permettre.

Malgré cet investissement, les Britanniques se sont retirés du fort en 1870 et l'ont cédé au Dominion du Canada. Le Canada s'est occupé de la gestion du fort, mais les forces britanniques ont continué de renforcer la milice canadienne, de former les officiers et d'occuper le poste d'officier général commandant. Le fort a été occupé jusqu'à ce qu'il soit abandonné en 1891.

Le gouvernement de l'Ontario a entrepris les discussions initiales sur la restauration du fort en 1935. L'architecte de Toronto William Somerville a dessiné les plans d'après les recherches effectuées par l'historien de Kingston Ronald Way. Les travaux, financés conjointement par le gouvernement de l'Ontario et le fédéral, se sont déroulés de 1936 à 1938. Bien que les travaux aient coûté plus de 800 000 $, le milieu local a appuyé le projet, notamment parce que de 100 à 200 manœuvres ont pu y travailler.

En un sens, le fort Henry témoigne non seulement de la vie militaire et de l'histoire du Canada, mais aussi de la préservation historique au Canada. La démarche de Way a plus tard inspiré beaucoup d'autres historiens. Membre actif de la Kingston Historical Society, il était très influent auprès des historiens et des conservateurs du pays. L'une de ses idées les plus célèbres est celle du « musée vivant », qui consiste à faire jouer par des interprètes costumés des scènes qui auraient été courantes quand le site était fonctionnel. Way a mis cette idée en pratique en invitant des étudiants bénévoles de l'Université Queen's à se déguiser en soldats pour jouer le rôle de la Garde.

En 1958, le fort a été cédé à la Commission des parcs du Saint-Laurent.

VISITER LE FORT

Les visiteurs peuvent en apprendre simplement en se promenant dans le Fort, qui compte un fort supérieur et un fort inférieur, et en discutant avec des interprètes costumés qui recréent la vie au fort vers 1867.

Le fort supérieur se compose de la batterie avancée, qui consiste en un groupe de canons disposés de

manière à prévenir une attaque lancée du lac Ontario. La batterie est située au point le plus élevé du fort et de Kingston. Les édifices qui flanquent la batterie ont servi de magasins de l'intendance dans les années 1840.

Dans le fort inférieur, la cave à vin est aussi populaire qu'elle l'était dans les années 1800. Cette pièce fraîche aux murs en pierre et au plafond cintré servait à l'entreposage de la bière. La consommation d'alcool était une importante source d'insubordination et de désertion. Les soldats coupables étaient confinés à l'une des quatre séries de cellules de la garnison, qu'il est aussi possible de visiter.

Les soldats qui souhaitaient se perfectionner pouvaient suivre des cours dans la salle de classe, qui servait au départ à l'enseignement donné aux enfants des soldats. Plus tard, elle a servi pour les soldats ayant besoin d'éducation pour gravir les échelons, ce qui pouvait leur permettre d'améliorer leur situation.

Bizarrement, l'une des anecdotes les plus intéressantes concernant les différentes salles du fort commence dans les toilettes. Ces toilettes rustiques étaient évacuées par un système rudimentaire qui recueillait l'eau des remparts et de la place d'armes et qui rejetait l'eau dans la

OTTAWA ET KINGSTON

Une vue aérienne révèle la position stratégique du fort.

LIEU HISTORIQUE NATIONAL DU FORT-HENRY
(Fort Henry National Historic Site)

INFORMATION ET ACTIVITÉS

ACCUEIL ET INFORMATION
1, promenade Fort Henry, Kingston (Ont.) K7K 5G8. Tél. : 613-542-7388. forthenry. com.

SAISONS ET ACCESSIBILITÉ
Le fort inférieur est ouvert du 16 mai au 6 septembre et est fermé le reste de l'année.

DROITS D'ENTRÉE
18 $/personne (fort inférieur). L'accès au fort supérieur est gratuit.

ANIMAUX DE COMPAGNIE
Les chiens d'assistance sont permis.

SERVICES ACCESSIBLES
Le Centre des découvertes et le fort principal est presque entièrement accessible en fauteuil roulant, à l'exception de quelques expositions. Les visites peuvent être adaptées.

ACTIVITÉS OFFERTES
Suivez une visite guidée de 50 minutes (comprise dans le prix d'entrée) ou visitez le fort vous-même. Faites un arrêt au Centre des découvertes pour en apprendre davantage. Informez-vous au sujet de la marche hantée et d'autres événements spéciaux.

TERRAINS DE CAMPING
Rideau Acres 1014, ch. Cunningham, Kingston (Ont.) K7L 4V3. 613-546-2711. rideauacres.com. 35 $-52 $.
Ivy Lea Campground 649, promenade des Mille-Îles, Lansdowne (Ont.) K0E 1L0. 800-437-2233. stlawrenceparks.com. 37 $-48 $.

HÔTELS, MOTELS ET AUBERGES
(Sauf indication contraire, les prix mentionnés sont pour une chambre en occupation double, en haute saison, en dollars canadiens.)
Green Acres Inn 2480 Princess St., Kingston, ON K7M 3G2480, rue Princess, Kingston (Ont.) K7M 3G4. 613-546-1796. greenacresinn.com. 32 chambres, 129 $-249 $.
Hotel Belvedere 141, rue King E, Kingston (Ont.) K7L 2Z9. 613-548-1565. hotel belvedere.com. 19 chambres, 129 $-199 $.
Residence Inn by Marriott Kingston Water's Edge 7, rue Earl, Kingston (Ont.) K7L 0A5. 613-544-4888. marriottresidenceinnkingston.com. 141 chambres, 200 $-230 $.

baie Navy. En 1943, 19 prisonniers de guerre allemands se sont échappés par les tunnels de drainage qui apportaient les eaux usées à la baie.

Pour explorer des aspects du fort en particulier, effectuez l'une des visites offertes aux heures tous les jours. N'oubliez pas de visiter le Centre des découvertes de Fort Henry. Ce centre de 900 mètres carrés (10 000 pieds carrés) présente des expositions interactives qui mettent en contexte et enrichissent la visite du fort.

ÉVÉNEMENTS SPÉCIAUX

En plus de ses programmes permanents, le fort Henry propose des expositions et des activités spéciales, par exemple le Défi boulet de canon annuel, une course à obstacles de 5 km dans les collines, les tranchées et les pièges à eau du fort, et Grape Escapes, dégustation des produits de près de 30 vignobles locaux. Les groupes de 2 à 18 personnes peuvent louer des casernes pour la nuit, ce qui comprend l'accès à une salle de toilettes ainsi qu'à la salle à manger du personnel, laquelle contient aussi une cuisine.

L'été, l'une des attractions les plus populaires du fort est la cérémonie du crépuscule. Chaque mercredi en juillet et en août, à 20 h, la Garde du Fort Henry présente une performance que Festivals & Events Ontario considère comme l'un des 100 événements à voir. Exécutée par l'une des meilleures équipes de marche militaire de précision au monde, il s'agit d'une interprétation de musique et de marches militaires des années 1860, comprenant également des tirs de canon.

Comment s'y rendre

Depuis Toronto, prenez l'autoroute 401E jusqu'à la sortie 623 pour Hwy. 15/Rte 15 vers Smiths Falls/Ottawa. Tournez à droite sur la Rte 15, à droite sur la Rte 2, puis à gauche sur la promenade Constantine/promenade Fort Henry. Gardez la droite pour demeurer sur la promenade Fort Henry.

Quand visiter

Le fort Henry est ouvert été, à l'exception de deux événements : le Fort de la peur et Fort Frost. Pendant une semaine à la fin d'octobre, le Fort se transforme en grande maison hantée. Au programme : scènes effrayantes avec décorations scéniques professionnelles, animation électronique, éclairages et plus encore. Depuis 2016, la Forteresse givrée propose des activités hivernales modernes et traditionnelles.

AUTRES LIEUX HISTORIQUES NATIONAUX

FORTIFICATIONS-DE-KINGSTON
KINGSTON (ONT.)

Le Lieu historique national des Fortifications-de-Kingston compte cinq structures différentes de la zone portuaire de Kingston : le fort Henry, le fort Frederick, la Tour Murney, la Tour Shoal et la Tour Martello Cathcart. Construites entre 1832 et 1848 pour servir de système de défense, les fortifications étaient situées à un endroit stratégique, à la rencontre du lac Ontario et du fleuve Saint-Laurent. Désigné LHN en 1989.

TOUR MURNEY
KINGSTON (ONT.)

Élément clé des fortifications de Kingston, la Tour Murney est également un excellent exemple de tour martello : un ouvrage militaire compact en pierres. Les murs épais en calcaire devaient résister au feu et aux explosions. La Tour Murney a été construite en 1846 et permettait de surveiller l'approche ouest de Kingston. La tour a été utilisée comme caserne dès sa construction, mais ce n'est qu'en 1862 qu'elle a été complètement armée. Désigné LHN en 1989. 18, rue King O. 613-544-9925.

Située dans le sud de l'Ontario, la Voie-Navigable-Trent-Severn, qui serpente sur 386 km, offre un grand nombre d'expériences récréatives aux visiteurs.

BAIE GEORGIENNE

La baie Georgienne est presque aussi vaste que le lac Ontario. Elle se compose du bras nord-est du lac Huron. Sa rive est se trouve dans le Bouclier canadien, et les formations rocheuses de granit gris et rose sont peu propices à l'agriculture. L'explorateur français Samuel de Champlain a commencé à cartographier la région en 1615, et en 1634, les Jésuites français y ont établi une mission. La baie constituait pour les Algonquins et les Hurons une importante route commerciale. Appelée la voie

navigable Trent-Severn (voir p. 202–
203), cette route a joué un rôle
important dans le commerce de la
fourrure et a plus tard intégré les
canaux qui permettaient des établissements permanents et la croissance de la principale industrie de
la région, celle du bois. Au début
du XXᵉ siècle, la déforestation avait
fait tomber l'industrie du bois. La
baie Georgienne fait partie d'une
réserve de biosphère de l'UNESCO
et est une destination de villégiature
prisée en été.

Le centre d'accueil de la maison commémorative Bethune, où est né le Dr Norman Bethune, un travailleur humanitaire.

▶ MAISON-COMMÉMORATIVE-BETHUNE

GRAVENHURST (ONT.)

Désigné en 1997

La magnifique maison commémorative Bethune, résidence centenaire vert mousse bâtie sur un terrain boisé, a une grande importance historique parce qu'il s'agit du lieu de naissance du Dr Norman Bethune (1890–1939). Bethune a été un ardent défenseur du système de soins de santé accessible actuellement en place au Canada.

Bien que Dr Bethune n'y ait vécu que jusqu'à l'âge de trois ans, la résidence est associée à sa mémoire en raison du rôle crucial qu'il a joué dans l'histoire de la médecine au Canada. À l'origine, la maison servait de presbytère pour la Knox Presbyterian Church. Dr Bethune y est né en 1890, alors que son père, Malcolm, était révérend à l'église de Gravenhurst.

NORMAN BETHUNE

Bethune a entrepris des études en médecine à l'Université de Toronto, qu'il a interrompues pour aller au Collège Frontière, où il a organisé des cours pour les travailleurs immigrants d'un chantier de bûcherons du Nord de l'Ontario. Dès la déclaration de la Première Guerre mondiale, il s'est enrôlé dans le corps médical de l'armée canadienne comme brancardier. Blessé à Ypres, en Belgique, Il est rentré au Canada et a terminé ses études en médecine en 1916. Il s'est alors enrôlé de nouveau, cette fois dans la Marine royale canadienne, en 1917, et est devenu en 1919 le premier médecin militaire en chef de la nouvelle Aviation canadienne

Dr Bethune a ensuite dirigé un

cabinet privé à Detroit, dans le Michigan, mais après avoir contracté la tuberculose alors qu'il avait 36 ans, il est revenu à Gravenhurst pour être traité au sanatorium Calydor, puis au sanatorium Trudeau de Saranac Lake, dans l'État de New York. Frustré par les règles imposées dans les centres de traitement, il a commencé à chercher lui-même des traitements et a demandé à recevoir le pneumothorax artificiel — une opération risquée qui consiste à insuffler de l'air dans les poumons. Moins d'un mois plus tard, Dr Bethune était rétabli et déterminé à se consacrer à la lutte contre la tuberculose.

Il a travaillé avec l'un des pionniers de la chirurgie thoracique au Canada à l'hôpital Royal Victoria de Montréal, puis a été nommé chef du département de chirurgie thoracique à l'hôpital du Sacré-Coeur de Cartierville. Dr Bethune écrivait alors pour des revues médicales sur des techniques chirurgicales et des avancées qu'il a souvent conçues lui-même.

Constatant les effets de la grande dépression sur les défavorisés de Montréal ayant du mal à obtenir des soins médicaux, Dr Bethune a commencé à penser que la médecine devait s'attaquer aux causes sociales de la maladie autant qu'à ses causes médicales. En 1935, il a mis sur pied une clinique gratuite pour les chômeurs montréalais. La même année, il est devenu membre du parti communiste et a fondé le Montreal Group for the Security of the People's Health dans le but d'unir les efforts de promotion des soins de santé publique.

En 1936, à l'éclatement de la guerre civile en Espagne, Dr Bethune s'est rendu en Espagne pour rejoindre d'autres Canadiens et offrir son aide. Il a alors mis sur pied le premier service mobile de transfusion sanguine de campagne au monde — ce service recueillait le sang des donneurs dans les villes pour le transporter là où il était le plus indispensable.

Après son passage en Espagne, Dr Bethune s'est rendu en Chine au début de 1938 pour être au premier rang de la deuxième guerre sino-japonaise (1937–1945). Pendant près de deux ans, il a aidé le personnel médical dans la région frontalière de Shanxi-Hebei. Lorsque Dr Bethune a constaté qu'il était l'un des rares médecins qualifiés, il a commencé à enseigner les principes de base et a par la suite, publié des manuels et des livrets pour former ses collègues; son but était de former des médecins en un an et des infirmières en six mois. Dr Bethune a même établi un centre médical entièrement fonctionnel qui a malheureusement été détruit peu après son ouverture. Loin de se décourager, il a conçu une unité médicale mobile qui pouvait être transportée par des mules.

Dr Bethune est décédé en Chine en 1939 d'un empoisonnement du sang contracté en traitant un soldat blessé.

MAISON ET TERRAINS

Au moment de sa construction en 1880, la maison appartenait à la Knox Presbyterian Church et servait de presbytère. Il s'agit d'un exemple typique de maison victorienne de la classe moyenne de Gravenhurst du XIXᵉ siècle, avec toit à deux versants en pente raide, cheminées en brique et parement à clin. En été, la véranda est entourée de jardinières, où l'on peut se bercer dans de confortables chaises en osier.

À l'époque, l'extérieur d'une maison était considéré comme un prolongement de son intérieur. Ces deux aspects de la maison étaient planifiés et conçus pour s'harmoniser. Le terrain a été préservé et entretenu pour reproduire fidèlement l'esthétique paysagère victorienne des années 1890.

La maison demeure étroitement associée au Dr Bethune et de petits détails lui rendent hommage. Par exemple, les sanguinaires et les pulmonaires qui ont été plantées dans les jardins aménagés sur le devant et les côtés de la maison symbolisent le travail du Dr Bethune.

Les visiteurs peuvent visiter eux mêmes la maison datant des années 1890, mais des visites guidées et privées sont aussi offertes régulièrement pendant la haute saison.

La visite guidée détaillée de deux heures commence par un thé chinois de bienvenue. Les visiteurs peuvent admirer des expositions et des artefacts qui illustrent les histoires racontées par les interprètes.

M. Bethune a vécu dans cette maison jusqu'à l'âge de trois ans.

Le centre d'accueil permet de retracer la vie de Norman Bethune.

Pendant la visite privée, les visiteurs sont invités à regarder des images du XIXe siècle en trois dimensions dans un stéréoscope et à jouer de l'orgue victorien à soufflerie manuelle dans le salon.

L'imposante bibliothèque de la maison contient la plupart des ouvrages qui ont été publiés au sujet du Dr Bethune. Bon nombre sont disponibles en anglais et en chinois. La collection contient également des entrevues menées avec des membres de la famille, des amis et des collègues du Dr Bethune; chaque entrevue a été menée précisément pour Parcs Canada.

Un centre d'accueil explique le lieu et permet aux visiteurs de manipuler des objets historiques. L'un des objets les plus intéressants est l'une des plus petites transcriptions au monde de l'essai d'À la mémoire de Norman Bethune, un essai de Mao Zedong sur les derniers mois du docteur en Chine. Dans les années 1960, ce texte était une lecture obligatoire dans les écoles élémentaires du pays. Les visiteurs peuvent également visionner une vidéo biographique sur le Dr Bethune en anglais, en français et en mandarin.

CADEAUX DE LA CHINE

La maison commémorative Bethune est remplie d'artefacts familiaux et de meubles qui datent de l'époque où le docteur vivait à la maison, ainsi que des acquisitions plus récentes.

En raison du travail acharné qu'il a accompli en Chine pendant la deuxième guerre sino-japonaise, le Dr Bethune est encore vénéré en Chine. Des sculptures du Dr Bethune se trouvent un peu partout au pays.

Quelques fois par année, des

LIEU HISTORIQUE NATIONAL DE LA MAISON-COMMÉMORATIVE-BETHUNE

(Bethune Memorial House)

INFORMATION ET ACTIVITÉS

ACCUEIL ET INFORMATION
297, rue John Nord, Gravenhurst (Ont.) P1P 1G4. Tél. : 705-687-4261. parcscanada. gc.ca/bethune.

SAISONS ET ACCESSIBILITÉ
Ouvert en juin du mercredi au dimanche; tous les jours de juillet à la mi-octobre; et du mercredi au dimanche de la mi-octobre au 31 octobre. Le reste de l'année, le lieu est ouvert sur rendez-vous seulement.

DROITS D'ENTRÉES
3,90 $/adulte; 9,80 $/famille ou groupe.

ANIMAUX DE COMPAGNIE
Les chiens d'assistance sont permis.

SERVICES ACCESSIBLES
Le centre d'accueil et ses toilettes ainsi que le rez-de-chaussée de la maison sont entièrement accessibles en fauteuil roulant. Le deuxième étage de la maison n'est pas accessible en fauteuil roulant.

ACTIVITÉS OFFERTES
Visitez la maison vous-même ou suivez une visite guidée de deux heures. Promenez-vous sur le terrain. Admirez les expositions et les artefacts dans le centre d'accueil.

TERRAINS DE CAMPING
Camp Hillbilly 1633, rte 11S, Kilworthy, Muskoka (Ont.) P0E 1G0. 705-689-2366. hillbilly.on.ca. 40 $-55 $.
Gravenhurst KOA 11083, ch. Reay E, Gravenhurst (Ont.) P1P 1R3. 705-687-2333. koa.com/campgrounds/gravenhurst. Les tarifs varient.

HÔTELS, MOTELS ET AUBERGES
(Sauf indication contraire, les prix mentionnés sont pour une chambre en occupation double, en haute saison, en dollars canadiens.)
Oakwood Motel 1060 ch. Muskoka S, Gravenhurst (Ont.) P1P 1K6. 705-687-4224. oakwoodmotel.com, 10 chambres, 70 $-120 $.
Residence Inn Gravenhurst Muskoka Wharf 285 ch. Steamship Bay, Gravenhurst (Ont.) P1P 1Z9. 705-687-6600. marriott.com. 106 chambres, 290 $-600 $.
Taboo Muskoka Resort 1209, ch. Muskoka Beach, Gravenhurst (Ont.) P1P 1R1. 800-461-0236. taboomuskoka.com. 59 chambres, 122 $-285 $

BAIE GEORGIENNE

délégations et des représentants du gouvernement chinois se rendent à la maison commémorative Bethune. Ils apportent des dons pour exprimer la reconnaissance de la Chine envers le Dr Bethune. La collection de cadeaux déposés à la maison date de 40 ans et se compose de plaques commémoratives, de sculptures de bronze, d'œuvres d'art, et de livres.

Comment s'y rendre

Depuis Toronto, prenez l'autoroute 400 vers le nord jusqu'à Barrie. Prenez la voie de gauche ou la voie centrale pour prendre la route 11. Quittez l'autoroute 11 à Gravenhurst et suivez les panneaux qui indiquent le lieu historique de la Maison-Commémorative-Bethune sur Muskoka Road sur 1,3 km. Tournez à gauche sur la rue Brown, puis encore à gauche sur la rue John Nord et continuez jusqu'au centre d'accueil.

Quand visiter

Le printemps et l'été, les jardins luxuriants débordent des couleurs de leurs feuillus et de leurs fleurs. L'automne, le feuillage des arbres enveloppe Gravenhurst et offre un spectacle grandiose; pour éviter les foules, nous conseillons d'effectuer la visite en semaine ou au début de la saison. L'entrée est gratuite le jour de la fête du Canada.

L'Écluse-Ascenseur-de-Kirkfield, l'une des deux écluses de ce type érigées sur la voie navigable Trent-Severn.

▶ VOIE-NAVIGABLE-TRENT-SEVERN

BOBCAYGEON (ONT.)

Désigné en 1929

La voie navigable Trent-Severn s'étend sur 386 km dans la région de villégiature du Sud de l'Ontario. La voie navigable, reliant les lacs Ontario et Huron, se compose de lacs, de rivières et de canaux aménagés entre Trenton, dans la baie de Quinte, à l'est, et Port Severn, dans la baie Georgienne, à l'ouest.

Les peuples autochtones du Canada utilisent le bassin versant des rivières Trent et Severn depuis au moins 9000 ans avant J.-C., comme le montrent des pétroglyphes et des tertres funéraires situés le long de la voie. Au XVIIe siècle, la voie navigable était une importante route pour le commerce de la fourrure, mais l'industrie du bois au XIXe siècle a favorisé le commerce puis le transport des gens et des marchandises.

La première petite écluse en bois a été construite à Bobcaygeon en 1833. D'autres écluses s'y sont ajoutées. Sa première vocation était industrielle, mais la voie navigable sert aussi à la navigation de plaisance; dès le milieu des années 1800, des bateaux à vapeur transportaient des touristes vers les Kawarthas. L'écluse hydraulique ascenseur de Peterborough (voir p. 203), construite en 1904, est la plus connue.

Attractions et activités

De juillet à octobre, le Musée canadien du canot de Peterborough offre des excursions de 90 min du canal dans un canot voyageur, dirigées par des interprètes expérimentés. L'écluse de Peterborough est également le lieu de l'un des nombreux jardins communautaires. L'expérience de camping oTENTik (à mi chemin entre le chalet et la tente) est offerte à l'écluse 24, près de Lakefield, sur la rivière Otonabee.

Comment s'y rendre

Pour se rendre au centre d'accueil de l'écluse ascenseur de Peterborough à partir de Toronto, prendre l'autoroute 401E, puis l'autoroute 115N. Prendre la sortie de la promenade Ashburnham. Tourner à gauche sur la promenade Neal, à gauche sur la promenade Ashburnham, puis à gauche sur la rue Hunter Est.

Quand visiter

Les écluses sont ouvertes chaque jour du 20 mai au 10 oct. Les heures sont réduites du 20 mai au 26 juin, du lundi au jeudi, et du 6 sept. au 10 oct., du lundi au vendredi.

INFORMATION

ACCUEIL ET INFORMATION
Centre d'accueil de l'écluse ascenseur de Peterborough, 353, rue Hunter E, Peterborough, ON K9H 7B5. 705-750-4900. parcsc.gc.ca/trent.

DROITS D'ENTRÉE
Les plaisanciers doivent acheter un permis.

SERVICES ACCESSIBLES
Limités.

HÔTELS, MOTELS, AUBERGES
Comfort Inn Trenton, 68 Monogram Pl., Trenton (Ont.) K8V 6S3. 613-965-6660. ramada.com. 74 chambres, 130 $-150 $.

AUTRES LIEUX HISTORIQUES NATIONAUX

ÉCLUSE-ASCENSEUR-DE-PETER-BOROUGH
PETERBOROUGH (ONT.)

Achevé de construire en 1904 et capable de soulever des embarcations de près de 20 m, l'impressionnant ascenseur de Peterborough est encore aujourd'hui l'écluse hydraulique la plus haute au monde et l'une des deux seules écluses de ce genre en Amérique du Nord. L'écluse fonctionne selon le principe d'une balance constituée de deux sas et qui soulève ou abaisse les embarcations circulant dans la voie navigable. Désigné LHN en 1979. 220, rue Hunter E. 705-750-4953.

BARRAGES-DE-PÊCHE-MNJIKANING
RAMARA (ONT.)

Les pieux de bois qui ont été découverts dans le détroit d'Atherley, datant de plus de 5 000 ans, sont parmi les plus anciennes traces des techniques de pêche utilisées au Canada. Ici, les Autochtones guidaient le poisson vers les pieux et capturaient ou harponnaient le poisson. Les barrages étaient encore utilisés par les Hurons-Wendats vers 1650. Aujourd'hui, les Chippewas de Rama s'occupent de préserver ces barrages. Désigné LHN en 1982.

BAIE GEORGIENNE

Le soleil se couche sur le fort George, une garnison établie par les Britanniques en 1796.

TORONTO ET NIAGARA

La ville dynamique et moderne de Toronto est la capitale de l'Ontario et la ville le plus peuplée du Canada. Trois cents ans avant l'arrivée des commerçants de fourrures français au milieu du XVIIIe siècle, les Iroquois avaient établi des villages fortifiés dans la région. Les Britanniques ont conquis la région en 1759 et ont fondé Toronto — nommée York à l'origine — qui servait de garnison, protégeant ainsi la frontière avec les États-Unis. Malgré sa croissance lente, la ville avait plusieurs atouts, notamment un port et un accès aux

terres intérieures. En 1834, la ville a
été rebaptisée Toronto, qui vient d'un
mot mohawk qui signifie « là où des
arbres se dressent dans l'eau ».

De l'autre côté du lac Ontario, sur
la rive ouest de la rivière Niagara se
trouve la petite ville de Niagara-on-
the-Lake. Peuplée par des réfugiés
loyalistes pendant les décennies qui
ont suivi la Révolution américaine et
brièvement occupée par les forces
américaines en 1813, la ville est le lieu
du fort George, construit par les Britanniques (voir p. 206–209) et a été
une importante « gare » du
chemin de fer clandestin.

Le fort George a servi de quartier général à la division centrale de l'Armée britannique dans le Haut-Canada.

▶ FORT-GEORGE NIAGARA-ON-THE-LAKE (ONT.)

Désigné en 1921

Le fort George est situé sur les berges de la rivière Niagara, directement face au fort Niagara de Youngstown, dans l'État de New York. Le fort a été établi en 1796 par les Britanniques, qui l'ont perdu pendant la guerre de 1812. Par la suite ils l'ont repris, puis l'ont abandonné pour s'établir à fort Mississauga, situé à un endroit plus stratégique.

Tous les bâtiments du fort ont été reconstruits au XXᵉ siècle, à l'exception de la poudrière — il s'agit d'un superbe exemple de construction des années 1700 et de l'un des plus anciens édifices du Sud de l'Ontario.

Le Traité de Paris de 1783 cédait le fort Niagara aux Américains, mais il est demeuré sous contrôle britannique jusqu'en 1796, lorsque les Britanniques ont rendu le fort Niagara et ont commencé à construire le fort George du côté canadien de la rivière. Étant donné que la rivière Niagara était une route d'approvisionnement essentielle, les Britanniques jugeaient nécessaire de construire un nouveau poste pour protéger Newark

(rebaptisée Niagara-on-the-Lake) contre une possible attaque américaine

De nombreuses casernes, cuisines et la poudrière ont été construites, ainsi qu'une chambre du conseil, des résidences et un entrepôt. Des bastions en remblai et une palissade en bois entouraient tout le poste. Lorsque le fort a été achevé en 1802, il a été immédiatement fait quartier général de la Division du Centre de l'Armée britannique dans le Haut-Canada.

Pendant la guerre de 1812, le fort est devenu la base du Mgén Sir Isaac Brock, commandant militaire du Haut-Canada, qui a perdu la vie tout près pendant la Bataille de

Queenston Heights à l'automne de 1812. En mai 1813, le fort a été détruit par le tir d'un canon de fort Niagara et a été pris pendant une attaque américaine.

De mai à décembre, l'armée américaine a utilisé le fort George pour planifier l'invasion du Haut-Canada. Elle a été repoussée deux fois, à la bataille de Stoney Creek (le 6 juin) à Hamilton, et à la bataille de Beaver-Dams (le 24 juin) à Thorold. En décembre, les Britanniques ont repris le fort et l'ont conservé. Ils ont partiellement reconstruit le fort George après la guerre, mais ont situé les casernes et les autres installations à l'autre extrémité des terres militaires. Le fort était de nouveau en ruines dans les années 1820.

Les forces britanniques ont finalement abandonné le fort George pour s'installer au fort Mississauga (voir p. 213), près de 2 km en aval.

Au cours des années qui ont suivi, les terres militaires ont eu différentes vocations : agriculture, terrain de golf et terrain d'hôpital. Bien sûr, elles ont conservé aussi une vocation militaire et ont servi aux entraînements d'été de la milice canadienne des années 1870 aux années 1960. Pendant la Première Guerre mondiale, 14 000 soldats y ont été entraînés et ont plus tard combattu à la crête de Vimy et à Passchendaele. Des soldats entraînés ici ont également combattu dans la guerre d'Afrique du Sud (1899–1902), la Deuxième Guerre mondiale et la guerre de Corée et ont servi de Casques bleus. C'est en raison de cette riche histoire que le fort George a été déclaré lieu historique national.

EXPLORER LE FORT

Le meilleur moyen de découvrir le fort George est de s'y promener librement. Des interprètes qui portent des vêtements d'époque guident les visiteurs dans le site et leur donnent de l'information sur le quotidien des soldats qui vivaient au fort et de leurs familles. Le seul bâtiment d'origine du fort George est la poudrière, construite en 1796. Toutes les autres structures ont été reconstruites, mais ces bâtiments servent d'outils d'interprétation et illustrent fidèlement la vie du début du XIXe siècle. Les visiteurs y trouvent des artefacts comme des fusils, des pistolets et des carabines et un canon de quatre livres d'origine, ainsi qu'un uniforme d'officier d'un régiment de mercenaires suisses qui ont combattu pour les Britanniques pendant la guerre de 1812. On y trouve également un uniforme provenant de l'ancien régiment du général Brock et le manteau d'un officier de la milice de l'État de New York.

Visitez les casernes des soldats, la salle des officiers et la prison du fort, puis assistez à une démonstration de tir au fusil.

L'Agora est un ajout récent de Parcs Canada. Les visiteurs peuvent pique-niquer dans ce bâtiment rond et moderne de béton, de verre et de cèdre. Des foyers intérieurs réchauffent l'endroit en automne, et de grandes portes peuvent être ouvertes l'été pour laisser entrer l'air.

L'Agora présente également des

Les familles des soldats vivaient également au fort.

expositions sur le fort George, mais aussi sur les autres lieux historiques nationaux des environs comme le fort Mississauga, les casernes de Butler (voir p. 213), le Champ de bataille du fort George et les hauteurs de Queenston (voir p. 215), où se trouve le célèbre Monument de Brock.

Entouré par le terrain du club de golf de Niagara-on-the-Lake Golf Club, le fort Mississauga, est accessible par un sentier pédestre qui commence à l'intersection des rues Simcoe et Front.

Les casernes de Butler se trouvent à 1,6 km de route du fort George. Les visiteurs peuvent aussi s'y rendre à pied en empruntant le sentier Otter, ainsi nommé en souvenir de sir William Otter, qui a commandé les troupes canadiennes pendant la rébellion du Nord-Ouest de 1885. Le sentier suit l'un des chemins de l'ancienne réserve militaire et relie le fort George et les casernes de Butler. Il se rattache également au sentier récréatif de la rivière Niagara et au sentier Waterfront, qui permettent de plus longues randonnées.

CORPS DE FIFRES ET TAMBOURS

Les tambours servaient à régler marches, et la musique servait à souligner des événements. Les trompettes et les cornemuses servaient même de moyen de communication et annonçaient les routines et les événements.

Les tambours avaient de nombreuses tâches au fort. Ils appelaient les soldats à des événements comme la parade du matin, l'inspection et le souper. Ils annonçaient chaque soir la fermeture des barrières, l'extinction des feux et la fermeture des casernes. Ils rythmaient les marches et accompagnaient les détachements de recrutement dans les tavernes et les rues de la ville. La tâche qui déplaisait le plus au tambour était le compte des coups de fouet donnés aux soldats qui enfreignaient les règles. Cette punition était souvent infligée dans un lieu public, et un tambour-major comptait chaque coup de fouet en présence des autres soldats et des membres de leur famille. Enfin, sur le champ de bataille, les tambours battaient les appels et transportaient les blessés.

Au fort George, cette tradition a été ramenée par le Corps de fifres et tambours du 41e régiment. En raison de son calibre, le Corps est une troupe reconnue non seulement au fort George, mais aussi à l'étranger. Le Corps se déplace régulièrement au Canada et aux États-Unis pour se produire dans d'autres lieux historiques. Le Corps est aussi souvent invité à prendre part à des parades et à des festivals.

Depuis les années 1980, une autre musique, composée d'étudiants

Des interprètes en costume d'époque font une démonstration de mousquet.

LIEU HISTORIQUE NATIONAL DU FORT-GEORGE
(Fort George National Historic Site)

INFORMATION ET ACTIVITÉS

ACCUEIL ET INFORMATION
51, Queens Parade, Niagara-on-the-Lake (Ont.) L0S 1J0. Tél. : 905-468-6614. parcscanada.gc.ca/fortgeorge.

SAISONS ET ACCESSIBILITÉ
Le lieu est ouvert chaque jour du 1er mai au 31 octobre; du 1er novembre au 30 avril, le lieu est ouvert seulement le week-end en après-midi.

LES AMIS DU FORT-GEORGE
P.O. Box 1283, Niagara-on-the-Lake (Ont.) L0S 1J0. 905-468-6621. friendsoffortgeorge.ca.

DROITS D'ENTRÉE
11,70 $/adulte; 29,40 $/famille ou groupe.

ANIMAUX DE COMPAGNIE
Les animaux doivent être en laisse. Seuls les chiens d'assistance sont permis à l'intérieur.

ACCESSIBLE SERVICES
Tous accessibles, à l'exception du Blockhaus octogonal, accessible par un escalier.

ACTIVITÉS OFFERTES
Visitez le fort et interagissez avec des interprètes costumés. L'activité L'histoire au bout des doigts permet d'enfiler un manteau rouge et de décharger une réplique de mousquet, comme il y a 200 ans. Reposez-vous en faisant un pique-nique dans la nouvelle Agora.

Consultez le site Web ou téléphonez pour vous informer des événements spéciaux. Parmi les événements annuels, mentionnons la fête du Canada (1er juillet) et le rassemblement de fifres et tambours. À l'occasion, petits concerts et événements commémoratifs.

RENSEIGNEMENTS IMPORTANTS
Laissez les golfeurs jouer avant de traverser le vert. Les bicyclettes, scooters, patins à roues alignées, planches à roulettes et autres véhicules sont interdits.

HÔTELS, MOTELS ET AUBERGES
(Sauf indication contraire, les prix mentionnés sont pour une chambre en occupation double, en haute saison, en dollars canadiens.)
Harbour House Hotel 85, rue Melville, Niagara-on-the-Lake (Ont.) L0S 1J0. 905-468-4683. niagarasfinest.com/properties/harbourhouse. 31 chambres, 325 $-550 $.
Prince of Wales 6, rue Picton, Niagara-on-the-Lake (Ont.) L0S 1J0. 905-468-3246. vintage-hotels.com/princeofwales. 110 chambres, 350 $-500 $.
Riverbend Inn and Vineyard, 16104, Niagara Pkwy, Niagara-on-the-Lake (Ont.) L0S 1J0. 905-468-8866. riverbendinn.ca. 21 chambres, 364 $-424 $.

bénévoles locaux et de nombreux membres du Corps de fifres et tambours, joue des instruments d'époque (flûtes, clarinettes, bassons, violons, cors français et serpent [instrument à vent]) et effectue des exercices de marche identiques aux exercices qui auraient été utilisés pendant la guerre de 1812.

Comment s'y rendre
De l'autoroute Queen Elizabeth Way, prenez l'avenue Glendale/RR-89 (sortie 38) pour Niagara-on-the-Lake. Tournez à gauche sur le chemin York, à droite sur le chemin Airport, puis de nouveau à droite sur le chemin Niagara Stone. Ensuite, tournez à droite sur East and West Line, puis à gauche sur Niagara Parkway, qui devient Queens Parade.

Quand visiter
Le fort est ouvert chaque jour de mai à octobre. De novembre à avril, le fort est ouvert seulement le week-end. Pour voir le Corps de fifres et tambours à l'œuvre, rendez-vous au fort du mercredi au dimanche en juillet et en août.

Le Navire canadien de NCSM *Haida* a été reconnu pour son caratère belliqueux durant la Deuxième Guerre mondiale.

▶ NCSM *HAIDA*

HAMILTON (ONT.)
Désigné en 1984

Dans un coin tranquille du port de Hamilton se trouve le NCSM *Haida*, dernier destroyer de classe Tribal, considéré comme le « navire le plus belliqueux du Canada ». Le navire est maintenant ancré dans le Bayfront Park en bordure du lac Ontario.

Au loin, les visiteurs peuvent apercevoir les rives boisées de Burlington. Il s'agit de l'emplacement actuel du navire, mais pendant qu'il était actif, le NCSM *Haida* a servi pendant la Deuxième Guerre mondiale, la guerre de Corée et la guerre froide.

Au cours des années 1930, devant l'imminence de la guerre, les Britanniques ont conçu le nouveau destroyer de classe Tribal, de 114 m. Vingt-sept navires ont été construits pour la Grande-Bretagne, le Canada et l'Australie. Le *Haida* est le seul qui subsiste.

Le *Haida* a été mis en service dans la Marine royale du Canada en 1943 et escortait des convois d'approvisionnement en Russie. L'année suivante, le navire a été déplacé dans la Manche en vue du jour J et a vaincu de nombreux navires allemands. Le navire a ensuite servi dans la guerre de Corée, où il a été appelé à bloquer les lignes d'approvisionnement, à protéger les porte-avions et à détruire les trains d'approvisionnement ennemis. Au cours des années 1950, le navire a participé à l'entraînement et à des missions de bonne volonté avant d'être retiré du service en 1963.

Au cours de ses 20 années de service, le *Haida* a parcouru 688 534,25 milles nautiques, soit l'équivalent de 27 fois le tour du monde.

Attractions et activités

Explorez le navire, visitez les quartiers, le mess, le centre du commandement et voyez les canons de près. Revivez les balbutiements de l'informatique dans la salle des radios, où une horloge de tir servait à mettre à feu les principaux canons et à surveiller la vitesse du navire, les vents et les vagues. Voyez les gigantesques hélices qui se trouvent maintenant sur le quai. Les membres du personnel peuvent vous renseigner sur le navire. De nombreux bénévoles sont des vétérans de la Marine royale canadienne. Assistez à la cérémonie quotidienne de levée des couleurs.

Comment s'y rendre

Depuis Toronto, prenez Queen Elizabeth Way et sortez à la rue Burlington à Hamilton. Passez la rue Wellington et tournez à droite sur la rue John. Continuez jusqu'à la hauteur de la rue Guise. Tournez à droite puis tournez à gauche sur la rue Catharine et à droite à l'entrée de la jetée 9.

Une des quatre salles des radios du *Haida*.

INFORMATION

ACCUEIL ET INFORMATION

Jetée 9, 658, rue Catharine N, Hamilton (Ont.) L8L 8K4. Tél. : 905-526-6742. parcscanada.gc.ca/haida.

DROITS D'ENTRÉE

3,90 $/adulte; 9,80 $/famille ou groupe.

SERVICES ACCESSIBLES

Site inaccessible en fauteuil roulant.

HÔTELS, MOTELS ET AUBERGES

Staybridge Suites Hamilton 20, rue Caroline S, Hamilton (Ont.) L8P 1C9. 905-527-1001. staybridge.com. 129 chambres, 139 $-379 $. **Sheraton Hamilton Hotel** 116, rue King O, Hamilton (Ont.) L8P 4V3. 905-529-5515. sheratonhamilton.com. 300 chambres, 129 $-299 $.

Quand visiter

Le navire est ouvert chaque jour du 1er juillet au 31 août. Du jeudi qui précède la fête de Victoria au 30 juin et du 1er sept. au dimanche de l'Action de grâces, le navire est ouvert du jeudi au dimanche. Le navire est fermé le reste de l'année.

TORONTO ET NIAGARA

AUTRES LIEUX HISTORIQUES NATIONAUX

CHÂTEAU-DUNDURN
HAMILTON (ONT.)

Construit en 1835 pour sir Alan Napier MacNab, le château Dundurn se situe à Burlington Heights, entre le port de Hamilton et le quartier de Cootes Paradise. Le domaine de 13 hectares compte une résidence principale d'inspiration italienne et des bâtiments secondaires (la maison du jardinier, une écurie, un ancien colombier, un pavillon de combats de coqs, et d'autres bâtiments) de styles gothique, classique et Regency. Désigné LHN en 1984. 610, rue York. 905-546-2872.

AUTRES LIEUX HISTORIQUES NATIONAUX

MAISON-MUSÉE-ERLAND-LEE
HAMILTON (ONT.)

Lieu de naissance d'un mouvement qui allait se répandre à l'échelle mondiale, la maison-musée-Erland-Lee est un symbole de l'Institut féminin au Canada, qui défendait les intérêts des femmes en milieu agricole et rural. La constitution de l'organisation a été rédigée ici en 1897, chez Janet et Erland Lee, deux cofondateurs de l'Institut féminin, qui poursuit sa mission de promotion des intérêts des femmes, des familles et des collectivités. Désigné LHN en 2002. 552, chemin Ridge. 905-662-2691.

MANÈGE-MILITAIRE-DE-JOHN WEIR FOOTE
HAMILTON (ONT.)

Situé au cœur du quartier des arts du centre-ville de Hamilton, le manège se compose de la salle d'exercices nord, construite en 1887 et en 1888, et de la salle d'exercices sud, achevée en 1908. L'imposante salle nord rappelle l'importance des unités de milice de la ville en tant que première ligne de défense du pays; la salle sud, plus moderne, témoigne d'une phase subséquente de la construction des manèges et de la réforme des milices. Désigné LHN en 1989. 200, rue James N. 905-528-2945.

HAMILTON ET *SCOURGE*
LAKE ONTARIO (ONT.)

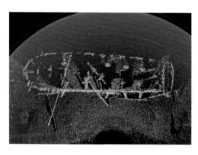

Ce lieu historique national se trouve en fait au fond du lac Ontario : le *Hamilton* et le *Scourge* (tous les deux bien préservés) ont coulé à 11 km au nord de Port Dalhousie. Ces goélettes marchandes américaines ont été modifiées à des fins militaires au début de la guerre de 1812 et ont chaviré et sombré pendant une tempête en août 1813; moins du quart des plus de 70 membres d'équipage à bord ont survécu. Une plaque commémorative se trouve au parc de la Confédération de Hamilton. Désigné LHN en 1976.

JARDINS-BOTANIQUES-ROYAUX
BURLINGTON (ONT.)

Ces jardins ont été aménagés dans les années 1920 dans le but d'embellir la route menant à Hamilton. Ce plan était radical à l'époque et marquait un changement puisqu'il consistait en une série de jardins et d'aires de conservation situés le long d'une route. Les jardins comprennent un jardin de rocailles aménagé dans une gravière abandonnée. Les jardins occupent 162 hectares de jardins d'ornement et plus de 930 hectares d'écosystèmes délicats et divers. Désigné LHN en 1993. 680, ch. Plains O. 905-527-1158.

CASERNES-DE-BUTLER
NIAGARA-ON-THE-LAKE (ONT.)

Les casernes de Butler, construites par les Britanniques près du fort George (voir p. 204–207) ont été détruites pendant la guerre de 1812. Les casernes ont été nommées ainsi en l'honneur de John Butler et de ses soldats loyalistes, qui ont fondé Niagara à la fin de la Révolution américaine. Subsistent 5 des 20 bâtiments d'origine. La caserne de 2 étages a déjà pu accueillir 100 soldats. Aujourd'hui, les casernes abritent les expositions du Musée du Lincoln and Welland Regiment. Désigné LHN en 1962. 51, Queens Parade. 905-468-6614.

FORT-MISSISSAUGA
NIAGARA-ON-THE-LAKE (ONT.)

Le fort Mississauga, construit de 1814 à 1816 et reconstruit de 1838 à 1840, est le seul exemple de son genre qui subsiste au Canada : une tour centrale en brique entourée par des ouvrages en terre (remparts et tranchées) en forme d'étoile. Situé à l'embouchure de la rivière Niagara, le fort faisait face au fort Niagara érigé par les Américains de l'autre côté de la rivière. Le fort est maintenant entouré par les verts d'un club de golf. Désigné LHN en 1960. 223, rue Queen.

TORONTO ET NIAGARA

AUTRES LIEUX HISTORIQUES NATIONAUX

PHARE-DE-LA-POINTE-MISSISSAUGA
NIAGARA-ON-THE-LAKE (ONT.)

Le phare de la Pointe Mississauga a été le premier phare des Grands Lacs. La tour en pierre et le bâtiment adjacent qui était la résidence du gardien ont été construits en 1804 et démolis pour construire le fort Mississauga (voir p. 213) à cet emplacement en 1814, en utilisant les vestiges du phare pour construire la tour. Il ne reste aucune trace physique du phare, mais une plaque explique l'importance de ce lieu. Désigné LHN en 1937.

PHARMACIE-DE-NIAGARA
NIAGARA-ON-THE-LAKE (ONT.)

Ce petit bâtiment au centre-ville de Niagara-on-the-Lake, est un magnifique exemple de pharmacie de l'époque de la Confédération. La pharmacie, qui a été fonctionnelle de 1866 à 1964, est aussi l'une des plus anciennes pharmacies du Canada à avoir été exploitée sans interruption. L'intérieur a été restauré et sert de musée. Les magnifiques armoires sculptées, les meubles en noyer noir et les moulures en plâtre donnent un aperçu du passé commercial du Canada. Désigné LHN en 1968. 5, rue Queen. 905-468-3845.

NIAGARA-ON-THE-LAKE
NIAGARA-ON-THE-LAKE (ONT.)

L'arrondissement historique de Niagara-on-the-Lake permet un véritable retour au XIXe siècle. Cet arrondissement comprend 25 pâtés de maisons situés le long du lac Ontario. Ici, plus de 90 bâtiments — y compris le Palais de justice du district, qui est aussi un lieu historique national — ont été construits entre 1815 et 1859, pour la plupart dans la tradition classique britannique. Ce style donne une charmante cohésion aux larges rues bordées d'arbres, aux parcs et aux aménagements paysagers. Désigné LHN en 2004.

HAUTEURS-DE-QUEENSTON
NIAGARA-ON-THE-LAKE (ONT.)

La bataille des hauteurs de Queenston a été une importante bataille de la guerre de 1812 pendant laquelle des forces britanniques, canadiennes et autochtones ont réussi à repousser une invasion américaine. On y voit l'emplacement des batteries britanniques, des ouvrages de défense militaire et le lieu où le Major-général Isaac Brock, héros de guerre, est décédé. Brock est inhumé au Monument de Brock, une colonne commémorative qui domine le champ de bataille. Désigné LHN en 1968. 14184, Niagara Pkwy. 905-262-4759.

WILLOWBANK
NIAGARA-ON-THE-LAKE (ONT.)

Willowbank surplombe la rivière Niagara et la frontière entre le Canada et les États-Unis. Le manoir de trois étages et demi a été construit au début du XIXe siècle, lorsque les membres de l'élite du Haut-Canada construisaient de grands domaines ruraux dans des endroits qui étaient alors considérés comme reculés. La résidence abrite actuellement la Willowbank School of Restoration Arts, qui offre un diplôme en conservation du patrimoine. Désigné LHN en 2004. 14487, Niagara Pkwy. 905-262-1239.

ÎLE-NAVY
NIAGARA FALLS (ONT.)

Pendant les années 1760, l'île Navy abritait le chantier naval où ont été construits les premiers navires pontés britanniques à naviguer sur les Grands Lacs. L'île a également joué un rôle important dans les Rébellions de 1837–1838. Après l'échec de sa prise de contrôle du gouvernement en 1837, le journaliste et réformiste radical William Lyon Mackenzie a établi un « gouvernement en exil » sur l'île Navy. Désigné LHN en 1921. Niagara Pkwy.

TORONTO ET NIAGARA

AUTRES LIEUX HISTORIQUES NATIONAUX

FORT-YORK
TORONTO (ONT.)

Fort York se trouve au cœur des gratte-ciels du centre-ville de Toronto. Le fort, établi au début du XIXe siècle, comprenait une garnison qui devait inciter les colons à s'établir dans cet endroit sûr qui allait devenir Toronto. Les envahisseurs américains ont incendié le fort York pendant la guerre de 1812, mais les Britanniques l'ont reconstruit. Le fort renferme le plus grand groupement de bâtiments datant de la guerre de 1812 au Canada : on y trouve sept bâtiments, un terrassement fortifié renforcé de pierres et un cimetière militaire sur l'avenue Strachan. Désigné LHN en 1923. 100, ch. Garrison. 416-392-6907.

MAISON GEORGE-BROWN
TORONTO (ONT.)

Ce manoir en brique rouge de la rue Beverly a été construit pour George Brown en 1875-1876. Brown, l'un des Pères de la Confédération, a fondé le Globe et a utilisé ce journal torontois pour appuyer l'abolitionnisme aux États-Unis pendant la Guerre civile. La résidence, où Brown a vécu jusqu'à sa mort en 1881, contient maintenant un musée, une salle de réunion et des bureaux. Désigné LHN en 1976. 186, rue Beverley. 888-773-8888.

DISTILLERIE-GOODERHAM AND WORTS
TORONTO (ONT.)

La rue Trinity compte 30 immeubles industriels en brique et en pierre, tous construits entre 1859 et 1927. Ce complexe, d'une superficie de 5,25 ha, au centre-ville de Toronto, servait à la société Gooderham and Worts, c'est-à-dire la production, l'emballage, l'entreposage, la mise en marché et le développement des spiritueux. Ces bâtiments témoignent collectivement de l'histoire de la distillerie et des procédés de fabrication du XIXe siècle au Canada. Désigné LHN en 1988. Rue Trinity.

MARCHÉ-KENSINGTON
TORONTO (ONT.)

Kensington est un quartier dynamique et éclectique de 27 ha au cœur du centre-ville de Toronto qui se distingue par ses rues étroites et ses immeubles à usage multiple. Des maisons colorées ont été converties en petits commerces. Des appartements sont situés aux étages supérieurs. Dans les ruelles se trouvent de courtes rangées de petites maisons du XIXe siècle qui occupent d'étroits terrains. Désigné LHN en 2006. Rues Dundas Ouest, Bellevue, Spadina et College.

MAPLE LEAF GARDENS
TORONTO (ONT.)

Officiellement, l'immeuble se nomme le Mattamy Athletic Centre, mais tout le monde l'appelle Maple Leaf Gardens. Construit en 1931, le Gardens a été le domicile des Maple Leafs pendant 68 ans et a conservé son statut d'icône malgré le départ de l'équipe de hockey dans un nouvel amphithéâtre. Le Gardens a également été le lieu d'importants événements et a accueilli dans ses murs sir Winston Churchill, Muhammed Ali et les Beatles. Désigné LHN en 2007. 60, rue Carleton. 416-598-5961.

UNIVERSITY COLLEGE
TORONTO (ONT.)

Bâti en 1859, ce collège fondateur de l'Université de Toronto, est l'un des plus anciens immeubles d'enseignement supérieur au pays. L'immeuble de style néo-roman en forme de C est situé sur le point le plus élevé de la pelouse centrale du campus, ce qui témoigne de l'importance de l'immeuble pour le développement de l'Université de Toronto et du système national d'institutions postsecondaires laïques subventionnées par le gouvernement. Désigné LHN en 1968. 15, King's College Circle.

TORONTO ET NIAGARA

La forêt-parc paysagée du fort Malden, située sur les rives de la rivière Detroit.

SUD-OUEST DE L'ONTARIO

Le Sud-Ouest de l'Ontario est une péninsule fertile bordée par trois des Grands Lacs et par la baie Georgienne. Colonisée par les Français au début du XVIIIe siècle et faisant partie de la Nouvelle-France, cette région contient les vestiges d'un village autochtone du XVIe siècle (voir p. 223), une mission jésuite française du XVIIe siècle (voir p. 223) et plusieurs phares historiques. La région est passée sous contrôle britannique en 1763, et en 1812, la population se composait presque entièrement de réfugiés loyalistes. Pendant la guerre

de 1812, des milices locales et des Autochtones ont aidé les forces militaires britanniques à repousser l'invasion américaine, qui ont eu le temps de détruire le fort Malden (voir p. 220-221). Reconstruit par les Britanniques dans les années 1820, le fort surplombe la frontière américaine au sud de Windsor, l'un des plus anciens établissements occupés de façon continue dans le Sud-Ouest de l'Ontario et la plus grande ville de la région jusqu'au milieu du XXᵉ siècle. Après la guerre, beaucoup d'immigrants se sont réfugiés dans le Sud de l'Ontario.

Une reconstitution historique fait revivre le fort Malden du XIXᵉ siècle.

▶ FORT-MALDEN

AMHERSTBURG (ONT.)
Désigné en 1921

Le fort Malden semble paisible. Il est difficile d'associer un passé militaire à ces magnifiques immeubles en brique sur des terrains paysagers près de la rivière. Il suffit d'entrer dans le fort et de voir les casernes de soldats, les remblais et les autres éléments pour voir que ce passé est bien réel.

Les vestiges de cette ancienne importante place forte ne faisaient pas partie du fort Malden original. Érigé en 1796, le premier fort a été détruit pendant la guerre de 1812. Les Britanniques n'ont pas commencé à reconstruire la garnison avant les années 1820. À cette époque, alors que les Britanniques étaient encore incertains au sujet de l'avenir du fort, les Britanniques n'ont pas reconstruit le fort en entier. Ce n'est pas avant la Rébellion du Haut-Canada de 1837 que les fortifications ont été construites au complet.

Toutefois, au milieu du XIXᵉ siècle, le fort Malden n'était plus nécessaire à des fins défensives, et les Britanniques ont cédé le fort à la province de l'Ontario. Au cours des années subséquentes, le fort a servi d'hôpital psychiatrique, de parc à bois et de scierie. En 1937, le gouvernement fédéral a acquis les terrains et a créé le parc qui subsiste à ce jour.

Attractions et activités

Le centre d'accueil présente des expositions et une vidéo sur l'histoire du fort Malden. Les visites guidées de 45 min permettent aux visiteurs d'entendre des histoires détaillées sur la garnison pendant la guerre de 1812 et les Rébellions de 1837 ainsi que des explications sur le fonctionnement des tranchées et des systèmes de défense du fort. Il est aussi question des utilisations non militaires du fort.

Le fort contient une cafétéria unique (ouverte, mais non fonctionnelle en sept. et oct.) : visitez l'authentique cuisine des soldats pour un repas de ragoût et de petits pains aux raisins, comme servi aux soldats en en 1838 au souper — un repas qui a été mis en place pour améliorer la santé et le moral des soldats.

Comment s'y rendre

Dirigez-vous vers le sud sur la promenade Riverside Ouest et poursuivez sur la rue Sandwich. Tournez à droite sur Ojibway Pkwy Nord et continuez sur Hwy 18/Front Road. Tournez à droite sur l'avenue Elm, puis à gauche sur l'avenue Laird.

Quand visiter

De la fête de Victoria au 30 juin, le fort est ouvert du mercredi au dimanche; du 1er juillet à la fête du Travail, le fort est ouvert chaque jour; de la fête du Travail au dimanche de l'Action de grâces, le fort est ouvert du mercredi au dimanche.

INFORMATION

ACCUEIL ET INFORMATION
100, av. Laird, Amherstburg (Ont.) N9V 2Z2. Tél. : 519-736-5416. parcsccanada.gc.ca/malden.

DROITS D'ENTRÉE
3,90 $ par adulte, 9,80 $ par famille.

SERVICES ACCESSIBLES
Accessibilité limitée.

HÔTELS, MOTELS ET AUBERGES
Guest House Getaway 88331, ch. Middle Side, Mcgregor (Ont.) N0R 1J0. 519-562-7711. guesthousegetaway.com. 4 chambres, 135 $-225 $. **Lexington Inn and Suites** 2130, ch. Division, Windsor (Ont.) N8W 2A1. 519-250-4657. lexingtonwindsor.com. 49 chambres, 89 $-169 $.

SUD-OUEST DE L'ONTARIO

Les grands boisés et les immenses jardins paysagés de Woodside resplendissent de couleurs à l'automne.

▶ WOODSIDE

KITCHENER (ONT.)
Désigné en 1952

La maison en brique jaune qui se situe au centre de Woodside est la maison d'enfance du premier ministre qui a été le plus longtemps en fonction, William Lyon Mackenzie King (1874–1950). Entourée de 4,5 hectares de forêt, la maison contient des originaux et des reproductions d'objets qui ont appartenu à la famille King.

Construite 1853, Woodside a été la résidence de quelques familles. La famille King y a habité pendant 7 ans (1886 à 1893). Plus tard, King est devenu chef du Parti libéral de 1919 à 1948 et a été premier ministre pendant 22 ans. Plus important encore, il est le premier ministre qui a avoir dirigé le pays pendant la Deuxième Guerre mondiale. King a réussi à utiliser l'effort de guerre considérable du Canada pour donner au pays une place plus importante sur l'échiquier international. Les lois adoptées par son gouvernement ont posé les premières pierres de l'État providence canadien moderne.

Attractions et activités

L'intérieur est meublé dans le style des années 1890, et l'aménagement paysager recrée l'atmosphère des jardins de l'époque. Des visites guidées et autonomes sont proposées.

Comment s'y rendre

Depuis Kitchener, prenez la Rte 85, sortez rue Wellington vers l'ouest. Tournez à droite sur la rue Spring Valley; Woodside se trouve à gauche.

INFORMATION

ACCUEIL ET INFORMATION
528, rue Wellington N, Kitchener (Ont.) N2H 5L5. Tél. : 519-571-5684. pc.gc.ca/woodside.

DROITS D'ENTRÉE
3,90 $/adulte; 9,80 $/famille ou groupe.

SERVICES ACCESSIBLES
Le deuxième étage n'est pas accessible en fauteuil roulant.

HÔTELS, MOTELS ET AUBERGES
Crowne Plaza Kitchener-Waterloo 1105, rue King E, Kitchener (Ont.) N2G 2K8. 519-744-4141. kitchenerhotel.com. 200 chambres, 119 $-280 $.
Waterloo Hotel 2, rue King N, Waterloo (Ont.) N2J 2W7. 519-885-2626. thewaterloohotel.ca. 15 chambres, 165 $-180 $.

Quand visiter

Le lieu est ouvert du lundi au vendredi, du 20 décembre à septembre; le reste de l'année, le lieu est ouvert l'aprèsmidi, du mercredi au samedi.

AUTRES LIEUX HISTORIQUES NATIONAUX

PHARE-DE-LA-POINTE-CLARK
POINT CLARK (ONT.)

Le phare de la pointe Clark marque encore l'emplacement d'un dangereux haut-fond dans le lac Huron. Le phare, l'une des six tours impériales construites sur le lac Huron et la baie Georgienne, a été achevé en 1859 et devait rendre le lac plus sécuritaire pour la navigation commerciale et le trafic de passagers, en hausse. La tour de 27,5 m a été fabriquée de pierre calcaire locale. Un bâtiment adjacent, l'ancienne résidence du gardien du phare, sert maintenant de musée. Désigné LHN en 1966. 530, ch. Lighthouse, Huron-Kinloss. 705-526-9804. parcscanada.gc.ca/pointeclark.

MISSION SAINT-LOUIS
TAY (ONT.)

Lorsque les missionnaires jésuites sont arrivés dans la région vers 1640, ils ont baptisé Saint-Louis un village de la tribu des Ataronchronon, qui faisait partie de la Confédération huronne-wendate. Situé en bordure de la rivière Hogg, l'emplacement n'est maintenant qu'un champ entouré de pins plantés récemment et d'une forêt mixte de feuillus. Seul un cairn en pierre explique l'importance de ce lieu où les missionnaires Jean de Brébeuf et Gabriel Lalement ont été capturés lorsque le village a été attaqué par les Iroquois en 1649. Désigné LHN en 1920.

PHARE-ET-BLOCKHAUS-DE-L'ÎLE-BOIS-BLANC
AMHERSTBURG (ONT.)

En 1838, des rebelles canadiens et leurs sympathisants américains ont chassé les milices britanniques de l'île Bois Blanc. Le lendemain, les rebelles ont lancé une attaque ratée sur le village d'Amhertsburg et ont été capturés. Craignant une nouvelle attaque, les Britanniques ont construit d'autres positions défensives sur l'île, dont trois blockhaus. Le fort en pierre calcaire et un blockhaus reconstruit récemment sont les seuls éléments encore visibles. Désigné LHN en 1955. Pointe sud de l'île Bois Blanc. 519-736-5416.

REMBLAIS-DE-SOUTHWOLD
IONA (ONT.)

Des vestiges archéologiques témoignent de la présence d'une communauté iroquoienne des Chonnonton au XIVe et au XVe siècles. Des travaux d'excavation effectués au XXe siècle ont révélé la présence de longues maisons peu distantes l'une des autres et de remblais bien préservés, qui consistent en une double motte qui supportait les palissades du village. En plus d'une plaque commémorative, il s'agit des seules traces visibles de l'ancien village. Désigné LHN en 1923. Environ 3 km au sud d'Iona sur le ch. Iona (rte 14). 519-322-2365.

Le sentier Attikamek, situé sur l'île St. Marys Sud, au lieu historique national du Canal-de-Sault Ste. Marie.

NORD DE L'ONTARIO

La plus grande partie du Nord de l'Ontario est couverte par le Bouclier canadien. Bien qu'elle soit peu propice à l'agriculture, cette région riche en minerais (cobalt, cuivre, zinc, or, entre autres) a joué un rôle important dans les industries du bois et de l'exploitation minière du pays, qui ont toutes les deux commencé ici à la fin du XIXe siècle et au début du XXe siècle. La plupart des villes du Nord de l'Ontario sont nées grâce aux chemins de fer du Canada, qui ont permis le transport de minerais et de bois aux usines du sud, propulsants à

Toronto devant Montréal sur le plan de la production économique globale. Parce qu'il pouvait accueillir les grands navires commerciaux de l'époque, le canal de Sault Ste. Marie (voir p. 228–229) sur la rivière Ste-Marie, achevé en 1895, a également contribué au transport de matières premières et de manœuvres entre le nord et le sud de l'Ontario. Aujourd'hui, la région compte beaucoup moins d'arbres, mais les mines du Nord demeurent un élément clé de l'économie de l'Ontario.

Les expositions et activités interactives au centre d'accueil du fort St. Joseph redonnent un sens aux ruines du fort.

▶ FORT-ST. JOSEPH

ÎLE ST. JOSEPH (ONT.)
Désigné en 1923

L'île St. Joseph est située à l'extrémité nord-ouest du lac Huron. Éloignée et isolée sur le lac, l'île était, à la fin du XVIIIe siècle et au début du XIXe siècle, l'emplacement du fort St. Joseph, avant-poste situé le plus à l'ouest en Amérique du Nord britannique.

Ici, les fortifications symbolisent l'alliance militaire et commerciale conclue entre les Britanniques et les Autochtones de la région entre la Révolution américaine et la guerre de 1812.

En 1796, les Britanniques ont évacué le poste de Michilimackinac, dans le Territoire du Michigan, qu'ils occupaient depuis la fin de la Révolution américaine en 1783, et ont construit leur propre fort sur le lac Huron. Le choix de l'île St. Joseph s'explique par sa proximité du fort Mackinac et de ses routes de transport maritime. Pendant la guerre de 1812, les Britanniques ont attaqué l'île Mackinac et ont pris le fort qui s'y trouvait. Les Américains ont riposté en incendiant complètement le fort St. Joseph. Après la guerre, le fort Mackinac a été rendu aux États-Unis, et les Britanniques ont

établi un nouveau poste sur l'île Drummond.

Aujourd'hui, les seules traces visibles de l'ancien fort sont des ruines en pierre calcaire.

Attractions et activités

Les visiteurs peuvent explorer le fort St. Joseph de façon autonome. En tout, 6 km de sentiers pédestres traversent les anciens établissements, des cimetières et des forêts avant d'arriver aux plages de roches du lac Huron. Des guides et des interprètes peuvent expliquer l'importance de tous les vestiges, qui comprennent notamment l'empreinte d'un blockhaus, d'un poste de garde, d'une poudrière et d'une boulangerie.

Pour vivre une expérience spéciale, venez à la rencontre des fantômes du fort. Des guides costumés accompagnent les visiteurs dans les ruines de l'ancien fort à la lueur de la chandelle, en livrant les récits d'anciens habitants de l'île.

Le centre d'accueil contient un théâtre, un musée et des expositions.

Comment s'y rendre

L'île St. Joseph est située à 45 km à l'est de Sault Ste. Marie, en Ontario. Pour y accéder, passez par un pont via la Rte 17 et suivez les panneaux de Parcs Canada sur 37 km avant d'arriver au lieu historique national.

Quand visiter

Le lieu est ouvert chaque jour du 1ᵉʳ juillet à la fête du Travail et du lundi au vendredi de la mi-mai à juin et de la fête du Travail à l'Action de grâces en octobre.

INFORMATION

ACCUEIL ET INFORMATION
C.P. 220, Richards Landing (Ont.) P0R 1J0. Tél. : 705-246-2664. parcscanada.gc.ca/joseph.

DROITS D'ENTRÉE
3,90 $/adulte; 9,80 $/famille ou groupe.

SERVICES ACCESSIBLES
Accessibilité limitée.

HÔTELS, MOTELS ET AUBERGES
Clansmen Motel 1430, rue Richards, Richards Landing (Ont.) P0R 1J0. 705-246-2581. clansmenmotel.ca. 6 chambres, 70 $-80 $.

NORD DE L'ONTARIO

Le calcaire servant à construire le fort St. Joseph a été extrait à Lime Island.

L'étrange cheminée, un mystère qui entoure le fort.

Les ruines de l'un des bâtiments du fort St. Joseph.

Le canal de Sault Ste. Marie relie le lac Huron au lac Supérieur.

▶ CANAL-DE SAULT STE. MARIE

SAULT STE. MARIE (ONT.)
Désigné en 1987

Les écluses et les voies navigables de l'Ontario sillonnent la province, du fleuve Saint-Laurent dans le sud-est au lac Supérieur dans le nord-ouest. Lorsque le canal de Sault Ste. Marie, qui relie le lac Huron et le lac Supérieur, a été achevé en 1895, il s'agissait du dernier chaînon d'un réseau de navigation qui est encore utilisé.

À sa construction, le canal de Sault Ste. Marie, comptait la plus grande écluse au monde et, était la première écluse au monde à fonctionner en produisant sa propre énergie.

À l'origine, le sas de 274 m de long et de 18 m de profond pouvait accueillir les grands vraquiers, vapeurs, goélettes et barges de l'époque. Le sas a depuis été rebâti pour accueillir de petites embarcations de plaisance.

L'importance du lieu va au-delà du canal lui-même et englobe les bâtiments situés à proximité, y compris les bâtiments de l'île St. Marys Nord. Le bâtiment d'administration en grès rouge, la résidence du directeur, l'abri des manœuvres, la centrale

électrique, le magasin et quatre bâtiments des moteurs contribuaient au fonctionnement quotidien du canal et donnent au lieu son cachet particulier.

Le barrage, moyen innovateur de contrôler le débit de l'eau dans l'écluse, est le seul de son genre au Canada et l'un des rares dans le monde. Le barrage a servi en 1909 lorsque plusieurs portes de l'écluse ont été endommagées dans un accident.

Attractions et activités

Découvrez le patrimoine culturel de l'endroit en explorant la centrale électrique et d'autres bâtiments. Le personnel répond aux questions et anime des visites guidées. Le patrimoine naturel de l'endroit est visible tout au long du sentier Attikamek, de 2,2 km qui commence de l'autre côté des portes d'écluse sur l'île St. Marys Sud. Le long de ce sentier, vous pourrez apercevoir des pygargues à tête blanche, des canards et des oies.

Le centre d'accueil présente une exposition et une boutique.

Comment s'y rendre

Prenez la route 17E jusqu'à la ville; la route devient la route Trunk. Restez sur la route Trunk jusqu'à ce qu'elle devienne la rue Wellington E, et restez dans la voie de gauche jusqu'à la rue Elgin. Tournez à gauche sur la rue Elgin et continuez jusqu'à la rue Queen E. Restez sur Queen et tournez à gauche sur la rue Huron. Restez dans la voie de droite jusqu'à la promenade du Canal et tournez à gauche.

Moment de détente à la résidence du Surintendant (1897).

INFORMATION

ACCUEIL ET INFORMATION
1, promenade du Canal, Sault Ste. Marie (Ont.) P6A 6W4. Tél. : 705-941-6262. parcscanada.gc.ca/sault.

DROITS D'ENTRÉE
Aucun.

SERVICES ACCESSIBLES
Lieu accessible.

HÔTELS, MOTELS ET AUBERGES
Algoma's Water Tower Inn and Suites 360, ch. Great Northern, Sault Ste. Marie (Ont.) P6B 4Z7. 705-949-8111. watertowerinn.com. 176 chambres, 109 $-189 $.
Fairfield Inn and Suites 633, ch. Great Northern, Sault Ste. Marie (Ont.) P6B 5A1. 705-253-7378. marriott.com. 82 chambres, 164 $-184 $.

Quand visiter

Le centre d'accueil est ouvert de la mi-mai au vendredi précédant l'Action de grâces. Le lieu est ouvert chaque jour du 1er juillet à la fête du Travail, et du lundi au vendredi de la mi-mai à la fin de juin et après la fête du Travail jusqu'à la fermeture. L'écluse est ouverte chaque jour de la mi-mai à la mi-octobre.

Le grès rouge qui a servi à la construction du bâtiment d'administration a été excavé pendant la construction du canal.

PROVINCES DES PRAIRIES

Le lieu historique national de Batoche, situé le long de la rivière Saskatchewan Sud. *Page 230* – Haut : Le fort Walsh, un poste du corps de Police à cheval du Nord-Ouest situé en Saskatchewan. Milieu : Un enfant revêt l'uniforme du corps de Police à cheval du Nord-Ouest. Bas : Des tipis au précipice à bisons Head-Smashed-In, en Alberta. *Page 231* : Le ranch Bar U, en Alberta.

□ Lieux historiques nationaux du Canada
⊛ Capitale

0 mi   200
0 km   200

TERRITOIR

COLOMBIE-BRITANNIQUE

ALBERT

Hôtel du gouverneur
Edmonton ⊛

Rocky Mountain House □

Beaulieu, Fort Calgary □

Ranch Bar □

Précipice à bisons Head-Smashed-In □

Fort □
Whoop-Up

PROVINCES DES PRAIRIES

Situées entre le lac Supérieur, à l'est, et les montagnes Rocheuses, à l'ouest, les trois provinces des Prairies, soit le Manitoba, la Saskatchewan et l'Alberta, regorgent de ressources naturelles comme des sols fertiles, ou des réserves de pétrole et de gaz naturel. La prairie elle-même s'étend dans la partie sud des provinces.

Les peuples autochtones, totalisaient entre 20 000 et 50 000 personnes à la moitié du XVIIe siècle. L'arrivée des commerçants de fourrure européens et canadiens, a rapidement transformé cette région en plaque tournante du commerce de fourrures. Le contrôle de cette industrie lucrative était convoité par la Compagnie de la Baie d'Hudson (fondée en 1670), par les commerçants français, puis par la Compagnie du Nord-Ouest (fondée en 1779). À partir de la seconde moitié du XIXe siècle, la population a augmenté lorsque de nombreux Canadiens ont commencé à migrer vers l'ouest. Ils ont été suivis par un grand nombre d'immigrants des États-Unis, de la Grande-Bretagne et de l'Europe.

L'expansion de la population non autochtone menaçait le mode de vie des Premières Nations, en raison,

Fort Prince-
de-Galles

York
Factory

SASKATCHEWAN

Ferme Maple Grove
de Seager Wheeler

MANITOBA

ONTARIO

Lac La
Grenouille   Batoche

Carlton House

Maison semi-
enterrée des
doukhobors

Frenchman
Butte

Fort
Battleford

Wanuskewin

Forestry Farm
Park and Zoo

Bataille de la coulée
des Tourond–Fish Creek

Massacre de
Cypress Hills,
Fort Walsh

Fort
Livingstone

Fort Pelly

Fort
Qu'Appelle

Homestead
Motherwell

Regina

Centre d'inscription
de l'entrée Est
du parc du
Mont-Riding

Lower Fort
Garry,
Presbytère
St. Andrew's

Fort Espérance

Winnipeg

PRAIRIE PROVINCES

CANADA
ÉTATS-UNIS

Hôtel du gouverneur,
Édifice de l'Assemblée
législative de la
Saskatchewan et son parc

Dalnavert,
Forts Rouge, Garry et Gibraltar,
Quartier de la bourse,
Maison Gabrielle-Roy,
Maison Riel,
La Fourche

entre autres, du déclin rapide du
nombre de bisons. Dans une série de
sept traités numérotés négociés avec
le gouvernement canadien dans les
années 1870, les peuples autochtones
des Prairies ont échangé leur souveraineté sur le territoire, contre la
promesse de compensation économique et pédagogique. Des réserves
où pouvaient vivre les autochtones
ont également été créées. En 1885, en
vue de la sauvegarde de leur mode de
vie, certaines des Premières Nations
se sont d'origine mixte (européenne
et alliées aux Métis, des personnes
autochtone). Après avoir consumé la
Saskatchewan et une partie de
l'Alberta pendant 5 mois, la Rébellion
du Nord-ouest a fini par être vaincue,
sans toutefois diminuer le dynamisme des traditions culturelles des
Métis. En 2003, le gouvernement du
Canada les a officiellement reconnus
comme groupe autochtone.

La ville de Winnipeg s'est développée autour de « La Fourche », l'endroit où ont été construits les premiers établissements européens permanents de l'Ouest canadien.

MANITOBA

La province du Manitoba est située à mi-chemin entre les côtes de l'Atlantique et du Pacifique. Les peuples autochtones (les Assiniboines, les Ojibwas, les Cris et les autres Premières Nations) ont vécu sur ce territoire depuis environ 4 000 av. J.C. Au début du XVIIe siècle, la Compagnie de la Baie d'Hudson (CBH) a commencé à établir une série de postes de traite dans toute la région. Des lieux historiques de la CBH, comme La Fourche (voir p. 240-243), York Factory (voir p. 250-251), Fort-Prince-de-Galles (voir p. 248-249) et Lower Fort Garry (voir

p. 236-239), témoignent de l'histoire de la traite des fourrures et des relations avec les Premières Nations dans l'Ouest. En 1870, après l'adhésion du Manitoba à la Confédération, la population manitobaine a connu une forte croissance. En outre, grâce à l'arrivée du Chemin de fer Canadien Pacifique dans les années 1880, la province est devenue un pôle du transport national. Winnipeg est aujourd'hui le cœur de l'industrie céréalière du Canada, et on y trouve des lieux historiques associés au commerce de fourrures, aux Métis et à la vie urbaine de la fin du XIXe siècle et du début du XXe siècle.

Des interprètes en costume d'époque font revivre le Lower Fort Garry du milieu des années 1800.

▶ LOWER FORT GARRY

ST. ANDREWS (MAN.)

Désigné en 1950

Établi par la Compagnie de la Baie d'Hudson en 1830, Lower Fort Garry a également été le lieu de rencontre des Premières Nations et des représentants de la Couronne britannique pour la rédaction des Traités numérotés.

TRAITÉ N° 1

Pour la colonie de la rivière Rouge, Lower Fort Garry était un important lieu d'affaires où se rendaient les agriculteurs et les trappeurs pour s'approvisionner. C'est aussi là que les communautés autochtones environnantes échangeaient des objets de cuir, des produits agricoles et du poisson séché avec la Compagnie de la Baie d'Hudson (CBH). Beaucoup d'entre eux participaient également aux expéditions annuelles de chasse au bison, ou travaillaient dans les fermes. Le fort était donc un emplacement privilégié pour la négociation et

la signature du Traité n° 1 entre les Premières Nations et la Couronne, en 1871.

Au nombre de 11, les Traités numérotés promettaient aux Autochtones des terres de réserve, des rentes et le droit constant de chasser et de pêcher sur les terres publiques inoccupées. Ils ont été signés entre 1871 et 1921.

Le Traité n° 1, aussi appelé « traité du fort de pierre », a ouvert la voie aux négociations avec les Premières Nations dans l'Ouest canadien. L'expression « fort de pierre » désigne un fort de la CBH qui mesure 1,5 ha et comprend plusieurs bâtiments à l'intérieur d'un mur de pierre. Ce fort, constitue une des plus impressionnantes collections d'architecture ancienne en pierre dans l'ouest du Canada. La CBH a fait don du complexe et de son territoire au gouvernement fédéral en 1951; un grand nombre de ses structures ont depuis été restaurées entre 1850 et 1860.

UNE PLAQUE TOURNANTE

Après l'acquisition du territoire de la CBH par le gouvernement du Canada en 1870, divers représentants du gouvernement et fonctions étatiques ont élu domicile dans les aménagements du fort, en plus de représentants du commerce des fourrures. D'abord un poste de traite de la CBH pendant des décennies, Lower Fort Garry est devenu un pôle de l'industrie et du transport dans la colonie de la rivière Rouge. Grâce à son emplacement, il est temporairement devenu un important port d'expédition. Les barges d'York de la CBH parcouraient les 1 100 km qui séparaient la baie d'Hudson et la colonie de la rivière Rouge, un voyage qui comprenait des dizaines de portages difficiles.

Pour la CBH, les barges d'York étaient la solution de transport éprouvée dans l'Ouest canadien. Elles étaient faites de bois massif, et leur poupe à 45 degrés facilitait l'échouage et la mise à flot. Elles pouvaient être à rame ou à voile, et transporter un grand nombre de marchandises, tout en demeurant assez légères pour être traînées sur des rouleaux en bois par son équipage. De telles barges se trouvent à Lower Fort Garry, dont une reproduction exacte sur le plan historique d'environ 12,8 m de long.

ARCHITECTURE ET BÂTIMENTS D'INTÉRÊT

Lower Fort Garry comprend différents concepts architecturaux populaires à l'époque de la traite des fourrures. Il représente donc une collection importante de structures de commerce bâties selon une architecture en pierre ancienne. Le fort lui-même, fait de calcaire, est un des trois forts de pierre bâtis par la CBH. Ses remparts sont toujours debout, ce qui en fait le poste de traite intact en pierre le plus ancien en Amérique du Nord.

L'abondance du bois au nord et l'importante quantité de calcaire au fort ont permis l'utilisation de plusieurs méthodes de construction dans la colonie, qui mariaient parfois le bois à la pierre, comme en témoignent des bâtiments historiques aujourd'hui vieux de 150 ans.

Une visite du fort offre de nombreuses occasions d'observer directement des pratiques de construction avec de la pierre. Les deux techniques principalement utilisées étaient le colombage pierroté (construction en pans de bois avec remplissage fait de moellon et d'enduit à la chaux) et la construction à ossaturebois dite de la rivière Rouge (structure en bois d'œuvre avec remplissage fait de bûches horizontales). La première méthode de construction a été utilisée pour construire la maison des hommes et l'annexe de la grande maison. Le meilleur exemple de la seconde technique est le bastion sud-ouest qui accueille aujourd'hui une exposition sur les techniques architecturales liées au commerce.

Explorez les nombreux bâtiments du centre d'accueil. Sur les 13 bâtiments, 9 ont été meublés d'après le style du milieu des années 1800. Pour une excellente introduction au fort, faites une visite guidée (payante)

MANITOBA

de 90 min, où vous obtiendrez des renseignements sur les coulisses de ce lieu. Les visites sont offertes les fins de semaine de mai et de juin, et tous les jours de juillet et d'août.

Un sentier de gravier partant de la zone du centre d'accueil relie tous les autres bâtiments au fort principal et aux murs de pierre. Le fort contient une grande partie des structures principales, comme la grande maison, un exemple du type d'habitation élégante des postes de traite que la CBH réservait à ses représentants.

On peut encore voir les fondations de nombreux bâtiments du complexe industriel, qui étaient en service des années 1840 aux années 1870 : une brasserie, une distillerie, un four à chaux, un moulin à broyer le grain et un hangar pour la construction de

Un interprète en costume d'époque joue un air traditionnel.

Un grand nombre de femmes et d'enfants vivaient au fort.

barges. Parmi les autres structures du fort, on compte le cottage Ross, qui a servi de logement aux visiteurs pendant de nombreuses années, et la résidence du gérant de la ferme, une des dernières maisons à pans de bois de la rivière Rouge qui subsistent au pays. Il y a également un campement autochtone, une forge, un magasin de fourrures, un entrepôt, et la maison des hommes, résidence des laboureurs et des commerçants venus d'autres communautés.

De nombreux objets historiques et artefacts racontent l'histoire de Lower Fort Garry : la charrue de bois située dans l'entrepôt a été fabriquée par le maçon local, Duncan McRae, dont la profession était très recherchée aux premiers jours de la colonie de la rivière Rouge. La charrue a été une des premières fabriquées au fort, et c'est probablement une des plus anciennes à avoir subsisté dans l'Ouest canadien. Vers le milieu du XIXe siècle, ce type de charrue était largement répandu dans la colonie. On la tirait dans les champs des agriculteurs sur de longues lignes droites pour creuser des sillons dans la terre et préparer le sol pour les semailles.

La majorité du site est à l'extérieur, assurez-vous de porter plusieurs couches de vêtements au printemps, et de la crème solaire et un chapeau en été. Habillez-vous chaudement pour une visite en hiver, car les bâtiments historiques sont fermés. Portez des chaussures confortables.

Comment s'y rendre

Lower Fort Garry se trouve à 30 min de route (32 km) au nord du centre-ville de Winnipeg, et à quelques minutes au sud de Selkirk, en suivant la Rte 9 (rue Main). Le fort est accessible en autobus : des liaisons quotidiennes entre Winnipeg et Selkirk sont assurées du lundi au

LIEU HISTORIQUE NATIONAL DE LOWER FORT GARRY
(Lower Fort Garry National Historic Site)

INFORMATION ET ACTIVITÉS

ACCUEIL ET INFORMATION
5925, Rte 9, St. Andrews (Man.) R1A 4A8.
Tél. : 2047856050 ou 8887738888.
parcscanada.gc.ca/fortgarry.

SAISONS ET ACCESSIBILITÉ
Site ouvert toute l'année. Bâtiments fermés du début septembre à la mi-mai.

LES AMIS DE LOWER FORT GARRY
204-785-8577. folfg.com.

DROITS D'ENTRÉE
7,80 $/adulte; 19,60 $/famille ou groupe par jour. 19,60 $/adulte; 49 $/famille ou groupe par année.

ANIMAUX DE COMPAGNIE
Les chiens sont autorisés dans la plupart des bâtiments historiques et dans le centre d'accueil, mais doivent être tenus en laisse en tout temps. (Dans certains bâtiments, les chiens ne sont autorisés que s'ils sont portés.) Les propriétaires doivent ramasser les excréments de leur chien et s'assurer qu'il se comporte convenablement.

SERVICES ACCESSIBLES
Des voiturettes peuvent transporter les visiteurs à mobilité réduite aux lieux historiques. La location de fauteuils et de poussettes est offerte. Les sentiers sont en gravier. Le centre des visiteurs est entièrement accessible, mais ce n'est pas le cas de tous les bâtiments.

ACTIVITÉS OFFERTES
De mai à septembre, des interprètes mettent en scène la vie de la colonie dans les années 1850, et sont déguisés en commis, trappeurs autochtones, bateliers, forgerons. Les reconstitutions historiques comprennent la filature et la teinture de la laine, l'ouvrage de forge, et l'artisanat autochtone traditionnel.

Lors des amusants Ateliers sur les métiers historiques (payants), les visiteurs peuvent fabriquer du pain bannock (pain traditionnel autochtone), préparer des chandelles de suif, et plus encore. Consultez le site Web pour connaître l'horaire des ateliers.

TERRAINS DE CAMPING
Il n'y a pas de terrain de camping sur place, mais voici des terrains de camping des environs : **Selkirk Municipal Park** (204-785-4953), **Willow Springs Campground** (204-485-1344) et **Birds Hill Provincial Park** (888-482-2267).

HÔTELS, MOTELS ET AUBERGES
(Sauf indication contraire, les prix mentionnés sont pour une chambre en occupation double, en haute saison, en dollars canadiens.)
Bridgeview Bed & Breakfast 1246, ch. Breezy Point, Selkirk (Man.) R1A 2A7. 204-482-7892. bridgeviewretreat.com. 85 $.
Canalta Selkirk 1061, av. Manitoba, Selkirk (Man.) R0C 0P0. 844-484-7474. canaltahotels.com. 84 chambres, 139 $-360 $.
Evergreen Gate Bed & Breakfast 1138, ch. River, Selkirk (Man.) R1A 4A7. 877-901-0553. evergreengate.ca. 3 chambres, 115 $-129 $.

MANITOBA

vendredi par Beaver Bus Lines *(beaverbus.com)*.

Quand visiter
Le fort est ouvert toute l'année, mais les heures d'ouverture et les services varient selon la saison. De la mi-mai à début septembre, les bâtiments historiques sont ouverts (entrée payante). Le reste de l'année, les bâtiments sont fermés (entrée gratuite).

Des événements ont lieu durant la basse saison; consultez le site Web.

Les familles peuvent profiter de la Journée des enfants, où les enfants peuvent effectuer des tâches au fort comme cueillir des légumes pour le souper, prendre part à un exercice de la Police à cheval du Nord-Ouest, transporter un ballot de fourrure, ou construire un tipi.

Les visiteurs se dirigent massivement vers « La Fourche » en raison de son importance historique et des nombreuses activités qui y sont offertes.

▶ LA FOURCHE

WINNIPEG (MAN.)

Désigné en 1974

Située au confluent des rivières Rouge et Assiniboine, au cœur de l'Île de la Tortue, La Fourche a été un point d'intérêt de la première colonie européenne permanente de l'Ouest canadien, qui est devenue la ville de Winnipeg.

Bien avant l'arrivée d'explorateurs européens, La Fourche était un point de ralliement traditionnel où des peuples autochtones campaient, rassemblaient des provisions et faisaient des échanges. Les réseaux d'échanges commerciaux ont également commencé à faire circuler des biens européens acquis auprès de traiteurs plus à l'est. Les Européens ont établi une présence dans la région de La Fourche pendant les années 1730.

Durant les XIXᵉ et XXᵉ siècles, La Fourche était un pôle pour le commerce et l'exploration de la colonie. La petite colonie de Winnipeg a grandi au point de devenir la principale métropole de l'Ouest canadien, et un portail vers cette région. En plus d'être située à un confluent et à un nœud ferroviaire, La Fourche a été le point d'entrée de milliers d'immigrants : le gouvernement du Canada y a construit, en 1872, 2 hangars d'immigration pouvant accueillir 500 personnes chacun. Il a désigné La Fourche comme lieu historique national en 1974. Ce lieu demeure une plaque tournante pour la population en raison des activités importantes qui continuent à s'y dérouler.

LIEU DE RENCONTRE AUTOCHTONE

Des vestiges archéologiques de deux feux de camp, le long des berges du lit de la rivière Assiniboine, montrent que les peuples autochtones utilisaient la confluence des rivières Rouge et Assiniboine depuis 4 000 av. J.C. En 1 000 av. J.C., ils campaient dans la région pendant de longues périodes. Les forêts et prairies alluvionnaires qui entouraient le confluent et ses environs regorgeaient de chevreuils, de wapitis, d'ours et, en hiver, de bisons. Des artefacts de l'époque proviennent d'aussi loin que la région du lac Supérieur et le nord du Texas, ce qui témoigne des rôles importants qu'a joués La Fourche pour ces peuples. C'était un lieu d'approvisionnement, mais aussi une zone de transition traditionnelle entre les prairies et les terrains boisés pour la voie de migration saisonnière, et une partie de la voie commerciale transcontinentale.

Quand les Français ont entendu parler de la région pour la première fois, La Fourche était occupée par la Première Nation Nakoda (Assiniboine). Les Nakoda s'étaient déplacés vers le nord pour arriver dans cette région pendant le XVIIe siècle. Les Nakoda ont rapidement assumé le rôle d'intermédiaires dans le commerce de fourrures entre les autres Premières Nations et les Européens. Ils se sont servis des rivières pour mener leurs échanges commerciaux avec les postes de traite situés à des centaines de kilomètres.

La collection de La Fourche comprend plus de 190 000 artefacts illustrant le mode de vie des premiers habitants; ils proviennent presque tous des forts Gibraltar I et II, qui sont aujourd'hui en partie occupés par le Parc des aventuriers du patrimoine Variety, et l'aire d'interprétation du point nord derrière l'Oodena Celebration Circle. Ces artefacts comprennent des pointes de projectiles utilisées pour la chasse, activité essentielle des prairies, par les groupes des Premières Nations qui vivaient dans la région de 200 av. J.C. à 1750 apr. J.C. Des perles de verre, également découvertes, étaient des articles d'échange importés d'Europe à l'époque de la traite de fourrures, et populaires auprès des Premières Nations et des Métis. On les utilisait pour décorer des articles vestimentaires, et on en faisait également des boucles d'oreille, des colliers ou des parures pour la chevelure.

L'ÈRE FERROVIAIRE : DE 1886 À 1923

La Fourche a été l'un des lieux cruciaux de l'avènement du chemin de fer dans les Prairies. La première ligne de chemin de fer y est arrivée en 1885, et reliait le Manitoba aux ports libres de glace et aux marchés mondiaux afin de contribuer à l'agro-industrie.

Les gares de triage de trois lignes de chemin de fer importantes ont pris le contrôle de La Fourche, et beaucoup des bâtiments actuels datent de cette période. Ainsi, Union Station (1908 à 1911), conçue par Warren and Wetmore Architects (les architectes de la gare Grand Central Station de New York), sert toujours de gare ferroviaire pour voyageurs et d'immeuble de bureaux. Le Bridge and Building Structure (1889), le plus vieux bâtiment du site, est aujourd'hui le Musée des enfants du Manitoba. Le National Cartage Building est devenu le Johnston Terminal, tandis que les bâtiments des écuries du Grand Trunk Pacific Railway (1909 à 1912) et du Great Northern Railway (également conçu par Warren and Wetmore) ont été réunis afin de former le Marché de La Fourche.

MANITOBA

« La Fourche » a longtemps été un centre commercial et un campement saisonniers pour les Autochtones avant l'arrivée des Européense.

Patin à glace sur la patinoire de « La Fourche ».

« La Fourche », un grand espace vert urbain qui a beaucoup à offrir.

LA FOURCHE AUJOURD'HUI

Pour vous faire une idée du site de 3,6 ha, suivez les différents sentiers qui traversent cet espace vert. La promenade de la rivière Rouge permet d'admirer Saint-Boniface, le centre-ville historique de Winnipeg, et l'Esplanade Riel, un pont piétonnier qui relie le centre de Winnipeg au quartier français historique. Des panneaux d'interprétation disposés dans l'ensemble du site témoignent de son importance culturelle et historique.

On y trouve également des œuvres d'art publiques, comme « Le sentier du temps », de Marcel Gosselin. Située dans le cercle d'orientation, cette sculpture utilise les rayons solaires pour mettre en valeur l'influence de l'homme sur cette région. À mesure que le soleil parcourt le ciel,

LIEU HISTORIQUE NATIONAL DE LA FOURCHE
(The Forks National Historic Site)

INFORMATION ET ACTIVITÉS

ACCUEIL ET INFORMATION
45, ch. Forks Market, Winnipeg (Man.) R3C 4S8. Tél. : 204-983-6757 ou 888-773-8888. parcscanada.gc.ca/fourche.

DROITS D'ENTRÉE
3,90 $/adulte; 9,80 $/famille ou groupe par jour; 67,70 $/adulte; 136,40 $/famille ou groupe par année.

SERVICES ACCESSIBLES
Entièrement accessible aux personnes à mobilité réduite, une rampe d'accès mène au sentier riverain, et l'accessibilité des sentiers est cotée.

ACTIVITÉS OFFERTES
Les visites guidées à pied (payantes) sont offertes de la fin mai à la fin août, du vendredi au lundi, en anglais et en français. Une visite guidée gratuite au Parc des aventuriers du patrimoine Variety est organisée deux fois par jour, du vendredi au lundi, en juillet et en août. Pour obtenir l'horaire des visites, téléphonez ou consultez le site Web.

HÔTELS, MOTELS ET AUBERGES
(Sauf indication contraire, les prix mentionnés sont pour une chambre en occupation double, en haute saison, en dollars canadiens.)
Fort Garry Hotel 222, rue Broadway, Winnipeg (Man.) R3C 0R3. 204-942-8251. fortgarryhotel.com. 240 chambres, 209 $-319 $.
Humphry Inn & Suites 2260, rue Main, Winnipeg (Man.) R3C 1A9. 877-486-7479. humphryinn.com. 128 chambres, 179 $-229 $.
Inn at the Forks 75, ch. Forks Market, Winnipeg (Man.) R3C 0A2. 877-377-4100. innforks.com. 117 chambres, 197 $-369 $.

Renseignements supplémentaires :
The Forks 888-942-6302. theforks.com.
Tourism Winnipeg 204-943-1970 ou 855-734-2489, tourismwinnipeg.com/francais.

MANITOBA

des pictogrammes sont projetés sur un bloc central en calcaire de Tyndall. Le long de la promenade de la rivière Rouge, on trouve également 21 « bâtons à jouer » de cérémonie en bronze. Ils ont été créés par Robert Houle, un artiste autochtone de renommée mondiale.

Au Parc des aventuriers du patrimoine Variety, Parcs Canada a collaboré avec Variety, the Children's Charity of Manitoba, pour donner vie à l'histoire. Ce parc primé comprend sept zones de jeu basées sur des thèmes historiques, comme la zone « Premiers peuples », où les enfants peuvent découvrir les nombreuses manières dont un seul bison était utilisé. Ils peuvent aussi faire un tour dans une barge d'York dans la zone « Traite des fourrures ». Le parc présente également des représentations des rivières Rouge et Assiniboine, qui devient en partie une aire de jeux d'eau en été.

Comment s'y rendre
La Fourche se trouve au centre de Winnipeg. Pour s'y rendre en voiture depuis l'av. Pioneer ou la voie William Stephenson, dirigez-vous plein sud sur promenade Waterfront (voie Israel Asper). Si vous circulez en direction nord le long du ch. St. Mary's et de la rue Main, prendre la sortie de La Fourche juste après le pont de la rue Main (voie Queen Elizabeth).

L'arrêt d'autobus le plus près est le n° 10907 (204-287-RIDE, *winnipegtransit.com*).

Quand visiter
Le lieu historique est ouvert toute l'année, mais la majorité des activités sont offertes en été.

Associée à Louis Riel, la maison Riel est représentative d'une maison familiale métisse du milieu des années 1880.

▌ MAISON RIEL

WINNIPEG (MAN.)
Designé en 1976

La Maison Riel a été le domicile de la famille Riel depuis sa construction, en 1880, jusqu'en 1969, et a été désignée lieu historique national en 1976. On l'associe fortement à Louis Riel (1844-1885), un dirigeant métis et un des fondateurs de la province du Manitoba, et son architecture témoigne de la nature de l'établissement métis dans la province.

Les Métis, dont l'identité culturelle est unique, se sont développés en tant que descendants d'unions entre les femmes des Premières Nations et les Canadiens français ou les Européens, et ont aidé à façonner le Canada.

En tant que porte-parole de la résistance métisse envers l'expansion du Canada dans la région de la rivière Rouge, Louis Riel a contribué à la formation d'un gouvernement provisoire en 1869, après l'effondrement de l'administration de la Compagnie de la Baie d'Hudson. En 1870, les négociations qui ont suivi ont mené à la création de la province du Manitoba. Après un exil forcé aux États-Unis, Louis Riel est retourné au nord-ouest en 1884 pour représenter un groupe dans leur lutte pour obtenir des droits territoriaux. L'année suivante, il a mené les

catastrophiques conflits de 1885, souvent désignés par « rébellion du Nord-Ouest » dans nos livres d'histoire; il a par la suite été pendu pour trahison.

Bien qu'il n'ait jamais vécu dans cette maison, Louis Riel s'y est rendu brièvement en 1883, et y a été exposé après sa pendaison. Peu de temps après sa mort, la maison a été restaurée et meublée d'après son apparence de 1886, afin de donner un aperçu de la vie de la famille Riel et de celle de la communauté métisse.

La Maison Riel est l'un des plus anciens exemples de colonisation des Métis au Canada. Sa conception est représentative de la construction à ossature-bois dite de la rivière Rouge des maisons métisses du XIXe siècle; d'ailleurs, la structure est le seul élément d'origine.

Attractions et activités

Faites une visite sans guide de la Maison Riel. Consultez des panneaux d'interprétation pour voir plus de 800 artefacts qui représentent un mariage entre les cultures autochtone et européenne, et témoignent de la vie de la famille Riel à l'époque de 1886. Recherchez la reproduction d'une statuette blanche de Saint-Joseph, le saint patron des Métis. On raconte qu'elle s'est brisée en tombant d'une étagère lorsque Riel a prié dans sa cellule après son arrestation; il y a vu un mauvais présage.

Comment s'y rendre

La Maison Riel se trouve dans un secteur résidentiel du sud de Saint-Vital, au 330, ch. River, à Winnipeg. En voiture, depuis le boul. Bishop Grandin, tournez au sud sur le ch. River. Un service d'autobus (877-311-4974, *winnipegtransit.com*) est offert depuis le centre-ville.

Quand visiter

La Maison-Riel est ouverte du 1er juillet au 30 août, sauf les mercredis matins.

INFORMATION

ACCUEIL ET INFORMATION
330, ch. River, (SaintVital), Winnipeg (Man.) 204-983-6757. parcscanada. gc.ca/riel.

DROITS D'ENTRÉE
3,90 $/adulte; 9,80 $/famille ou groupe.

SERVICES ACCESSIBLES
Accessible en fauteuil roulant en partie.

HÔTELS, MOTELS ET AUBERGES
Best Western PLUS Pembina Inn & Suites 1714, rte Pembina, Winnipeg (Man.) R3T 2G2. 877-269-8811. best westernpembina.com.
104 chambres, 153 $-197 $.
Canad Inns Destination Centre Fort Garry 1824, rte Pembina, Winnipeg (Man.) R3T 2G2. 204-261-7450 ou 888-332-2623. canadinns.com.
106 chambres, 115 $-160 $.
Capri Motel 1819, rte Pembina, Winnipeg (Man.) R3T 2G2. 204-269-6990. 67 chambres, 75 $-95 $.

Renseignements supplémentaires :
Tourism Winnipeg 204-943-1970 ou 855-734-2489, tourismwinnipeg. com/francais.

MANITOBA

L'ameublement de la maison Riel reflète à la fois les traditions métisses et européennes.

AUTRES LIEUX HISTORIQUES NATIONAUX

PRESBYTÈRE-ST. ANDREW'S
ST. ANDREWS (MAN.)

Construit de 1851 à 1854 pour servir de résidence à un curé anglican, le presbytère St. Andrew's a été reconstruit par Parcs Canada dans les années 1980. Ses lignes épurées, sa construction en pierre calcaire et sa véranda de bois illustrent l'architecture de l'époque de la région; son aménagement paysager reflète les années 1860. La maison est ouverte en juillet et en août, et le terrain l'est toute l'année. Désigné LHN en 1962. 374, ch. River. 204-785-6050. parcscanada.gc.ca/presbyterestandrews

FORTS ROUGE, GARRY ET GIBRALTAR
WINNIPEG (MAN.)

Bâtis à différents emplacements du confluent des rivières Rouge et Assiniboine, trois forts témoignent de l'évolution du commerce à l'ouest. Le fort Rouge a contribué à l'expansion du commerce au nom de la France. Le fort Gibraltar, construit en 1810 et 1811 par la Compagnie du Nord-Ouest, a été détruit en 1816 lors d'un conflit avec la Compagnie de la Baie d'Hudson, puis reconstruit, et rebaptisé « Fort Garry » après la fusion des deux compagnies. Il a été remplacé par le Upper Fort Garry voisin, qui a été partiellement démoli en 1882. Désigné LHN en 1924. La Fourche, 45, ch. Market. 204-98-6757.

MAISON-GABRIELLE-ROY
WINNIPEG (MAN.)

La maison Gabrielle-Roy présente les réalisations de Gabrielle Roy, la grande auteure canadienne-française, dont les livres ont été inspirés par la région, où elle a vécu près de 28 ans. Sa résidence est aujourd'hui un musée visant à perpétuer son héritage dans la scène culturelle du Manitoba. Désigné LHN en 2009. 375, rue Deschambault. 204-231-3853.

DALNAVERT
WINNIPEG (MAN.)

La maison Dalnavert a été construite en 1895 afin de servir de domicile familial à sir Hugh John Macdonald, qui était le fils du premier des premiers ministres du Canada, alors qu'elle était la puissance économique de l'Ouest canadien. Aujourd'hui restaurée, cette maison au style néo-queen Anne accueille un musée avec un centre d'accueil et un jardin du patrimoine. Désigné LHN en 1990. 61, rue Carlton. 204-943-2835.

QUARTIER-DE-LA-BOURSE
WINNIPEG (MAN.)

Le quartier de la Bourse compte plus d'une centaine d'édifices du patrimoine construits entre 1880 et 1913. Ces structures à l'architecture remarquable témoignent du rôle essentiel de la ville dans l'ouest à titre de centre des finances, de l'industrie manufacturière, du commerce des grains et du commerce de gros. Le quartier abrite aujourd'hui des magasins, des restaurants et des galeries, ainsi qu'un parc urbain en son centre. Désigné LHN en 1997. Au nord de l'av. Portage et de la rue Main. 204-942-6716.

CENTRE-D'INSCRIPTION-DE-L'ENTRÉE-EST-DU-PARC-DU-MONT-RIDING
WASAGAMING (MAN.)

Construit dans le cadre du Programme de secours mis en œuvre par le gouvernement du Canada pendant la dépression, le Centre d'inscription de l'entrée Est du parc du Mont-Riding comprend un poste de garde du parc, une résidence du gardien et une entrée. C'est la seule entrée d'origine d'un parc national datant des années 1930 qui est encore intacte. Le Centre présente une conception rustique. Un pont en treillis assorti de coupoles jumelles forme toujours l'entrée est du parc. Désigné LHN en 1992. 1, Wasagaming Dr. 204-848-7275. parcscanada.gc.ca/eastgate

MANITOBA

Canons positionnés pour surveiller l'embouchure de la rivière Churchill.

▶ FORT-PRINCE-DE-GALLES

ESKIMO POINT (MAN.)
Désigné en 1920

Aux premières années du Canada, le fort Prince-de-Galles était un des avant-postes subarctiques de la Compagnie de la Baie d'Hudson. Ce lieu historique national de la baie d'Hudson comprend également un port d'hivernage, à l'anse Sloop, et le cap Merry, où se trouve une batterie de défense située de l'autre côté de la rivière, face au fort.

À la fin du XVIIe siècle et au début du XVIIIe siècle, la baie d'Hudson a été le théâtre de la rivalité impériale entre Français et Anglais. Les forces françaises ont capturé les postes de traite de Compagnie de la Baie d'Hudson (CBH) plusieurs fois, et ont presque entraîné sa ruine. En 1730, afin d'éviter d'autres défaites, CBH a entamé la construction d'un fort de pierres à l'embouchure de la rivière Churchill, un lieu jugé suffisamment défendable.

L'énorme taille du fort (en forme d'étoile européenne, avec 4 bastions en saillie), la taille réduite de l'équipe de construction, la courte saison de construction et les nombreuses tâches nécessaires à la survie en région subarctique ont ralenti le projet, qui n'a été réalisé qu'après 40 ans.

Tout au long des opérations de CBH sur ce site, des familles dénées (Chipewyan) et cries ont approvisionné le poste de traite en viande, en poisson, en vêtements chauds et en raquettes à neige. Ces familles ont été essentielles à la réussite de la traite des fourrures de CBH.

Attractions et activités

En raison du risque que présentent les ours polaires, les visites au fort Prince-de-Galles sont guidées (ce risque est supérieur de juillet à début décembre). Pour assurer la sécurité des visiteurs, des surveillants d'ours accompagnent les visites. Faites une réservation auprès de Parcs Canada ou d'un voyagiste local.

Cette fortification de plusieurs étages donne aux visiteurs une idée des défis affrontés par ceux qui y vivaient au XVIIIe siècle. Les visites comprennent généralement une période d'exploration libre dans le fort, où l'on peut, entre autres, revisiter la poudrière, ou grimper sur les garde-fous de pierre où sont alignés des canons.

Le site offre quelques randonnées pédestres guidées, dont une randonnée estivale à l'anse Sloop (*seanorth tours.com*), longue de 4 km et qui longe les rives de la baie de l'anse vers le fort (accessible par zodiac). On peut y observer des oiseaux marins, apercevoir des bélugas et trouver des fossiles. La randonnée hivernale à destination du fort (8 km) à la fin mars se fait en grande partie sur la glace marine (communiquez avec le bureau de Parcs Canada à Churchill).

Peu de panneaux d'interprétation sont installés au cap Merry, la visite guidée est conseillée.

Comment s'y rendre

Aucune route ne dessert Churchill. Il y a trois départs de trains par semaine depuis Winnipeg (VIA Rail, *viarail.ca*). Des vols quotidiens relient Churchill et Winnipeg, et il y a un vol Thompson-Churchill par semaine.

Le fort Prince-de-Galles, situé de l'autre côté de la rivière; des entreprises privées permettent d'y accéder par bateau ou par hélicoptère. La batterie du cap Merry se trouve à 1,5 km au nord de Churchill. Des services d'autobus et de location de véhicules sont offerts. Il est déconseillé de voyager à pied en raison du risque posé par les ours polaires.

Quand visiter

On ne peut entrer au fort qu'en faisant une visite guidée en juillet et en août,

INFORMATION

ACCUEIL ET INFORMATION
C.P. 127, Churchill (Man.) R0B 0E0. Tél. : 204-675-8863. parcscanada. gc.ca/fortprincegalles.

DROITS D'ENTRÉE
Communiquez avec Parcs Canada. Les coûts varient.

SERVICES ACCESSIBLES
Accès limité; communiquez avec Parcs Canada avant votre visite afin de vous assurer qu'il est possible de prendre les mesures appropriées.

TERRAINS DE CAMPING
Le camping est interdit en raison du risque de rencontrer un ours polaire.

HÔTELS, MOTELS, AUBERGES
Bear Country Inn 1126, boul. Kelsey, Churchill (Man.) R0B 0E0. 204-675-8299. bearcountryinn.com. 26 chambres, 109 \$-229 \$.
Lazy Bear Lodge 313, boul. Kelsey, Churchill (Man.) R0B 0E0. 866-687-2327. lazybearlodge.com. 32 chambres, 190 \$-230 \$.
Tundra Inn 34, rue Franklin, Churchill (Man.) R0B 0E0. 800-2658563. tundrainn.com. 31 chambres, 155 \$-265 \$.

MANITOBA

selon les conditions météorologiques. La batterie du cap Merry est ouverte de la mi-juin au mois d'août pour les visites sans guide (non recommandées par Parcs Canada en raison des ours polaires) et les visites guidées. Des visites guidées gratuites sont offertes en octobre et en novembre.

Le robuste fort Prince-de-Galles en forme d'étoile.

Un panneau peint datant des années 1800 a été découvert dans l'entrepôt; il montre une scène de la vie quotidienne à l'entrepôt du poste de traite.

▶ YORK FACTORY

GILLAM (MAN.)

Désigné en 1936

Durant plus de 250 ans, York Factory a été un carrefour de traite de fourrure vital. Il a joué un rôle crucial dans la lutte entre Anglais et Français pour le contrôle du commerce des fourrures, car c'était un poste de traite important et un entrepôt de la Compagnie de la Baie d'Hudson, et dans l'expansion de ce commerce à l'intérieur de l'Ouest canadien.

L'emplacement actuel de York Factory est en fait la troisième incarnation de la manufacture. La France et la Grande-Bretagne se sont battues pour obtenir le contrôle de York Factory (bâti en 1684); elles l'ont capturé tour à tour jusqu'en 1713, lorsque le Traité d'Utrecht a accordé à la Compagnie de la Baie d'Hudson (CBH) les droits exclusifs sur la baie d'Hudson. Le site a ensuite servi d'entrepôt principal à la CBH et a été un lien de transbordement entre les vastes ressources en fourrures de l'intérieur du continent et des marchés européens.

Au cours du siècle suivant, York Factory est devenu un dépôt d'entreposage et de transbordement. À son apogée, le site comptait plus de 50 bâtiments et un personnel composé de représentants, de commis, de gens de métier et de laboureurs, en plus d'une main-d'œuvre de commerçants et chasseurs autochtones. Après 1860, l'établissement de nouvelles lignes d'approvisionnement ont réduit le rôle de York Factory : à la fin du siècle, ce n'était plus qu'un poste de traite régional. Sur les 102 ha, il ne subsiste que deux bâtiments, deux ruines, un cimetière et des vestiges archéologiques.

Attractions et activités

Les visiteurs peuvent se déplacer librement sur le lieu historique. Visitez l'entrepôt où vous trouverez des canons, une presse de fourrures, une chaire d'église et des poêles de fonte travaillés, déposés entre des tables regorgeant d'objets de commerce. Promenez-vous sur les trottoirs de bois traversant les marécages de la toundra et rendez-vous aux ruines d'une poudrière et d'un cimetière.

Les visites sans guide sont possibles à l'aide de documents imprimés ou de l'application Explora de Parcs Canada qui vous permettront de découvrir ce lieu à votre rythme. Si vous n'avez pas de téléphone intelligent, vous pouvez demander un appareil contenant l'application.

Notez que les conditions météorologiques à York Factory sont imprévisibles, et pourraient vous forcer à prolonger votre séjour. Munissez-vous de vêtements chauds, de bottes en caoutchouc, d'insecticide et de provisions pour deux ou trois jours supplémentaires. La température moyenne en été est de 13 °C, et il arrive souvent qu'elle chute lorsque le vent vient de la baie d'Hudson gelée. Il y a 40 % de probabilité de pluie chaque jour; une forte marée et des vents violents sont fréquents.

Il est possible de rencontrer des ours polaires en tout temps, mais les risques sont accrus de la mi-juillet à la mi-septembre. Le personnel de Parcs Canada assure la surveillance des ours dans le cadre des visites.

INFORMATION

ACCUEIL ET INFORMATION
C.P. 127, Churchill (Man.) R0B 0E0. Tél. : 204-675-8863 ou 888-773-8888. parcscanada.gc.ca/yorkfactory.

SERVICES ACCESSIBLES
Accès limité; communiquez avec les responsables du site pour plus de détails.

TERRAINS DE CAMPING
Des terrains de camping sécuritaires et des installations sanitaires se trouvent dans l'enceinte clôturée de Parcs Canada. Aucune réservation requise.

HÔTELS, MOTELS ET AUBERGES
Aurora Garden Motel & Suites 88, av. Mattonnabee, Gillam (Man.) R0B 0L0. 204-652-6554. 35 chambres, 135 $.

Renseignements supplémentaires : **Travel Manitoba** 800-665-0040. travelmanitoba.com.

MANITOBA

Veuillez respecter les directives données par le personnel.

Comment s'y rendre

Des vols nolisés assurent la liaison vers York Factory à partir du Nord du Manitoba. VIA Rail (*viarail.ca*) offre un service ferroviaire limité vers la ville voisine de Gillam. À partir de Gillam, prenez un avion ou un bateau nolisé vers le site. Les canoéistes qui naviguent sur la rivière Hayes devraient s'enregistrer auprès du bureau de Parcs Canada à Churchill et de la Gendarmerie royale du Canada à leur point de départ.

Quand visiter

Le site de York Factory est ouvert en juillet et en août (selon les conditions météo).

L'entrepôt de York Factory (en arrière-plan).

Promenade à cheval au lieu historique national du Fort-Walsh.

SASKATCHEWAN

Admise dans la Confédération en 1905, la Saskatchewan est la seule province qui ne possède pas de frontières naturelles. Son nom signifie en cri « rivière au courant rapide », et les données probantes suggèrent que les Cris et d'autres peuples autochtones habitent sur ce territoire depuis au moins 10 000 ans av. J.-C. Les premiers Européens à y effectuer une incursion étaient des commerçants de fourrures. La plupart des colons sont toutefois arrivés dans les années 1870, après l'établissement de la Police à cheval du Nord-Ouest.

Les voyageurs peuvent expérimenter la vie des premiers colons au
Homestead Motherwell; ils peuvent
aussi visiter le fort Walsh et d'autres
postes érigés par la Police à cheval du
Nord-Ouest. La rébellion du Nord-
Ouest s'est terminée en mai 1885,
lorsque les Métis ont perdu la bataille
de Batoche. Au cours des décennies
qui ont suivi, beaucoup d'immigrants
se sont établis sur le territoire, y compris des quakers et des doukhobors,
lesquels souhaitaient échapper aux
persécutions dont ils étaient victimes
en Russie (voir p. 269).

Le lieu historique national de Batoche est centré sur le mode de vie des Métis entre 1860 et 1900.

▶ BATOCHE

BATOCHE (SASK.)

Désigné en 1923

Ce paysage paisible a été le théâtre de la bataille finale de la rébellion du Nord-Ouest de 1885, une insurrection organisée par les Métis, qui se sentaient alors exclus des plans mis en œuvre pour assurer la croissance et le développement de l'Ouest canadien.

Le lieu historique national de Batoche commémore ce conflit armé entre le gouvernement canadien et le gouvernement provisoire métis, ainsi que l'histoire de la communauté de Batoche, le foyer de la culture et du patrimoine métis. Situé le long de la rivière Saskatchewan Sud, au nord de Saskatoon, le lieu de 810 ha est constitué du champ de bataille, des éléments subsistants de la collectivité avoisinante et des vestiges du village métis, y compris une église et un presbytère. Le village était situé à l'endroit où la piste Carlton – la principale route commerciale reliant le fort Edmonton (en Alberta) et le fort Garry (à Winnipeg, au Manitoba) pendant une bonne partie du XIXᵉ siècle –

traverse la rivière Saskatchewan Sud.

LES MÉTIS

Le terme « Métis » désigne aujourd'hui les personnes d'ascendance mixte dont l'origine remonte au commerce des fourrures et qui se considèrent comme un groupe distinct des collectivités eurocanadiennes et autochtones de la région à l'ouest des Grands Lacs. Pour les Cris, les Métis étaient « leur propre patron », ou « les gens qui s'appartiennent »; de fait, ils travaillaient pour des entreprises eurocanadiennes comme chasseurs, guides et interprètes. Les possibilités de mener ce genre de vie ont toutefois diminué avec la fusion des deux grandes compagnies; en conséquence, la demande croissante de peaux de bison a permis de redynamiser l'économie. Dès 1850, les Métis ont pu concurrencer le monopole, et bon nombre d'entre eux commerçaient avec les collectivités autochtones de l'Ouest. Ils étaient les membres éminents de nombreuses collectivités dans l'Ouest.

Les Métis de la rivière Rouge ont résisté à l'annexion du Canada aux États-Unis en 1869; l'année suivante, ils ont obtenu le statut provincial pour le Manitoba. Toutefois, les progrès devant en découler sur les plans politique et économique se faisaient lentement, et bientôt, le pouvoir est tombé aux mains des nouveaux arrivants eurocanadiens. Désillusionnés, les Métis ont migré au centre de la Saskatchewan, où ils ont transformé les camps de leurs ancêtres en établissements permanents. En 1873, François-Xavier Letendre, dit Batoche, a mis en place un service de traversier là où la piste Carlton traverse la rivière Saskatchewan Sud. En 1885, la communauté qui porte son nom comptait environ 500 habitants.

Comme ils l'avaient fait le long de la rivière Rouge au Manitoba, les Métis de Batoche ont réparti leurs terres en lots riverains, plus longs que larges, afin que tout le monde puisse accéder à la rivière; ils cultivaient une petite partie de leur terre, mais vivaient principalement du transport, du commerce et de l'élevage de bétail

LA RÉBELLION DU NORD-OUEST DE 1885

Dans les années 1870, l'Ouest canadien traversait une période difficile : le gibier se faisait rare, la chasse au bison ne représentait plus une activité économique durable, et l'agriculture éprouvait des difficultés. Les Autochtones ont négocié des traités avec la Couronne; toutefois, les aliments, le matériel et les biens qui leur avaient été promis n'arrivaient pas toujours à destination ou n'étaient pas de bonne qualité. Les Métis ne bénéficiaient même pas d'un soutien aussi rudimentaire. On ignorait continuellement leurs requêtes, ce qui provoquait des tensions. Enfin, après avoir passé un hiver qui les laissa affamés, les tensions ont donné lieu à une explosion de violence en mars 1885.

La bataille de Batoche constitue le point culminant de la résistance du Nord-Ouest. Elle a fait rage du 9 au 12 mai 1885. Moins de 300 Métis et membres des Premières Nations, menés par Louis Riel et Gabriel Dumont, ont défendu Batoche à partir d'une série de trous de tirailleur creusés autour du village. La Force expéditionnaire du Nord-Ouest, commandée par Frederick Middleton et comptant 800 hommes, a attaqué directement les défenses et participé à des manœuvres destinées à placer les Métis et les Premières Nations dans une situation de vulnérabilité. La Force expéditionnaire du Nord-Ouest a rapidement capturé Louis Riel; ensuite, elle a poursuivi ses adversaires dans les forêts du nord.

La localité de Batoche a subsisté jusqu'au début des années 1900; lorsque le Chemin de fer Canadien Pacifique a décidé de le contourner, la population a cependant beaucoup diminué. En 1915, un seul magasin demeurait ouvert dans le village.

EXPLORER BATOCHE

Faites une activité d'interprétation autonome ou participez à l'activité « Un voyage dans le temps », une visite guidée de 90 min offerte en juillet et août. La visite est conçue pour toute la famille. Sur le chemin, vous

SASKATCHEWAN

rencontrerez des pionniers métis authentiques qui vous raconteront leurs histoires et leur vie sur les bords de la rivière Saskatchewan Sud, le théâtre de la bataille couronnant les événements de 1885. La visite s'arrête aux trous des tirailleurs et au presbytère.

Batoche offre également un réseau de sentiers, y compris « Le méandre de la Saskatchewan Sud », un sentier de 1,5 km qui longe la rivière, et la piste Carlton, une section restante d'une ancienne route commerciale. Veuillez noter qu'en raison de l'érosion du rivage, certaines sections de sen-tiers ont été modifiées ou fermées.

Les personnes à mobilité réduite ou celles qui souhaitent que leur visite du lieu soit moins exigeante physiquement peuvent monter à bord de la navette de Batoche,. La navette mène les visiteurs au village-est, où le gouvernement provisoire de la Saskatchewan dirigé par Louis Riel avait établi son quartier général. En cours de route, admirez les vertes prairies parsemées de fleurs sauvages et la forêt de trembles. Il est possible de réserver pour faire des visites. La navette est en activité tous les jours de la semaine entre mai et juin, et tous les jours en juillet et en août.

Comment s'y rendre

Batoche se situe à une heure de voiture au nord de Saskatoon (88 km). Empruntez la rte 11N en direction de Rosthern, puis la rte 312E jusqu'à la rte 225. Batoche se trouve à 11 km au nord de cette jonction, sur la rte 225.

Quand visiter

Le lieu est moins achalandé lors des périodes creuses; cependant, de nombreuses activités sont offertes en juillet et en août, dont l'événement « Retour à l'époque de Batoche ».

De jeunes visiteurs s'amusent avec des jouets métis traditionnels.

Au cours de la Rébellion du Nord-Ouest, le presbytère (à gauche) s'est retrouvé au milieu des hostilités; les trous laissés par les balles dans ses murs témoignent de cette période trouble.

LIEU HISTORIQUE NATIONAL DE BATOCHE
(Batoche National Historic Site)

INFORMATION ET ACTIVITÉS

ACCUEIL ET INFORMATION
RR#1 Box, 1040, Wakaw (Sask.) S0K 4P0.
Tél. : 306-423-6227. parcscanada.gc.ca/
batoche.

SAISONS ET ACCESSIBILITÉ
Le lieu est ouvert les jours de semaine de
mai à juin et de septembre à l'Action de
grâces, et tous les jours en juillet-août. Il
est fermé en hiver. L'horaire précis se
trouve sur le site Web.

LES AMIS DE BATOCHE
306-423-5687. Il y a une boutique de souvenirs sur place.

DROITS D'ENTRÉE
7,80 $/adulte; 19,60 $/famille ou groupe
par jour; 19,60 $/adulte; 49 $/famille ou
groupe par année.

SERVICES ACCESSIBLES
Tous les bâtiments sont accessibles en
fauteuil roulant. Des équipements
spécifiques sont disponibles sur demande.
La majorité de ces services sont offerts
gratuitement selon le principe premier
arrivé, premier servi. La navette de Batoche est le moyen idéal de visiter le lieu
pour les personnes à mobilité réduite.

ACTIVITÉS OFFERTES
En plus de l'interprétation de l'histoire
vivante, les activités spéciales offertes sur
place comprennent notamment la géocachette et l'événement « Retour à l'époque
de Batoche ».

La chasse au trésor (géocachette) : À
l'aide d'un appareil loué au centre d'accueil,
relevez les indices pour découvrir les géo-
cachettes. Au cours de la chasse au trésor,
apprenez-en davantage sur le rôle des
femmes et des enfants lors de la résistance
du Nord-Ouest; découvrez l'histoire de
Monsieur Batoche, et obtenez des renseignements sur les trous des tirailleurs.

Retour à l'époque de Batoche : Chaque
troisième semaine de juillet a lieu cet
événement, une célébration de la culture
métisse. Les visiteurs peuvent assister à
des compétitions de gigue ou s'adonner
eux-mêmes à la gigue de la rivière Rouge.

De nombreux interprètes culturels se partagent la scène; en outre, divers objets d'art
métis y sont exposés.

RENSEIGNEMENTS IMPORTANTS
• Le lieu a une très grande superficie et
comporte un grand nombre de renfonce-
ments, de zones broussailleuses ou
présentant des dangers naturels. Il est
recommandé de porter des chaussures
permettant de s'adapter au relief varié.
• Les tiques et autres petits insectes peu-
plent le lieu historique. Les tiques se trouvent dans les hautes herbes ou les boisés;
elles se tiennent sur les feuilles d'arbres
ou les brins d'herbe. Pour éviter leur mor-
sure, portez des vêtements longs. Vérifiez
régulièrement si vous en avez sur vous et
surveillez vos animaux de compagnie.
• Des ours noirs fréquentent le lieu à l'occasion. Veuillez communiquer avec le
centre d'accueil pour savoir s'il y a eu des
signalements récemment.
• Les visiteurs sont invités à profiter d'une
vue sur la rivière Saskatchewan Sud à
partir du bassin, celle-ci étant rapide. La
nage est déconseillée. Les embarcations y
sont permises; toutefois, le port d'une
veste de sauvetage est obligatoire.

TERRAINS DE CAMPING
Valley Regional Park situé au nord de
Rosthern. 306-232-5600.
valleyregionalpark.com.

HÔTELS, MOTELS ET AUBERGES
*(Sauf indication contraire, les prix mentionnés
sont pour une chambre en occupation double,
en haute saison, en dollars canadiens.)*
Academy Bed and Breakfast 402, 9th
Ave., Rosthern (Sask.) S0K 3R0. 306-
232-5633. academybandb.ca 3 chambres,
70 $-95 $.
Rosthern Hotel 8016, rue Saskatchewan,
Rosthern (Sask.) S0K 3R0. 306-232-4841.
8 chambres, 62 $.

Renseignements supplémentaires :
Prince Albert Tourism 306-953-4385,
princealberttourism.com.
Tourism Saskatoon 800-567-2444,
tourismsaskatoon.com.

SASKATCHEWAN

Des recrues prêtent le serment d'allégeance au corps de Police à cheval du Nord-Ouest au fort Walsh.

▶ FORT-WALSH

MAPLE CREEK (SASK.)
Désigné en 1924

Construit en 1875, le fort Walsh était le fort le plus important et le plus imposant occupé par une garnison de la Police à cheval du Nord-Ouest (P.C.N.-O.) pendant les premières années d'existence du corps dans l'Ouest. La P.C.N.-O. postée au fort avait également le mandat de patrouiller la frontière afin d'assurer la souveraineté du Canada.

Bien que le fort n'ait existé que pendant huit ans, il a servi à assurer la sécurité et à maintenir la paix à une époque marquée par le changement. Il était équipé et prêt à être utilisé pour la guerre; toutefois, la P.C.N.-O. privilégiait la diplomatie et la conciliation.

L'une des principales raisons de l'établissement du fort Walsh était de favoriser les relations avec les Autochtones. La P.C.N.-O. les invitait à négocier des traités avec le gouvernement fédéral. En outre, les chirurgiens de la P.C.N.-O. étaient les seuls médecins de la région, et ils ont apporté une assistance aux Autochtones. En retour, ces derniers ont aidé activement la P.C.N.-O. à mettre fin au commerce illégal du whisky. Le fort Walsh entretenait également des relations diplomatiques avec les Lakotas lorsqu'ils sont arrivés au Canada à la suite des batailles historiques qui ont eu lieu aux États-Unis.

Les policiers postés à fort Walsh et ailleurs agissaient également à titre de douaniers. Ils devaient assumer la fonction d'inspecteurs de la quarantaine étant donné le nombre de bétail qui arrivait au Canada. Ils distribuaient le courrier en wagon. Les officiers de la P.C.N.-O. étaient également magistrats et juges de paix. C'était les ambassadeurs du nouveau gouvernement du Dominion. Lorsque leurs conditions de service sont arrivées à échéance, ils ont été parmi les premiers à coloniser l'Ouest canadien en tant qu'hommes d'affaires.

Attractions et activités

Rendez-vous d'abord au centre d'accueil pour avoir un aperçu du lieu, puis visitez les environs du fort. Des interprètes en costume d'époque racontent aux visiteurs comment était la vie dans les années 1870, alors que le fort était en activité. Les visiteurs peuvent tester leurs compétences de négociateurs en participant aux activités commerciales du poste, et apprendre combien valaient les peaux de bison dans les années 1870.

Laissez-vous charmer par les sentiers. Un sentier de 550 m sillonne la forêt des collines Cypress, le long du ruisseau Battle. Si vous souhaitez effectuer une randonnée prolongée, une nouvelle boucle de 5 km vous mènera dans l'arrière-pays.

Visitez le lieu en août, lors de la Journée des métiers, où vous pourrez vous promener en chariot, découvrir des danses métisses et les métiers de l'époque, et assister à des démonstrations culturelles ainsi qu'à l'exercice militaire de la P.C.N.-O. Appelez au 403-893-3833 pour plus de détails.

En raison de l'altitude, la température peut être très différente de celle observée dans les régions moins

Levée du drapeau du Royaume-Uni.

SASKATCHEWAN

INFORMATION

ACCUEIL ET INFORMATION
C.P. 278, Maple Creek (Sask.) S0N 1N0. Tél. : 306-662-2645 (bureau de l'administration) ou 306-662-3590 (lieu; mai à octobre). parcscanada.gc.ca/walsh.

DROITS D'ENTRÉE
9,80 $/adulte; 22 $/famille ou groupe par jour; 19,60 $/adulte; 49 $/famille ou groupe par année.

SERVICES ACCESSIBLES
Limités, relief du terrain variable; contactez les responsables du site.

RENSEIGNEMENTS IMPORTANTS
Il est interdit de s'approcher ou de nourrir les animaux sauvages.

TERRAINS DE CAMPING
Les installations sans services sont à 10 km à l'ouest, le long de la route Graburn Gap. Les installations avec services les plus près sont à 40 km, dans le **parc interprovincial des collines Cypress** (cypresshills.com).

HÔTELS, MOTELS ET AUBERGES
Commercial Hotel 26, av. Pacific, Maple Creek (Sask.) S0N 1N0. 306-662-2988. maplecreekcommercialhotel.ca. 14 chambres, 75 $-132 $.

élevées. Apportez chapeau, imperméable et chaussures de marche, de même que du chasse-moustiques, un écran solaire et de l'eau.

Comment s'y rendre

Fort Walsh est situé à 55 km au sud-ouest de Maple Creek, près de la Rte 1 (Transcanadienne).

Quand visiter

Le lieu historique national du Fort-Walsh est ouvert de mai à septembre. Il est ouvert tous les jours en juillet et en août, et du mardi au samedi en mai, juin et septembre. Visitez le site Web de Parcs Canada.

Le homestead Motherwell dépeint la vie des fermiers dans les prairies à la fin des années 1800.

▶ HOMESTEAD-MOTHERWELL

ABERNETHY (SASK.)
Désigné en 1966

D'une superficie de 3,6 ha, le homestead Motherwell a été désigné lieu historique national en 1966 en raison de son association à la carrière de William Richard Motherwell, et à titre de représentation d'un homestead fondé sur l'agriculture scientifique pendant la colonisation des prairies de l'Ouest canadien.

Motherwell a quitté l'Ontario pour aller s'établir dans l'Ouest; il a donc tiré avantage de la politique de colonisation canadienne, laquelle offrait des quarts de sections de terre gratuits dans les prairies. Il a été l'un des premiers à s'installer en 1882. Il a été le premier ministre de l'Agriculture de la Saskatchewan et a également assumé la fonction de ministre fédéral de l'Agriculture. La maison de pierres qu'il a construite, connue sous le nom de Lanark Place, est devenue un lieu très connu de la région d'Abernethy.

Motherwell a été l'un des nombreux individus dont les efforts ont révolutionné le développement de l'agriculture dans les prairies. Il était un grand défenseur de l'agriculture sèche, laquelle était essentielle si l'on voulait que l'agriculture et la colonisation soient couronnées de succès.

Attractions et activités

Commencez par vous rendre au centre d'accueil et effectuez une visite autoguidée (à l'aide de l'application officielle gratuite) du homestead. Promenez-vous sur le chemin menant au potager bordant Lanark Place, la maison de pierres meublée où vivait la famille Motherwell. Visitez l'immense ferme de style ontarien et son enclos rempli de bétail.

De 1,5 km de long, le sentier Stueck Nature vous fait passer à travers le champ d'un fermier pour vous amener à un marais abritant une variété d'oiseaux et à une plateforme d'observation. Vous pouvez accéder au sentier à partir de l'aire de pique-nique près du parc de stationnement.

Comment s'y rendre

Le lieu historique Homestead-Motherwell se trouve à 3 km au sud d'Abernethy, sur la rte 22. Abernethy est situé 100 km à l'est de Regina sur la Rte 10.

Quand visiter

Le lieu est ouvert tous les jours de la semaine en mai et en juin, et tous les jours de juillet à septembre. Visitez le site Web pour connaître l'horaire précis.

INFORMATION

ACCUEIL ET INFORMATION
C.P. 70, Abernethy (Sask.) S0A 0A0. Tél. : 306-333-2116. parcscanada. gc.ca/motherwell.

DROITS D'ENTRÉE
3,90 $/adulte; 9,80 $/famille ou groupe.

SERVICES ACCESSIBLES
Site accessible.

HÔTELS, MOTELS ET AUBERGES
BraeBurn Inn 750, av. Bay, S. Fort Qu'Appelle (Sask.) S0G 1S0. 306-332-5757. braeburn.sk.ca. 9 chambres, 99 $-149 $.

Renseignements supplémentaires :
Tourism Saskatchewan 877-237-2273, tourismsaskatchewan.com.

SASKATCHEWAN

Le fort Battleford était le quartier général de l'une des divisions du corps de Police à cheval du Nord-Ouest entre 1876 et 1885.

▶ FORT BATTLEFORD BATTLEFORD (SASK.)

Désigné en 1923

Établi en 1876, il est l'un des premiers quartiers de la Police à cheval du Nord-Ouest; il a en outre été le théâtre de plusieurs événements majeurs, y compris les négociations entre les Premières Nations et le gouvernement du Canada lors de la signature du Traité n° 6.

La Police à cheval du Nord-Ouest (P.C.N.-O.) a établi l'autorité de la loi et de l'ordre canadiens tandis que la communauté de Battleford, premier siège du gouvernement dans les Territoires du Nord-Ouest, se transformait en agglomération prospère.

Le lieu historique commémore le rôle de la P.C.N.-O., chargée de veiller aux intérêts du gouvernement canadien dans l'Ouest entre 1876 et 1885. Pendant les conflits de 1885 (voir p. 255), le fort a servi de refuge aux résidants locaux et de base des opérations militaires lors des batailles qui ont eu lieu sur la colline Cut Knife et au fort Pitt, ainsi que lors de la recherche de Mistahimaskwa (Big Bear), un puissant chef cri qui a tenté de défendre son peuple pacifiquement. Battleford a aussi été le site de la reddition de Pîhtokahânapiwiýin (Poundmaker), un autre chef cri, aux forces du général Middleton le 16 mai 1885.

Attractions et activités

Le fort Battleford offre une incursion dans la vie des hommes de la P.C.N.-O. qui ont fait du fort leur résidence dans les années 1800. Visitez les bâtiments authentiques entièrement restaurés.

Louez une paire d'écouteurs au centre d'accueil et participez à une visite autoguidée (ou utilisez l'application Explora) pour découvrir

Une démonstration de tir au fort Battleford.

INFORMATION

ACCUEIL ET INFORMATION
C.P. 70, Battleford (Sask.) S0M 0E0. Tél. : 306-937-2621 (1er mars au 31 octobre). parcscanada.gc.ca/battleford.

DROITS D'ENTRÉE
3,90 $/adulte; 9,80 $/famille ou groupe par jour.

SERVICES ACCESSIBLES
Site accessible. Des scooters électriques sont également offerts.

TERRAINS DE CAMPING
Eiling Kramer Campground à côté du fort Battleford. 306-937-6212.

HÔTELS, MOTELS ET AUBERGES
Gold Eagle Lodge 112004, av. Railway E, North Battleford (Sask.) S9A 3W3. 306-446-8877. goldeaglelodge.com. 112 chambres, 160 $-270 $.
Tropical Inn 1001, rte 16 Bypass, North Battleford (Sask.) S9A 3W2. 306-446-4700. tropicalinns.com/northbattleford. 119 chambres, 119 $-159 $.

15 lieux riches en histoire autour du fort. En cours de route, admirez les bâtiments de la P.C.N.-O. et apprenez-en davantage sur le rôle du fort dans le conflit armé de 1885.

Pour conférer à votre visite un aspect ludique, le fort dispose d'un parcours de disque-golf de neuf trous qui convient aux débutants comme aux experts. Les joueurs peuvent admirer les vues magnifiques le long de la rivière Saskatchewan Nord pendant qu'ils effectuent le parcours. Une ronde de disque-golf est offerte avec votre droit d'entrée, et les membres du personnel vous expliqueront comment jouer. C'est aussi simple que de lancer un Frisbee.

Le fort offre plusieurs activités spéciales. En juillet, le Festival du fort propose des activités historiques et une démonstration de métiers; des divertissements modernes, de la musique et des jeux. Les visiteurs peuvent assister aux promenades à cheval de la P.C.N.-O. et à des démonstrations de tir et de télégraphe. En août ont lieu « Les promenades des esprits », une visite du fort après sa fermeture au cours de laquelle vous entendrez des récits au sujet des fantômes qui hantent ce lieu historique. Consultez le site Web.

Apportez une protection solaire, un chapeau et des bouteilles d'eau.

Le relief du terrain est variable et parsemé de dangers naturels; il est conseillé de porter de bonnes chaussures.

Comment s'y rendre

Le fort Battleford est situé à Battleford, à 153 km au nord-ouest de Saskatoon.

Quand visiter

Ouvert de mai à août; du lundi au vendredi en mai et en juin, et tous les jours en juillet et en août. Visitez le site Web pour connaître l'horaire.

AUTRES LIEUX HISTORIQUES NATIONAUX

BATAILLE-DE-LA-COULÉE-DES-TOUROND – FISH CREEK
FISH CREEK (SASK.)

Ce lieu commémore l'endroit où les Métis menés par Gabriel Dumont et les Premières Nations Cri et Dakota réussirent à retarder l'avance de la Force de campagne du Nord-Ouest pendant la résistance du Nord-Ouest de 1885. Cette bataille marque le premier affrontement entre les forces métisses et les soldats canadiens. Le lieu abrite le champ de bataille principal et des vestiges archéologiques associés à la bataille. Désigné LHN en 1923. 25 km au sud de Batoche. 306-423-6227. parcscanada.gc.ca/tourond

FORT ESPÉRANCE
SPY HILL (SASK.)

Situé dans la vallée de la rivière Qu'Appelle entre Rocanville et la butte de l'Espion, ce site abrite les vestiges de deux postes de traite désignés tour à tour sous le nom de fort Espérance. Des monuments de pierre commémorent l'emplacement où se tenait le fort, qui était l'entrepôt de pemmican principal de la Compagnie du Nord-Ouest. Désigné LHN en 1959. 18 km au sud-est de la butte de l'Espion, près de la rte 600. 306-333-2116.

SASKATCHEWAN

AUTRES LIEUX HISTORIQUES NATIONAUX

FORT-LIVINGSTONE
PELLY (SASK.)

Construit en 1874-1875, il a été le premier quartier général de la Police à cheval du Nord-Ouest ainsi que la capitale des Territoires du Nord-Ouest (1876 à 1878) pendant que les nouveaux bâtiments gouvernementaux étaient en construction à Battleford. Il a été détruit lors d'un feu de prairie en 1884. D'une superficie de 48,5 ha, il renferme un hibernaculum de couleuvres rayées qui était présent à l'époque où le fort a été aménagé. Désigné LHN en 1923. 16 km au nord de Pelly. 306-333-2116. parcscanada.gc.ca/fortlivingstone

FORT-PELLY
PELLY (SASK.)

Pendant près d'un demi-siècle, le fort Pelly a été le siège du district de la rivière Swan de la Compagnie de la Baie d'Hudson. Il a été construit en 1824, étant le dernier d'une série de postes de traite établis à cet emplacement depuis 1793. Un nouveau fort a été construit en 1856 pour abriter le bétail et les chevaux. Abandonné en 1912, il a été vendu en 1921; ensuite, tous ses bâtiments ont été détruits ou éliminés. Désigné HN en 1953. 5 km à l'ouest et à 10 km au sud de Pelly. 306-333-2116. parcscanada.gc.ca/fortpelly

FRENCHMAN BUTTE
PARADISE HILL (SASK.)

C'est à Frenchman Butte que s'est déroulée la bataille armée de 1885 entre les Cris des plaines et les troupes de la milice canadienne, commandées par le général Thomas Strange, dans le cadre de la résistance du Nord-Ouest. On peut encore observer des trous de tirailleurs le long de l'emplacement d'une superficie de 7,2 ha, situé le long de Little Red Deer Creek, dans l'ouest de la Saskatchewan. Désigné LHN en 1929. 11 km à l'ouest de Paradise Hill. 306-937-2621. parcscanada.gc.ca/frenchmanbutte

MASSACRE-DE-CYPRESS HILLS
MAPLE CREEK (SASK.)

Le lieu commémore l'endroit où des commerçants américains ont attaqué un camp Nakoda, pour une affaire de chevaux, provoquant la mort de plus de 20 Autochtones. Les événements du 1er juin 1873 ont incité le premier ministre Macdonald à former un corps policier fédéral dans l'Ouest, et en 1874, la Police à cheval du Nord-Ouest était présente dans le secteur. L'une de ses priorités consistait à mener une enquête sur le massacre. Le lieu comporte les reconstitutions des deux anciens postes de traite. Désigné LHN en 1964. 2 km au sud du fort Walsh (voir p. 258-259). 306-662-2645.

WANUSKEWIN
SASKATOON (SASK.)

Wanuskewin est situé dans l'aire de conservation de Tipperary Creek. Les 20 sites archéologiques représentent près de 6 000 ans d'histoire culturelle liée aux peuples autochtones. On y trouve notamment des roues médicinales, des cercles de tipis et des cairns de pierre. Le parc du patrimoine comprend un centre d'accueil, une boutique de cadeaux et un restaurant, des éléments qui sont tous liés à la culture autochtone. Désigné LHN en 1986. Nord-est de Saskatoon sur la route rurale n° 4 (ch. Penner). 306-931-6767

FORESTRY FARM PARK AND ZOO
SASKATOON (SASK.)

Forestry Farm Park and Zoo appartient à la ville de Saskatoon; établi par le gouvernement fédéral en 1913, il a d'abord servi de pépinière. La ferme a permis de surmonter les défis présentés par la colonisation et l'agriculture dans les prairies en développant de nouvelles méthodes agricoles scientifiques. Aujourd'hui, le lieu comporte des plantations ornementales, des aires de pique-nique et un zoo. Désigné LHN en 1990. 1903, Forestry Farm Park Dr. 306-975-3382.

Les peuples autochtones du Canada

Pendant de nombreuses années, les voix des peuples autochtones du Canada, soit les Inuits, les Métis et les Premières Nations, n'ont pas été entendues dans les lieux historiques nationaux, mais cela commence à changer. Aujourd'hui, certains de ces lieux témoignent de la richesse de leur histoire et de leur savoir, et d'autres racontent l'histoire de personnes qui ont entretenu un lien avec ces espaces pendant des milliers d'années.

Une Autochtone portant un panier et une sangle frontale traditionnels, vers 1960.

Beaucoup de voix, beaucoup d'histoires à raconter

Certains sites historiques nationaux permettent de conserver et de renouveler des liens avec le passé, comme le lieu historique national Saoyú-ʔehdacho, situé près du Grand lac de l'Ours, dans les Territoires du Nord-Ouest, dont les ressources naturelles sont essentielles à la préservation et à la transmission de la culture des Sahtúgot'įnę (peuple du Grand lac de l'Ours). Pour les Sahtúgot'įnę, toute terre est sacrée, en particulier celle de Saoyú-ʔehdacho, un lieu « d'enseignement et d'apprentissage ».

Ce sont de tels lieux, et les histoires qui leur sont associées, qui permettent aux aînés de transmettre culture, histoire, cosmologie, valeurs spirituelles, lois, éthique, utilisation des terres et modes de vie traditionnels des Sahtúgot'įnę. Cette transmission intergénérationnelle du savoir traditionnel et de valeurs culturelles est essentielle pour comprendre la signification de ce lieu. Chaque année, un camp est organisé à Saoyú-ʔehdacho, où jeunes et vieux participent à des activités d'apprentissage culturel : raconter des histoires, sécher du caribou et du poisson, récolter et préparer des médicaments traditionnels, mener des cérémonies ou des célébrations spirituelles (enseignement du feu, cérémonie de la première prise), etc.

D'autres sites présentent aux visiteurs les perspectives des peuples autochtones sur le passé. La communauté métisse dirige la présentation de l'histoire au lieu historique national du Canada de Batoche (voir p. 254-257), en Saskatchewan, et y participe. Leur engagement se traduit, entre autres, par un programme de préservation de l'histoire de la résistance et de la survie des femmes métisses, qui repose sur la tradition orale qui honore leurs récits inédits. Cette approche novatrice a été adoptée parce que les aînés métis désiraient participer davantage à la conception et à la présentation de la programmation culturelle de Batoche. Le programme tient compte de points de vue historiques divergents, mais complémentaires, afin de les honorer et de les présenter aux visiteurs. Ces derniers sont également incités à voir les Métis comme un peuple vivant, qui surmonte les conflits du XIXe siècle pour faire parvenir l'histoire autochtone à nos jours.

Le lieu historique national d'Inuksuk, un des plus insolites, tire son nom du mot inuit signifiant « à l'image d'hommes ». Il comprend des constructions de pierre (visibles dans l'ensemble de l'Arctique canadien) bâties par les Inuits, et se trouve à Enukso Point, au sud-ouest de l'île de Baffin, au bord du bassin Foxe, à environ 88 km à l'ouest de Cape Dorset, au Nunavut. Ces constructions peuvent servir de repères, de monuments commémoratifs, de supports à kayaks, de plateformes pour la viande, de piliers soutenant des lignes de séchage, ou de barrières pour les voies de dispersion des caribous. Désignés par « inukshuk », les cairns sont des amas de pierres soigneusement empilées qui peuvent atteindre de 1,8 à 2,1 m de haut, et qui ressemblent souvent à une silhouette. Les inukshuks de petite taille peuvent se limiter à deux pierres en équilibre, ou une seule pierre debout. L'âge des cairns d'Enukso Point, dont la taille et la complexité varient, peut atteindre 2 000 ans, et témoignent de la créativité et du talent artistique déployés dans l'optimisation de ressources naturelles de cet environnement hostile.

SASKATCHEWAN

Un avenir commun

Les histoires racontées aux sites historiques nationaux continuent à grandir, à évoluer et à s'enrichir grâce à la présentation, en partenariat avec les peuples autochtones, de cultures, de langues, de traditions et d'histoires vivantes des Inuits, des Métis, et des Premières Nations. Pouvoir collaborer sur la manière de définir, de comprendre et de présenter le passé aux visiteurs des sites historiques nationaux nous donne l'espoir d'un avenir commun plein de promesses.

— JOHN MCCORMICK, *Mohawk,*
gestionnaire et conseiller des politiques,
Parcs Canada

Une pointe de projectile de 11 400 ans trouvée à Gwaii Haanas.

AUTRES LIEUX HISTORIQUES NATIONAUX

HÔTEL-DU-GOUVERNEUR
REGINA (SASK.)

Ce manoir a été la résidence du lieutenant-gouverneur des Territoires du Nord-Ouest, et de celui de la Saskatchewan; aujourd'hui, il fait partie d'un complexe comprenant les bureaux du lieutenant-gouverneur de la Saskatchewan, un musée, un centre d'interprétation et des jardins. L'Hôtel du gouverneur est l'un des rares bâtiments subsistants du gouvernement territorial. Désigné LHN en 1968. 4607, av. Dewdney. 306-787-57733.

L'ÉDIFICE-DE-L'ASSEMBLÉE-LÉGISLATIVE-DE-LA-SASKATCHEWAN-ET-SON-PARC
REGINA (SASK.)

Construit en 1912, l'édifice est muni d'un dôme de cuivre central. Ensemble, l'édifice de l'Assemblée législative de la Saskatchewan et son parc figurent parmi les plus beaux exemples d'édifices conçus selon les principes des Beaux-Arts et du mouvement « City Beautiful ». À l'intérieur, la rotonde constitue le point central; elle comporte des colonnes ioniques ainsi que des symboles de royauté et des œuvres d'art public magnifiquement sculptées. Désigné LHN en 2005. 2405, Legislative Dr. 306-787-5416.

CARLTON HOUSE
FORT CARLTON (SASK.)

Constitué des vestiges des forts construits sur les rives de la rivière Saskatchewan Nord entre 1810 et 1885, le lieu était un important poste de la Compagnie de la Baie d'Hudson. Les fondations du fort de 1855 sont encore visibles, et on a créé une reconstruction de Carlton House, qui comprend la palissade, un entrepôt de fourrures et de provisions, les habitations du personnel et le campement de tipis. Désigné LHN en 1976. 27 km à l'ouest de Duck Lake sur la rte 212. 306-467-5205.

LA MAISON-SEMI-ENTERRÉE-DES-DOUKHOBORS
BLAINE LAKE (SASK.)

Les vestiges de la maison bâtie dans la paroi d'un ravin, près de la rivière Saskatchewan Nord, subsistent sur le site. Cette maison témoigne des stratégies d'adaptation mises en œuvre par les Doukhobors en 1899. Cherchant à échapper aux persécutions religieuses en Russie, ces derniers se sont fait offrir l'asile par le gouvernement du Canada. La maison revêt une importance symbolique pour les descendants de ces immigrants. Désigné LHN en 2008. 8 km au sud-est de Blaine Lake sur ch. Petrofka. 306-497-3140.

FERME-MAPLE GROVE-DE-SEAGER-WHEELER
ROSTHERN (SASK.)

Cette ferme commémore les contributions agricoles de Seager Wheeler, un fermier et pionnier du cultivar qui a créé des souches de blé et d'arbres fruitiers adaptés au climat de l'Ouest canadien à l'époque du « boom du blé » (1898 à 1940). Apprenez-en davantage sur ses innovations en matière de semis direct et visitez l'immense jardin de fleurs anglais. Désigné LHN en 1994. 6,5 km à l'est de Rosthern. 306-232-5959 ou 306-232-5596.

FORT-QU'APPELLE
FORT QU'APPELLE (SASK.)

Établi en 1864 en tant que poste de traite, le fort ne comprend aujourd'hui qu'un seul bâtiment d'origine, lequel abrite un musée où sont exposés des artéfacts des Premières Nations, de la Compagnie de la Baie d'Hudson et de la Police à cheval du Nord-Ouest. Surplombant la rivière Qu'Appelle, le fort a été désigné lieu historique national parce qu'il était un important poste d'approvisionnement et qu'il a été le lieu des négociations en vue de l'adoption du Traité n° 4 en 1874. Désigné LHN en 1953. 198, av. Bay N. 306-332-5751.

SASKATCHEWAN

Situé en Alberta, le précipice à bisons Head-Smashed-In est l'un des précipices à bisons les plus anciens, les plus vastes et les mieux conservés.

ALBERTA

À l'heure actuelle, l'Alberta possède la plus grande réserve de pétrole et d'essence au pays. Autrefois, c'était cependant l'agriculture qui prédominait dans la région, ainsi que le commerce des fourrures, au nom duquel la Compagnie de la Baie d'Hudson et la Compagnie du Nord-Ouest ont établi de nombreux postes de traite. Rocky Mountain House protège les vestiges de plusieurs postes de traite construits par les deux compagnies rivales. Les homesteaders ont commencé à arriver en grand nombre dans les années 1890,

seulement une décennie à la suite de
la fondation du ranch Bar U au sud
de Calgary. Les nouveaux arrivants
ont également perturbé la vie des
Pieds-Noirs et des autres groupes
autochtones. L'Alberta dispose également de l'un des précipices à bisons
les mieux conservés dans le monde;
ils ont d'ailleurs servi à la chasse
jusqu'à la fin du XIXe siècle. Abritant
un fort de la Police à cheval du Nord-
Ouest depuis 1875, Edmonton est
devenue la capitale de la province à la
suite de son admission dans la
Confédération en 1905.

Le ranch Bar U a joué un rôle essentiel dans le développement de l'industrie de l'élevage de bétail dans l'Ouest canadien.

▶ RANCH-BAR U

LONGVIEW (ALB.)
Désigné en 1991

Les personnes qui se sont interrogées sur l'évolution de l'élevage au Canada trouveront des réponses au ranch Bar U. L'Alberta est reconnue depuis longtemps dans l'industrie de l'élevage, et le ranch Bar U la représente à merveille. Il s'agit du seul lieu historique national qui commémore l'histoire et l'importance de l'industrie de l'élevage au pays.

Situé dans les contreforts vallonnés de l'Alberta, le site du siège est niché derrière une crique, à l'abri des vents dominants et entouré de peupliers. Bon nombre de bâtiments faisant partie du ranch ont été aménagés le long d'une « rue principale » et regroupés approximativement selon leur fonction.

Au-delà de ces modestes bâtiments et clôtures se trouve la précieuse prairie. Cette terre a été la demeure des Autochtones pendant plusieurs milliers d'années. Le bison et le bétail ont prospéré dans cet environnement composé de vallons balayés par les chinooks et parsemés de fétuques servant à les nourrir en pâturage l'hiver. Ces graminées vivaces ont joué un rôle prépondérant dans l'histoire de la vie dans les contreforts.

L'HISTOIRE DU RANCH BAR U

Le Bar U est l'un des premiers grands ranchs commerciaux de l'Ouest canadien. Grâce à lui, on a commencé à pratiquer l'exploitation bovine dans la prairie, ce qui a permis d'approvisionner la population locale en nourriture et de développer des marchés d'exportation en Grande-Bretagne et dans l'est de l'Amérique du Nord.

La transformation de l'herbe en bœuf, puis en argent est essentielle à la réussite d'un éleveur. À une certaine époque, la propriété couvrait une superficie d'environ 29 km de longueur par 29 km de largeur. Au-delà de ces lopins de terre se trouvaient également de grandes étendues d'herbes. Le nombre de lopins disponibles a commencé à diminuer lorsque les colons ont commencé à acquérir des terres dans l'Ouest canadien. Éventuellement, une partie des terres du Bar U ont été cédées ou louées; à l'époque, environ 8 000 têtes de bétail paissaient sur les terres du ranch.

Fred Stimson et la North West Cattle Company (NWCC) ont exploité le ranch de 1881 à 1902. Ils ont acquis les concessions initiales et Stimson a fait venir 3 000 têtes de bétail de l'Idaho pour augmenter l'inventaire du ranch. Il a réussi à rassembler les éléments essentiels à l'élevage : le capital, le pâturage, le bétail, le travail et, surtout, les marchés. Originaire de l'ouest du Québec, Stimson a vécu au ranch avec sa famille pendant 20 ans, participant à la croissance phénoménale de l'entreprise.

Lorsque George Lane et ses associés ont pris en charge la gestion du Bar U, le ranch a diversifié ses activités d'élevage. On plantait plus de foin et de céréales pour nourrir les animaux, et le ranch a acquis une réputation internationale pour ses chevaux percherons de race pure. Tirant avantage du besoin grandissant de chevaux forts et capables de travailler dans les nouvelles fermes et à l'entreprise de constructions lourdes dans l'Ouest canadien, Lane a fait du Bar U le plus important centre de reproduction de percherons. C'était la pierre angulaire d'un empire commercial comprenant un certain nombre de ranchs et de fermes. Les aménagements effectués sur la propriété à cette époque correspondaient à la diversification et à l'intensification des activités. Des granges, des corrals et des bâtiments pour la préparation des fourrages ont été installés, tandis que l'on construisait d'autres résidences pour le personnel. Dans l'Ouest canadien, on se souvient de Lane comme étant l'un des quatre éleveurs ayant établi le Calgary Stampede.

Au cours de la période de gestion assumée par Patrick Burns (1927 à 1950), le ranch Bar U faisait partie d'une entreprise agricole englobant les ranchs, les parcs d'engraissement, le conditionnement des viandes, la vente en gros et la vente au détail. Les ranchs ont survécu à la crise économique grâce à l'expérience et à la souplesse de leur propriétaire, qui diminua les dépenses d'exploitation. Il a réduit les activités relatives aux percherons, et plusieurs bâtiments ont été adaptés pour l'entreposage du grain. À la suite de la mort de Burns en 1937, le ranch a été géré par un groupe de direction. Le ranch Bar U est resté l'un des plus grands ranchs au pays, jusqu'à ce que les exécuteurs testamentaires de Burns vendent les terres à d'autres éleveurs en 1950.

J. Allen Baker a acquis le site original du siège ainsi qu'une partie des terres du ranch. La propriété est passée aux mains des familles Wambeke et Nelson avant que Parcs Canada ne fasse l'acquisition du domaine, y compris le site original du siège, en 1991.

Pendant ses années d'activité, un grand nombre de personnages célèbres ont séjourné au ranch ou l'ont visité. En 1919, Edward, le prince de Galles, voulait expérimenter la vie d'un cow-boy, et on l'a amené au ranch Bar U. Il a tellement aimé son expérience qu'il a décidé d'acheter le ranch voisin. Le dresseur de chevaux de Bar U, Harry Longabaugh, un cow-boy du Wyoming, a acquis une notoriété un peu plus tard sous le nom de Sundance Kid, un complice du hors-la-loi Butch Cassidy. Charlie Russell a également séjourné au ranch pour créer une série de peintures à l'huile aujourd'hui célèbres.

Le ranch Bar U a su résister à l'épreuve du temps. Son étroite relation avec l'industrie de l'élevage et les nombreux bâtiments issus des premières années d'exploitation qui ont subsisté en font un endroit idéal pour découvrir le patrimoine canadien de l'élevage.

EXPLORER LE RANCH BAR U

Le ranch Bar U présente l'industrie de l'élevage du passé et établit des liens avec l'industrie actuelle. Les bâtiments

ont été restaurés pour montrer la vie au ranch dans la première moitié du XXᵉ siècle. Les guides en costume d'époque, les chevaux et le bétail permettent de découvrir ce qu'était la vie de cow-boy de ranch entre les années 1880 et 1940.

Commencez votre visite au centre d'accueil, qui abrite une aire de réception, une exposition de pâturages, une boutique et un restaurant. Ensuite, procurez-vous une carte et parcourez le site. Faites une visite guidée ou montez à bord d'un chariot (frais supplémentaires).

Le ranch Bar U possède le plus grand nombre d'édifices de ranch historiques. Les bâtiments originaux du siège du ranch, qui sont situés le long du ruisseau Pekisko, sont demeurés intacts. L'une des plus célèbres structures du ranch est le pavillon-cuisine. Assistez à des démonstrations en direct : regardez le forgeron façonner des fers à cheval, ou le fabricant de selles réparer des rênes. Au fil de votre visite dans les nombreux bâtiments, des interprètes en costume d'époque vous feront revivre l'histoire du ranch, et des hommes et femmes qui ont rendu le ranch célèbre.

Les visiteurs peuvent également faire le tour du lieu dans un chariot attelé et écouter les histoires de George Lane et de son incroyable troupeau de percherons pour en apprendre davantage au sujet de l'histoire de l'élevage au ranch, qui s'étend sur sept

Des selles, des rênes et d'autres articles sont suspendus aux murs des étables.

Des bottes éperonnées complètent l'habit du cow-boy.

LIEU HISTORIQUE NATIONAL DU RANCH-BAR U
(Bar U Ranch National Historic Site)

INFORMATION ET ACTIVITÉS

ACCUEIL ET INFORMATION
C.P. 168, Longview (Alb.) T0L 1H0.
403-395-2212. parcscanada.gc.ca/baru.

SAISONS ET ACCESSIBILITÉ
Ouvert de la mi-mai à septembre. L'horaire précis se trouve sur le site Web.

LES AMIS DU RANCH-BAR U
403-395-3993, friendsofthebaru.com.

DROITS D'ENTRÉE
7,80 $/adulte; 19,60 $/famille ou groupe par jour; 19,60 $/adulte; 49 $/famille ou groupe par année.

ANIMAUX DE COMPAGNIE
Ne sont pas autorisés.

SERVICES ACCESSIBLES
Le centre d'accueil est accessible en fauteuil roulant.

ACTIVITÉS OFFERTES
Le ranch Bar U tient plusieurs événements spéciaux chaque année. En juin, nous invitons les compétiteurs à venir préparer le meilleur ragoût et les meilleurs biscuits sur un feu de camp. Lors de la fête du Canada, l'entrée est gratuite, et une foule d'activités pratiques sont offertes, notamment la fabrication de lassos, ainsi que le barattage du beurre et de la crème glacée. De plus, le deuxième dimanche d'août, le ranch tient son plus grand événement : le rodéo d'antan. Des équipes de cow-boys albertains s'affrontent dans des épreuves comme la traite de vaches sauvages et la course de chevaux dressés.

TERRAINS DE CAMPING
Chain Lakes Provincial Park situé sur la rte 22, à environ 10 minutes au sud du ranch. 403-627-1165. albertaparks.ca/chain-lakes-pp/information-facilities/camping.

HÔTELS, MOTELS ET AUBERGES
(Sauf indication contraire, les prix mentionnés sont pour une chambre en occupation double, en haute saison, en dollars canadiens.)
Twin Cities Hotel 105, ch. Morrison, Longview (Alb.) T0L 1H0. 403-558-3787. twincitieshotel.ca. 10 chambres, 75 $.
Blue Sky Motel 114, ch. Morrison, Longview (Alb.) T0L 1H0. 403-558-3655. 10 chambres, 99 $.

Renseignements supplémentaires :
Cowboy Trail Tourism Association thecowboytrail.com.
Travel Alberta 800-ALBERTA, travelalberta.com/fr-ca/.

ALBERTA

décennies, et découvrir pourquoi le ranch Bar U est l'endroit idéal pour pratiquer l'élevage.

Plusieurs activités permettent aux visiteurs de comprendre en quoi consistait la vie d'un cow-boy de ranch. Au camp de rassemblement, relaxez en dégustant une bannique et un café préparés sur le feu ardent du camp. Écoutez des poèmes, des chansons et des légendes de cow-boys autour d'un feu. Les visiteurs peuvent aussi essayer d'attraper un bouvillon au lasso et de maîtrises l'art du tir au lasso avec une réplique de bouvillon.

Comment s'y rendre

Le lieu est situé à environ 95 km au sud de Calgary, sur la Rte 22, à 13 km au sud de Longview. Depuis Calgary, empruntez la Rte 2 en direction sud, puis tournez vers l'ouest sur la Rte 540. Le ranch est à l'ouest de la jonction des rtes 540 et 22 (Cowboy Trail).

Quand visiter

Le ranch est ouvert de la mi-mai à septembre et offre une gamme complète d'activités pendant les mois d'été.

Les commerçants de fourrures utilisaient de grandes embarcations à rames en bois appelées « barques d'York » pour transporter leurs marchandises sur les voies navigables intérieures.

▶ ROCKY MOUNTAIN HOUSE

ROCKY MOUNTAIN HOUSE (ALB.)
Désigné en 1926

Les vestiges de plusieurs postes de traite se trouvent à Rocky Mountain House. Le premier poste a été établi par la Compagnie du Nord-Ouest en 1799; quelques jours plus tard, la Compagnie de la Baie d'Hudson a construit un poste rival à proximité. Les deux compagnies ont mené une lutte féroce dans l'Ouest avant de fusionner en 1821.

Les postes ont permis d'acheminer des marchandises aux Autochtones, notamment du thé, des armes à feu, de la poudre noire, etc. Au cours des 76 années d'activité des postes, 8 peuples autochtones et les Métis ont apporté des fourrures et du pemmican pour en faire le commerce.

David Thompson a utilisé le poste de la Compagnie du Nord-Ouest comme base pour trouver un moyen de franchir les montagnes Rocheuses. Des guides autochtones l'ont aidé à créer deux routes des fourrures : le col Howse (voir p. 299) et le col Athabasca (voir p. 298). La route du col Athabasca est devenue une nécessité à la suite de l'avènement des armes à feu. Les Pikanis étaient en colère

contre la Compagnie du Nord-Ouest, car celle-ci échangeait des armes à feu avec les Ktunaxas; en conséquence, ils l'ont empêchée de franchir le col Howse.

Attractions et activités

Visitez le centre d'accueil pour voir des artéfacts recueillis sur les lieux du fort, une réplique d'une salle de commerce où vous pourrez enfiler des costumes d'époque et des expositions interactives sur l'époque de la traite des fourrures à Rocky Mountain House.

Explorez ensuite les deux sentiers d'interprétation. Le sentier des Cheminées (0,9 km), accessible en fauteuil roulant, serpente les vestiges archéologiques des deux derniers postes de la Compagnie de la Baie d'Hudson. Le dernier poste de traite (1868 à 1875) a par ailleurs été le premier site archéologique albertain du réseau de Parcs Canada. Le sentier David Thompson (3 km) suit les traces du cartographe.

Enfin, relaxez près du feu à la tente des trappeurs métis et écoutez les interprètes raconter l'histoire de leurs ancêtres. Vous pouvez également vous adonner à d'autres activités traditionnelles métisses, par exemple faire cuire une bannique sur un feu de camp, fabriquer des attrapeurs de rêves, et participer à des jeux nécessitant des compétences de survie, notamment l'observation, l'intuition, l'estimation et la coordination oculomanuelle.

Comment s'y rendre

Rocky Mountain House est situé à 6 km à l'ouest du village de Rocky Mountain House sur la Rte 11A.

Quand visiter

Le lieu est ouvert tous les jours de la mi-mai au 4 septembre, et du jeudi au dimanche pendant le reste du mois de septembre.

INFORMATION

ACCUEIL ET INFORMATION
392077, ch. Rge. 7-5, Rocky Mountain House (Alb.) T4T 2A4. 403-845-2412. parcscanada.gc.ca/rockymountain house.

DROITS D'ENTRÉE
3,90 $/adulte; 9,80 $/famille ou groupe par jour.

SERVICES ACCESSIBLES
Services offerts limités; communiquez avec les responsables du site.

TERRAINS DE CAMPING
Le lieu offre la possibilité de camper dans l'un des trois tipis (jusqu'à six personnes) ou dans l'une des tentes (lits doubles et espace pour quatre matelas de camping). Enrichissez votre expérience de camping grâce à notre trousse de camping patrimonial. Vous recevrez une peau de bison, une batterie de cuisine d'époque et une trousse d'allumage de feu. Réservations par téléphone au 403-845-2412 ou par courriel au rocky.info@pc.gc.ca

Renseignements supplémentaires :
Town of Rocky Mountain House 403-845-2866, rockymtnhouse.com.

ALBERTA

AUTRES LIEUX HISTORIQUES NATIONAUX

LAC-LA GRENOUILLE
FROG LAKE (ALB.)

Emplacement où les Cris des Plaines menés par Big Bear avaient établi leurs camps afin de résister à la vie en réserve et de négocier de meilleures conditions avec le gouvernement. Les tensions croissantes ont donné lieu à un conflit mortel déclenché par Wandering Spirit en 1885. Lac-la Grenouille compte un cimetière et une plaque commémorant les colons qui y ont perdu la vie. Désigné LHN en 1923. Situé sur la réserve autochtone de Frog Lake, ch. Fish Lake. 306-937-2621. parcscanada.gc.ca/laclagrenouille

Des Autochtones offrent des performances de danse et de percussions au précipice à bisons Head-Smashed-In.

▶ PRÉCIPICE À BISONS HEAD-SMASHED-IN

FORT MACLEOD (ALB.)

Désigné en 1968; Inscrit au patrimoine mondial en 1981

En observant le paysage escarpé où les contreforts chevauchent les grandes plaines du sud-ouest de l'Alberta, vous aurez l'impression de revivre l'histoire du précipice à bisons Head-Smashed-In, l'un des précipices à bisons les plus anciens et les mieux préservés d'Amérique du Nord. De fait, l'UNESCO l'a inscrit patrimoine mondial en 1981.

Un précipice à bisons désigne une méthode de chasse commune utilisée par les Autochtones des Plaines du Nord. Le bison était l'élément central sur lequel ils fondaient leur existence, car il leur permettait de se nourrir et leur fournissait des matières premières pour fabriquer des vêtements et construire leurs logements. Les peuples des Plaines ont élaboré une technique de chasse consistant à forcer les bisons à sauter dans le précipice.

Ce site archéologique mondialement reconnu commémore la remarquable histoire des peuples des Plaines; il comporte par ailleurs des artéfacts datant de 4400 av. J.-C., notamment les vestiges d'outils, d'os, de pointes de flèches et de flèches, ainsi que d'instruments d'abattage. Le site comporte un précipice à bisons d'une profondeur de plus de 10 m, les restes d'un campement où les chasseurs et leurs familles vivaient et dépeçaient les carcasses, ainsi que des cairns. Ces trésors culturels sont en grande partie demeurés inchangés, ce qui fait du lieu l'un des seuls de cette nature à être resté pratiquement intact. En conséquence, le lieu a fourni aux archéologues une occasion unique de retracer l'évolution de cette pratique de chasse communale depuis les débuts jusqu'au XIXᵉ siècle, au moment où on a cessé de l'utiliser.

Le précipice Head-Smashed-In a été l'un des précipices les plus utilisés dans les Plaines du Nord, et on estime que plus de 100 000 bisons y ont trouvé la mort. Il est situé à l'extrémité sud des collines Porcupine. La nature vallonneuse de ces collines constitue l'une des principales raisons expliquant pourquoi ce lieu est l'un des plus importants précipices à bisons.

ANATOMIE D'UN PRÉCIPICE À BISONS

Le lieu comporte quatre éléments : premièrement, une aire de pâturage naturelle attire les troupeaux de bisons. Ensuite, des cairns permettent aux chasseurs de diriger les bêtes vers la falaise. Des milliers de pierres se trouvent toujours sur le site et marquent les pistes balisées. Pour commencer la chasse, les « buffalo runners » incitaient le troupeau à les suivre en imitant le cri d'un bisonneau perdu. À mesure que les bisons se rapprochaient des pistes balisées, les chasseurs encerclaient le troupeau par-derrière et tentaient d'effrayer les bêtes en criant et en agitant les bras.

Le troisième élément est la falaise. Lorsque les bisons sautaient dans le précipice, ils mouraient instantanément. La falaise située juste au nord du centre d'interprétation est l'emplacement réel du précipice. Cette falaise est l'un des nombreux emplacements utilisés comme précipices à bisons à l'extrémité des collines Porcupine. Le précipice Calderwood est situé à seulement 1 km au nord du précipice Head-Smashed-In.

Le dernier élément est le terrain plat sous la falaise où les chasseurs dépeçaient les carcasses de bisons. On y trouve encore quelques cercles de tipis. La viande de bison était en grande partie utilisée pour préparer du pemmican. Il s'agit d'un aliment de base obtenu en mélangeant de la graisse, de la moelle, et parfois même des baies avec de la viande séchée.

LES NIITSITAPIS

Il s'agit d'une culture fondée sur le bison développée par les peuples autochtones des Plaines du Nord. Les bisons leur permettaient de fabriquer des vêtements, des tipis, des cordes d'arc, des ustensiles pour la cuisine et, bien sûr, de se nourrir.

Le précipice à bisons Head-Smashed-in est situé sur les terres traditionnelles des Niitsitapis. Ces derniers étaient des chasseurs et des cueilleurs qui se déplaçaient selon le mouvement des bisons, en fonction de la température et des saisons. Pendant presque la moitié de l'année, les Niitsitapis vivaient dans des camps hivernaux le long d'une vallée fluviale boisée. Au printemps, les bisons retournaient dans les plaines pour se nourrir de fourrages. Les Niitsitapis quittaient alors leurs camps pour les suivre et les chasser.

L'utilisation des précipices à bisons pour la chasse est un bon exemple de la coopération de pointe. Pour mener une chasse et tuer des bisons, il était nécessaire qu'un petit groupe se réunisse et s'organise afin que leurs actions soient profitables pour l'ensemble du peuple.

Pour les peuples des Premières Nations, le bison était sacré, et il est devenu le point central de nombreuses activités religieuses et culturelles. Les Niitsitapis avaient le temps et la possibilité de développer les aspects spirituel et culturel de leur existence. La pratique communale de la chasse au bison est à l'origine du développement et du rayonnement de la culture des peuples autochtones des Plaincs que nous connaissons aujourd'hui.

Étant donné que les troupeaux de bisons diminuaient rapidement, le Traité n° 7 a été signé en 1877, faute de solutions de rechange. Les Niitsitapis ont commencé à habiter dans des réserves situées dans le sud de l'Alberta et ont dû s'adapter à un nouveau mode de vie.

Les Niitsitapis ont joué un rôle de premier plan dans le développement du lieu historique. Ils continuent à y contribuer, surtout en tant qu'interprètes, afin de raconter leur histoire et de promouvoir leur culture.

EXPLORER LE LIEU

Le paysage environnant le précipice à bisons Head-Smashed-In joue un rôle essentiel et permet de mieux comprendre les événements qui s'y sont déroulés. Il est également important de souligner la superbe architecture du centre d'interprétation. Environ 10 % de la superficie totale du bâtiment est visible; le reste est imbriqué dans la falaise et recouvert de terre et de végétation. Cet emplacement montre l'importance de ne pas modifier le paysage afin que les visiteurs puissent s'imprégner de son l'histoire.

Avant d'explorer le précipice, commencez par une visite du centre d'interprétation, où une exposition sur cinq étages vous permettra d'explorer la culture de la chasse au bison, l'art de conduire les immenses troupeaux à la falaise, la disparition éventuelle de la culture de la chasse au bison, et le travail effectué par les archéologues au lieu historique. Il est également possible de visionner une reconstitution de la chasse tout au long de la journée.

Rendez-vous à l'étage supérieur du centre pour accéder au sentier pavé offrant des vues spectaculaires sur les précipices à bisons Head-Smashed-In et Calderwood, et la Vision Quest Hill au nord, les prairies à l'est et les montagnes Rocheuses au sud.

Un court sentier d'interprétation traverse le camp. Pour de plus amples renseignements, informez-vous à la billetterie et procurez-vous un exemplaire du « Lower Trail Guide ». Ce sentier n'est pas approprié pour les poussettes ou les personnes à mobilité réduite.

Participez à une randonnée guidée de quatre heures en dehors des sentiers battus, et rendez-vous aux pistes balisées pour suivre la trace des premiers peuples des Plaines. Un guide niitsitapi raconte comment les peuples autochtones s'y prenaient pour chasser. La randonnée (payante) est uniquement offerte de mai à octobre, les premiers samedis du mois. Inscrivez-vous à l'avance, les places sont limitées. Portez des vêtements appropriés, et apportez votre lunch et de l'eau. (Non recommandé aux jeunes enfants.)

ÉVÉNEMENTS SPÉCIAUX AU COURS DE L'ÉTÉ

En juillet et en août, le site offre deux activités uniques. La première est les soirées de danse et tambour. Tous les mercredis (à 11 h et à 13 h 30), des danseurs autochtones offrent une performance au son des tambours et des chants niitsitapis. Écoutez les histoires expliquant comment le tambour et la danse nous lient à l'ancienne culture de la chasse au bison. Asseyez-vous avec un aîné niitsitapi, interagissez avec les interprètes et prenez des photos.

La deuxième est une activité sur la

Les tipis des Indiens des Plaines étaient faciles à transporter, ils se montaient et se démontaient rapidement.

Un danseur traditionnel Pieds-Noirs.

Des expositions informatives permettent de se renseigner sur la culture entourant la chasse aux bisons.

poursuite du bison (frais supplémentaires) (mercredis et vendredis, 13 h). L'expérience de trois heures initie les participants aux bases de la chasse au bison. Prenez part à une bénédiction niitsitapie, savourez un morceau de viande de bison séchée, et participez à une reconstitution historique. Essayez de propulser un javelot, et ramenez sa pointe à la maison. Inscrivez-vous à l'avance, car les places sont limitées.

Comment s'y rendre

Le precipice à bisons Head-Smashed-In est situé à 18 km au nord-ouest de Fort Macleod, sur la rte secondaire 785. Il se trouve à 180 km au sud de Calgary, sur la Rte 2.

Quand visiter

Le centre est ouvert à l'année; toutefois, les activités et événements spéciaux ont lieu pendant les mois d'été.

LIEU HISTORIQUE NATIONAL DU PRÉCIPICE À BISONS HEAD-SMASHED-IN

(Head-Smashed-In Buffalo Jump National Historic Site)

INFORMATION ET ACTIVITÉS

ACCUEIL ET INFORMATION

C.P. 1977, Fort Macleod (Alb.) T0L 0Z0.
403-553-2731. headsmashedin.org

SAISONS ET ACCESSIBILITÉ

Le lieu est ouvert tous les jours de l'année, excepté la veille de Noël, le jour de Noël, au jour de l'An et le dimanche de Pâques.

DROITS D'ENTRÉE

12 $/adulte; 30 $/famille par jour; 40 $/adulte; 100 $/famille par année.

ANIMAUX DE COMPAGNIE

Seuls les animaux d'assistance sont autorisés sur le lieu et à l'intérieur.

SERVICES ACCESSIBLES

Le centre et le sentier qui mène au belvédère sont accessibles en fauteuil roulant. Certains de fauteuils roulants sont offerts en location. Le sentier du bas de la falaise n'est pas recommandé aux personnes à mobilité réduite et n'est pas accessible en fauteuil roulant. La brochure de l'exposition est disponible en braille.

ACTIVITÉS OFFERTES

Apprenez l'histoire du précipice à bisons grâce à l'exposition présentée au centre d'interprétation. Empruntez les sentiers et explorez les environs du précipice. Participez à des activités comme les soirées de danse ou les randonnées guidées menant aux pistes balisées, etc.

RENSEIGNEMENTS IMPORTANTS

Un temps violent peut entraîner la fermeture temporaire. Appelez au 403-553-2731 si le temps est mauvais afin de vous assurer que le lieu est ouvert.

TERRAINS DE CAMPING

Daisy May Campground 249, ch. Lyndon, Fort Macleod. 888-553-2455 ou 403-553-2455. daisymaycampground.com. Plus de 110 emplacements : certains offrent une gamme complète de services (électricité et eau); d'autres comportent des chalets en rondins ou n'offrent aucun service.

Renseignements supplémentaires :
Town of Fort Macleod 403-553-4425, fortmacleod.com.
Chinook Country Tourist Association 800-661-1222 ou 403-320-1222, exploresouthwestalberta.ca.

AUTRES LIEUX HISTORIQUES NATIONAUX

FORT-WHOOP-UP
LETHBRIDGE (ALB.)

Bâti par les commerçants de fourrures du Montana en 1869, le fort Whoop-Up était le premier et le plus important poste de troc de whisky du sud de l'Alberta. Sa popularité est l'un des facteurs qui ont mené à la création de la Police à cheval du Nord-Ouest. Le lieu dispose aujourd'hui d'un musée qui raconte l'histoire de la vie au fort dans les années 1800. Désigné LHN en 1963. 200, ch. Indian Battle Park. 403-329-0444.

BEAULIEU
CALGARY (ALB.)

Beaulieu est une grande demeure de la fin du XIXe siècle située au centre-ville de Calgary. Beaulieu, aussi connu sous le nom de Maison Lougheed, était la demeure de la famille de l'honorable James Alexander Lougheed, un avocat et sénateur éminent. Beaulieu est l'un des rares exemples subsistants de demeures en grès, ainsi qu'un bel exemple de demeure bâtie dans le style victorien éclectique. La maison est ouverte au public (droits d'entrée) du mercredi au dimanche. Désigné LHN en 1992. 707, 13 th Ave. SW. 403-244-6333.

FORT-CALGARY
CALGARY (ALB.)

La Police à cheval du Nord-Ouest a établi le fort Calgary au confluent des rivières Bow et Elbow en 1875; par la suite, il est rapidement devenu le point central de la colonisation de Calgary. Située dans un parc de 12 ha, la structure actuelle, qui comprend des casernes et d'autres bâtiments, est une reconstruction du fort en bois érigé sur le site d'origine. Des éléments d'exposition didactique retracent l'histoire de Calgary. Désigné LHN en 1925 750, 9th Ave. SE. 403-290-1875.

HÔTEL-DU-GOUVERNEUR
EDMONTON (ALB.)

L'Hôtel du gouverneur, un manoir en grès de trois étages offrant une vue sur la rivière Saskatchewan, a servi de résidence officielle aux lieutenants-gouverneurs de l'Alberta de 1913 à 1938. C'est un excellent exemple de l'architecture de l'époque. La taille imposante et le détail ornemental du bâtiment ont été conçus pour souligner l'avènement du statut provincial de l'Alberta. Il est possible de visiter le lieu gratuitement le dimanche et le lundi (lorsque c'est un jour férié). Désigné LHN en 2012. 12845, 102 Ave. NW. 780-427 2281.

ALBERTA

MONTAGNES
ROCHEUSES

Le musée du parc national Banff, établi en 1895, est déménagé dans cet immeuble en 1903. *Page 284* - Haut : L'entrée principale du lieu historique national Cave and Basin (Banff). Milieu : Visite guidée à la lanterne du lieu Cave and Basin. Bas : Vue sur le col Athabasca. *Page 285* - Refuge du Col Abbot, situé dans le parc national Banff.

Jasper House

Centre d'accueil du parc Jasper

Col Yellowhead

Col Athabasca

☐ Lieux historiques nationaux du Canada

MONTAGNES ROCHEUSES

Formant la frontière entre la Colombie-Britannique et l'Alberta, les montagnes Rocheuses sont le berceau du réseau de parcs nationaux du Canada. Des vestiges archéologiques indiquent une présence humaine depuis environ 4 000 ans. Avant l'arrivée des Européens, des Autochtones ont traversé ce paysage accidenté et franchi les cols de la partie sud des montagnes à l'automne et à l'hiver afin de chasser le bison dans les Prairies canadiennes.

En 1793, sir Alexander Mackenzie a tracé l'une des routes du Nord et été le premier Européen à traverser les montagnes Rocheuses. L'explorateur Simon Fraser a également réalisé l'exploit un peu plus tard; en 1985, il a établi le premier poste de traite en montagne. En 1887, les sources thermales naturelles au pied du mont Sulphur, réputées pour leurs vertus curatives, ont été intégrées au premier parc national du Canada, le parc national Banff. Aujourd'hui, les visiteurs du lieu historique national Cave and Basin (voir p. 288-291), à Banff, peuvent explorer la grotte et l'histoire naturelle des milieux humides environnants.

D'autres lieux historiques nationaux situés dans les Rocheuses permettent de suivre l'évolution des parcs nationaux du Canada, de l'architecture rustique traditionnelle du parc aux hôtels de villégiature à l'allure de châteaux. Le musée du parc Banff, le plus vieux bâtiment fédéral des parcs nationaux (voir p. 293-294),

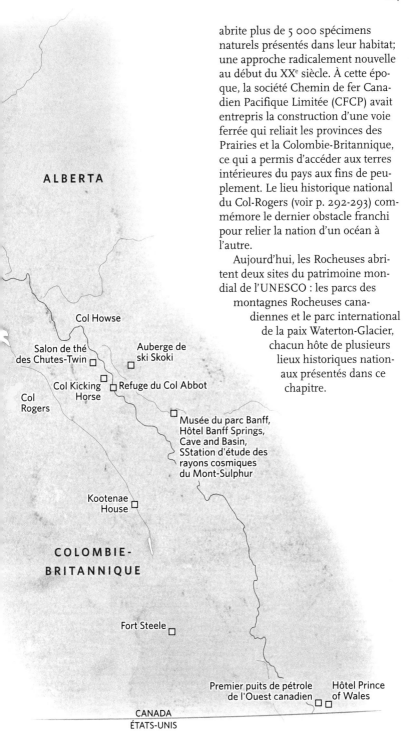

abrite plus de 5 000 spécimens naturels présentés dans leur habitat; une approche radicalement nouvelle au début du XXᵉ siècle. À cette époque, la société Chemin de fer Canadien Pacifique Limitée (CFCP) avait entrepris la construction d'une voie ferrée qui reliait les provinces des Prairies et la Colombie-Britannique, ce qui a permis d'accéder aux terres intérieures du pays aux fins de peuplement. Le lieu historique national du Col-Rogers (voir p. 292-293) commémore le dernier obstacle franchi pour relier la nation d'un océan à l'autre.

Aujourd'hui, les Rocheuses abritent deux sites du patrimoine mondial de l'UNESCO : les parcs des montagnes Rocheuses canadiennes et le parc international de la paix Waterton-Glacier, chacun hôte de plusieurs lieux historiques nationaux présentés dans ce chapitre.

MONTAGNES ROCHEUSES

ALBERTA

Col Howse

Salon de thé des Chutes-Twin

Auberge de ski Skoki

Col Kicking Horse

Refuge du Col Abbot

Col Rogers

Musée du parc Banff, Hôtel Banff Springs, Cave and Basin, SStation d'étude des rayons cosmiques du Mont-Sulphur

Kootenae House

COLOMBIE-BRITANNIQUE

Fort Steele

Premier puits de pétrole de l'Ouest canadien

Hôtel Prince of Wales

CANADA
ÉTATS-UNIS

Les Autochtones connaissaient les sources thermales de Banff longtemps avant que des ouvriers de chemin de fer ne les découvrent dans les années 1880.

▶ CAVE AND BASIN

BANFF (ALB.)
Désigné en 1981

Depuis longtemps, les sources thermales sont reconnues pour leurs vertus curatives et relaxantes, et celles du lieu historique national Cave and Basin ne font pas exception. Pendant plus de 10 000 ans, des peuples autochtones ont sillonné la vallée de Bow, en Alberta, et leurs histoires parlent des vertus curatives des sources thermales de Banff.

Le lieu historique national Cave and Basin est situé au pied du mont Sulphur dans le parc national Banff, et des sources d'eau minérale vert émeraude se forment naturellement à l'intérieur de la grotte et dans un bassin extérieur. Ces sources thermales sont le berceau du réseau de parcs nationaux du Canada.

En 1883, le Chemin de fer Canadien Pacifique (CFCP) est arrivé dans la vallée de Bow. Trois ouvriers du CFCP, William McCardell, son frère Tom et leur associé Frank McCabe, ont décidé de passer l'hiver dans la région pour s'initier à la trappe et à la prospection. Mais au lieu d'accumuler des fourrures et de trouver de l'or, les

trois compagnons ont découvert les sources thermales; ils ont ensuite tenté d'en revendiquer la propriété afin de les exploiter et de s'enrichir.

Bien que les Autochtones connaissaient les sources thermales depuis longtemps, ce sont ces trois ouvriers du CFCP qui ont attiré l'attention du grand public sur les sources, alors que le paysage de la vallée de Bow était transformé par l'apparition de la voie ferrée. Les différends au sujet du titre de propriété des sources thermales ont dégénéré en bataille juridique. Le gouvernement fédéral a mis fin au conflit en 1985, en créant une réserve de 26 km² englobant les sources thermales du mont Sulphur et le lieu historique national Cave and Basin.

Deux ans plus tard, la réserve est devenue le centre du premier parc national du Canada, le parc national des montagnes Rocheuses, maintenant appelé parc national Banff. À l'heure actuelle, Parcs Canada possède plus de 10 millions de km^2 d'aires protégées, 167 lieux nationaux historiques, plus de 44 parcs nationaux et 4 aires marines de conservation, et ce sont les sources thermales qui en sont à l'origine.

LES SOURCES THERMALES

Les sources thermales figurent parmi les caractéristiques naturelles les plus inusitées de la vallée de Bow. La majeure partie de la pluie et de la neige qui tombe dans les environs aboutit dans la rivière Bow. Une certaine quantité s'infiltre cependant dans les fissures et les pores de la roche, jusqu'à une profondeur de 3 km sous la surface.

Pendant ce périple, l'eau est réchauffée par la chaleur du noyau fluide de la Terre. Lorsqu'elle atteint le point d'ébullition, elle subit une forte pression et cherche à remonter à la surface. Plusieurs facteurs ont une incidence sur la température des sources, notamment la saison et l'altitude. Par exemple, l'eau des sources thermales Upper Hot Springs est chaude, tandis que celles des sources du lieu historique national Cave and Basin l'est un peu moins.

Une fois parvenue à la surface, l'eau des sources dévale les pentes inférieures du mont Sulphur pour se jeter dans le marais Cave and Basin. Partout sur leur passage et dans le marais proprement dit, ces eaux minérales chaudes créent une riche oasis pour une variété de plantes et d'animaux. Outre la physe des

fontaines de Banff, l'eau sert d'habitat à des bactéries rose vif, à des algues blanches et bleu-vert, à de petits poissons et à des insectes. Vous pourrez également y trouver des orchidées délicates, des thamnophis inoffensifs et 80 % des espèces d'oiseaux du parc national Banff à différents moments de l'année.

Les visiteurs s'interrogent souvent à propos de l'odeur de soufre qui se dégage à cet endroit. Les bactéries présentes dans l'eau des sources décomposent le souffre (SO_4) qu'elle contient. Au cours du processus, le sulfate est converti en sulfure d'hydrogène (H_2S).

EXPLORER LE CENTRE ET LA GROTTE

Rouvert en 2013 après avoir subi des travaux de rénovation de près de 14 millions de dollars, Cave and Basin offre une programmation et des expositions interactives à l'année, lesquelles permettent de comprendre comment la découverte des sources thermales a mené à la création du réseau de parcs nationaux, des lieux historiques nationaux et des aires marines de conservation du Canada.

Dans le pavillon de bain historique entièrement rénové, explorez les expositions interactives de la Salle des récits, et, grâce aux écrans géants à haute définition, faites la tournée des aires protégées du Canada.

D'une durée de 45 min, la visite guidée de la Découverte est comprise dans le prix d'entrée; elle permet d'apprendre comment les sources ont été découvertes, et comment cette découverte a permis de fonder l'un des plus grands mouvements de conservation de la planète. Plongez la main dans des eaux fumantes, rencontrez des personnages historiques, et écoutez l'eau bouillonner en passant par le tunnel étroit menant à la grotte souterraine. La visite guidée de la Découverte est offerte deux fois par jour (à 11 h et à 14 h 30), de mai à septembre.

Pour une expérience différente, visitez le lieu Cave and Basin le soir. Joignez-vous à un petit groupe de visiteurs et participez aux visites guidées à la lanterne pour en apprendre davantage sur l'histoire du lieu. De la lumière, des sons et un peu de magie provenant du générateur de brouillard permettent de donner vie au passé. Pendant que le fantôme raconte l'histoire du lieu, traversez prudemment le tunnel sombre pour visiter la grotte obscure. Fiez-vous à vos sens pour entrer dans la caverne dans la pénombre. L'écoulement de l'eau s'intensifie, l'odeur des minéraux devient plus forte et l'eau semble même plus chaude. Écoutez les histoires de M. Galletly et observez les ombres danser sur les parois de la caverne à la lumière des lanternes. La visite guidée est offerte tous les samedis soirs, de juin à août. Il est recommandé de réserver (403-845-3524).

SENTIERS

Deux courts sentiers d'interprétation permettent d'en apprendre davantage sur l'histoire de la région et d'explorer les variétés de plantes et d'animaux

Un bassin d'eau minérale vert émeraude à Cave and Basin.

qui vivent dans le milieu particulier qu'offrent les sources thermales. Empruntez le sentier de la Découverte, au-dessus du pavillon de bain, pour voir le trou d'aération de la grotte et les vestiges de l'hôtel. Vous apercevrez l'eau bouillonnante s'échappant de deux sources plus petites à flanc de montagne et les bassins remplis de bactéries roses, d'algues blanches et vertes, de petits poissons et d'insectes. Vous pourrez apercevoir les poissons et les oiseaux qui habitent dans les marais, plus bas. La région est un lieu de prédilection pour les ornithologues et les amateurs de fleurs sauvages.

Le sentier Sundance (7,4 km) et la Boucle du Marais (2,5 km), permettent aux visiteurs de profiter du milieu qu'offrent les sources thermales et leur offrent la possibilité de voir des animaux sauvages.

EXPOSITION

Parcs Canada a créé une exposition qui a pour but de faire connaître au public les opérations d'internement pendant la Première Guerre mondiale. L'exposition, située à côté du lieu historique national Cave and Basin, propose des écrans tactiles interactifs, des présentations multimédias et des montages à deux dimensions.

En 1914, lorsque la Première Guerre mondiale a éclaté, bien des citoyens canadiens ont soupçonné de déloyauté les immigrants issus de pays ennemis – Allemagne, Autriche-Hongrie, Turquie et Bulgarie. En vertu de la *Loi sur les mesures de guerre*, le gouvernement a adopté des règlements lui permettant de surveiller et même d'interner certains d'entre eux. Pendant et immédiatement après la guerre, plus de 8 500 personnes venant de pays ennemis ont été internées comme prisonniers de guerre aux quatre coins du Canada.

LIEU HISTORIQUE NATIONAL CAVE AND BASIN
(Cave and Basin National Historic Site)

INFORMATION ET ACTIVITÉS

ACCUEIL ET INFORMATION
311, av. Cave, Banff (Alb.). Tél. : 403-762-1566. parcscanada.gc.ca/caveandbasin.

SAISONS ET ACCESSIBILITÉ
L'horaire varie selon les saisons. Le site est ouvert du mercredi au dimanche de janvier à la mi-mai et d'oct. à déc.; du mardi au dimanche de la mi-mai à juin, ainsi qu'en sept.; et à tous les jours en juill. et août. Visitez le site Web pour l'horaire précis.

DROITS D'ENTRÉE
3,90 $/adulte; 9,80 $/famille ou groupe par jour.

ANIMAUX DE COMPAGNIE
Les animaux de compagnie ne sont pas autorisés.

SERVICES ACCESSIBLES
Tous les services sont entièrement accessibles, à l'exception du sentier du Marais situé plus bas.

ACTIVITÉS OFFERTES
Des visites guidées de la grotte. Deux sentiers d'interprétation en surface et deux sentiers plus longs. Visitez le musée dans le pavillon de bain. Les enfants de 6 à 11 ans peuvent découvrir les secrets que cache le berceau du réseau de parcs nationaux du Canada à l'aide du livret Xplorateurs rempli d'activités et de jeux amusants.

RENSEIGNEMENTS IMPORTANTS
- Évitez de toucher à l'eau des sources ou de vous écarter des sentiers, car cela peut compromettre l'habitat des espèces en péril.
- Évitez d'approcher les animaux, y compris les cerfs ou les wapitis, que vous êtes susceptible de rencontrer dans les sentiers.
- Les activités proposées se déroulent principalement à l'extérieur, , il est recommandé de porter des chaussures confortables et d'apporter des vêtements adaptés pour l'extérieur.

HÔTELS, MOTELS ET AUBERGES
(Sauf indication contraire, les prix mentionnés sont pour une chambre en occupation double, en haute saison, en dollars canadiens.)
Rimrock Resort Hotel 300, av. Mountain, Banff (Alb.) T1L 1J2. 403-762-3356. rimrockresort.com. 343 chambres, 438 $-638 $.
Buffalo Mountain Lodge 700, ch. Tunnel Mountain, Banff (Alb.) T1L 1B3. 403-762-2400. crmr.com. 108 chambres, 309 $-379 $.

Renseignements supplémentaires :
Banff & Lake Louise Tourism 403- 762-8421. banfflakelouise.com.

MONTAGNES ROCHEUSES

Quatre camps d'internement ont été aménagés dans les parcs nationaux de l'ouest du Canada : Banff, Jasper, Mont-Revelstoke et Yoho. Les prisonniers y effectuaient divers travaux. Par leur travail, ils ont joué un rôle important dans l'aménagement des parcs nationaux de l'ouest du Canada. Le camp de Banff a été établi à Castle Mountain en juillet 1915, puis aménagé dans le lieu historique Cave and Basin en novembre de la même année. Le camp de Banff a fermé ses portes en juillet 1917.

Comment s'y rendre
Cave and Basin est situé à Banff, en Alberta. Banff se trouve 128 km à l'ouest de Calgary sur la Rte 1 (Transcanadienne). Un nombre considérable de navettes et d'autobus commerciaux offrent le service de transport à destination de Banff à partir de Calgary ou de son aéroport.

Quand visiter
Le lieu historique est ouvert à l'année et propose des programmations estivale et hivernale; cependant, les sentiers ne sont pas praticables l'hiver.

La première voie ferrée transcontinentale du Canada permettait de franchir le col Rogers.

▶ COL-ROGERS PARC NATIONAL DES GLACIERS (C.-B.)

Désigné en 1971

La découverte du col Rogers, un corridor de transport historique a permis de venir à bout du dernier obstacle majeur pour relier la nation d'un océan à l'autre. Le col était un point de passage de la ligne principale du Chemin de fer Canadien Pacifique du milieu des années 1880 à 1917.

Le col a joué un rôle déterminant dans le développement du Canada. L'achèvement de la voie ferrée a permis au premier ministre John A. Macdonald de tenir sa promesse faite en 1871, soit d'assurer une liaison terrestre avec la Colombie-Britannique. Cela a aussi favorisé le peuplement des terres intérieures du pays.

Le CFCP a exploité la ligne traversant le col Rogers pendant 30 ans malgré son escarpement et sa prédisposition aux avalanches. En 1916, on a construit le tunnel Connaught afin de pouvoir le contourner. En 1962, lorsque la Route 1 (Transcanadienne) a officiellement été ouverte, le col Rogers est redevenu une voie de transport nationale.

Le col, situé au centre du parc national des Glaciers, est un véritable paradis pour les passionnés de plein air; on y pratique une grande variété d'activités extérieures.

Attractions et activités

Les visiteurs doivent s'enregistrer au Centre de la découverte du Col-Rogers avant d'explorer les aires environnantes. Le personnel du Centre informe également les visiteurs sur l'état des sentiers et la météo.

Quatre courts sentiers d'interprétation faciles permettent aux visiteurs de découvrir l'histoire culturelle et naturelle du col : Voies-Abandonnées, Ruisseau-Loop, 1885 et Glacier House. Plusieurs sentiers de randonnée grimpent depuis le terrain de camping Illecillewaet jusqu'aux vallées de l'Illecillewaet et de l'Asulkan. Certains forment une boucle facile alors que d'autres plus ardus débouchent sur des crêtes montagneuses et des points de vue spectaculaires.

L'été, il est possible de jaser autour d'un feu de camp presque tous les soirs en juillet et août; on peut aussi effectuer des randonnées guidées.

Comment s'y rendre

En autobus et en voiture sur la Rte 1. Golden est situé 80 km à l'est du col, et Revelstoke à 72 km à l'ouest.

Quand visiter

Le col Rogers est ouvert à l'année, mais de nombreuses installations sont fermées pendant l'hiver. Les heures d'ouverture du Centre de la découverte varient selon la saison. Consultez le site Web.

Les aires de fréquentation diurne sont ouvertes au public dès la fonte printanière, et ferment début octobre.

INFORMATION

ACCUEIL ET INFORMATION
C.P. 350, Revelstoke (C.-B.) V0E 2S0. Tél. : 250-837-7500. parcs canada.gc.ca/rogers.

DROITS D'ENTRÉE
3,90 $/adulte; 9,80 $/famille ou groupe par jour; 9,80 $/adulte; 24,50 $/famille ou groupe par année.

SERVICES ACCESSIBLES
Site accessible; communiquez avec les responsables du site pour plus de détails.

Renseignements supplémentaires :
Tourism Golden 250-344-7125. tourismgolden.com.
Tourism Revelstoke 800-487-1493. seerevelstoke.com.

MONTAGNES ROCHEUSES

Les dioramas du musée du parc national Banff étaient novateurs lors de leur conception dans les années 1910.

▶ MUSÉE-DU-PARC-BANFF BANFF (ALB.)
Désigné en 1985

Le musée du parc Banff, dont la collection originale a été créée par la Commission géologique du Canada, a ouvert ses portes en 1895. À l'époque, il n'y avait qu'une vingtaine de musées au pays. Le musée a été déménagé dans l'immeuble actuel en 1903.

Norman Bethune Sanson, conservateur du musée de 1896 à 1932, a prélevé de nombreux spécimens sur le terrain; plus de 5 000 spécimens originaires des Rocheuses ont ainsi été répertoriés. Très tôt, le musée s'est intéressé à l'histoire naturelle et à l'histoire humaine; cependant, dès la fin des années 1950, il se consacrait exclusivement à l'histoire naturelle. Il a été restauré en 1985, et les expositions qui y sont présentées aujourd'hui sont en grande partie identiques à ce qu'elles étaient en 1914, témoignant de son approche avant-gardiste en matière d'interprétation de l'histoire naturelle.

Le bâtiment du musée de 1903 est l'exemple le plus imposant et le plus ouvragé des premières constructions du parc où l'on utilisait des poutres croisées. La qualité des matériaux et du travail indique que le bâtiment était destiné à être un joyau du parc.

Sa toiture en bardeaux surplombant l'avant-toit orné de corniches à consoles évoque une pagode ferroviaire. Les grandes fenêtres et son lanterneau permettent de laisser entrer la lumière naturelle dans le musée, construit avant que l'électricité n'arrive à Banff. À l'intérieur, le fini du bois, les moulures, les éléments décoratifs et autres mobiliers sont pour la plupart d'origine.

Attractions et activités

La vaste collection de Sanson, qui comprend notamment des ours et des bisons, des minéraux et des plantes, ainsi que des oiseaux, des insectes et des papillons naturalisés, donne un aperçu de la faune de Banff et de la façon dont on étudiait et présentait la nature il y a plus d'un siècle. Les expositions montrent également le changement d'attitude concernant la gestion de la faune et des ressources naturelles.

Comme c'est le cas dans les

musées modernes d'histoire naturelle, les animaux sont intégrés à des dioramas (décor naturel). Lorsque Harlan Smith, un archéologue du musée national à Ottawa qui travaillait avec Sanson, a conçu l'exposition « sheep and goat » en 1914, ce type de présentation était novateur.

Dans la salle de découverte interactive, il est possible de manipuler et d'examiner des bois de cervidés, des fourrures et des fossiles.

Comment s'y rendre

Le musée est situé au centre-ville de Banff, à côté du pont de la rivière Bow et du parc Central. Banff se trouve 128 km à l'ouest de Calgary sur la Transcanadienne (Rte 1).

Quand visiter

Le musée est ouvert tous les jours en juillet et août; du mercredi au dimanche de la mi-mai à juin et de sept. au début oct. Consultez le site Web.

AUTRES LIEUX HISTORIQUES NATIONAUX

STATION-D'ÉTUDE-DES-RAYONS-COSMIQUES-DU-MONT-SULPHUR
PARC NATIONAL BANFF (ALB.)

Située sur le sommet du mont Sulphur dans le parc national Banff, cette station d'étude a été construite par le National Research Council en 1956 en vue de l'Année géodésique internationale (1957-1958), qui s'inscrivait dans un exercice international de recherche scientifique regroupant plus de 60 pays : 99 stations d'étude des rayons cosmiques ont été exploitées dans le monde, dont 9 au Canada. Celle du mont Sulphur était la plus importante station canadienne. Elle a fermé en 1978 et a été démolie en 1981. Désignée LHN en 1982.

COL-KICKING-HORSE
PARC NATIONAL BANFF (C.-B.)

Situé dans le parc national Banff et le parc national Yoho, le col Kicking Horse est un important corridor de transport qui permet de franchir les montagnes Rocheuses. Lorsque le CFCP a choisi de faire passer la voie ferrée par le col Kicking Horse plutôt que par le col Yellowhead, situé plus au nord, cela a changé les plans d'aménagement du tracé et eu une incidence sur le développement de l'ouest du Canada. Désigné LHN en 1971.

KOOTENAE HOUSE
INVERMERE, (C.-B.)

Situé au nord d'Invermere (C.-B.), Kootenae House a été fondé par l'explorateur David Thompson en 1807. Le poste a servi de base à Thompson pour ses explorations du fleuve Columbia et de ses affluents, qui l'ont amené à rencontrer les Autochtones de la région et à commercer avec eux. C'était le premier poste de traite établi dans la région. Les explorations de Thompson et l'établissement de postes de traite dans la région ont permis aux Britanniques de s'établir et, peu après, aux Canadiens de revendiquer la propriété du bassin. Désigné LHN en 1934.

MONTAGNES ROCHEUSES

Les divers peuples du Canada

La population canadienne, à l'image d'une mosaïque, compte depuis 4 000 ans des communautés autochtones prospères qui ont colonisé tous les écosystèmes du Canada, y compris l'Arctique. Les sites archéologiques du pays témoignent de modes de vie qui ont soutenu des peuples et leurs cultures durant des milliers d'années. Ainsi, à l'exception des 500 dernières années, l'histoire du Canada n'a été écrite que par des cultures autochtones.

Des nouveaux arrivants répondent à une série de questions dans la salle d'examen de l'Immigration au Quai 21 en 1952.

Les premiers arrivants

Les Scandinaves, premiers colons non autochtones, sont venus du Groenland et ont été suivis plusieurs siècles plus tard par des baleiniers, des pêcheurs et des explorateurs européens. Des vestiges archéologiques ont confirmé la présence de Scandinaves vers 1 000 ans apr. J.-C. au lieu historique national de L'Anse aux Meadows (voir p. 72-75), à Terre-Neuve-et-Labrador. À la fin du XVe siècle, des pêcheurs et des baleiniers portugais, bretons, normands et basques venaient chaque année sur la côte est du Canada.

Au début du XVIIe siècle, des colonies permanentes ont été établies par la Grande-Bretagne (à l'est de Terre-Neuve) et la France (au Québec). Les vastes empires des deux pays se sont étendus en Amérique du Nord pendant les deux siècles qui ont suivi, et leur concurrence pour les terres et les ressources ont mené à des conflits et à la construction de nombreuses fortifications le long des côtes convoitées. Après la guerre de l'Indépendance américaine, les loyalistes (y compris de nombreuses personnes d'origine africaine) ont cherché refuge dans l'Amérique du Nord britannique.

Une terre d'espoir et de rêves

Au XIXᵉ siècle et au début du XXᵉ siècle, les nouveaux arrivants étaient souvent en quête d'un nouveau départ. Des milliers d'Irlandais, poussés par la famine, ont immigré au Canada dans les années 1840, et plus de 15 000 travailleurs chinois y sont arrivés au début des années 1880 pour participer à la construction du chemin de fer transcontinental. Au tournant du XXᵉ siècle, un grand nombre d'Européens et d'Américains ont afflué au Canada, attirés par l'ouverture de terrains arables à l'ouest et par les promesses de l'industrialisation des centres urbains.

La vaste majorité des immigrants sont venus d'outre-mer. Entre 1832 et 1937, la ville de Québec était le principal point d'entrée des nouveaux arrivants : plus de 4 millions d'entre eux sont passés par le Port de Québec et par Grosse-Île, le lieu de quarantaine voisin (voir p. 40-44). De même, près d'un million d'immigrants ont été traités entre 1928 et 1971 au Quai 21 à Halifax en Nouvelle-Écosse (voir p. 40-44). L'un comme l'autre sont aujourd'hui des lieux historiques nationaux. Les expériences des immigrants sont également commémorées à d'autres lieux comme Kensington Market à Toronto, en Ontario (voir p. 217), et « la Main » à Montréal, au Québec (voir p. 141). La Commission des lieux et monuments historiques du Canada reconnaît aussi l'histoire de l'immigration par d'autres désignations, comme les événements historiques nationaux qui commémorent les Pionniers noirs de la Colombie-Britannique et l'Expérience des Japonais en Alberta.

Des obstacles sociaux, politiques, religieux et culturels, ainsi que des difficultés d'adaptation à un climat inhabituel, font partie des nombreux défis que les nouveaux arrivants ont dû relever. Les plus grands obstacles à l'intégration à la société canadienne ont été les pratiques restrictives en matière d'immigration en vigueur au début du XXᵉ siècle : elles reposaient sur des préjugés répandus, une haine raciale et la discrimination religieuse, qui visaient souvent les minorités visibles.

Au cours de la deuxième moitié du XXᵉ siècle, ces tendances xénophobes ont fini par laisser place à davantage d'inclusion, découlant d'un nouveau sentiment de fierté tiré de la diversité culturelle de la société canadienne. Lors d'audiences tenues dans les années 1960 par la Commission royale d'enquête sur le bilinguisme et le biculturalisme, des représentants de minorités ethniques de l'ensemble du pays ont exhorté le gouvernement à reconnaître l'hétérogénéité des peuples canadiens. Le multiculturalisme est devenu une politique en 1971.

Depuis lors, les Canadiens sont devenus des hôtes plus accueillants, et ont accepté, par exemple, des réfugiés du Vietnam dans les années 1970 et 1980 et, récemment, de la Syrie. Ainsi, en 2011, 25 % des résidents du Canada sont nés à l'étranger, et la plupart des immigrants sont d'origine asiatique. Aujourd'hui, la diversité est une caractéristique propre à la population canadienne, qui lui permet d'acquérir une force économique et un dynamisme culture renouvelé à chaque vague de nouveaux arrivants.

MONTAGNES ROCHEUSES

AUTRES LIEUX HISTORIQUES NATIONAUX

CENTRE-D'INFORMATION-DU-PARC-JASPER
JASPER (ALB.)

Construit en 1913-1914, ce bâtiment est l'un des plus beaux exemples d'architecture rustique dans les parcs nationaux canadiens. Sa toiture inclinée, ses divers pignons et porches, et l'utilisation de matériaux naturels comme la pierre de champ et le bois d'œuvre ont influencé le développement subséquent de Jasper. Il offrait un point de repère aux visiteurs arrivant en train. Abritant depuis ses débuts des bureaux administratifs et des logements, il constitue maintenant le centre d'information du parc Jasper. Désigné LHN en 1992. 500, Connaught Dr.

JASPER HOUSE
PARC NATIONAL JASPER (ALB.)

Construit par la Compagnie du Nord-Ouest en 1813, le poste Jasper House a été déplacé sur la berge de l'Athabaska, son emplacement actuel, par la Compagnie de la Baie d'Hudson. C'était un important point de ravitaillement pour les voyageurs en route vers les cols Yellowhead et Athabasca. Aucune route ne permet d'accéder au lieu actuel, mais une plate-forme a été installée 35 km à l'est de Jasper sur la Rte 16 d'où il est possible d'apercevoir Jasper House de l'autre côté du fleuve Désigné LHN en 1924

COL-ATHABASCA
PARC NATIONAL JASPER (ALB.)

En janvier 1811, David Thompson a tracé un chemin à travers les montagnes Rocheuses pour la Compagnie du Nord-Ouest, guidé par Thomas l'Iroquois. Pendant près de 50 ans, le col a été le principal corridor des commerçants de fourrures entre le Canada et le territoire de l'Oregon en raison de son emplacement stratégique. Les eaux s'écoulant vers l'ouest se déversent dans l'océan Pacifique, tandis que celles s'écoulant vers l'est se déversent dans la baie d'Hudson. Désigné LHN en 1971.

COL-YELLOWHEAD
PARC NATIONAL JASPER (ALB.)

Les Autochtones ont emprunté le col Yellowhead pendant des siècles, et la Compagnie de la Baie d'Hudson y a eu recours entre les années 1820 et les années 1850; à partir de 1906, il a été utilisé par le Grand Trunk Pacific et le Chemin de fer Canadien du Nord. Présentant l'une des plus faibles altitudes sur la ligne de partage des eaux dans les montagnes de la partie nord des Rocheuses, le col Yellowhead a joué un rôle important. Désigné LHN en 1971. Rte 16, à l'ouest de Jasper.

COL-HOWSE
PARC NATIONAL BANFF (ALB.)

Le col Howse faisait partie de la « piste des Kootenays » qui reliait le versant est des Rocheuses à la vallée du Columbia et la Saskatchewan Nord aux réseaux fluviaux du Columbia. Les Ktunaxas utilisaient ce col pour aller chasser le bison à l'est des montagnes. Plus tard, et jusqu'en 1810, les commerçants de fourrures des compagnies du Nord-Ouest et de La Baie d'Hudson l'ont emprunté pour explorer l'ouest des Rocheuses et y établir des postes de traite. Les voyageurs de l'arrière-pays chevronnés peuvent y accéder en parcourant 26 km à pied à partir de la promenade des Glaciers (rte 93N). Désigné LHN en 1978.

REFUGE-DU-COL-ABBOT
PARC NATIONAL BANFF (ALB.)

Construit en 1922, ce refuge est un témoignage durable à la mémoire des guides suisses venus en 1899 dans les Rocheuses. La construction du refuge a représenté un défi de taille. Les guides ont dû transporter les matériaux à dos de cheval au-delà du glacier Victoria puis les charger sur leur dos pour le reste du chemin. Le refuge est situé à une altitude de 2 925 m et continue à servir de base pour les alpinistes. Désigné LHN en 1992. Accessible depuis Lake Louise et le secteur du lac O'Hara.

MONTAGNES ROCHEUSES

AUTRES LIEUX HISTORIQUES NATIONAUX

AUBERGE-DE-SKI-SKOKI
LAKE LOUISE (ALB.)

Rare vestige des débuts de l'industrie touristique du ski, l'auberge de ski Skoki, la première auberge de ski de l'arrière-pays canadien, offre un bel exemple des bâtiments rustiques en rondins. Construite en 1930-1931, puis agrandie pour atteindre sa dimension actuelle en 1935-1936, elle est située à une altitude de 2 164 m, l'auberge est uniquement accessible à pied ou en ski. Le début du sentier de 11 km se trouve sur le territoire de la station de ski Lake Louise. Désigné LHN en 1992. 403-522-1347 ou 888-997-5654.

HÔTEL BANFF SPRINGS
BANFF (ALB.)

Peu d'hôtels peuvent rivaliser avec la splendeur et la renommée de l'hôtel Fairmont Banff Springs, un immense complexe hôtelier construit par le CFCP à la fin du XIXe siècle et au début du XXe siècle qui continue d'accueillir des visiteurs du monde entier. Lors de sa construction, le paysage saisissant qui l'entoure, sa conception inspirée d'un château et sa somptuosité ont attiré une clientèle aisée et ceux qui cherchaient à vivre une expérience de luxe au milieu des étendues sauvages. Désigné LHN en 1988. 405, av. Spray.

PREMIER-PUITS-DE-PÉTROLE-DE-L'OUEST-CANADIEN
PARC NATIONAL DES LACS-WATERTON (ALB.)

En 1902, on a trouvé du pétrole au puits de la découverte Lineham n° 1, un puits de 311 m situé à l'est de Waterton, en Alberta. Bien qu'il ne s'agisse pas du premier puits foré dans l'ouest du Canada, le puits a été le premier à produire une quantité de pétrole commercialisable. On raconte qu'il produisait 300 barils par jour; toutefois, sa réussite a été de courte durée. Le cuvelage du puits s'est effondré et l'appareil de forage y est resté coincé. Désigné LHN en 1965. Promenade Akamina.

HÔTEL-PRINCE OF WALES
PARC NATIONAL DES LACS-WATERTON (ALB.)

Construit en 1926-1927 par le Great Northern Railway des États-Unis, l'hôtel Prince of Wales, qui a l'apparence d'un chalet alpin, demeure l'un des endroits les plus connus du parc national des Lacs-Waterton. Sa construction a eu lieu pendant un des hivers les plus venteux, au cours duquel il a été déplacé deux fois de ses fondations. Le dernier d'une chaîne d'hôtels luxueux, chalets et camps de tentes construits dans les années 1920, l'hôtel offrait un dernier arrêt aux riches visiteurs qui voyageaient dans l'arrière-pays du « Glacier National Park » du Montana. Désigné LHN en 1992. Rte 5.

SALON-DE-THÉ-DES-CHUTES-TWIN
PARC NATIONAL YOHO (C.-B.)

Situées dans le parc national Yoho, les chutes Twin forment une double cascade; on ne peut y accéder qu'à pied par un sentier de 8,5 km (aller seulement). Le salon de thé, construit pour servir de halte aux adeptes de plein air, est un bel exemple du style rustique. Le CFCP a construit le salon en rondins en plusieurs phases. En 1908, il ne comportait qu'un étage; quelques années plus tard, on a construit un chalet de deux étages qui a été annexé au bâtiment existant. Désigné LHN en 1992.

FORT-STEELE
FORT STEELE (C.-B.)

Établi en 1887 par le chef de police Sam Steele et étant le premier poste de la Gendarmerie royale du Canada de la Colombie-Britannique, Fort Steele a été construit à un endroit stratégique, surplombant la rivière Kootenay. Lorsque Steele a quitté la région, les habitants de Galbraith's Ferry ont décidé de renommer leur village pour commémorer son travail, et l'emplacement initial a été annexé au village. Désigné LHN en 1925. Av. Riverside.

MONTAGNES ROCHEUSES

COLOMBIE-
BRITANNIQUE

YUKON

Piste
Chilkoot

CANADA
ÉTATS-UNIS

COLOMBIE-BRIT

Colline Battle Hil
des Gitwangaks

☐ Lieux historiques nationaux
du Canada

✷ Capitale

0 mi   200

0 km   200

SGang
Gwaay
Llnagaay

COLOMBIE-
BRITANNIQUE

La Colombie-Britannique est située à
l'extrême ouest du Canada et est la
troisième province canadienne ayant
la plus grande superficie. Elle comporte une diversité géographique
inégalée au pays. La province est
dominée par deux chaînes de montagnes – la chaîne Côtière à l'ouest, et
les montagnes Rocheuses à l'est qui
s'étendent du nord au sud.

L'établissement humain est concentré entre les deux chaînes, sur un
plateau parsemé de petits lacs, et le
long de la côte du Pacifique, où des
fjords et des centaines d'îles apparues
à la suite de la fonte des glaciers, bordent les cours d'eau. Puisque la plus
grande partie de la région est peu
propice à l'agriculture, les Salishs du
littoral, les Haïdas, ainsi que d'autres
groupes autochtones ayant habité la
région depuis 6 000 à 8 000 ans, ont
développé une économie fondée principalement sur la chasse, la pêche et
l'exploitation forestière.

La réussite des commerçants de
fourrures, qui ont com-
mencé à arriver à la fin
du XVIIᵉ siècle, reposait
surtout sur les Autochtones et leurs
routes commerciales bien établies.
Des colonies européennes se sont
installées le long de la côte du
Pacifique; cependant, l'intérieur du
pays est demeuré relativement inex-
ploré jusqu'à l'ère de la ruée vers l'or
qui, pendant les années 1850 et 1860,
a favorisé la croissance de la région
dans son ensemble.

Étant donné l'économie prospère,

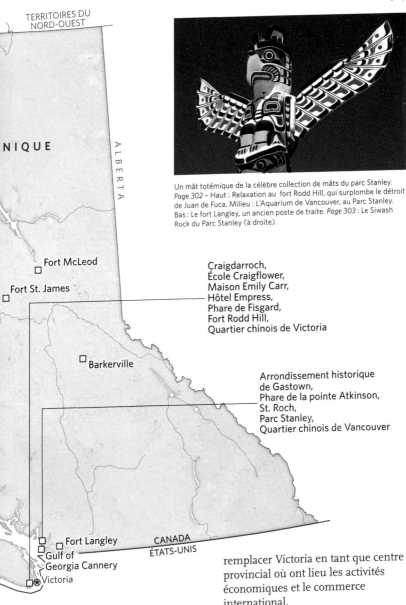

Un mât totémique de la célèbre collection de mâts du parc Stanley.
Page 302 – Haut : Relaxation au fort Rodd Hill, qui surplombe le détroit de Juan de Fuca. Milieu : L'Aquarium de Vancouver, au Parc Stanley. Bas : Le fort Langley, un ancien poste de traite. *Page 303* : Le Siwash Rock du Parc Stanley (à droite).

TERRITOIRES DU NORD-OUEST

NIQUE

ALBERTA

Fort McLeod

Fort St. James

Barkerville

Fort Langley

CANADA
ÉTATS-UNIS

Gulf of Georgia Cannery

Victoria

Craigdarroch,
École Craigflower,
Maison Emily Carr,
Hôtel Empress,
Phare de Fisgard,
Fort Rodd Hill,
Quartier chinois de Victoria

Arrondissement historique de Gastown,
Phare de la pointe Atkinson,
St. Roch,
Parc Stanley,
Quartier chinois de Vancouver

COLOMBIE-BRITANNIQUE

plusieurs ouvriers sont venus dans la région. La Colombie-Britannique, dont la capitale est Victoria, est devenue une province en 1871. Au milieu des années 1880, la voie ferrée du Chemin de fer Canadien Pacifique (CFCP) a atteint la ville portuaire de Vancouver. La ville a tôt fait de remplacer Victoria en tant que centre provincial où ont lieu les activités économiques et le commerce international.

Les lieux historiques présentés dans ce chapitre passent en revue l'histoire entière de la Colombie-Britannique, des villages autochtones à ceux de l'ère de la ruée vers l'or, et des centres industriels aux quartiers urbains prospères de Vancouver et Victoria.

Maintenant à l'abri des intempéries, le canon de neuf heures marque la 21ᵉ heure du jour depuis plus de 100 ans.

CÔTE OUEST

Bien avant que la ruée vers l'or du fleuve Fraser n'amène des milliers de prospecteurs dans la région à la fin des années 1850, la côte Ouest du Canada était habitée par les Haïdas, les Squamishs et d'autres groupes autochtones, et les routes commerciales qu'ils ont établies ont permis de développer l'économie de l'Ouest aux XIXᵉ et XXᵉ siècles. Les Autochtones ont contribué à la réussite des activités commerciales du fort Langley, un poste de traite et un centre de ravitaillement important; plus tard, ils ont également travaillé à la Gulf of Georgia Cannery, qui a en outre

employé des immigrants européens et japonais.

À l'emplacement stratégique où sont situés les lieux historiques nationaux Fort Rodd Hill et du Phare-de-Fisgard, les visiteurs découvrent les luttes commerciales et territoriales et leurs répercussions sur la côte Ouest de la province. La région abrite le plus vieux quartier chinois au Canada ainsi que de l'un des plus grands parcs au monde, le parc Stanley; sa forêt tropicale humide et la collection de mâts totémiques qu'il abrite en font l'un des sites incontournables de Vancouver.

La Colombie-Britannique a été proclamée colonie de la Couronne au fort Langley; aujourd'hui, le fort a été reconstruit selon l'apparence qu'il présentait au milieu des années 1800.

▶ FORT-LANGLEY

FORT LANGLEY (C.-B.)
Désigné en 1923

Situé à proximité de l'océan Pacifique, dans un endroit stratégique pour les Autochtones des biens le long des anciennes routes commerciales, le fort Langley était un centre de ravitaillement et de transbordement important pour les postes de traite éloignés du nord dans la région qui est aujourd'hui la Colombie-Britannique.

C'est également à cet endroit que la partie continentale de la province a été officiellement déclarée une colonie britannique en 1858.

La Compagnie de la Baie d'Hudson a établi le fort à la fin des années 1820 pour concurrencer les commerçants de fourrures américains qui nuisaient à leurs affaires. Les pelleteries de tous les postes du nord de la Colombie-Britannique se rendaient en Europe en passant par Cape Horn, les produits alimentaires étaient échangés avec les Russes en Alaska, les canneberges locales étaient envoyées en Californie et le saumon du fleuve Fraser était consommé jusqu'à Hawaï. L'approvisionnement de fourrures s'étant épuisé au fil du temps, le fort est devenu un centre de ravitaillement et de transbordement, permettant la croissance des secteurs de la production agricole et de l'exportation de saumon.

COLONIE DE LA COURONNE BRITANNIQUE

Quelques décennies plus tard, James Douglas, le gouverneur de l'île de Vancouver, a remonté le fleuve Fraser pour se rendre au fort Langley, où il a proclamé la partie continentale de la Colombie-Britannique colonie de l'Empire britannique. La proclamation a été célébrée par la suite; pour l'occasion, on a organisé une fête à laquelle ont été conviés des membres de la Première Nation Kwantlen qui étaient des partenaires commerciaux importants.

À cette époque, une rivalité s'était développée entre Douglas et James Yale, le négociateur en chef et dirigeant de fort Langley. Au milieu des années 1820, alors que les deux hommes travaillaient au fort St. James (voir p. 326-327), ils s'étaient tous deux pris d'affection pour la belle Amelia, la fille de William Connolly, un Européen puissant exerçant la fonction de facteur en chef, et de Miyo Nipiy, une femme crie. C'est Douglas qui l'a emporté. Tandis que la carrière de James Douglas connaissait une ascension fulgurante, celle de James Yale battait de l'aile, et il est resté à fort Langley pendant près de 30 ans sans obtenir d'avancement; il a cependant réussi à faire du poste un centre important, ce qui est tout à son honneur.

La présence de Douglas était motivée par la peur. Plus tôt en 1958, la rumeur voulant qu'on ait découvert de l'or dans le bas Fraser avait entraîné la migration illégale d'environ 30 000 prospecteurs américains dans la partie continentale de la Colombie-Britannique. Avant cet événement, les Britanniques avaient seulement officiellement colonisé l'île de Vancouver. Le bas Fraser abritait l'habitat des Sto:lo. Craignant une annexion avec les États-Unis, James Douglas n'a pas seulement proclamé la Colombie-Britannique colonie britannique; il a également fait appel au Corps of Royal Engineers de l'armée britannique afin de construire et de surveiller les routes, de défricher les aires propices à construire des villages et d'assurer la paix dans les régions habitées par les prospecteurs d'or. À partir de ce moment, le fort Langley a servi de bastion pour freiner l'expansion territoriale américaine.

Le fort a fini par perdre de l'importance et est tombé en ruine. La Compagnie de la Baie d'Hudson a cessé de l'exploiter en tant que poste de traite en 1886.

AUJOURD'HUI AU FORT

Des poteaux aiguisés formant une palissade de bois entourent le lieu historique, qui abrite le plus ancien bâtiment de la partie continentale inférieure de la Colombie-Britannique, un entrepôt construit selon la technique poteaux-sur-sole dans les années 1840. Du centre d'accueil à la porte de devant, les visiteurs circulent dans une reproduction du fort Langley datant du milieu des années 1880; la plupart des travaux de restauration ont été entrepris au milieu du XXe siècle, à l'occasion du centenaire de la colonie de la Colombie-Britannique.

Un comptoir d'échanges est situé près de la porte d'entrée; c'est à cet endroit que le négociant en chef James Yale accueillait les Autochtones pour acheter leurs fourrures. L'entrepôt d'origine est situé à côté d'une forge et d'une tonnellerie, cette dernière étant par ailleurs essentielle à l'exportation du saumon, des canneberges et des produits de la ferme. Le plus grand et majestueux bâtiment du lieu est la Grande Maison. Ce bâtiment a été reconstruit en 1958, soit 100 ans après la proclamation du gouverneur Douglas.

Des programmes d'accueil sont offerts par des interprètes toute l'année et permettent aux visiteurs d'obtenir un aperçu de la vie au fort Langley au début et au milieu du XIXe siècle.

CÔTE OUEST

JOURNÉE DES BRIGADES

Chaque été, pendant le long week-end d'août, des légions d'interprètes bénévoles se rendent au fort Langley pour célébrer la Journée des brigades, un événement annuel exceptionnel. L'événement est une reconstitution historique de l'arrivée des brigades des fourrures des postes éloignés du nord en train et en canot, laquelle devenait possible au printemps, lorsque la neige commençait à fondre. Les brigades des fourrures quittaient les postes de traite éloignés comme fort Kamloops et fort St. James aux premiers signes du dégel à la fin juin pour se rendre à fort Langley; l'événement a cependant été déplacé en été, au plus fort de la saison touristique. La reconstitution de l'arrivée des brigades consiste en l'arrivée d'une petite flotte de grands canots voyageurs, d'embarcations de l'époque et de petits canots. Les foules encouragent les voyageurs, alors qu'ils transportent les fourrures vers le fort. À l'intérieur, le fort est transformé en campement habité par des personnages en costume d'époque. Les visiteurs sont invités à interagir avec les forgerons, les ouvriers chargés de conserver les peaux de castor, ainsi qu'avec les musiciens, qui utilisent des instruments et interprètent des musiques de l'époque. Ils peuvent également s'exercer au lavage de l'or à la batée et regarder des hommes tirer avec des fusils d'époque à partir de la palissade. La démonstration de tir comprend une description des mécanismes de mise de feu des fusils à silex, du jargon couramment utilisé, ainsi que des différences entre les divers fusils utilisés au fort.

Il est parfois possible d'interagir avec les descendants de la Première Nation Kwantlen; le fort a été construit sur leur territoire. Leur influence sur le fort ne saurait être surestimée : la Compagnie de la Baie d'Hudson souhaitait acheter des fourrures, mais les produits offerts ici étaient le saumon et la canneberge. Les Kwantlen n'étaient pas seulement des intermédiaires dans la traite des fourrures sur leur territoire; c'était des maîtres-pêcheurs qui ont établi un commerce lucratif rendant possible l'exportation du saumon préparé au fort dans tout le Pacifique occidental, y compris Hawaï. Les visiteurs peuvent se procurer de beaux bijoux taillés à la main, des vêtements, des paniers en écorce de cèdre, des couvertures traditionnelles et des articles ménagers décoratifs, ainsi que des souvenirs de fort Langley à la boutique de cadeaux. Sxwimeɬə Gifts (prononcé

Une visiteuse s'adonne à la tonnellerie.

Cuisson d'un met traditionnel sur un feu de bois

LIEU HISTORIQUE NATIONAL DU FORT-LANGLEY
(Fort Langley National Historic Site)

INFORMATION ET ACTIVITÉS

ACCUEIL ET INFORMATION
23433, av. Mavis, Fort Langley (C.-B.) V1M 2R5. Tél. : 604-513-4777. parcs canada.gc.ca/langley.

DROITS D'ENTRÉE
7,80 $/adulte; 19,60 $/famille ou groupe par jour.

ANIMAUX DE COMPAGNIE
Il y a une aire à l'extérieur de la palissade où les animaux en laisse sont autorisés; toutefois, ils ne sont pas autorisés à entrer dans le centre d'accueil ou dans l'enceinte.

SERVICES ACCESSIBLES
Tous les bâtiments sont dotés de rampes d'accès. Des salles de bain accessibles se trouvent au centre d'accueil et au café.

ACTIVITÉS OFFERTES
Explorez ce fort de la Compagnie de la Baie d'Hudson construit au XIXe siècle; grimpez aux tours de bastion rustiques et profitez des vues spectaculaires sur le fleuve Fraser.

Écoutez le marteau frapper l'enclume dans l'atelier du forgeron et les tirs qui retentissent à la démonstration des armes, et assistez à une démonstration dans la tonnellerie.

Participez au programme Xplorateurs, qui comprend une foule d'activités : les enfants qui participent recevront un certificat et un souvenir. Les enfants peuvent aussi laver de l'or à la batée et assister à la berne du drapeau avec une chanson.

Les activités et les programmes d'interprétation changent constamment; veuillez consulter le site Web pour connaître les possibilités du moment et l'horaire des activités.

TERRAINS DE CAMPING
Fort Camping Brae Island Regional Park 604-888-3678 ou 866-267-3678. fortcamping.com. 156 emplacements pour tentes individuelles et véhicules récréatifs (alimentation de 50 ampères).

Tentes oTENTik Dans l'enceinte du fort, à mi-chemin entre la tente de prospecteur et le chalet rustique en forme de « A ». Les tentes sont disponibles du 1er mai à l'Action de grâce. Il est possible de réserver dès le début janvier (877 737 3783 ou reservation.pc.gc.ca). 5 unités (capacité de 6 pers. chacune). 120 $.

HÔTELS, MOTELS ET AUBERGES
(Sauf indication contraire, les prix mentionnés sont pour une chambre en occupation double, en haute saison, en dollars canadiens.)

Langley Highway Hotel 20470, av. 88, Langley (C.-B.) V1M 2Y6. 604-888-4891. langleyhwyhotel.com. 89 $.

Sandman Signature Langley Hotel 8828 201, St. Langley (C.-B.) V2Y 0C8. 604-455-7263. sandmansignature.ca/ hotels/langley. 150 $.

« choui-me-la ») signifie « boutique de cadeaux » en Halq'eméylem. C'est un groupe d'entrepreneurs de la Première Nation Kwantlen qui gère la boutique. Le Café lelem', également dirigé par les Kwantlen, permet aux visiteurs de goûter au saumon du fleuve Fraser ainsi qu'à d'autres mets traditionnels et modernes.

Comment s'y rendre
À partir de Vancouver, en voiture : prenez la Rte 1 (Transcanadienne) en direction est pendant 40 km et prenez la sotie de la 232e rue. Suivez les panneaux du « castor » jusqu'au ch. Glover; tournez à droite et continuez au village de Fort Langley. Tournez à droite sur l'av. Mavis à la lumière clignotante, juste avant la voie ferrée. Le parc est situé au bout de la rue.

Quand visiter
Le fort est ouvert à l'année l'année, mais la saison estivale offre une plus grande diversité d'activités d'interprétation.

CÔTE OUEST

Situé à proximité du fort Rodd Hill, le phare de Fisgard est un symbole de la souveraineté britannique.

▶ FORT RODD HILL ET PHARE-DE-FISGARD

COLWOOD (C.-B.)
Désigné en 1958

Le fort Rodd Hill et le phare de Fisgard ont été établis dans la partie sud de l'île pour permettre à l'Empire britannique d'exercer un contrôle dans le Pacifique Nord et lutter contre les menaces réelles et imaginaires auxquelles sont confrontés les grands empires.

Érigé en 1860 au-dessus du détroit de Juan de Fuca, qui surplombe le port d'Esquimalt, le phare de Fisgard est le premier phare permanent sur la côte Ouest du Canada. Le fort Rodd Hill, qui a été construit un peu plus tard, se trouve juste à côté; il s'agit d'un fort d'artillerie conçu pour défendre la base navale de la Marine royale britannique et la ville de Victoria.

Le phare et le fort ont tous deux été désignés lieu historique national en 1958; toutefois, Parcs Canada les considère comme un seul emplacement. Les deux lieux, reliés par une route en remblai, couvrent une superficie totale de 16 ha.

FORT RODD HILL

Construit dans les années 1890, le fort a été érigé sous la supervision conjointe du gouvernement britannique et du Dominion nouvellement constitué. À l'époque, on voyait encore flotter le drapeau britannique dans la plupart des pays du monde. La Marine royale britannique était positionnée dans les avant-postes coloniaux éloignés comme l'île de Vancouver et surveillait le vaste empire. Le fort était petit, mais érigé à un endroit stratégique; il était doté de batteries de tir, d'emplacements de projecteurs, et d'un système téléphonique de pointe.

En 1906, les Britanniques avaient abandonné Esquimalt, ayant reconsidéré son importance stratégique. En 1938, le gouvernement canadien a décidé que les gros canons étaient obsolètes; selon lui, les ennemis étaient en mesure de bombarder Esquimalt alors qu'ils se trouvaient en mer. De nouvelles batteries de tir ont été établies à l'ouest du fort, et pendant la guerre, on comptait environ 35 postes d'observation servant à localiser les navires ennemis à proximité de Victoria; en outre, on a remplacé les projecteurs d'origine du fort par 18 nouveaux appareils.

Les canons du fort n'ont jamais été utilisés en combat; cependant, plusieurs coups de feu d'avertissement ont été tirés. Pendant la guerre, le port d'Esquimalt était protégé par une allingue et un filet de protection contre les torpilles, et une porte permettait de laisser passer les navires. Tous les navires entrants devaient attendre la visite des bateaux de patrouille, mais tous ne se conformaient pas à la règle. On autorisait alors l'utilisation de la batterie du fort Rodd Hill pour tirer dans la proue du navire errant afin qu'il s'arrête.

Le fort a officiellement fermé ses portes en 1956.

MENACES GÉOPOLITIQUES

Au moment où le fort était établi, la menace d'une annexion aux États-Unis s'estompait. Ce sont plutôt les Russes qui constituaient la véritable menace. Dès 1878, des batteries de tir avaient été installées temporairement à divers emplacements dans Victoria en réaction à la peur de l'expansionnisme russe. À l'époque, les Britanniques et les Russes étaient confrontés aux tensions croissantes de leurs possessions coloniales respectives en Inde et en Afghanistan. Ayant pratiqué activement le commerce des fourrures dans cette région depuis les années 1600, les Russes étaient familiers avec la côte de la Colombie-Britannique, attisant ainsi la peur des Britanniques. Lorsque les Japonais ont anéanti la flotte russe en 1904, cela a, pour un moment du moins, mis fin à la menace russe visant la côte du Pacifique Nord.

Pendant la Première Guerre mondiale, le fort Rodd Hill a été utilisé comme installation de réparation navale; toutefois, il n'a jamais été mis à l'essai par les Allemands.

L'empire japonais était considéré comme un ennemi potentiel au début des années 1930, ce qui s'est confirmé pendant la guerre. Par la suite, c'est l'URSS qui représentait une menace, et la course à l'armement atomique a commencé. Les tranchées souterraines du fort ont été transformées en stations de défense aérienne, lesquelles étaient équipées pour tracer la trajectoire de vol des aéronefs soviétiques qui envahissaient l'espace aérien canadien.

PHARE DE FISGARD

Ce n'est pas une coïncidence si le premier fort permanent de l'ouest du Canada a été construit au moment où des milliers de prospecteurs américains envahissaient Victoria pour se rendre dans les districts aurifères du fleuve Fraser. Cet afflux a effrayé les dirigeants coloniaux britanniques de l'île de Vancouver, qui ont réagi en érigeant le phare pour symboliser la souveraineté britannique. Le phare a aussi permis à la marine britannique de se déplacer en toute sécurité dans le port d'Esquimalt, une autre installation importante visant à empêcher l'annexion aux États-Unis.

La construction du phare a commencé en 1859 et a été achevée en 1860, ce qui en fait l'un des plus anciens bâtiments de Victoria. Tandis que le phare et la résidence du gardien de phare prenaient forme, George Davies, le premier gardien du phare, quittait l'Angleterre pour se rendre au Canada. Il voyageait aux côtés des composantes servant à construire le sommet du phare. Toutes les autres composantes utilisées dans la construction du phare, notamment les briques et les objets en métal forgé, avaient été fabriquées dans la région.

Une fois fonctionnel, le phare était opéré de concert avec son installation sœur à proximité de Race Rocks : cette dernière guidait les marins le long du détroit de Juan de Fuca; le fort de Fisgard leur permettait de naviguer en toute sécurité à l'entrée du port d'Esquimalt.

LA VIE D'UN GARDIEN

Environ une douzaine de gardiens de phare ont travaillé et résidé au phare

Un interprète en costume d'époque au fort Rodd Hill.

de Fisgard de 1860 à 1929, au moment où le phare a cessé d'abriter des employés résidents. (Le dernier gardien se rendait au fort en ramant, y passait la nuit et revenait au matin levant.) Selon les témoignages des survivants, c'était un travail difficile et dangereux.

Le métier de gardien était éprouvant; par nécessité, le gardien devait être un homme à tout faire, capable de réparer le phare, les embarcations, ou tout autre objet. Il arrivait régulièrement que les supérieurs effectuent des inspections surprises. Le gardien n'était autorisé à quitter la station sous aucun prétexte à moins d'avoir obtenu une permission écrite, ce qui donnait lieu à des situations de vie ou de mort lorsque leur épouse ou leurs enfants se blessaient ou tombaient malades. Au moins deux gardiens sont morts au travail : l'un a succombé à une longue maladie, et l'autre s'est noyé après être tombé de sa chaloupe.

Au début, même s'il présentait des dangers et promettait une vie de labeur, le métier de gardien de phare était prestigieux et relativement bien rémunéré; toutefois, cela n'a pas duré longtemps. Lorsque les Britanniques ont confié l'administration du phare au Canada à la suite de la Confédération, le salaire a diminué de moitié, et le calibre professionnel des hommes prêts à endurer l'épreuve et à faire face aux risques liés à l'emploi s'est affaibli.

Comment s'y rendre

Le phare et le fort sont situés dans la municipalité de Colwood, à l'est du centre-ville de Victoria. La voiture est le meilleur moyen pour s'y rendre. Le stationnement est gratuit et il y a une aire réservée aux véhicules récréatifs.

Depuis le centre-ville de Victoria, empruntez la rue Douglas en direction nord sur la Rte 1 (Transcanadienne) et

LIEUX HISTORISQUES NATIONAUX FORT RODD HILL ET DU PHARE-DE-FISGARD
(Fort Rodd Hill & Fisgard Lighthouse National Historic Sites)

INFORMATION ET ACTIVITÉS

ACCUEIL ET INFORMATION
603, ch. Fort Rodd Hill, Victoria (C.-B.) V9C 2W8. Tél. : 250-478-5849. parcs canada.gc.ca/roddhill.

SAISONS ET ACCESSIBILITÉ
Les lieux sont ouverts tous les jours du 15 mai au 15 oct.; les heures d'ouverture diminuent du 15 octobre au 28 février. Consultez le site Web pour plus de détails.

DROITS D'ENTRÉE
3,90 $/adulte; 9,80 $/famille ou groupe par jour.

ANIMAUX DE COMPAGNIE
Pas autorisés.

SERVICES ACCESSIBLES
Le phare est accessible en fauteuil roulant. Les batteries du fort ont des escaliers non accessibles. La plupart des salles de bain sont adaptées.

ACTIVITÉS OFFERTES
Fort Rodd Hill Promenez-vous sur les remparts originaux des trois batteries de tir et explorez les dépôts souterrains, les postes de commandement, les postes de garde, les casernes et les emplacements de projecteurs. Démonstrations et activités d'interprétation.
Phare de Fisgard Jouez aux jeux vidéo interactifs (conduisez une goélette du XIXᵉ siècle ou un navire de patrouille). Observez la circulation sur les voies de navigation au moyen de télescopes. Faites un pique-nique et admirez la vue qu'offrent les monts Olympiques de l'état du Washington.

RENSEIGNEMENTS IMPORTANTS
- Il n'y a aucun fournisseur alimentaire sur place.
- Le lieu est très vaste; assurez-vous d'avoir de bonnes chaussures.
- Le temps est froid et venteux, même en été; apportez des vêtements appropriés.

TERRAINS DE CAMPING
McDonald Campground Réserve de parc national des Îles-Gulf, à proximité de Sidney. Réservation en ligne au pccamping.ca ou au 877-737-3783. 43 emplacements pour véhicules, 6 emplacements à accès piéton.
Tentes oTENTik Dans l'enceinte du fort Rodd Hill. À mi-chemin entre la tente de prospecteur et le chalet rustique en forme de « A ». Les tentes sont disponibles du 15 mai au 30 septembre. Il est possible de réserver dès le début janvier (877-737-3783 ou reservation.pc.gc.ca). 5 unités (capacité de 6 pers. chacune); une des unités est accessible aux personnes ayant une incapacité, 120 $ (frais de réservation de 13,50 $ en sus).

HÔTELS, MOTELS ET AUBERGES
(Sauf indication contraire, les prix mentionnés sont pour une chambre en occupation double, en haute saison, en dollars canadiens.)
Holiday Inn Express & Suites Victoria-Colwood 318, ch. Wale, Colwood (C.-B.) V9B 0J8. 250-385-7829 ou 877-660-8550. ihg.com/holidayinnexpress/hotels/fr/fr/colwood/yyjcd/hoteldetail#. 210 $.
Four Points by Sheraton Victoria Gateway 829, ch. McCallum, Victoria (C.-B.) V9B 6W6. 250-474-6063 ou 866-716-8133. fourpointsvictoriagateway.com. 200 $-249 $.

continuez pendant environ 8 km. Prenez la sortie 10 (Colwood), qui devient la Rte 1A (Old Island Hwy). Suivez la Rte 1A sur 3 km. Au 5ᵉ feu de circulation, tournez à gauche sur Ocean Bld. Les sites sont situés environ 1,5 km plus bas sur ce chemin.

Quand visiter
Un plus grand nombre d'activités d'interprétation sont offertes pendant les mois de juillet et d'août. Plusieurs activités sont également offertes en septembre.

Le travail à la conserverie Gulf of Georgia Cannery a attiré des centaines d'ouvriers permanents et saisonniers à Steveston.

▶ GULF OF GEORGIA CANNERY

STEVESTON (C.-B.)
Désigné en 1976

Située à Steveston, cette conserverie a été conservée et transformée en musée interactif dédié à l'industrie de la pêche sur la côte Ouest et aux pêcheurs autochtones, immigrants et travailleurs, dont les fonctions ont changé au fil du temps en raison des avancées technologiques réalisées dans l'industrie et dans le secteur des transports.

Les Autochtones, qui pêchent dans ces eaux depuis des temps immémoriaux et qui ont constitué pendant plus de 80 ans une part importante de la main-d'œuvre pour la pêche saisonnière et la mise en conserve, ont toujours été présents à la conserverie.

La conserverie a été fondée en 1894 pour mettre en conserve et exporter les quatre espèces de saumon du Pacifique. En seulement un an, elle est devenue la deuxième conserverie de saumon en importance dans la province. Elle a servi par la suite de conserverie de hareng et d'usine de farine de poisson. De nos jours, la Gulf of Georgia Cannery regroupe un ensemble de bâtiments,

notamment le bâtiment principal de la conserverie, une glacière et un hangar de barils d'huile vitaminée.

Lorsque la conserverie a cessé ses activités en 1979, la communauté s'est ralliée pour la préserver. En 1994, le musée a été ouvert au public. Aujourd'hui, c'est la Gulf of Georgia Cannery Society qui gère le lieu pour le compte de Parcs Canada.

Attractions et activités

Parmi les expositions permanentes, la plus populaire est celle sur la chaîne de mise en conserve du saumon. La conserverie était une usine de transformation du poisson dans les années 1930; durant la Deuxième Guerre mondiale, on a commencé à y mettre le hareng en conserve et à le réduire en farine et en huile. Les activités se sont poursuivies après la guerre. Les visiteurs s'initient au travail effectué sur la chaîne : le transfert des poissons, la préparation, le travail sur la « table de nettoyage », la supervision de la scelleuse sous vide, etc. Lorsque la chaîne n'est pas en opération, des détecteurs de mouvement font retentir des sons qui donnent l'impression qu'elle est active : une véritable cacophonie où s'entremêlent des bruits métalliques et le cliquetis des engrenages.

La chaîne de la conserverie est une fenêtre sur l'histoire sociale de nombreux groupes ethniques. Au début, les montaisons de saumon attiraient principalement les pêcheurs autochtones et leur famille, puis les Japonais sont arrivés peu de temps après. Pendant que les hommes pêchaient, les femmes et les enfants travaillaient à la conserverie. Des Chinois, qui avaient immigré pour participer à la construction de la voie ferrée, ont commencé à y travailler dans les années 1890, étant particulièrement compétents pour accomplir des tâches pendant lesquelles il arrivait souvent qu'on perde des doigts. En 1895, une communauté grecque s'est établie sur Deas Island, et des colons finlandais ont fondé Finn Slough dans la partie sud de Richmond. La plupart logements pour les familles étaient fournis par les propriétaires de la conserverie, des Écossais.

Comment s'y rendre

La conserverie est située à Steveston, à 30 km du centre-ville de Vancouver. Il est possible d'y accéder par la rte 99 et la rte Steveston. Une fois arrivé au village, tournez à gauche sur le ch. No 1, puis à droite sur la rue Moncton. Le site est situé au bout de la rue.

INFORMATION

ACCUEIL ET INFORMATION
12138, 4th Ave., Richmond (C.-B.) V7E 3J1. Tél. : 604-664-9009.parcs canada.gc.ca/gulfofgeorgiacannery.

DROITS D'ENTRÉE
10,20 $/adulte; 26,80 $/famille ou groupe (entre la fête de Victoria et la fête du Travail); 7,80 $/adulte; 19,60 $/famille ou groupe le reste de l'année.

SERVICES ACCESSIBLES
Tous les bâtiments sont accessibles en fauteuil roulant.

HÔTELS, MOTELS ET AUBERGES
Holiday Inn Express & Suites Riverport 110688, ch. No 6, Richmond (C.-B.). 604-241-1830. ihg.com/ holidayinnexpress/hotels/fr/fr/ reservation#. 199 $.
Steveston Hotel (à 5 minutes de marche de la conserverie), 12111, 3rd Ave. Richmond (C.-B.). 604-277-9511. 114 $.

Quand visiter

La conserverie est ouverte à l'année, mais étant donné qu'elle est mal isolée et qu'elle est construite directement au-dessus du fleuve, il y fait très froid en hiver. Des visites guidées ont lieu presque chaque jour entre la fête de Victoria et la fête du Travail.

CÔTE OUEST

Des boîtes de poisson sur la chaîne de mise en conserve.

Une statue a été érigée dans le parc Stanley en mémoire de Harry Jerome, un héros local qui a participé à trois Jeux olympiques dans les années 1960.

▶ PARC-STANLEY

VANCOUVER (C.-B.)
Désigné en 1988

Aménagé sur une péninsule et bordée par le quartier central du centre-ville de Vancouver, le parc Stanley n'est pas seulement l'un des plus grands parcs urbains au monde : la péninsule abrite des collectivités locales depuis des millénaires. Construit en 1888, le parc de 404 ha demeure un incontournable pour les visiteurs et les habitants de Vancouver.

Pendant plus de 8 000 ans, l'emplacement du parc Stanley a abrité les ancêtres de divers groupes autochtones, notamment les Musqueams, les Squamishs et les Tsleil-Wauthuths. Ce n'est qu'au début des années 1790 que les explorateurs espagnols et britanniques, dont George Vancouver, ont remarqué l'emplacement du futur parc.

L'arrivée de milliers de prospecteurs durant la ruée vers l'or du fleuve Fraser de 1858 a transformé la région. La partie continentale de la Colombie-Britannique a été proclamée colonie (voir p. 304-307) peu après et l'emplacement a servi aux activités de l'armée.

Lors de la première réunion du conseil municipal en mai 1886, une résolution a été adoptée pour rendre la péninsule à la ville « afin que les habitants de Vancouver puissent en faire un parc. » En dépit des installations qui se trouvaient à l'intérieur de ses limites, le parc Stanley a été inauguré officiellement en septembre 1888; il tient son nom du gouverneur général Frederick Arthur Stanley.

Au début, on proposait deux visions pour le parc : les élites de la ville préconisaient la création d'un « milieu sauvage » et s'opposaient à toute forme de développement, tandis que les Vancouvérois de la classe moyenne exerçaient des pressions pour qu'on y aménage des infrastructures athlétiques. Au fil des ans, les administrateurs du parc ont joué la prudence en s'assurant de répondre aux demandes des deux parties.

PRÉSENCE ET INFLUENCE DES AUTOCHTONES

Les trois communautés salish du littoral, les Musqueams, les Tseil-Watuths et les Squamishs, qui vivaient dans la région depuis des millénaires, étaient composées de pêcheurs, de cueilleurs et de chasseurs prospères.

Les archéologues ont répertorié près de 20 emplacements distincts où auraient vécu des Autochtones, y compris les villages squamishs de Chaythoos, près de Prospect Point, et de Xw'ay Xw'ay (Whoi Whoi), à Lumberman's Arch. (Dans les années 1880, Lumberman's Arch a été le théâtre de grandes cérémonies rituelles [potlatchs] auxquelles ont participé des milliers d'Autochtones.) À proximité de là se trouve un amas coquillier de plus de 2 m de profondeur et s'étendant sur 1,2 ha. La plupart des coquilles ont été déterrées et retirées pour construire une route dans le parc. Un amas trois fois plus gros se trouverait sous la plage Third Beach.

Même si les Salishs du littoral n'ont jamais renoncé à leur droit de propriété des terres qui englobent le parc actuel et Vancouver, des scieries y ont été établies dans les années 1860. Les Autochtones se sont mélangés aux colons de Brockton Point, de Lumberman's Arch et de Prospect Point, où des Portugais, des Hawaïens et des Écossais avaient immigré pour travailler dans les scieries. À la suite de la création du parc, la ville a désigné ces habitants de « squatteurs », ce qui a donné lieu à des décennies de conflits et de batailles juridiques, qui se sont

succédé jusque dans les années 1920. Certains habitants ont eu gain de cause; cependant, tous les colons ont quitté ces emplacements par la suite.

Alors qu'ils tentaient d'expulser les Autochtones, les pères fondateurs du parc prévoyaient construire une réplique de village autochtone (habitée par des Autochtones) pour en faire une attraction touristique. En raison de sa complexité, du coût et de l'objection des Autochtones de la région, leur plan n'a cependant pas fonctionné. Ils ont plutôt décidé de célébrer l'héritage autochtone en élargissant la collection de totems du parc, entreprise en 1903. En 1924, quatre totems ont été érigés à proximité de l'ancien village de Whoi Whoi. D'autres totems ont été érigés à Haida Gwaii et Inlet Rivers, et ils ont tous été installés à Brockton Point en 1960.

L'exposition de totems est rapidement devenue l'attraction touristique la plus populaire de la province. Le mât funéraire Skedans figure parmi les plus vieux et plus marquants totems de la collection. Datant d'avant 1878, il s'agit du seul mât funéraire haïda de la collection sur lequel un coffre en cèdre situé derrière le panneau de devant, au sommet du mât, aurait contenu les restes d'un chef. En 1962, le mât montrait des signes de vieillesse; Bill Reid, un artiste haïda reconnu, a été engagé pour en

CÔTE OUEST

Profiter du soleil et du paysage au parc Stanley.

Des visiteurs s'assoient et profitent d'une visite à cheval guidée du parc Stanley.

Il a fallu plus de 60 ans pour construire la digue.

construire la réplique, et le mât original est retourné à Haida Gwaii.

Jusqu'en 2008, l'exposition ne comprenait pas d'œuvres représentant la culture des peuples autochtones ayant vécu dans la région du parc. Cette année-là, l'artiste salish du littoral Susan Point a présenté trois portails d'accueil sculptés dans le cèdre; aujourd'hui, les visiteurs sont entourés d'œuvres musqueams et squamishs lorsqu'ils empruntent le chemin menant à l'exposition de totems. Robert Yelton, un artiste squamish, a sculpté le plus récent mât de la collection en 2009.

Cependant, le plus beau site autochtone de la péninsule n'a pas été fabriqué par des humains. Siwash Rock est un monument iconique qui se trouve dans la partie ouest de la digue. Il s'agit d'un monolithe de pierre se dressant dans les eaux littorales et surmonté d'un amas d'arbres et d'arbustes. Selon une légende squamish, il s'agit d'un grand chef changé en pierre par des géants alors qu'il nageait. Afin qu'il ne soit pas seul, les géants ont également changé sa femme et son enfant en petits rochers, lesquels se trouvent sur le coteau au-dessus de Siwash Rock.

LA DIGUE DU PARC STANLEY

La digue du parc Stanley (comportant un sentier pédestre et une piste cyclable) s'étend sur environ 8,5 km; sa construction a par ailleurs nécessité plus de 60 ans et une quantité énorme de ressources et de travail.

Ce splendide ouvrage de maçon-

LIEU HISTORIQUE NATIONAL DU PARC-STANLEY
(Stanley Park National Historic Site)

INFORMATION ET ACTIVITÉS

ACCUEIL ET INFORMATION
Tourism Vancouver Visitor Centre 2200, rue Burrard, Vancouver (C.-B.) V6C 3L6. 604-683-2000. tourismvancouver.com.

DROITS D'ENTRÉE
L'entrée est gratuite (sauf pour certains sites à l'intérieur du parc, notamment l'aquarium de Vancouver et le parcours de golf).

ANIMAUX DE COMPAGNIE
Les chiens doivent être tenus en laisse, excepté dans le parc canin (ouvert de 7 h à 21 h), situé sur Lagoon Drive (dans l'aire de jeu de palet).

SERVICES ACCESSIBLES
Toutes les salles de bain sont adaptées. Le sentier entourant le lac Beaver est accessible en fauteuil roulant.

ACTIVITÉS OFFERTES
Le parc offre plusieurs activités : un parcours de golf, quatre terrains de jeux, de multiples aires de pique-nique, des terrains de tennis, des zones de baignade (les plages Second Beach et Third Beach, le parc aquatique pour enfants de Lumberman's Arch, et la piscine extérieure chauffée de Second Beach). L'aquarium de Vancouver est une installation de calibre international.

Le parc comprend également plusieurs jardins : le Ted and Mary Greig Rhododendron Garden, à proximité du parcours de golf, contient environ 4 500 rhododendrons; le Rose Garden contient 3 500 rosiers. Le Shakespeare Garden est un arboretum.

RENSEIGNEMENTS IMPORTANTS
• Il peut s'avérer difficile de trouver un espace de stationnement les week-ends et pendant les jours de congé.
• Si vous vous rendez au parc en voiture, envisagez de vous procurer un laissez-passer quotidien pour le stationnement; ainsi, vous pourrez déplacer votre véhicule et le stationner à n'importe quel endroit dans le parc.

HÔTELS, MOTELS ET AUBERGES
(Sauf indication contraire, les prix mentionnés sont pour une chambre en occupation double, en haute saison, en dollars canadiens.)
Sylvia Hotel 1154, rue Gilford, Vancouver (C.-B.) V6G 2P6. 604-681-9321 ou 877-681-9321. sylviahotel.com. 200 $-229 $.
English Bay Hotel 1150, rue Denman, Vancouver (C.-B.) V6G 2M9. 604-685-2231. englishbayhotel.com. 130 $.

Renseignements supplémentaires :
Pour toute demande de renseignements, appelez la ligne d'information de la Ville de Vancouver; composez le 311 à Vancouver ou le 604-873-7000 à l'extérieur de la ville.

CÔTE OUEST

nerie suit le contour des falaises et du rivage. La décision d'entreprendre sa construction en 1917 a été motivée par des préoccupations d'ordre pratique : certains navires généraient des vagues énormes lorsqu'ils arrivaient à Vancouver ou quittaient la ville, si bien que l'immense couche de grès qui se trouve sous le parc était menacée par l'érosion. Ce qui a d'abord tenu lieu de rempart contre l'érosion s'est éventuellement transformé en un mur de 22 km qui protège le rivage de la Baie

English et de la Baie de False Creek.

La digue a été construite au fil des ans à mesure que des fonds étaient mis à la disposition. En 1920, environ 2 300 hommes ont participé à sa construction, et pendant la Crise de 1929, le concassage et le charroyage de pierres a permis d'offrir des emplois aux chômeurs vancouvérois.

Jimmy Cunningham, un maître maçon, s'est érigé en véritable champion : en plus d'avoir supervisé la construction de la digue pendant 32 ans, il a cherché du financement avec acharnement afin de compléter le projet. Lorsqu'il a pris sa retraite, il a continué à prendre un café avec ses anciens collègues. Il est décédé en 1963, 17 ans avant que la digue soit achevée, et ses cendres ont été mélangées à la maçonnerie du mur. Une plaque de granite à sa mémoire se trouve à proximité de Siwash Rock.

Comment s'y rendre

Il est possible d'accéder au parc en voiture par l'entrée principale située à l'extrémité ouest de la rue Georgia, à l'ouest du centre-ville de Vancouver. Vous pouvez également entrer dans le parc du côté de la Baie English en passant par l'avenue Beach.

Si vous êtes à pied ou à vélo, vous pouvez accéder à la partie ouest du parc depuis la digue de Baie English. Remarque : la circulation sur la digue est à sens unique pour les cyclistes.

Quand visiter

Les meilleurs moments sont à la fin du printemps, pendant l'été et au début de l'automne.

AUTRES LIEUX HISTORIQUES NATIONAUX

COLLINE-BATTLE HILL-DES-GITWANGAKS
KITWANGA (C.-B.)

Un sentier mène au petit village fortifié des Gitxsans au sommet de la colline; le village est situé à un emplacement stratégique, au confluent des rivières Kitwanga et Skeena et du sentier Kitwankul, une route commerciale vers les Prairies. Construit au XVIIIe siècle et habité jusqu'en 1835, il a servi de base pour mener des incursions contre les peuples rivaux. On peut y voir d'anciennes maisons, des ouvrages défensifs et d'autres vestiges archéologiques. Désigné LHN en 1971. 250-559-8818. parcscanada. gc.ca/gitwangak

SGANG GWAAY LLNAGAAY
SGANG GWAAY, RÉSERVE DE PARC
NATIONAL GWAII HAANAS (C.-B.)

SGang Gwaay llnagaay est un exemple remarquable de conservation d'un village haïda du XIXe siècle. Il compte deux douzaines de mâts funéraires et commémoratifs. Les Haïdas y ont vécu jusqu'au début des années 1880. Étant donné que les ossements des ancêtres n'ont pas tous été mis en terre, les nombreux mâts funéraires et la terre lui confèrent un caractère sacré, et les visiteurs sont tenus de respecter les lieux. Désigné LHN et inscrit au patrimoine mondial en 1981. SGang Gwaay (ou île Anthony).

ST. ROCH
VANCOUVER (C.-B.)

Exposé au Musée maritime de Vancouver, le *St. Roch*, un navire de 31 m, a été le premier à naviguer dans les eaux du passage du Nord-Ouest en 1942. Au cours de son périple de 28 mois, la goélette de la Gendarmerie royale du Canada est restée emprisonnée par les glaces pendant deux hivers. Le *St. Roch* est retourné à Vancouver par une voie plus au nord en 86 jours; ce voyage lui a valu d'être le premier navire à avoir franchi le passage dans les deux sens. Désigné LHN en 1962. 1905, av. Ogden. 604-257-8300.

PHARE-DE-LA-POINTE-ATKINSON
WEST VANCOUVER (C.-B.)

Situé sur un promontoire rocheux offrant une vue panoramique, ce phare d'une hauteur d'environ 18 m érigé en 1912 sert toujours de guide aux navires qui entrent dans l'anse Burrard. Construite pour remplacer l'ancienne structure de bois qui datait de 1875, sa tour hexagonale en béton armé constituait un élément novateur à l'époque, avec une clôture en métal entourant le feu et la base de la tour. Le phare a été automatisé et aucun gardien n'y travaille. Désigné LHN en 1974. Burrard Inlet.

QUARTIER-CHINOIS-DE-VANCOUVER
VANCOUVER (C.-B.)

Au début du XIXe siècle, Vancouver constituait l'un des principaux points d'entrée pour les travailleurs et immigrants chinois; Ces derniers ont ensuite transformé la section de la rue Pender en l'un des plus vibrants quartiers chinois en Amérique du Nord. Les bâtiments comportent des éléments issus des styles préconisés en occident et dans certaines régions de la Chine, notamment des balcons profondément en retrait et des escaliers en colimaçon débouchant sur des allées étroites ou des ruelles. Désigné LHN en 2011. Rue Pender.

CÔTE OUEST

AUTRES LIEUX HISTORIQUES NATIONAUX

ARRONDISSEMENT-HISTORIQUE-DE-GASTOWN
VANCOUVER (C.-B.)

Le centre-ville de Gastown résulte de l'essor économique qu'a connu l'Ouest canadien à la fin du XIXe et au début du XXe siècles. Il comprend plus de 140 édifices (construits entre 1886 et 1941) qui forment une zone urbaine harmonieuse composée d'entrepôts, de commerces, d'hôtels et de tavernes en briques et en pierres. Gastown illustre l'émergence d'un mouvement pour la protection du patrimoine qui s'est répandu dans l'ensemble du Canada. Désigné LHN en 2009. Côté sud de Burrard Inlet.

MAISON-EMILY-CARR
VICTORIA (C.-B.)

Il s'agit du lieu où la peintre renommée Emily Carr (1871–1945) est née et a passé son enfance. La maison est située dans un magnifique quartier sur la côte océane. La maison est un bel exemple de conservation d'une villa pittoresque à l'italienne dotée d'une véranda au rez-de-chaussée, de fenêtres jumelles en plein centre de l'étage supérieur, d'un cordon décoratif de bois et de cheminées de brique jumelles. Ouverte à l'année. Désigné LHN en 1964. 207, rue Government. 250-383-58433.

ÉCOLE-CRAIGFLOWER
VICTORIA (C.-B.)

Construit en 1854-1855, il s'agit de la plus ancienne école préservée dans l'ouest du Canada. Elle a été construite pour desservir les enfants de la ferme Craigflower et des établissements avoisinants. Elle comportait une salle de classe, une habitation pour le professeur et des chambres pour les pensionnaires. Après avoir fermé ses portes en 1911, le bâtiment a été laissé à l'abandon jusqu'en 1927, au moment où il a été racheté et restauré. Désigné LHN en 1964. Ch. Admirals.

CRAIGDARROCH
VICTORIA (C.-B.)

Construit entre 1887 et 1890 sur une colline surplombant le centre-ville de Victoria, le château a été conçu pour exprimer ouvertement la richesse et le statut social de son premier propriétaire, Robert Dunsmuir, baron du charbon. Sa conception combine divers styles architecturaux afin d'évoquer un château d'Écosse. L'utilisation de matériaux importés était sans précédent dans l'Ouest canadien à cette époque. Désigné LHN en 1992. Joan Crescent. 250-592-5323.

HÔTEL-EMPRESS
VICTORIA (C.-B.)

Figurant parmi les hôtels de l'Ouest canadien les plus iconiques, l'hôtel Empress a été construit entre 1904 et 1908 pour le Chemin de fer Canadien Pacifique. Cet hôtel massif en pierre comportant 470 chambres, des versants en cuivre en pente abrupte, des pignons ornés et des tourelles en forme de polygone, est un exemple de château canadien au style unique, un statut que partage un réseau d'hôtels haut de gamme se trouvant sur le chemin de fer transcontinental. Désigné en 1981. 721, rue Government. 250-384-8111.

QUARTIER-CHINOIS-DE-VICTORIA
VICTORIA (C.-B.)

Le quartier chinois de Victoria est le plus ancien établi au Canada et l'un des rares où des regroupements uniformes de bâtiments n'ont pas été altérés. Les premiers immigrants chinois sont arrivés dans la région pendant la ruée vers l'or de 1858, pendant laquelle la ville de Victoria était un point de transit et un centre de ravitaillement pour les districts aurifères. Le quartier était le plus grand centre urbain chinois du Canada pendant la première décennie du XXe siècle. Désigné LHN en 1995. Rues Pandora, Fisgard, Government et Herald.

CÔTE OUEST

Interprétation en histoire vivante au lieu historique national du Fort-St. James.

NORD DE LA COLOMBIE-BRITANNIQUE

Au début du XIXe siècle, la concurrence entre la Compagnie du Nord-Ouest et la Compagnie de la Baie d'Hudson dans le secteur des fourrures a gagné les montagnes Rocheuses. C'est dans cette région parsemée de lacs et de forêts se trouvant au nord du fleuve Fraser et à l'ouest des montagnes Rocheuses que la Compagnie du Nord-Ouest a établi les deux premiers postes de traite permanents : le fort McLeod et le fort St. James. Situé sur les rives du magnifique lac Stuart, ce dernier est doté de la plus grande collection

de bâtiments en bois du XIXᵉ siècle ayant servi à la traite des fourrures au Canada. C'est également là que les visiteurs peuvent découvrir le rôle essentiel joué par les Dakelhs qui ont favorisé le succès du fort et de la traite des fourrures dans l'Ouest.

Près de 60 ans après que le premier poste de traite y ait été établi, la ruée vers l'or de la région de Cariboo a attiré un grand nombre de prospecteurs, qui ont participé à l'essor du village de Barkerville, le terminus de la route d'accès vers la région de Cariboo.

Un interprète en costume d'époque hisse le pavillon de la Compagnie de la Baie d'Hudson au fort St. James.

▶ FORT-ST. JAMES

FORT ST. JAMES, BC
Designated 1948

Le fort St. James a été un poste de traite actif pendant près de 150 ans. Établi en 1806 par Simon Fraser, il s'agissait du deuxième poste construit par la Compagnie du Nord-Ouest à l'ouest des Rocheuses. Il s'est imposé en tant que centre commercial régional d'importance.

Aujourd'hui, cet emplacement possède le plus grand regroupement de bâtiments historiques ayant servi à la traite des fourrures. La plupart des structures datent de la fin des années 1880, alors qu'un grand nombre des bâtiments du fort ont été remplacés.

La Compagnie du Nord-Ouest, qui, en 1821, a fusionné avec la Compagnie de la Baie d'Hudson, avait été la première à s'établir dans la région pour faire la traite des fourrures. Ce sont les Dakelhs qui ont fourni les premières peaux afin qu'on les transporte vers l'est. Les commerçants étrangers dépendaient aussi entièrement des Dakelhs pour le saumon, leur principale source d'alimentation. Ils devaient absolument maintenir de bonnes relations avec les Dakelhs étant donné qu'ils agissaient à titre d'intermédiaire avec les peuples autochtones des régions éloignées. Les relations étaient harmonieuses; il y a seulement eu une confrontation en 1828, lorsque James Douglas a poursuivi un fugitif dakelh jusque dans la demeure de Kw'eh, leur chef. Ce dernier, qui avait accepté d'assumer la fonction de chef et qui avait négocié une nouvelle entente avec les commerçants, a confronté Douglas violemment. Douglas a quitté le fort peu après et la relation commerciale qui profitait aux deux parties a été rétablie.

Attractions et activités

Découvrez l'influence qu'ont eue les Dakelhs grâce aux artefacts, aux interprètes autochtones et aux aînés locaux qui pratiquent des activités traditionnelles. Visitez une exposition en l'honneur du chef des Dakelhs et parcourez un sentier d'interprétation de 2 km. Une course de chevaux est recréée tous les jours du début de juin au troisième dimanche de septembre.

Comment s'y rendre

Le fort est situé à 2 h de voiture de Prince George. Depuis Prince George, empruntez la rte 16 en direction nord-ouest. Passé Vanderhoof, tournez sur la rte 27, qui mène à Fort St. James. Tournez à gauche sur le ch. Kwah.

Quand visiter

Le fort est ouvert toute l'année; le meilleur temps pour visiter l'endroit est du 1er juin à la fin de septembre.

INFORMATION

ACCUEIL ET INFORMATION
280, ch. Kwah W, Fort St. James (C.-B.) V0J. Tél. : 250-996-7191. parcscanada.gc.ca/stjames.

DROITS D'ENTRÉE
7,80 $/adulte; 19,60 $/famille ou groupe par jour.

SERVICES ACCESSIBLES
Tout le lieu est accessible, excepté la cache à poisson.

HÔTELS, MOTELS ET AUBERGES
The View Hotel 309, Stuart Dr. W, Fort St. James (C.-B.) V0J 1P0. 855-996-8737. theviewhotel.ca.

AUTRES LIEUX HISTORIQUES NATIONAUX

FORT-MCLEOD
MCLEOD LAKE (C.-B.)

Le fort McLeod, premier poste de traite dans la région de la Colombie-Britannique en 1805, a été mis en place par l'explorateur Simon Fraser et son groupe, qui étaient à la recherche d'un emplacement stratégique à l'ouest des montagnes Rocheuses pour le compte de la Compagnie du Nord-Ouest. Le poste de traite du fort est demeuré actif au XXe siècle. Quatre bâtiments en bois datant des années 1920 à 1940 et d'autres vestiges s'y trouvent toujours. Désigné LHN en 1953. Ch. Carp Lake.

BARKERVILLE
BARKERVILLE (C.-B.)

Baptisée du nom d'un prospecteur anglais, Barkerville est une ville-champignon de la ruée vers l'or qui a été restaurée. Terminus de la route d'accès à la région de Cariboo, elle est devenue la plus grande ville de la colonie de la Colombie-Britannique du jour au lendemain. Elle est passée au feu en 1868 et a immédiatement été reconstruite. Environ 100 structures datent d'après l'incendie et des interprètes en costume d'époque font revivre son histoire. Désigné LHN en 1924. 250-994-3302.

NORD DE LA COLOMBIE-BRITANNIQUE

Intendance pour l'avenir

Le Canada a reconnu l'importance de la conservation des espaces naturels et des lieux historiques; mais que fallait-il choisir de conserver, qui devait le faire, et pourquoi? Voici l'histoire de la conservation historique au Canada des 150 dernières années.

Fouilles à la forteresse de Louisbourg, en Nouvelle-Écosse, en 1964.

En créant la réserve Hot Springs, en 1885, le gouvernement du Canada a posé les fondations de son premier parc national à Banff, en Alberta. À l'époque, un mouvement prônant la préservation, la protection et la présentation de lieux d'une importance historique nationale prenait déjà de l'ampleur, soutenu par les sociétés historiques et les conservationnistes du patrimoine. Quelques années plus tôt, le gouverneur général Lord Dufferin avait mené une campagne de préservation des fortifications de Québec (voir p. 100-103) qui avait évité leur démolition.

La Commission des lieux et monuments historiques

Un cadre de travail national pour la détermination et l'acquisition de sites historiques a pris forme après l'établissement de la Division des parcs du Dominion, en 1911, et de la Commission des lieux et monuments historiques, en 1919. Cette dernière a sélectionné les emplacements, les personnes et les événements dignes de commémoration, comme la forteresse de Louisbourg en Nouvelle-Écosse (voir p. 50-53). Lors de la Crise de 1929, du financement reçu par la Division des parcs pour des projets de bâtiments a mené à la création d'emplois liés à de tels sites historiques. La nécessité de stabiliser les ruines et de construire des musées pour accueillir des artéfacts limitait cependant la portée du développement. On estimait alors que les ruines contribuaient à évoquer le passé.

Après la Deuxième Guerre mondiale, lors des célébrations du centenaire du Canada en 1967, le nationalisme canadien a généré un grand intérêt pour les lieux témoin des moments historiques marquants et pour les bâtiments dont l'architecture possédait une valeur historique. Dans les années 1960 et 1970, les gouvernements fédéral et provinciaux ont fait la promotion de la conservation des bâtiments, des sites archéologiques et d'objets importants avec une énergie nouvelle, et la promotion de nouvelles lois et règlements. Pendant cette période, Parcs Canada, forte de son expertise en matière de recherche historique, et de conservation d'objets et de bâtiments, a joué un rôle de chef de file auprès de certains partenaires. Certains projets novateurs, comme la revitalisation du secteur riverain d'Halifax, ont suscité beaucoup d'attention et popularisé l'idée d'une rénovation urbaine sans démolition de bâtiments patrimoniaux.

En parallèle, le mouvement des droits civils a exercé une pression sur le gouvernement afin de l'inciter à mener davantage de consultations, à tenir compte de l'opinion de la population locale, et à valoriser les différents rôles et significations des sites historiques. Au siècle dernier, la défense des droits des Autochtones et la signature d'accords territoriaux ont influencé le mouvement de conservation du patrimoine, et le savoir traditionnel autochtone a récemment été intégré à la planification de la gestion du territoire.

Penser à long terme

Dans les années 2000, l'intendance des sites historiques nationaux du Canada est devenue le fruit d'une collaboration entre des acteurs qui leur accordent de l'importance et qui souhaitent leur conservation afin que les générations futures en profitent; le Canada a donc réalisé des investissements en ce sens. Toutefois, à mesure que vieillissent les sites historiques nationaux, de nouvelles questions ont été soulevées. Comment gérer l'érosion? Quels projets de conservation faut-il poursuivre? Comment gérer les changements climatiques? Quelles histoires faut-il raconter? Et comment renouveler la présentation des sites historiques nationaux pour des millions de visiteurs du monde entier tout en expliquant leur valeur historique? L'intendance pour l'avenir demeure une mission fondamentale des sites historiques du Canada.

Artefact acadien à Beaubassin, en Nouvelle-Écosse, en 2008.

GRAND NORD

Une plaque commémore la piste Chilkoot. *Page 332 –*
Haut : La préparation du poisson au lieu historique
national Saoyú-ʔehdacho. Milieu : La piste Chilkoot
se trouve dans cette direction. Bas : La roue à aubes
du *Klondike*. *Page 333* : Le Grand lac de l'Ours, au
lieu historique national Saoyú-ʔehdacho.

ÉTATS-UNIS
CANADA

Complexe historique de Dawson,
S.S. *Keno*, Ancien palais de
justice territorial

Drague
Numéro Quatre

YUKON

S.S. *Klondike*

Whitehorse

Piste
Chilkoot

**TERRITOIRES DU
NORD-OUEST**

Yellowknife

COLOMBIE-BRITANNIQUE

ALBERTA

SASKATCH

GRAND NORD

Le Yukon, les Territoires du Nord-Ouest et le Nunavut forment le Grand Nord canadien, qui présente des sommets alpins, des plateaux et des basses terres englacées. À la fin des années 1890, des milliers de personnes y ont afflué, attirées par les richesses des champs aurifères du Klondike. Beaucoup de ceux qui s'y sont rendus à pied ont suivi la difficile piste Chilkoot, qui partait de Dyea, en Alaska, et passait par le col Chilkoot et le fleuve Yukon pour atteindre la ville autrefois animée de Dawson. Naturellement, l'industrie a suivi les chercheurs d'or au Klondike, où l'exploitation minière a fini par devenir très mécanisée.

Les lieux historiques de cette région racontent l'histoire de la ruée vers l'or comme l'ont vécue les chercheurs d'or, mais aussi selon la perspective des peuples autochtones qui ont vécu aux environs de la piste pendant des milliers d'années, et qui représentent plus du quart de la

Lieux historiques nationaux du Canada

⊛ Capitale

0 mi — 250
0 km — 250

N U N A V U T

□ Épaves du HMS *Erebus* et du HMS *Terror*

Iqaluit ⊛

MANITOBA

GRAND NORD

population actuelle du Yukon. Aujourd'hui, les visiteurs peuvent revivre l'époque la plus faste de la ruée vers l'or : la piste Chilkoot, qui peut être parcourue en seulement quelques jours, attend les randonneurs aguerris, qui pourront aussi s'imaginer la vie quotidienne d'autrefois en visitant la ville de Dawson.

D'autres lieux de cette région commémorent l'importance du rôle du fleuve Yukon comme voie de circulation majeure durant la première partie du XXe siècle, lorsque des centaines de vapeurs commerciaux le sillonnaient pour convoyer des biens et des voyageurs.

Un grand nombre des édifices commerciaux de Dawson datant du début du XXe siècle, par exemple celui du *Dawson Daily News*, sont dotés d'une fausse façade.

▶ COMPLEXE-HISTORIQUE-DE-DAWSON

DAWSON (YN)
Désigné en 1959

En plus d'avoir été le théâtre de la ruée vers l'or, Dawson est un paysage sauvage aux nombreuses rivières, connu pour sa vitalité artistique et pour la ténacité débrouillarde des Tr'ondëk Hwëch'in; cependant, c'est la prospérité qui a suivi la découverte de l'or, à la fin du XIXe siècle, qui lui a donné son apparence actuelle.

DE L'OR, DE L'OR, DE L'OR!

En 1987, après l'annonce de la découverte d'un filon d'or au Klondike, près de 100 000 personnes sont parties vers le nord pour suivre le fleuve Yukon jusqu'à Dawson, le dernier avant-poste avant les champs aurifères.

La plupart des chercheurs d'or longeaient la côte ouest de l'Amérique du Nord par bateau jusqu'à Skagway, en Alaska, puis franchissaient le col Chilkoot et le col White à pied, pour enfin descendre le fleuve Yukon vers Dawson.

D'autres voyageurs effectuaient le trajet difficile par voie terrestre, mais seul le tiers d'entre eux arri-vaient à destination. Ils ont rapidement transformé la région, et plus de 300 entreprises ont été lancées en 1898. Du jour au lendemain, un campement de fortune est devenu une métropole florissante. Toujours en 1898, le territoire du Yukon a été créé afin de mettre un peu d'ordre dans cette ruée vers l'or. Comme c'était le cas à l'époque, l'exploitation aurifère demeure le moteur économique principal de Dawson.

La ruée vers l'or du Klondike a

perturbé le mode de vie des peuples autochtones locaux, et a provoqué le déplacement d'un de leur village de pêche, de Tr'ochëk à Moosehide, 5 km en aval du fleuve. Les Tr'ondëk Hwëch'in, une Première Nation du Yukon avait dû faire preuve de créativité pour s'adapter et pour négocier, mais l'arrivée soudaine de 30 000 personnes leur a nui. En 1911, le chef Isaac, loué pour l'efficacité de sa diplomatie, aurait déclaré au *Dawson Daily News* « Le Yukon appartient à mes pères. Le Klondike appartient à mon peuple. L'homme blanc vient et prend tout mon or. Le gibier est parti. L'homme blanc tue tous les orignaux et les caribous près de Dawson. »

De nos jours, la Première Nation continue à partager son territoire traditionnel avec les personnes non autochtones de la région. Le centre culturel Dänojà Zho Tr'ondëk Hwëch'in se trouve en face du Centre d'accueil de Parcs Canada.

L'architecture et l'environnement naturel de Dawson sont remarquables, mais son principal atout est sa population. Pendant la ruée vers l'or, il a fallu beaucoup de volonté à ceux qui ont franchi le col Chilkoot. En outre, dans les années 1900, vers la fin de la ruée vers l'or, la ville a survécu grâce aux habitants de la région attachés à la terre, et à une transition vers l'exploitation industrielle des alluvions par drague.

PERSONNALITÉS

Trois personnes représentent particulièrement bien l'esprit des gens de la région. La première est le chef Isaac, un dirigeant des Tr'ondëk Hwëch'in. Il a négocié avec les nouveaux arrivants en vue de déplacer son peuple à Moosehide. Il a aussi contribué à diminuer le fossé culturel par sa maîtrise des techniques traditionnelles et

son exploration d'idées nouvelles. Il a accueilli les nouveaux arrivants tout en leur rappelant qu'ils prospéraient aux dépens de son peuple. Le chef Isaac est mort de l'influenza en 1932 à l'âge de 85 ans, mais son héritage se perpétue dans le renouvellement des chants et des danses.

La deuxième personne, Martha Black, pourrait être qualifiée de « progressiste » et d'« aguerrie ». En 1898, en quête de rêves dorés, elle a voyagé, enceinte, au Yukon avec son frère. Après avoir franchi le col Chilkoot, elle est arrivée à Dawson en hiver. Malgré son ancienne vie aisée à Chicago, elle était désormais incapable d'assumer le coût d'un médecin, et a donc donné naissance, seule, à son troisième fils dans un chalet. Elle a par la suite établi un partenariat d'exploitation minière et fondé une scierie prospère. En 1904, elle s'est remariée avec George Black, qui allait devenir député et commissaire du Yukon. Après la mort de son mari, Martha Black a fait campagne et a été élue députée, devenant ainsi la deuxième femme de l'histoire élue à la Chambre des communes. À une époque où beaucoup de droits et libertés étaient encore refusés aux

Un interprète en costume d'époque raconte une histoire.

GRAND NORD

femmes, Mme Black a prouvé qu'au-delà des tâches ménagères, les femmes pouvaient mener une vie audacieuse. Son histoire est racontée à l'élégante résidence du commissaire, ouverte tous les jours.

La troisième personne est Percy Dewolfe. Tout bureau de poste canadien devrait posséder une affiche à son effigie, le montrant couvert de fourrures avec un traîneau à chiens chargé de sacs postaux. À partir de 1910, il a transporté du courrier de Dawson à Eagle à des températures aussi basses que -45 °C, au rythme d'environ 4 voyages par mois de 4 jours chacun. Aujourd'hui, une course annuelle de traîneaux à chiens, appelée « The Percy », rend hommage à celui qu'on surnommait « l'homme de fer du nord ». Le départ est donné devant le magnifique bureau de poste historique.

EXPLORER DAWSON

Commencez votre exploration au Centre d'accueil de Parcs Canada (au coin des rues Front et King), où vous obtiendrez des renseignements sur les structures historiques qui forment le complexe historique de Dawson. Le personnel du Centre pourra vous présenter en détail les nombreuses visites qui sont offertes.

Ensuite, rendez-vous au centre culturel Dänojà Zho, situé au bord du fleuve Yukon. Ce superbe bâtiment rappelle aux visiteurs que, dans cette région, l'histoire humaine date depuis bien avant 1898. Ouvert toute l'année, ce centre est un lieu de rassemblement pour les artistes, les gens d'affaires, les touristes et les membres de la communauté. Faites une visite guidée sur la rive pour apprendre comment les Tr'ondëk Hwëch'in se déplaçaient pour chasser des originaux et pêcher des saumons.

Informez-vous auprès du guide sur l'importance de la curieuse conception du bâtiment, et découvrez comment les Tr'ondëk Hwëch'in ont adapté leur mode de vie après l'arrivée des mineurs. Les murs intérieurs du centre présentent une multitude de connaissances et d'histoires d'aînés Tr'ondëk Hwëch'in, comme Mary McLeod, la conteuse de renom. En outre, le centre organise souvent des projections de films et des spectacles de danses traditionnelles.

Depuis Dänojà Zho, marchez vers l'ancienne maison de Robert Service, que l'on appelait affectueusement le « barde du Yukon ». Ce poète nomade aimait les randonnées dans les bois, où il a composé ces vers : [traduction] « Il vous prend, tel un péché; / Il transforme en ami l'ennemi que vous étiez; / Il semble qu'il en a été ainsi depuis le début; / Il semble qu'il en sera ainsi à la fin. »

Après avoir examiné l'ancienne habitation du poète, suivez un guide vêtu à son image et écoutez ses vers jusqu'au sommet d'une pente, où vous attend une vue sensationnelle sur Dawson, depuis Crocus Bluff. Notez à quel point la ville est proche de l'endroit où se trouvait le camp de pêche des Tr'ondëk Hwëch'in : c'est un endroit privilégié pour saisir la façon dont ces histoires se superposent. Pour admirer les crocus en fleurs, visitez cette falaise rocheuse au printemps.

Mangez votre lunch à la manière d'un mineur : assis sur un rocher au bord du ruisseau Bonanza à Discovery Site, là où la découverte de George Carmack, un chercheur d'or américain, de Keish (ou Skookum Jim) Mason et de Káa Goox (ou Dawson Charlie) a lancé la ruée vers l'or. Ensuite, suivez une courte piste où des panneaux d'interprétation

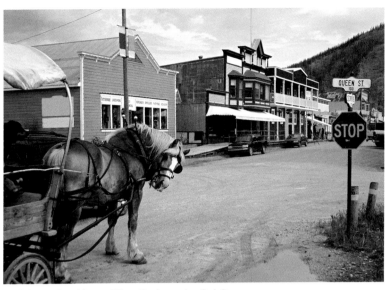

L'angle des rues Second Avenue et Queen Street, au centre-ville de Dawson.

présentent l'histoire de la découverte et de l'exploitation minière au fil des ans, ainsi que des objets qui s'y rattachent et des silhouettes grandeur nature de mineurs.

Une fois votre visite terminée, prenez la route vers la concession n° 6 pour essayer le lavage de l'or à la batée (l'activité est gratuite, mais vous devez apporter votre batée et votre pelle). En revenant, essayez de faire une visite guidée de la drague n° 4 (voir p. 341), une machine de 8 étages qui a remplacé les pics et les pelles des mineurs.

Comment s'y rendre

Selon la saison et les conditions routières ou météorologiques, il faut 5 à 6 heures de route pour se rendre à Dawson depuis Whitehorse, au Canada. Entre les 525 km qui séparent les deux villes, le service de téléphonie cellulaire est limité, et les stations-service sont rares. La compagnie aérienne Air North (*flyairnorth.com*) offre des vols entre Whitehorse et Dawson.

Les décors et les costumes font revivre l'époque de la ruée vers l'or.

Quand visiter

Il est recommandé de visiter Dawson entre la mi-août et la fin août, pendant la basse saison estivale. C'est à ce moment de l'année que les couleurs commencent à changer dans les zones en altitude des environs : saules pétrophiles, bouleaux glanduleux et arbustes fruitiers tapissent les collines de leurs teintes rouges, pourpres et dorées. Même s'il peut faire assez chaud pour se promener en t-shirt et en shorts le jour, l'air y est frais la nuit. Parfois, des aurores boréales sont visibles la nuit.

GRAND NORD

LIEU HISTORIQUE NATIONAL DU COMPLEXE-HISTORIQUE-DE-DAWSON

(Dawson Historical Complex National Historic Site)

INFORMATION ET ACTIVITÉS

ACCUEIL ET INFORMATION

C.P. 390, Dawson (Yn) Y0B 1G0. Tél. : 8679937200. parcscanada.gc.ca/dawson. **Centre d'accueil** 102, rue Front, Dawson (Yn) Y0B 1G0. Tél. : 867-993-7210 ou 867-993-5566.

SAISONS ET ACCESSIBILITÉ

L'été, la température peut atteindre entre 30 °C et 35 °C (86 °F et 95 °F); au printemps et à l'automne, il fait plutôt froid. Le centre d'accueil est ouvert tous les jours, de début mai à fin septembre.

DROITS D'ENTRÉE

Aucun. Les visites guidées coûtent 6,30 $ par adulte. Plusieurs visites sont offertes; vous pouvez économiser de l'argent en achetant un forfait de plusieurs visites.

ANIMAUX DE COMPAGNIE

Seuls les chiens d'assistance ou les chiens-guides sont permis à l'intérieur.

SERVICES ACCESSIBLES

La plupart des bâtiments sont accessibles. L'accès aux trottoirs en bois et aux routes non pavées peut être difficile. Téléphonez au centre d'accueil de Parcs Canada pour obtenir davantage de renseignements.

ACTIVITÉS OFFERTES

Faites une visite guidée à pied, admirez l'architecture, achetez des objets d'art autochtones, lavez l'or à la batée, visitez l'élégante résidence du commissaire, échangez dans les rues avec un interprète costumé, ou exercez-vous à réciter des vers de Robert Service.

TERRAINS DE CAMPING

Dawson City RV Park and Campground Km 716, rte Klondike, Dawson (Yn) Y0B 1G0. Tél. : 867-993-5142. dawsoncityrvpark.com. 18 $ à 40 $ par nuit (y compris le lavage d'or à la batée). Il est recommandé de réserver.

HOTELS, MOTELS, & INNS

(Sauf indication contraire, les prix mentionnés sont pour une chambre en occupation double, en haute saison, en dollars canadiens.) **Bombay Peggy's Inn & Pub** 2nd Ave. et rue Princess, Dawson (Yn) Y0B 1G0. Tél. : 867-993-6969. bombaypeggys.com. 9 chambres, 114 $-219 $. **Canada's Best Value Inn–Downtown Hotel** 1026, 2nd Ave., Dawson (Yn) Y0B 1G0. Tél. : 867-993-5346. downtownhotel.ca. 59 chambres, 109 $US.

AUTRES LIEUX HISTORIQUES NATIONAUX

S.S. *KENO*
DAWSON (YN)

Amarré sur le fleuve Yukon, le S.S. *Keno*, un bateau à vapeur à une roue de 40 m construit en 1922, actionne son sifflet à midi et à 17 h, tous les jours, de mai à la mi-sept. rappellant l'époque où les sifflets annonçaient l'arrivée d'une cargaison essentielle et de lettres d'amour longtemps attendus. Montez à bord pour revivre la période des navires à aube ou regardez un documentaire sur le dernier voyage du *Keno* en 1960. Désigné LHN en 1962. Rue Front. 867-993-7200. parcscanada.gc.ca/sskeno

ANCIEN-PALAIS-DE-JUSTICE-TERRITORIAL
DAWSON CITY (YN)

Ce bâtiment de deux étages au style classique (actuellement fermé au public) a été construit avec un savoir-faire exceptionnel entre 1900 et 1901, à l'entrée de la ville, afin de démontrer le pouvoir et l'autorité de la population du Yukon au gouvernement fédéral. En 1910, après le déménagement du tribunal, l'ancien palais a été utilisé par la Gendarmerie à cheval du Nord-Ouest, puis par les Sœurs de Sainte-Anne. Désigné LHN en 1981. Au coin des rues Front et Turner. 867-993-7200.

DRAGUE-NUMÉRO-QUATRE
DAWSON (YN)

L'arrivée au Klondike de nombreux chercheurs d'or a été suivie par l'industrie minière et ses immenses machines, qui comptaient une vingtaine de dragues. La Drague Numéro Quatre, d'une hauteur de 8 étages, était la plus grande de ce type en Amérique du Nord, et a connu une carrière en dents de scie de 1913 à 1960. Pour en visiter l'intérieur, téléphonez à Goldbottom Mine Tours au 867-993-5023. Désigné LHN en 1997. Ch. Upper Bonanza Creek. 867-993-7200. parcscanada.gc.ca/drague4

ÉPAVES-DU-HMS *EREBUS*-ET-DU-HMS *TERROR*
BAIE DE LA REINE-MAUD (NT)

Ces épaves sont associées à l'expédition tragique menée par Sir John Franklin en 1845 pour trouver le passage au Nord-Ouest. En septembre 2014, l'épave du HMS *Erebus* a été découverte dans la baie de la Reine-Maude par Parcs Canada et ses partenaires. C'est le témoignage oral d'un Inuit qui a permis de déterminer la présence d'une épave à cet endroit. Cette ressource importante se trouve dans une zone qui n'est accessible qu'avec une autorisation du directeur de l'unité de gestion du Nunavut de Parcs Canada. Le HMS *Terror* n'a pas encore été retrouvé. Désigné LHN en 1992. 867-975-4673. parcscanada.gc.ca/epaveserebusterror

GRAND NORD

Trouver le navire de Franklin : les contributions du savoir traditionnel inuit

De nos jours, les Territoires du Nord-Ouest, le Yukon, et le Nunavut font partie de l'Arctique canadien, une région qui a été occupée par des peuples autochtones pendant des milliers d'années.

La représentation artistique du HMS *Erebus*, ainsi que du HSM *Terror* accompagné du HMS *Rattler* et du HMS *Blazer* en juin 1845.

Franklin et le passage au Nord-Ouest

Il y a 500 ans, les Européens ont commencé à chercher un chemin au nord-ouest menant aux richesses de l'Asie du sud. Les premières incursions vers le passage du Nord-Ouest n'ont pas réussi à entrer dans l'archipel Arctique plus à l'ouest que la baie d'Hudson, mais leur avancée a permis l'établissement de postes de traite de fourrure et de points d'entrée vers l'intérieur du continent pour la Compagnie de la Baie d'Hudson (fondée en 1690), un fait aujourd'hui commémoré dans deux parcs nationaux historiques du Manitoba, soit le Fort-Prince-de-Galles (voir p. 248-249) et York Factory (voir p. 250-251).

Vers 1820, les baleiniers européens, motivés par la demande en huile et en fanons de baleine, ont quitté les aires de chasse à la baleine boréale près du Groenland pour s'établir dans la région du détroit de Lancaster. Les baleiniers et les explorateurs ont évidemment rencontré des membres de la population locale, de petits groupes nomades d'Inuits. Certains Européens ont judicieusement adopté une partie du mode de vie pour s'adapter à cet environnement.

Après 1815, grâce au soutien du gouvernement britannique, la recherche d'un passage vers le nord-ouest s'est accélérée. Trente ans d'expéditions plus tard, après l'acquisition de connaissances sur l'ensemble de la géographie arctique, plus d'un croyait qu'une expédition finale pourrait dévoiler un tel passage. En 1845, un explorateur expérimenté de l'Arctique, sir John Franklin, a été choisi pour mener cette expédition avec deux navires, le HMS *Erebus* et le HMS *Terror*. Ces navires étaient équipés des dernières technologies et avaient des provisions pour 3 ans. Franklin devait traverser un passage de l'Atlantique vers le Pacifique et revenir en Angleterre en faisant le tour du globe.

Deux ans plus tard, l'absence de nouvelles de Franklin a commencé à susciter des inquiétudes en Grande-Bretagne, ce qui a entraîné une des plus grandes chasses à l'homme de l'histoire, à laquelle ont participé, au cours des 12 années suivantes, plus de 30 expéditions, représentant des dizaines de navires et des centaines d'hommes. Cependant, les deux navires et leurs 129 membres d'équipage semblaient avoir disparu. Un premier indice n'a été découvert qu'en 1850 : 3 tombes sur l'île Beechey (aujourd'hui un lieu historique national) au sud-ouest de l'île Devon, où l'expédition avait passé son premier hiver. Les hommes, eux, étaient introuvables.

Ce n'est que plus tard, en 1854, que des Inuits de la région de la baie Pelly ont raconté à John Rae, un employé de la Compagnie de la Baie d'Hudson, l'histoire d'hommes blancs morts 4 ans plus tôt. Cela a amené les recherches à l'île du Roi-Guillaume, où se trouvaient les traces d'une tragédie : des squelettes et des objets éparpillés dans le paysage. C'est l'expédition de Francis McClintock, en 1859, qui a trouvé, dans un cairn, un des rares documents de l'expédition de Franklin. On pouvait y lire que l'explorateur était mort en juin 1847, et qu'en avril 1848, 105 survivants ont abandonné les navires, piégés dans les glaces depuis presque 2 ans. Dans l'espoir de trouver des survivants vivant dans des groupes inuits, ou que d'autres documents permettent d'expliquer ce qui n'avait pas fonctionné, les recherches ont continué, sans succès.

Le mystère résolu

Les participants aux recherches ont fait de ce mystère une obsession pendant le XXᵉ siècle. En fin de compte, ce sont les archéologues sous-marins de Parcs Canada, en collaboration avec des partenaires publics et privés, qui ont localisé l'*Erebus* en septembre 2014, à l'ouest de la presqu'île Adelaide, soit des centaines de kilomètres au sud du lieu où il avait été abandonné (commémoré au lieu historique national des Épaves-du-HMS *Erebus*-et-du-HMS *Terror*). L'emplacement général de l'épave a été signalé par des Inuits en 1869 à l'explorateur américain Charles Francis Hall. À partir d'autres renseignements fournis par les Inuits au sujet de deux navires à deux lieux différents, ces eaux ont été explorées depuis plusieurs années dans le cadre de recherches modernes. Finalement, c'est une découverte sur terre d'équipements de navire en fer qui a confirmé à l'équipe sous-marine que l'épave était dans les environs.

L'épave du HMS *Erebus*, retrouvée en 2014.

GRAND NORD

Depuis Dyea, en Alaska, la piste Chilkoot passe dans la forêt verdoyante de la plaine alluvionnaire avant de grimper vers le col Chilkoot.

▶ PISTE-CHILKOOT

BENNETT (YN)

Désigné en 1987

En 1897, le mot s'est passé que des gens avaient fait fortune sur la rivière Klondike au Yukon. C'est ainsi qu'a commencé une des dernières grandes ruées vers l'or dans l'Ouest. On partait pour le Yukon, souvent par la piste Chilkoot, depuis Vancouver, Seattle, San Francisco et au-delà.

Durant l'hiver de 1897-1898, la piste Chilkoot, couverte de glace, de boue et de neige, a été l'autoroute d'avides chercheurs d'or. En partant au niveau de la mer à Dyea, en Alaska, ils ont monté par milliers une pente abrupte de 53 km jusqu'au col Chilkoot. Beaucoup d'entre eux transportaient leur nourriture et leur équipement. Après être descendus par la forêt boréale subalpine de la Colombie-Britannique, ils ont finalement posé leurs sacs à la source du fleuve Yukon.

Avant la ruée vers l'or, le col Chilkoot était l'une des cinq routes commerciales contrôlées par les Tlingit, qui l'utilisaient pour transporter des marchandises vers l'intérieur des terres, ou pour servir d'intermédiaires dans le commerce des fourrures. La ruée vers l'or a fortement perturbé les Tlingit et les Tagish, qui ont tout de même trouvé des manières d'en tirer profit. Certains d'entre eux ont donc joué le rôle de porteurs et de guides sur la piste, mais la concurrence de personnes non autochtones et de la technologie de pointe leur a nui. D'autres ont vendu des vêtements traditionnels, enseigné des techniques de survie et construit des bateaux pour les 800 derniers km de voyage entre la source du fleuve Yukon et Dawson.

Aujourd'hui, la piste Chilkoot est gérée conjointement par Parcs Canada et l'U.S. National Park Service.

Attractions et activités

En moyenne, suivre toute la piste prend de trois à cinq jours et côtoie forêt pluviale côtière, prairies subalpines, cols alpins rocheux, forêt boréale parsemée de lacs glaciaires, etc. Les randonneurs qui ne parcourent qu'une partie de la piste peuvent aussi suivre les traces des chercheurs d'or. Compte tenu du terrain difficile et des conditions souvent extrêmes, il faut être bien équipé et en bonne forme physique.

Comment s'y rendre

La plupart des gens qui s'engagent sur la piste à Skagway, s'y sont rendus par bateau de croisière, ou par l'autoroute sud du Klondike depuis Whitehorse. L'été, il est possible d'effectuer un trajet pittoresque en autobus depuis Whitehorse pour aller à Skagway. Les entreprises touristiques (consultez la liste sur le site Web) offrent un service de transport vers le point de départ de la piste Chilkoot, à Dyea, 16 km plus loin.

Pour suivre la piste à partir du Canada, prenez un train depuis Carcross ou depuis Skagway à destination de Bennett, au Yukon. Aucune route ne mène à Bennett.

Quand visiter

La piste est surveillée de juin à début septembre seulement.

INFORMATION

ACCUEIL ET INFORMATION
300, rue Main, bureau 205, Whitehorse (Yn) Tél. : 800-661-0486 ou 867-667-3910. parcscanada.gc.ca/chilkoot.
Centre des sentiers 520, rue Broadway, Skagway (AK). Tél. : 907-983-9234. nps.gov/klgo.

DROITS D'ENTRÉE
Permis pour toute la piste : 54,60 $; partie canadienne seulement : 34,30 $ (camping inclus; consultez la liste des pourvoyeurs sur le site Web). Réservations facultatives, max. 50 traversées du col Chilkoot par jour. Tous les randonneurs doivent posséder un permis. Une réservation coûte 11,70 $.

SERVICES ACCESSIBLES
La piste n'est pas accessible en fauteuil roulant.

HÔTELS, MOTELS ET AUBERGES
Historic Skagway Inn 655, rue Broadway, Skagway (AK). Tél. : 907-983-2289 ou 8887524929. skagwayinn.com. 10 chambres, 139 $-239 $.

AUTRES LIEUX HISTORIQUES NATIONAUX

S.S. *KLONDIKE*
WHITEHORSE (YN)

Pendant la première partie du XXe siècle, les bateaux à vapeurs à une roue étaient essentiels pour se déplacer le long du fleuve Yukon. Le plus grand de la flotte de la British Yukon Navigation Company, le S.S. *Klondike*, a transporté des marchandises et des voyageurs sur le fleuve entre 1937 et 1955, avant d'être supplanté par le transport routier. Maintenant restauré à son apparence de 1937, le *Klondike* se trouve à côté du pont Robert Campbell, à Whitehorse, d'où il domine le fleuve Yukon. Désigné LHN en 1967. 800-661-0486. parcscanada.gc.ca/ssklondike

GRAND NORD

▶ PARCS NATIONAUX DU CANADA

Bureau national de Parcs Canada
30, rue Victoria
Gatineau (Québec)
Canada
J8X 0B3
Renseignements généraux :
888-773-8888, ou 819-420-9486
(renseignements généraux [international])

AKAMI-UAPISHK^U-KAKKASUAK–MONTS MEALY (RÉSERVE DE PARC NATIONAL)
(Akami-Uapishk^U-Kakkasuak–Mealy Mountains National Park Reserve)
Terre-Neuve-et-Labrador
Créée en 2015
10 700 km²

ARCHIPEL-DE-MINGAN (RÉSERVE DE PARC NATIONAL)
(Mingan Archipelago National Park Reserve)
Créée en 1984
151 km²

AULAVIK (PARC NATIONAL)
(Aulavik National Park)
Territoires du Nord-Ouest
Créé en 1992
12 200 km²

AUYUITTUQ (PARC NATIONAL)
(Auyuittuq National Park)
Nunavut
Créé en 1976
19 089 km²

BANFF (PARC NATIONAL)
(Banff National Park)
Alberta
Créé en 1885
6 641 km2

ELK ISLAND (PARC NATIONAL)
(Elk Island National Park)
Alberta
Créé en 1913
194 km²

FORILLON (PARC NATIONAL)
(Forillon National Park)
Québec
Créé en 1970
217 km²

FUNDY (PARC NATIONAL)
(Fundy National Park)
Nouveau-Brunswick
Créé en 1948
206 km²

GLACIERS (PARC NATIONAL)
(Glacier National Park)
Colombie-Britannique
Créé en 1886
1 349 km²

GROS-MORNE (PARC NATIONAL)
(Gros Morne National Park)
Terre-Neuve-et-Labrador
Créé en 1973
1 805 km²

GWAII HAANAS (RÉSERVE DE PARC NATIONAL ET SITE DU PATRIMOINE HAÏDA)
(Gwaii Haanas National Park Reserve & Haida Heritage Site)
Colombie-Britannique
Créée en 1988
1 474 km²

HAUTES-TERRES-DU-CAP-BRETON (PARC NATIONAL)
(Cape Breton Highlands National Park)
Nouvelle-Écosse
Créé en 1936
948 km²

ÎLES-DE-LA-BAIE-GEORGIENNE (PARC NATIONAL)
(Georgian Bay Islands National Park)
Ontario
Créé en 1929
14 km²

ÎLE DE SABLE (RÉSERVE DE PARC NATIONAL)
(Sable Island National Park Reserve)
Nouvelle-Écosse
Créée en 2013
30 km²

ÎLE-DU-PRINCE-ÉDOUARD (PARC NATIONAL)
(Prince Edward Island National Park)
Île-du-Prince-Édouard
Créé en 1937
22 km²

ÎLES-GULF (RÉSERVE DE PARC NATIONAL)
(Gulf Islands National Park Reserve)
Colombie-Britannique
Créée en 2003
37 km² (31 km² sur terre et 6 km² dans l'eau)

IVVAVIK (PARC NATIONAL)
(Ivvavik National Park)
Yukon
Créé en 1984
9 750 km²

JASPER (PARC NATIONAL)
(Jasper National Park)
Alberta
Créé en 1907
11 228 km²

KEJIMKUJIK (PARC NATIONAL)
(Kejimkujik National Park)
Nouvelle-Écosse
Créé en 1974
404 km²

KLUANE (PARC NATIONAL ET RÉSERVE DE PARC NATIONAL)
(Kluane National Park & Reserve)
Yukon
Créé en 1972
22 061 km²

KOOTENAY (PARC NATIONAL)
(Kootenay National Park)
Colombie-Britannique
Créé en 1920
1 406 km²

KOUCHIBOUGUAC (PARC NATIONAL)
(Kouchibouguac National Park)
Nouveau-Brunswick
Créé en 1969
239 km²

LACS-WATERTON (PARC NATIONAL)
(Waterton Lakes National Park)
Alberta
Créé en 1895
505 km²

LA MAURICIE (PARC NATIONAL)
(La Mauricie National Park)
Québec
Créé en 1970
536 km²

LA ROUGE (PARC URBAIN NATIONAL)
(Rouge National Urban Park)
Ontario
Créé en 2015
79,1 km² une fois complètement aménagé

MILLE-ÎLES (PARC NATIONAL)
(Thousand Islands National Park)
Ontario
Créé en 1904
24 km²

MONT-REVELSTOKE (PARC NATIONAL)
(Mount Revelstoke National Park)
Colombie-Britannique
Créé en 1914
262 km²

MONT-RIDING (PARC NATIONAL)
(Riding Mountain National Park)
Manitoba
Créé en 1930
2 968 km²

MONTS-TORNGAT (PARC NATIONAL)
(Torngat Mountains National Park)
Terre-Neuve-et-Labrador
Créé en 2005
9 700 km²

NÁÁTS'IHCH'OH (RÉSERVE DE PARC NATIONAL)
(Nááts'ihch'oh National Park Reserve)
Territoires du Nord-Ouest et Yukon
Créée en 2012
4 850 km²

NAHANNI (RÉSERVE DE PARC NATIONAL)
(Nahanni National Park Reserve)
Territoires du Nord-Ouest
Créée en 1972
30 000 km²

PACIFIC RIM (RÉSERVE DE PARC NATIONAL)
(Pacific Rim National Park Reserve)
Colombie-Britannique
Créée en 1970
510 km²

PÉNINSULE-BRUCE
(PARC NATIONAL)
(Bruce Peninsula National
Park)
Ontario
ECréé en 1987
125 km²

POINTE-PELEE (PARC
NATIONAL)
(Point Pelee National
Park)
Ontario
Créé en 1918
15 km²

PRAIRIES (PARC
NATIONAL)
(Grasslands National
Park)
Saskatchewan
Créé en 1981
730 km²

PRINCE ALBERT (PARC
NATIONAL)
(Prince Albert National
Park)
Saskatchewan
Créé en 1927
3 875 km²

PUKASKWA (PARC
NATIONAL)
(Pukaskwa National Park)
Ontario
Créé en 1983
1 878 km²

QAUSUITTUQ (PARC
NATIONAL)
(Qausuittuq National
Park)
Nunavut
Créé en 2015
11 008 km²

QUTTINIRPAAQ (PARC
NATIONAL)
(Quttinirpaaq National
Park)
Nunavut
Créé en 1988
37 775 km²

SIRMILIK (PARC
NATIONAL)
(Sirmilik National Park)
Nunavut
Créé en 2001
22 200 km²

TERRA-NOVA (PARC
NATIONAL)
(Terra Nova National
Park)
Terre-Neuve-et-Labrador
Créé en 1957
400 km²

THAIDENE NËNÉ
(RÉSERVE DE PARC
NATIONAL)
(Thaidene Nëné National
Park Reserve)
Territoires du Nord-Ouest
Proposé en 2015
14 000 km²

TUKTUT NOGAIT (PARC
NATIONAL)
(Tuktut Nogait National
Park)
Territoires du Nord-Ouest
Créé en 1996
18 181 km²

UKKUSIKSALIK (PARC
NATIONAL)
(Ukkusiksalik National
Park)
Nunavut
Créé en 2003
20 880 km²

VUNTUT (PARC
NATIONAL)
(Vuntut National Park)
Yukon
Créé en 1995
4 345 km²

WAPUSK (PARC
NATIONAL)
(Wapusk National Park)
Manitoba
Créé en 1996
11 475 km²

WOOD BUFFALO (PARC
NATIONAL)
(Wood Buffalo National
Park)
Alberta et Territoires du
Nord-Ouest
Créé en 1922
44 792 km²

YOHO (PARC
NATIONAL)
(Yoho National Park)
Colombie-Britannique
Créé en 1886
1 313 km²

▶ AIRES MARINES NATIONALES DE CONSERVATION DU CANADA

AIRE MARINE
NATIONALE DE
CONSERVATION DU
LAC-SUPÉRIEUR
(Lake Superior National
Marine Conservation
Area)
Ontario
Créé en 2007
10 880 km²

PARC MARIN DU
SAGUENAY–SAINT-
LAURENT
(Saguenay-St. Lawrence
Marine Conservation
Area)
Québec
Créé en 1998
1 246 km²

PARC MARIN NATIONAL
FATHOM FIVE (situé à
proximité du parc national
de la Péninsule-Bruce)
(Fathom Five National
Marine Conservation
Area)
Ontario
Créé en 1972
114 km2

RÉSERVE D'AIRE MARINE
NATIONALE DE
CONSERVATION GWAII
HAANAS
(Gwaii Haanas National
Marine Conservation Area
Reserve)
Colombie-Britannique
Créée en 2010
3 500 km²

▶ INDEX

A

Aires marines nationales de conservation 347
Alexander-Graham-Bell (LHN), Baddeck, N.-É. 54-57
Ancien-Cimetière (LHN), Halifax, N.-É. 47
Ancienne-Résidence-du-Gouverneur (LHN), Fredericton, N.-B. 67
Ancien-Palais-de-Justice-Territorial (LHN), Dawson, Yn 341
Annapolis Royal, N.-É. 30-31, 33
Anne... la maison aux pignons verts (Montgomery) 18-21
Ardgowan (LHN), Charlottetown, Î.-P.-É. 23
Arrondissement-Historique-de-Gastown (LHN), Vancouver, C.-B. 324
Arrondissement-Historique-du-Vieux-Lunenburg (LHN), Halifax, N.-É. 47
Arrondissement-Historique-du-Vieux-Lunenburg, Halifax, N.-É. 47
Auberge-de-Ski-Skoki (LHN), Lake Louise, Alb. 300

B

Banff (PN), Alb. 295, 299
Banff, Alb. 288-291, 293-294, 300
Barkerville (LHN), Barkerville, C.-B. 329
Barrages-de-Pêche-Mnjikaning (LHN), Ramara, Ont. 203
Basilique-Catholique-St. John the Baptist (LHN), St. John's, T.-N.-L. 89
Basilique-St. Mary (LHN), Halifax, N.-É, 46
Basilique-Catholique-St. Dunstan (LHN), Charlottetown, Î.-P.-É. 23
Bataille-de-la-Châteauguay (LHN), Allan's Corner, Qc 130-131
Bataille-de-la-Châteauguay, Allan's Corner, Qc 130-131
Bataille-de-la-Coulée-des-Tourond – Fish Creek (LHN), Sask. 263
Bataille-de-la-Ristigouche (LHN), Pointe-à-la-Croix, Qc 96-97
Bataille-du-Moulin-à-Vent (LHN), Prescott, Ont. 179
Batoche (LHN), Batoche, Sask. 254-257
Batterie-Royale (LHN), Louisbourg, N.-É. 58
Beaubassin (LHN), Fort Lawrence, N.-É. 34
Beaulieu (LHN), Calgary, Alb. 283
Bell, Alexander Graham 54-57
Blockhaus-de-Merrickville (LHN), Ont. 179
Blockhaus-de-St. Andrews (LHN), N.-B. 67
Boishébert (LHN), Miramichi, N.-B. 66

C

Canal-de-Carillon (LHN), Qc 137-138
Canal-de-Chambly (LHN), Qc 160-161
Canal-de-Lachine (LHN), Montréal, Qc 133-134
Canal-de-Sainte-Anne-de-Bellevue (LHN), Qc 134-135
Canal-de-Sault Ste. Marie, Ont. 228-229
Canal-de-St. Peters (LHN), N.-É. 59
Canal-Rideau (LHN), Ottawa/Kingston, Ont. 168-171
Canal-Saint-Ours (LHN), Qc 136-137
Carlton House (LHN), Fort Carlton, Sask. 268
Carr, Emily 324
Cartes
    Canada 10-11
    Colombie-Britannique 304-305
    Grand Nord 334-335
    Ontario 164-165
    Provinces de l'Atlantique 15
    Provinces des Prairies 232-233
    Québec 92-93
    Rocheuses 286-287
Cartier, George-Étienne 126-127
Cartier-Brébeuf (LHN), Québec, Qc 107-108
Casernes-de-Butler (LHN), Niagara-on-the-Lake, Ont. 213
Castle Hill (LHN), Placentia, T.-N.-L. 85-86
Cathédrale-Anglicane-St. John the Baptist (LHN), St. John's, T.-N.-L. 89
Cathédrale Christ Church (LHN), Montréal, Qc 139
Cave and Basin (LHN), Banff, Alb. 288-291
Cavendish-de-L.-M.-Montgomery (LHN), Î.-P.-É. 18-21
Centre-d'Accueil-du-Parc-Jasper (LHN), Alb. 298
Centre des arts de la Confédération (LHN), Charlottetown, Î.-P.-É. 22
Centre-d'Inscription-de-l'Entrée-Est-du-Parc-du-Mont-Riding (LHN), Wasagaming, Man. 247
Cercle-de-la-Garnison-de-Québec (LHN), Québec, Qc 117
Charlottetown, Î.-P.-É. 22-23
Château-Dundurn (LHN), Hamilton, Ont. 211
Château-Frontenac (LHN), Québec, Qc 118
Château-Laurier (LHN), Ottawa, Ont. 184
Château-De-Ramezay / Maison-des-Indes (LHN), Montréal, Qc 139
Cimetière-Mount Hermon (LHN), Québec, Qc 118
Citadelle d'Halifax, N.-É. 36-39
Citadelle de Québec (LHN), Qc 100-103
Col-Athabasca (LHN), Jasper (PN), Alb. 298

Col-Howse (LHN), Banff (PN), Alb. 299
Col-Kicking Horse (LHN), Banff (PN), C.-B. 295
Colline-Battle Hill-des-Gitwangaks (LHN), Kitwanga, C.-B. 322
Col-Rogers (LHN), Glacier (PN), C.-B. 292-293
Col-Yellowhead (LHN), Jasper (PN), AB 299
Commerce-de-la-Fourrure-à-Lachine (LHN), Qc 125-126
Complexe-Historique-de-Trois-Rivières (LHN), Qc 119
Complexe-Historique-de-Dawson (LHN), Yn 336-340
Conservation 330-331
Construction-Navale-à-l'Île-Beaubears (LHN), Miramichi, N.-B. 66
Coteau-du-Lac, Qc 123-124
Cottage-Hawthorne (LHN), Brigus, T.-N.-L. 88
Craigdarroch (LHN), Victoria, C.-B. 325

D

Dalnavert (LHN), Winnipeg, Man. 247
Dalvay-by-the-Sea (LHN), York, Î.-P.-É. 22
Dawson, Yn 336-341
Débarquement-de-Wolfe (LHN), Kennington Cove, N.-É. 58
Diefenbunker / Siège-Central-du-Gouvernement-d'Urgence (LHN), Carp, Ont. 186-189
Distillerie-Gooderham and Worts (LHN), Toronto, Ont. 216
Domaine Billings (LHN), Ottawa, Ont. 184
Drague-Numéro-Quatre (LHN), Dawson, Yn 341

E

École-Craigflower (LHN), Victoria, C.-B. 324
Édifice Ann Baillie (LHN), Kingston, Ont. 178
Édifice-de-l'Assemblée-Législative-de-la-Saskatchewan-et-son-Parc (LHN), Regina, Sask. 268
Église-Anglicane-St. George / Église-Ronde (LHN), Halifax, N.-É. 45
Église-Anglicane-St. Paul (LHN), Halifax, N.-É. 46
Église-Erskine and American (Temple-de-l'Église Unie) (LHN), Montréal, Qc 140
Église-Ronde, Halifax, N.-É. 45
Épaves-du-HMS *Erebus*-et-du-HMS *Terror*, Golfe de la Reine-Maud, Nt 341
Erebus, HMS, Golfe de la Reine-Maud, Nt 341, 342-343
Essais
    Le Canada urbain : Montréal, Vancouver et Toronto 190-191
    Les divers peuples du Canada 296-297
    Les femmes dans l'histoire du Canada 128-129

Intendance pour l'avenir
330-331
Un patrimoine de classe mondiale 68-69
Les racines du Canada contemporain 152-153
Trouver le navire de Franklin : les contributions du savoir traditionnel inuit 342-343
Les peuples autochtones du Canada 266-267
Établissement-Melanson (LHN), Port Royal, N.-É. 33
Établissement-Ryan (LHN), Bonavista, T.-N.-L. 86-87

F

Ferme-Expérimentale-Centrale (LHN), Ottawa, Ont. 184
Ferme-Maple-Grove-de-Seager-Wheeler (LHN), Rosthern, Sask. 269
Fish Creek, Sask. 263
Forestry Farm Park and Zoo (LHN), Saskatoon, Sask. 265
Forges du Saint-Maurice (LHN), Trois-Rivières, Qc 110-111
Fort-Charles (LHN), Annapolis Royal, N.-É. 33
Fort de la Montagne, Montréal, Qc 141
Fort Rodd Hill et Phare-de-Fisgard (LHN), Colwood, C.-B. 312-315
Fort-Anne (LHN), Annapolis Royal, N.-É. 30-31
Fort-Battleford (LHN), Sask. 261-263
Fort-Beauséjour–Fort Cumberland (LHN), Aulac, N.-B. 64-65
Fort-Calgary (LHN), Alb. 283
Fort-Chambly (LHN), Qc 154-158
Fort-Cumberland, Aulac, N.-B. 64-65
Fort-de-l'Île-Grassy (LHN), Canso, N.-É. 59
Fort-Edward (LHN), Windsor, N.-É. 33
Forteresse-de-Louisbourg (LHN), N.-É. 50-53, 58
Fort-Espérance (LHN), Spy Hill, Sask. 263
Fort Garry, Winnipeg, Man. 246
Fort-Gaspareaux (LHN), Port Elgin, N.-B. 67
Fort-George (LHN), Niagara-on-the-Lake, Ont. 206-209
Fort Gibraltar, Winnipeg, Man. 246
Fort-Henry (LHN), Kingston, Ont. 192-195
Fortifications-de-Kingston (LHN), Ont. 195
Fortifications-de-Québec (LHN), Qc 104-107
Fort Langley, C.-B. 308-311
Fort-Lawrence (LHN), N.-É. 34
Fort-Lennox (LHN), Saint-Paul-de-l'Île-aux-Noix, Qc 148-151
Fort-Livingstone (LHN), Pelly, Sask. 264

Fort-Malden (LHN), Amherstburg, Ont. 220-221
Fort-McLeod (LHN), McLeod Lake, C.-B. 329
Fort-McNab (LHN), Halifax, N.-É. 35
Fort-Mississauga (LHN), Niagara-on-the-Lake, Ont. 213
Fort-Pelly (LHN), Pelly, Sask. 264
Fort-Prince-de-Galles (LHN), Eskimo Point, Man. 248-249
Fort-Qu'Appelle (LHN), Sask. 269
Fort Rouge, Winnipeg, Man. 246
Forts Rouge, Garry et Gibraltar (LHN), Winnipeg, Man. 246
Forts-de-Lévis (LHN), Qc 109-110
Forts-et-Châteaux-Saint-Louis (LHN), Québec, Qc 117
Fort St. James, C.-B. 328-329
Fort-St. Joseph (LHN), St. Joseph Island, Ont. 226-227
Fort-Steele (LHN), C.-B. 301
Fort-Témiscamingue (LHN), Duhamel-Ouest, Qc 144-145
Fort-Walsh (LHN), Maple Creek, Sask. 258-259
Fort-Wellington (LHN), Prescott, Ont. 176-177
Fort-Whoop-Up (LHN), Lethbridge, Alb. 282
Fort-York (LHN), Toronto, Ont. 216
Franklin, Sir John 342-343
Frenchman Butte (LHN), Paradise Hill, Sask. 264

G

Gare-Windsor-du-Canadien-Pacifique (LHN), Montréal, Qc 141
Grand-Pré (LHN), N.-É. 26-29
Grosse-Île-et-le-Mémorial-des-Irlandais (LHN), Qc 112-116
Gulf of Georgia Cannery (LHN), Steveston, C.-B. 316-317

H

Haida, NCSM, Hamilton, Ont. 210-211
Halifax, N.-É. 35-47
Hamilton et *Scourge* (LHN), Lac Ontario, Ont. 212
Hamilton, Ont. 210-212
Hauteurs-de-Queenston (LHN), Niagara-on-the-Lake, Ont. 215
Homestead-Motherwell (LHN), Abernethy, Sask. 260-261
Hôtel-Banff Springs (LHN), Alb. 300
Hôtel-Empress (LHN), Victoria, C.-B. 325
Hôtel-de-Ville-de-Kingston (LHN), Ont. 179
Hôtel-du-Gouverneur (LHN), Charlottetown, Î.-P.-É. 23
Hôtel-du-Gouverneur (LHN), Edmonton, Alb. 283
Hôtel-du-Gouverneur (LHN), Halifax, N.-É. 47
Hôtel-du-Gouverneur (LHN), Regina, Sask. 268
Hôtel-du-Gouverneur (LHN), St. John's, T.-N.-L. 88

Hôtel Prince of Whales (LHN), Parc des Lacs-Waterton, Alb. 301

I

Île-Navy (LHN), Niagara Falls, Ont. 215
Îles-Canso (LHN), N.-É. 58
Intendance 330-331
Inuksuk (LHN), Nt 267

J

Jardin-Botanique-de-Montréal (LHN), Qc 140
Jardins-Botaniques-Royaux (LHN), Burlington, Ont. 213
Jardins-Publics-d'Halifax (LHN), N.-É. 45
Jasper House (LHN), Jasper (PN), Alb. 298

K

Kejimkujik (LHN), Maitland Bridge, N.-É. 34
Keno, S.S., Dawson, Yn 340
Kingston, Ont. 168-175, 178-179, 192-195
Klondike, S.S., Whitehorse, Yn 345
Kootenae House (LHN), Invermere, C.-B. 295

L

L'Anse aux Meadows (LHN), St. Lunaire-Griquet, T.-N.-L. 72-75
La Fourche (LHN), Winnipeg, Man. 240-243
La « Main » (LHN), Montréal, Qc 141
Lachine, Qc 125-126
Lac-La Grenouille (LHN), Alb. 277
Laurier, Sir Wilfrid 131-132
Le Canada urbain 190-191
L'Écluse-Ascenseur-de-Peterborough (LHN), Peterborough, Ont. 203
Désignation des lieux historiques nationaux 8-9
Liste du patrimoine mondial de l'UNESCO 68-69
Louis-S.-St-Laurent (LHN), Compton, Qc 159-160
Louis-S.-St-Laurent. 159-160
Lower Fort Garry (LHN), St. Andrews, Man. 236-239

M

Maison-Emily-Carr (LHN), Victoria, C.-B. 324
Maison-Gabrielle-Roy (LHN), Winnipeg, Man. 246
Maison George-Brown (LHN), Toronto, Ont. 216
Maison-Laurier (LHN), Ottawa, Ont. 177-178
Maison Maillou (LHN), Québec, Qc 116
Maison-Commémorative-Bethune (LHN), Gravenhurst, Ont. 198-201
Maison-de-l'Intendance-et-Jardin, St. John's, T.-N.-L. 89

Maison-Musée-Erland-Lee (LHN), Hamilton, Ont. 212
Maison-Riel (LHN), Winnipeg, Man. 244-245
Maison-Semi-Enterrée-des-Doukhobors (LHN), Blaine Lake, Sask. 269
Manège-Militaire-de-John Weir Foote (LHN), Hamilton, Ont. 212
Manoir-Papineau (LHN), Montebello, Qc 122-123
Maple Leaf Gardens (LHN), Toronto, Ont. 217
Marché-Bonsecours (LHN), Montréal, Qc 139
Marché-Kensington (LHN), Toronto, Ont. 217
Marconi (LHN), Glace Bay, N.-É. 57
Massacre-de-Cypress-Hills (LHN), Maple Creek, Sask. 265
Mission-de-Hopedale (LHN), T.-N.-L. 88
Mission-Saint-Louis (LHN), Tay, Ont. 223
Monnaie-Royale-Canadienne (LHN), Ottawa, Ont. 185
Montgomery, L. M. 18-21
Montréal, Qc 126-127, 133-134, 139-141, 190-191
Monument-Lefebvre (LHN), Memramcook, N.-B. 66
Morrin College / Ancienne-Prison-de-Québec (LHN), Québec, Qc 118
Moulin-à-Vent, Bataille-du, Prescott, Ont. 179
Musée canadien de l'immigration, Halifax, N.-É. 40-44
Musée-du-Parc-Banff (LHN), Alb. 293-294

N
Niagara-on-the-Lake (LHN), Ont. 214
Niagara-on-the-Lake, Ont. 206-209, 213-215
NCSM *Haida* (LHN), Hamilton, Ont. 210-211
NCSM *Sackville* (LHN), Halifax, N.-É. 45

O
Oratoire-Saint-Joseph-du-Mont Royal (LHN), Montréal, Qc 140
Ottawa, Ont. 168-171, 180-185

P
Parc-des-Édifices-du-Parlement (LHN), Ottawa, Ont. 180-183
Parc-Stanley (LHN), Vancouver, C.-B. 318-322
Parc-Montmorency (LHN), Québec, Qc 117
Parcs nationaux 346-347
Passage du Nord-Ouest 342-343
Phare-de-la-Pointe-Atkinson (LHN), West Vancouver, C.-B. 323
Phare-de-la-Pointe-Clark (LHN), Ont. 222

Phare-de-Pointe-au-Père (LHN), Rimouski, Qc 97
Phare-de-Cap-Spear (LHN), St. John's, T.-N.-L. 80-83
Phare de Fisgard, Colwood, C.-B. 312-315
Phare-de-l'Île-Bois Blanc (LHN), Amherstburg, Ont. 223
Phare-de-la-Pointe-Mississauga (LHN), Niagara-on-the-Lake, Ont. 214
Pharmacie-de-Niagara (LHN), Niagara-on-the-Lake, Ont. 214
Piste-Chilkoot (LHN), Bennett, Yn 344-345
Port-la-Joye—Fort Amherst (LHN), Rocky Point, Î.-P.-É. 21
Port-Royal (LHN), N.-É. 31-32
Précipice-à-bisons Head-Smashed-In (LHN), Fort Macleod, Alb. 278-282
Premier-Puits-de-Pétrole-de-l'Ouest Canadien (LHN), Waterton (PN), Alb. 300
Premières Nations 266-267
Presbytère - St. Andrew's (LHN), St. Andrews, Man. 246
Presbytère-St. Thomas / Maison de l'Intendance et Jardin (LHN), St. John's, T.-N.-L. 89
Province House (LHN), Charlottetown, Î.-P.-É. 22
Province House (LHN), Halifax, N.-É. 46

Q
Quai 21 et le Musée canadien de l'immigration (LHN), Halifax, N.-É. 40-44
Quartier-Chinois-de-Victoria (LHN), Victoria, C.-B. 325
Quartier-Chinois-de-Vancouver (LHN), Vancouver, C.-B. 323
Quartier-de-la-bourse (LHN), Winnipeg, Man. 247
Québec, Qc 100-108, 116-119

R
Ranch-Bar U (LHN), Longview, Alb. 272-275
Red Bay (LHN), T.-N.-L. 83-84
Redoute-York (LHN), Ferguson's Cove, N.-É. 35
Refuge-du-Col-Abbot (LHN), Banff (PN), Alb. 299
Remblais-de-Southwold (LHN), Iona, Ont. 223
Ristigouche, bataille de la, Pointe-à-la-Croix, Qc 96-97
Rideau Hall et le parc de Rideau Hall (LHN), Ottawa, Ont. 185
Rocky Mountain House (LHN), Alb. 276-277

S
S.S. *Keno* (LHN), Dawson, Yn 340
S.S. *Klondike* (LHN), Whitehorse, Yn 345
Sackville, NCSM, Halifax, N.-É. 45
Salon-de-Thé-des-Chutes-Twin (LHN), Yoho (PN), C.-B. 301

Saoyú-?ehdacho (LHN), Nt 266-267
Saskatoon, Sask. 265, 268
Scourge, Lac Ontario, Ont. 212
Séminaire-de-Québec (LHN), Québec, Qc 119
SGang Gwaay Llnagaay (LHN), C.-B. 322
Siège central du gouvernement d'urgence, Carp, Ont. 186-189
Signal Hill (LHN), St. John's, T.-N.-L. 76-79
Sir-George-Étienne-Cartier (LHN), Montréal, Qc 126-127
Sir-Wilfrid-Laurier (LHN), Saint-Lin-Laurentides, Qc 131-132
St. John's, T.-N.-L. 76-83, 89
St. Peters (LHN), N.-É. 59
St. Roch (LHN), Vancouver, C.-B. 323
Station-d'Étude-des-Rayons-Cosmiques-du-Mont-Sulphur (LHN), Banff (PN), Alb. 295

T
Terror, HMS, Golfe de la Reine-Maud, Nt 341, 342-343
Toronto, Ont. 190-191, 216-217
Tour-Prince-de-Galles (LHN), Halifax, N.-É. 35
Tour-Martello-de-Carleton (LHN), St. John, N.-B. 62-63
Tour-Murney (LHN), Kingston, Ont. 195
Tours-des-Sulpiciens /Fort-de-la-Montagne (LHN), Montréal, Qc 141
Tours-Martello-de-Québec (LHN), Québec, Qc 119

U
University College (LHN), Toronto, Ont. 217

V
Vancouver, C.-B. 190-191, 318-324
Musée-Commémoatif-Victoria (LHN), Ottawa, Ont. 185
Victoria, BC 324-325
Villa-Bellevue (LHN), Kingston, Ont. 172-175
Voie-Navigable-Trent-Severn (LHN), Bobcaygeon, Ont. 202-203

W
Wanuskewin (LHN), Saskatoon, Sask. 265
Willowbank (LHN), Niagara-on-the-Lake, Ont. 215
Winnipeg, Man. 240-247
Woodside (LHN), Kitchener, Ont. 221-222

Y
York Factory (LHN), Gillam, Man. 250-251

MENTION DES SOURCES

Couverture, Bill Heinsohn/Alamy Stock Photo; back cover (haut), J.F. Bergeron/Envirofoto/Parcs Canada; plat verso (milieu, gauche), Fritz Mueller/Parcs Canada; plat verso (milieu, droite), Justin + Lauren; plat verso (bas), Jeff Bolingbroke/Parcs Canada; 2-3, A. Cornellier/Parcs Canada; 4, Aqnus/Adobe Stock; 6-7, Chris Reardon/Parcs Canada; 8, Charles-Alexandre Paré/Parcs Canada; 9, Scott Munn/Parcs Canada; 12 (haut), Parcs Canada; 12 (milieu), Dale Wilson/Parcs Canada; 12 (bas), André Cornellier/Parcs Canada; 13, M. Finkelstein/Parcs Canada; 14, J. Steeves/Parcs Canada; 16-17, © All Canada Photos/Alamy Stock Photo; 18-21, Chris Reardon/Parcs Canada; 22 (haut), J. Butterill/Parcs Canada; 22 (milieu), Wayne Barrett—Barrett and Mackay Photography/Parcs Canada; 22 (bas), Confederation Centre of the Arts; 23 (haut), © Andre Jenny/Alamy; 23 (milieu), prosiaczeq/Shutterstock; 23 (bas), Megapress/Alamy; 24-5, Dale Wilson/Parcs Canada; 26, Tourism Nova Scotia/Wally Hayes; 28-32, Chris Reardon/Parcs Canada; 33 (haut), Éric Le Bel/Parcs Canada; 33 (milieu), Parcs Canada; 33 (bas), Rick Smith/Parcs Canada; 34 (haut), Éric Le Bel/Parcs Canada; 34 (milieu), Chris Reardon/Parcs Canada; 34 (bas), Parcs Canada; 35 (haut), Saffron Blaze at https://commons.wikimedia.org/wiki/File:York_Redoubt.jpg, Creative Commons license; 35 (milieu), Jocelin D'Entremont/Parcs Canada; 35 (bas), Alan Deveau/Parcs Canada; 36, Scott Tayler/Parcs Canada; 37, Ron Garnett/Parcs Canada; 38, Dale Wilson/Parcs Canada; 40-43, Canadian Museum of Immigration at Pier 21; 45 (haut), Sandy McClearn, courtesy Canadian Naval Memorial Trust; 45 (milieu), Darryl Brooks/Shutterstock; 45 (bas), Andrew Pickett; 46 (haut), meunierd/Shutterstock; 46 (milieu), Louperivois, Wikimedia Commons at https://en.wikipedia.org/wiki/Province_House_(Nova_Scotia)#/media/File:Province_House_(Nova_Scotia).jpg, Creative Commons license; 46 (bas), meunierd/Shutterstock; 47 (haut), Courtesy of Old Burying Ground Foundation; 47 (milieu), SF photo/Shutterstock; 47 (bas), Peter S. Zwicker/Bacalao Photo; 48-9, J. Steeves/Parcs Canada; 50, André Cornellier/Parcs Canada; 52 (haut), Lauren Hardy/Parcs Canada; 52 (bas), M. Powell/Parcs Canada; 54, © Stock Connection Blue/Alamy; 55, Parcs Canada; 57, Dale Wilson/Parcs Canada; 58 (all), Parcs Canada; 59 (haut), Parcs Canada; 59 (milieu), Dennis Jarvis at https://commons.wikimedia.org/wiki/File:St._Peters_Canal_National_Historic_Site_of_Canada.jpg, Creative Commons license; 59 (bas), Parcs Canada; 60-61, Geordon Harvey/Parcs Canada; 62, Chris Reardon/Parcs Canada; 63 (haut et bas, gauche), Chris Reardon/Parcs Canada; 63 (bas, droite), Geordon Harvey/Parcs Canada; 64-5, Nigel Fearon/Parcs Canada; 66 (haut), Brian Atkinson/Parcs Canada; 66 (milieu), Fralambert, Wikimedia Commons at https://commons.wikimedia.org/wiki/File:Beaubears_Island.JPG, Creative Commons license; 66 (bas), © All Canada Photos/Alamy; 67 (haut), Chris Reardon/Parcs Canada; 67 (milieu), Parcs Canada; 67 (bas), Vibe Images/Adobe Stock; 68, Parcs Canada; 69, Chris Reardon/Parcs Canada; 70-71, Dale Wilson/Parcs Canada; 72, D. Gordon E. Robertson, Wikimedia Commons at https://commons.wikimedia.org/wiki/File:L%27Anse_aux_Meadows,_recreated_long_house.jpg, Creative Commons license; 74 (both), Dale Wilson/Parcs Canada; 76, E. Walsh/Parcs Canada; 77, Dale Wilson/Parcs Canada; 78 (haut), Dale Wilson/Parcs Canada; 78 (bas), © Island Images/Alamy; 80, E. Walsh/Parcs Canada; 81, Nate Gates/Parcs Canada; 83-4, Chris Reardon/Parcs Canada; 85, André Cornellier/Parcs Canada; 86, Dale Wilson/Parcs Canada; 87, J.F. Bergeron/ENVIROFOTO/Parcs Canada; 88 (haut), © Cindy Hopkins/Alamy; 88 (milieu), Dale Wilson/Parcs Canada; 88 (bas), Edith Cuerrier, CD; 89 (haut), Anglican Cathedral of St. John the Baptist in St. John's, NL; 89 (milieu), Nilfanion, Wikimedia Commons at https://commons.wikimedia.org/wiki/File:St_John%27s_Basilica.jpg, Creative Commons license; 89 (bas), Mo Laidlaw, Wikimedia Commons at https://commons.wikimedia.org/wiki/File:Commissariat_House,_St_John%27s,_NL.JPG, Creative Commons license; 90 (haut), Chris Reardon/Parcs Canada; 90 (milieu), Charles-Alexandre Paré/Parcs Canada; 90 (bas), Parcs Canada; 91, Miguel Legault/Parcs Canada; 93, Jacques Beardsell/Parcs Canada; 94-6, Parcs Canada; 97, © All Canada Photos/Alamy; 98-9, Nicolas Tondreau/iStockPhoto; 100, Ron Garnett/Parcs Canada; 102 (bas), Peanutroaster/Dreamstime.com; 102 (haut), Musée Royal 22e Régiment; 104, Cpl. Olivier Lavigne-Ortiz, courtesy Musée Royal 22e Régiment; 105, John Stanton, Wikimedia Commons at http://fortwiki.com/File:Quebec_Dauphine_Redoubt_-_20.jpg, Creative Commons license; 107, Félix Genêt Laframboise; 109, Mathieu Dupuis/Parcs Canada; 110, Parcs Canada; 112, Canadian Tourism Commission/Parcs Canada; 114 (haut, gauche et droite), Canadian Tourism Commission/Parcs Canada; 114 (bas), N. Boisvert/Parcs Canada; 115, Canadian Tourism Commission/Parcs Canada; 116, Mathieu Dupuis/Parcs Canada; 117 (haut et milieu), Mathieu Dupuis/Parcs Canada; 117 (bas), Parcs Canada; 118 (haut), Michel Roy/digitaldirect.ca; 118 (milieu), Patrick Matte; 118 (bas), Courtesy Mount Hermon Cemetery; 119 (haut), Archives Commission des champs de bataille nationaux; 119 (milieu), Luc-Antoine Couturier; 119 (bas), Musée des Ursulines de Trois-Rivières; 120-21, Miguel Legault/Parcs Canada; 122, Charles-Alexandre Paré/Parcs Canada; 123-4, Chris Reardon/Parcs Canada; 125, Adqproductions at https://en.wikipedia.org/wiki/The_Fur_Trade_at_Lachine_National_Historic_Site#/media/File:Lachine_Poste_de_Traite.jpg, Creative Commons license; 126, Charles-Alexandre Paré/Parcs Canada; 127, Chris Reardon/Parcs Canada; 128, William James Topley/Library and Archives Canada/PA-010401; 129, Eugene M. Finn/National Film Board of Canada. Phototheque/Library and Archives Canada/PA-195432; 130, Chris Reardon/Parcs Canada; 131-2, Fred Cattroll/Parcs Canada; 133, Alexandre Choquette/Parcs Canada; 134-7, Éli Michaud/Parcs Canada; 139 (haut), Songquan Deng/Shutterstock; 139 (milieu), Yvan Dubé; 139 (bas), meunierd/Shutterstock; 140 (haut), The Montreal Museum of Fine Arts/Paul Boisvert; 140 (milieu), Jardin botanique de Montréal (Claude Lafond); 140 (bas), Martin New; 141 (milieu), Parcs Canada; 141 (haut), UCSS/Pascale Bergeron; 141 (bas), Henrickson, English Wikipedia at https://en.wikipedia.org/wiki/Windsor_Station_(Montreal)#/media/File:Gare_Windsor_Station.jpg, Creative Commons license; 142-5, Éric Le Bel/Parcs Canada; 146 7, Douglas Harvey/Parcs Canada; 148, Alexandre Choquette/Parcs Canada; 149-50, Parcs Canada; 152, Gianni Dagli Orti/The Art Archive at Art Resource, NY; 153, Justin + Lauren; 154-7, Chris Reardon/Parcs Canada; 159, Stéphane Lafrance/Parcs Canada; 160, N. Rajotte/Parcs Canada; 162 (haut), B. Morin/Parcs Canada; 162 (milieu), AGF Srl/Alamy; 162 (bas), John McQuarrie/Parcs Canada; 163, Tonylaniro/iStockPhoto; 164, Scott Munn/Parcs Canada; 166-7, Adobe Stock; 168, Radius Images/Alamy; 170 (haut), S. Lunn/Parcs Canada; 170 (bas), © John Sylvester/Alamy; 172-3, Madeleine Lahaie/Parcs Canada; 174, John McQuarrie/Parcs Canada; 176, Brian Morin/Parcs Canada; 177, Robin Andrew/Parcs Canada; 178, Museum of Health Care at Kingston; 179 (haut), Taxiarchos228 at https://en.wikipedia.org/wiki/Kingston_City_Hall_(Ontario)#/media/File:Kingston_City_Hall_(NHSC_chart).jpg, Free Art license; 179 (milieu), André Guindon/Parcs Canada; 179 (bas), André Guindon/Parcs Canada; 180, Adobe Stock; 182, jiawangkun/Shutterstock; 184 (haut), Courtesy City of Ottawa, Museums & Heritage Programs Unit; 184 (milieu), Agriculture and Agri-Food Canada; 184 (bas), Adobe Stock; 185 (haut), Courtesy National Capital Commission; 185 (milieu), Tracey Whitefoot/Alamy Stock Photo; 185 (bas), Martin Lipman © Canadian Museum of Nature; 186-8, Courtesy Diefenbunker: Canada's Cold War Museum; 190, David Joyner/Getty Images; 191, mikecphoto/Shutterstock; 192, Dwayne Brown Studio; 193, Courtesy St. Lawrence Parks Commission; 195 (both), All Canada Photos/Alamy; 196-7, Parcs Canada; 198, Madeleine Lahaie/Parcs Canada; 200 (haut), S. Howard/Parcs Canada; 200 (bas), Madeleine Lahaie/Parcs Canada; 202, J. Butterill/Parcs Canada; 203 (haut), B. Morin/Parcs Canada; 203 (bas), Parcs Canada; 204-205, Scott Munn/Parcs Canada; 206, Dale Wilson/Parcs Canada; 207, B. Morin/Parcs Canada; 208, Dale Wilson/Parcs Canada; 210, Scott Munn/Parcs Canada; 211 (haut), Scott Munn/Parcs Canada; 211 (bas), Courtesy City of Hamilton, National Historic Dundurn & Hamilton Scourge; 212 (haut), Image © Ontario Heritage Trust; 212 (milieu), Greg's Southern Ontario (catching Up Slowly)/www.flickr.com/photos/57156785@N02/19411504978; 212 (bas), Courtesy City of Hamilton, National Historic Dundurn & Hamilton Scourge; 213 (haut), Royal Botanical Gardens/Mark Zelinski; 213 (milieu), Balcer/Public Domain at https://commons.wikimedia.org/wiki/File:Butler%27s_Barracks_NOTL_1.JPG; 213 (bas), Dale Wilson/Parcs Canada; 214 (haut), G. Vandervlugt/Parcs Canada; 214 (milieu), Image © Ontario Heritage Trust; 214 (bas), Kiev.Victor/Shutterstock.com; 215 (haut), B. Morin/Parcs Canada; 215 (milieu), Cosmo Condina North America/Alamy Stock Photo; 215 (bas), Kurtis Bickell/Parcs Canada; 216 (haut), Image © Ontario Heritage Trust; 216 (milieu), Image © Ontario Heritage Trust; 216 (bas), Kiev.Victor/Shutterstock.com; 217 (haut), rmnoa357/Shutterstock.com; 217 (milieu), lam_chihang, Wikimedia Commons at https://commons.wikimedia.org/wiki/File:Loblaws_at_Maple_Leaf_Gardens.jpg, Creative Commons license; 217 (bas), Christopher Dew; 218-21, Scott Munn/Parcs Canada; 222, J. Butterill/Parcs Canada; 223 (haut), Parcs Canada; 223 (milieu), artcphotos/Shutterstock; 223 (bas), Deconstructhis, public domain at https://commons.wikimedia.org/wiki/File:-Southwoldvillage.jpg; 224-6, Scott Munn/Parcs Canada; 227 (haut et bas, gauche), Scott Munn/Parcs Canada; 227 (bas, droite), G. Vandervlugt/Parcs Canada; 228-9, Scott Munn/Parcs Canada; 230 (haut et milieu), Kevin Hogarth/Parcs Canada; 230 (bas), © Bill McComish/Photoscanada.com; 231, Youth Ambassadors 2012/Parcs Canada; 232, Kevin Hogarth/Parcs Canada; 234-5, © All Canada Photos/Alamy; 236, D. Dealey/Parcs Canada; 238 (haut), G. Kopelow/Parcs Canada; 238 (bas), © Hemis/Alamy; 240, © Design Pics Inc/Alamy; 242 (haut), © All Canada Photos/Alamy; 242 (bas, gauche), © Ken Gillespie Photography/Alamy; 242 (bas, droite), © Design Pics Inc/Alamy; 244, Hans-Jürgen Hübner, Wikimedia Commons at https://commons.wikimedia.org/wiki/File:Louis_Riel_Haus.JPG, Creative Commons license; 245, © John Elk III/Alamy; 246 (haut), © Paul Browne 2009; 246 (milieu et bas), Robyn Hanson at https://www.flickr.com/photos/travelmanitoba; 247 (haut), Dan McKay, Wikimedia Commons at https://commons.wikimedia.org/wiki/File:Dalnavert_Museum.jpg, Creative Commons license; 247 (milieu), Exchange District BIZ; 247 (bas), Claude Robidoux/Getty Images; 248, Jeff Bolingbroke/Parcs Canada; 249-51, Parcs Canada; 252-9, Kevin Hogarth/Parcs Canada; 260, Greg Huszar Photography/Parcs Canada; 261-2, Kevin Hogarth/Parcs Canada; 263 (haut), Wayne Shiels/Lone Pine Photo; 263 (bas), Parcs Canada; 264 (haut), Robin and Arlene Karpan; 264 (milieu et bas), Parcs Canada; 265 (haut), Greg Huszar Photography/Parcs Canada; 265 (milieu), Courtesy Colin Chatfield/Wanuskewin Heritage Park; 265 (bas), Saskatoon Forestry Farm Park & Zoo; 266, Photograph courtesy of the Chilliwack Museum and Archives, PP501976; 267, Parcs Canada; 268 (haut), Courtesy Ministry of Parks, Culture and Sport, Government of Saskatchewan; 268 (milieu), All Canada Photos/Alamy Stock Photo; 268 (bas), Mrhyland, Wikimedia Commons at https://en.wikipedia.org/wiki/Fort_Carlton#/media/File:DC2_Stills-050807-043.jpg, Creative Commons license; 269 (haut), Courtesy Donna Choppe; 269 (milieu), Canadian2006, Wikimedia Commons at https://en.wikipedia.org/wiki/Seager_Wheeler%27s_Maple_Grove_Farm#/media/File:Seager_Wheeler_farm_2014.jpg, Creative Commons license; 269 (bas), TravelCollection/Alamy Stock Photo; 270-71, Witold Skrypczak/Getty Images; 272, Traveler100, Wikimedia Commons at https://commons.wikimedia.org/wiki/Category:Bar_U_Ranch#/media/File:BarURanch-02.jpg, Creative Commons license; 274 (LE), © All Canada Photos/Alamy; 274 (droite), Peter Carroll/Getty Images; 276, M. French/Parcs Canada; 277, Grapher78, Wikimedia Commons at https://commons.wikimedia.org/wiki/File:Frog_Lake_National_Historic_Site.JPG, Creative Commons license; 278, © David Muenker/Alamy; 281 (haut), Historic Sites and Museums, Alberta Culture and Tourism; 281 (bas, gauche), © David Muenker/Alamy; 281 (bas, droite), © Witold Skrypczak/Alamy; 282, Fort Whoop Up Interpretive Society, Wikimedia Commons at https://en.wikipedia.org/wiki/Fort_Whoop-Up#/media/File:-Fortwhoopupnationalhistoricsite.jpg, Creative Commons license; 283 (haut), Lougheed House Conservation Society; 283 (milieu), Brenda Kean/Alamy Stock Photo; 283 (bas), Courtesy Epic Photography/Government House of Alberta Foundation; 284 (haut), Amar Athwal/Parcs Canada; 284 (milieu), Graham Twoney/Parcs Canada; 284 (bas), Parcs Canada; 285, © Flirt/Alamy; 286, Parcs Canada; 288, Graham Twoney/Parcs Canada; 290, Amar Athwal/Parcs Canada; 292, Jeff Bolingbroke/Parcs Canada; 293, Amar Athwal/Parcs Canada; 295 (haut), P. Kell/Parcs Canada; 295 (milieu), Amy Krause/Parcs Canada; 295 (bas), R. MacDonald/Parcs Canada; 296, Chris Lund/National Film Board of Canada. Photothèque collection/Library and Archives Canada/PA-111579; 298 (haut), Ryan Bray/Parcs Canada; 298 (milieu et bas), Rogier Gruys/BluePeak Travel Photography/Parcs Canada; 299 (haut), R.D. Muir/Parcs Canada; 299 (milieu), Parcs Canada; 299 (bas), Michael Melford/Getty Images; 300 (haut), Stefanie Gignac/Parcs Canada; 300w (milieu), Danita Delimont/Alamy Stock Photo; 300 (bas), Fort Steele Heritage Town; 301 (haut), Photo Courtesy of Glacier Park, Inc.; 301 (milieu), Paul Ruchlewicz; 301 (bas), Fort Steele Heritage Town; 302 (haut), Scott Munn/Parcs Canada; 302 (milieu), Annie Griffiths/National Geographic Creative; 302 (bas), Bob Matheson/Parcs Canada; 303, Michael Wheatley/Alamy Stock Photo; 305, ginevre/iStockphoto; 306-307, davemantel/iStockphoto; 308, Bob Matheson/Parcs Canada; 310 (both), Scott Munn/Parcs Canada; 312, John Butterill/Parcs Canada; 314, Christian J. Stewart Photography/Parcs Canada; 316-17, Kelly Jill/Parcs Canada; 318, Michael Wheatley/Alamy Stock Photo; 319, iStockphoto; 320 (haut), Maurice Crooks/Alamy Stock Photo; 320 (bas), Jennifer Oehler/iStockPhoto; 322 (haut), redfishweb/iStockPhoto; 322 (bas), Tom Bean/Alamy Stock Photo; 323 (haut), John Mitchell/Alamy Stock Photo; 323 (milieu), Ferenc Cegledi/Shutterstock; 323 (bas), Sergei Bachlakov/Shutterstock.com; 324 (haut), cdrin/Shutterstock.com; 324 (milieu), Courtesy Sian James; 324 (bas), Hallmark Heritage Society; 325 (haut), CCHMS—Andrew Annuar; 325 (milieu), canadastock/Shutterstock; 325 (bas), Doug Schnurr/Shutterstock; 326-8, D. Houston/Parcs Canada; 329 (haut), Courtesy Fort McLeod Historic Park; 329 (bas), Courtesy Barkerville Historic Town; 330, Ron Garnett/Parcs Canada; 331, Parcs Canada; 332 (haut), Fritz Mueller/Parcs Canada; 332 (milieu), Sam DCruz/Shutterstock; 332 (bas), US Mission Canada, Wikimedia Commons at https://commons.wikimedia.org/wiki/Category:Klondike_(ship,_1937)#/media/File:Paddlewheel_of_the_SS_Klondike.jpg, Creative Commons license; 333, Fritz Mueller/Parcs Canada; 334, Sam DCruz/Shutterstock; 336-7, Fritz Mueller/Parcs Canada; 339 (haut), oksana.perkins/Shutterstock; 339 (bas), Fritz Mueller/Parcs Canada; 340, Parcs Canada; 341 (haut), Yukon Historic Sites, Wikimedia Commons at https://en.wikipedia.org/wiki/List_of_historic_places_in_Yukon#/media/File:Former_Territorial_Court_House.JPG, Creative Commons license; 341 (milieu), Fritz Mueller/Parcs Canada; 341 (bas), Thierry Boyer/Parcs Canada; 342, Scott Polar Research Institute, University of Cambridge; 343, Marc-André Bernier/Parcs Canada; 344, Sam DCruz/Shutterstock; 345, Flickr/Gareth Sloan.

REMERCIEMENTS

National Geographic tient à remercier les auteurs pour leur contribution *Guide des Lieux historiques nationaux du Canada* du National Geographic : Amy Kenny (Provinces de l'Atlantique, Ontario), Brielle Morgan (Québec, Grand Nord), Colleen Seto (Provinces des Prairies, Montagnes Rocheuses), Christopher Pollon (Colombie-Britannique), John McCormick (« Les peuples autochtones du Canada »), et Ken McGoogan (« Les racines du Canada contemporain »; « Le Canada urbain : Montréal, Vancouver et Toronto »).

National Geographic tient également à remercier toutes les personnes qui ont généreusement mis leur temps et leur talent à son service afin de rédiger ce livre, plus particulièrement John Thomson, Lori Bayne, Barbara Brownell Grogan, Bill O'Donnell, Marianne Koszorus, Charles Kogod, Jane Sunderland, Mary Stephanos, Uliana Bazaar, Andrew Campbell, George Green, Mike McNey, Heather McElwain, Marty Magne, Alexandra Mosquin, Mallory Schwartz, Marianne Stopp, Meg Stanley, Scott Stephen, Frieda Klippenstein, Dianne Dodd, Pascale Guindon, Brigitte Violette, Anne Marie Lane Jonah, Alain Gelly, Yvan Fortier, Christine Chartré, Meryl Oliver, Bob Garcia, Karen Routledge, Bill Perry, Cynthia Graham, Ariane Marin-Perreault, Ryan Harris, Geneviève Charrois, Marc-André Bernier, Norman Shields, Blythe MacInnis, Jennifer Cousineau, Camille Collinson, Jason Bouzanis, Julie Hahn, Joanne Huppe, Celine Corville, Celine Blanc, Francois Houle, Natalie-Anne Bussiere, Brock Fraser, Geordon Harvey et Steve Duquette.

La société tient également à remercier les employés des lieux historiques nationaux suivants pour la révision des données : Susan Kennard, Anne Frick, Melissa Banovich, Nancy Hildebrand, Sophie Lauro, Mimi Horita, Jacolyn Daniluck, Camille Girard-Ruel, Jessica Lambert, Terrie Dionne, Natalie Fournier, Elise Maltinsky, Carly Sims, Darlene Small, Kimberley Thompson, Isabelle Savoie, Simon Boiteau, Irene LeGatt, Doreen McGillis, Catherine Reynolds, Travis Weber, Danielle Hickey, Jeremy Roop, Jennifer Duff, Alannah Phillips, Coady Slaunwhite, Pamela Jalak, Kristy McKay, Lianne Roberts, David Lavallee, Neil Mcinnis, Bob Grill, Dale MacEachern, Meaghan Bradley, Natalie Austin, Martine Tousignant, Isabel Lariviere, Barbara MacDonald, Lindsay Oehlke, Michelle LeBlond, Kimberly Labar, Michael Queenton, Emilie Devoe, Julie Bastarache, Nadine Gauvin, Rachel Richardson, Lisa Curtis, Alex Dale, Elizabeth MacDonnell, Lorna Sierolawski, J. Paul Kennington, Kurt Hanson, Michael McAllister, Larry Ostola, Mathew Rosenblatt, John Hughes, Henriette Riegel, Dan Chevaldayoff, David MacKenzie, Rebecca Baker, Phil Townsend, Peter Haughn, Claude Grou, Barry McCullough, Gordon Kerr, Nathalie Bondil, Andre Delisle, Dr. James Low, Donald Lordly, Beth Hanna, Jens Jensen, Larry Pearson, Richard Linzey, Giles Bourque, Andrea O'Brien, Craig Beaton, Carlos Germann, Alex Reeves, Janice Penner, Francis Jacques, Reverend Father Floyd Gallant, David Sisley, Julian Smith, Yvonne MacNeil, RCMP Captain Ken Burton, Claude Pronovost, Lucie Rochette et Andrew McDonald.

Depuis 1888, la National Geographic Society a financé plus de 12 000 projets de recherche, d'exploration et de préservation dans le monde entier. National Geographic Partners affecte une partie des fonds qu'elle reçoit grâce aux nombreux achats effectués par le public auprès de la National Geographic Society au financement de ses programmes, notamment la protection des animaux et de leurs habitats.

National Geographic Partners
1145 17th Street NW
Washington, DC 20036-4688 USA

Joignez la communauté de National Geographic au natgeo.com/jointoday et profitez des nombreux avantages qui vous sont offerts dès aujourd'hui.

Pour obtenir des renseignements sur les ristournes lors d'achats en masse, veuillez communiquer avec les responsables des ventes spéciales : specialsales@natgeo.com.

Pour les demandes concernant les droits et les autorisations, veuillez communiquer avec les responsables des droits subsidiaires : bookrights@natgeo.com.

Traduction : CSF traduction et services linguistiques

Toutes les photographies et les marques ont été reproduites avec l'autorisation de Parcs Canada, ou comme il est indiqué dans les mentions des sources à la page 351.

Toutes les cartes ont été produites par National Geographic Partners d'après les données fournies par l'Agence Parcs Canada ou l'information publiée par Natural Earth. L'intégration de données fournies par l'Agence Parcs Canada ou de l'information publiée par Natural Earth dans le présent document ne doit pas être interprétée comme constituant une approbation de ce document par ces organisations.

L'Agence Parcs Canada exclut toutes les déclarations, les garanties et les obligations et décline toute responsabilité en ce qui a trait à l'utilisation des cartes figurant dans le présent document.

L'information contenue dans le présent document a été soigneusement vérifiée et, aux meilleures de nos connaissances, est exacte. Toutefois, certains détails sont sujets à changement et l'éditeur de National Geographic ne peut être tenu responsable de tels changements, ni des erreurs et omissions. L'évaluation des lieux, des hôtels et des restaurants relève de l'appréciation subjective de l'auteur, ce qui ne reflète pas nécessairement celle de l'éditeur.

ISBN : 978-1-4262-1806-4

Imprimé au Canada.

16/FC/1